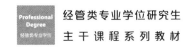

丛书编写委员会

主　　任　张金清

编　　委（按姓名笔画排序）

　　　　　陈　钊　程大中　陈冬梅　陈学彬　杜　莉
　　　　　封　进　黄亚钧　李心丹　刘红忠　刘莉亚
　　　　　束金龙　沈国兵　杨　青　张晖明

经管类专业学位研究生
主干课程系列教材

Security Analysis

证券投资分析

罗忠洲　编著

复旦大学出版社

内容提要

本课程在介绍证券投资分析基础知识的基础上，主要从证券价值投资分析、证券投资技术分析和证券投资行为分析三个角度阐述证券投资分析的方法。

证券价值投资分析部分包括相对估值与绝对价值估值理论、基于行业护城河的行业分析和基于价值评估的公司财务分析。证券投资技术分析部分包括技术分析的理论基础与流派、技术形态分析和技术指标分析。证券投资行为分析包括投资者个体行为理论、投资群体性行为分析和行为资产组合理论。

总　序

　　社会经济的发展对应用型专业人才的需求呈现出大批量、多规格、高层次的特点。为了适应这种变化,积极进行人才培养目标和培养模式的调整,大力提高人才培养的适应性和竞争力,教育部于2009年推出系列专业学位硕士项目,实现硕士研究生教育从以培养学术型人才为主向以培养应用型人才为主的历史性转型和战略性调整。复旦大学经济学院于2010年首批获得金融硕士专业学位培养资格,经济学院专业学位项目依托强大的学科支持,设置了系统性模块化实务型课程,采用理论与实践结合的双导师制度(校内和校外导师)为学生提供从理论指导、专业实践到未来职业生涯设计的全面指导。目前,已经形成了金融硕士、国际商务硕士、保险硕士、税务硕士、资产评估硕士五大专业学位硕士体系,招生数量与规模也逐年增长。

　　然而,专业学位(Professional Degree)相对于学术型学位(Academic Degree)而言,更强调理论联系实际,广泛采用案例教学等教学模式。因此,迫切需要编写一套具有案例特色的专业学位核心课程系列教材。本套教材根据专业学位培养目标的要求,注重理论和实践的结合。在教材特色上,一方面讲述前沿的理论框架,一方面介绍理论在实务中的运用,最后进行案例讨论。我们相信,这样的教材能够使得理论和实务不断融合,提高专业学位的教学与培养质量。

　　复旦大学经济学院非常重视专业学位教材的编写,2012年就组织出版了金融硕士专业学位核心课程系列教材。经过五年时间的探索和发展,一方面是学院的专业学位硕士由金融硕士扩展到了五大专业硕士学位体系,另一方面对如何进行学位培养和教材建设想法也进一步成熟,因此有必要重新对教材的框架、内容和特色进行修订。2015年4月,我院组织专家审议并通过了专业学位研究生课程教材建设方案。2015年12月,完成了专业学位核心课程的分类,初步设定建设《金融理论与政策》《投资学》《公司金融》《财务报表分析》《金融风险管理》等核心课程教材。2016年10月,组织校内外专家制定了《复旦大学经济学院专业学位核心课程教材编写体例与指南》,2016年11月组织教师申报教材建设并召开我院专业学位研究生教指委会议讨论,针对书稿大纲进行讨论和修订,删除了目前教材之间的知识点重复现象,提高了教材理论的前沿性,修改和增加了教材中每章的案例,突出教材知识点的实务性。教材初稿完成以后,又邀请校外专家进行匿名评审,提出修改意见和建议。然后,再要求作者根据校外专家的匿名评审意见进行修改。最后,提交给我院专业学位研究生教指委进行评议并投票通过后,才予以正式出版。

最后,感谢复旦大学研究生院、经济学院以及学院专业学位研究生教指委提供的全方位支持和指导,感谢上海市高峰学科建设项目的资助,感谢校外专家对书稿的评审和宝贵意见,感谢复旦大学出版社的大力支持。本套教材是复旦大学经济学院专业学位教材建设的创新工程,我们将根据新形势的发展和教学效果定期进行修正。

经管类专业学位硕士核心课程系列教材编委会
2017年6月

前　言

证券投资分析是微观金融学的重要组成部分。证券投资分析是指人们通过各种专业分析方法,对影响证券价值或价格的各种信息进行综合分析以判断证券价值或价格及其变动的行为。目前主流的证券投资分析方法主要有基础分析法、技术分析法、心理分析法和组合分析法四大类。因此,本教材在介绍证券投资分析基础知识的基础上,主要从证券价值投资分析、证券投资技术分析和证券投资行为分析三个角度阐述证券投资分析的方法。

主要内容

第一部分(第一、第二章)证券投资基础知识。 本部分的主要内容是介绍证券投资分析的概念和目的,不同证券投资分析方法的主要思想和各自特点,不同投资分析策略及其适用场合,证券投资业绩评价指标。阐述证券投资分析中宏观经济环境分析框架,并结合其在中国的实际应用情况,分析宏观经济增长与通货膨胀、货币政策与流动性以及财政政策与产业政策对证券投资的影响,奠定证券投资分析的宏观基础。

第二部分(第三章至第五章)证券价值投资分析。 证券价值投资最核心的内容就是对不同证券的价值进行评估。本部分主要介绍了 PE、PB、PS 等相对价值估值模型和红利折现模型、自由现金流模型等绝对价值估值模型。另外,还介绍了 DEVA 估值模型、实物期权估值模型和剩余收益估值模型。价值投资需要寻找经济护城河宽的公司和行业,本部分介绍了经济护城河的含义及其来源,以及识别公司和行业护城河的方法。本部分还介绍了行业生命周期和行业竞争结构的分析框架,宏观经济周期与行业发展的关系以及美林投资时钟在行业轮动中的应用。公司财务报表是公司财务状况和经营成果的反映,是上市公司投资价值预测与证券定价的重要信息来源。本部分介绍了资产负债表、利润表、现金流量表等财务报表的基本构成,公司基本素质分析的方法与重点,公司盈利、运营和偿债能力相关的财务分析指标,介绍了利用各主要财务比率之间的内在联系,对公司财务状况和经营成果进行综合系统评价的杜邦分析法。

第三部分(第六章至第八章)证券投资技术分析。证券投资技术分析就是抛开证券内在价值,只根据证券市场行为和供求关系,分析判断证券价格变化趋势,从而决定证券投资时机的分析方法。本部分主要介绍证券投资技术分析的前提假设、K线法、切线法、形态法、指标法等证券投资技术分析方法,道氏理论、波浪理论、江恩理论和时间周期理论等证券投资技术分析理论。在技术形态方面,介绍了支撑线和压力线、趋势线和轨道线的作用及其突破和转化,W(M)头、头肩底(顶)、圆弧底(顶)、V形等反转突破形态和三角形、楔形、旗形、矩形等持续整理形态的形成过程、特点及应用规则。在技术指标方面,介绍了MA、MACD和BOLL等趋势类指标,RSI、W%R和KDJ等震荡类类指标,ADL、ADR等大势类指标,OBV、VR等成交量类指标,以及ABBR、CR和PSY等人气类指标的含义、计算方法和运用法则。

第四部分(第九章至第十一章)证券投资行为分析。从心理学角度理解投资者个体行为的非理性特征,发现投资者群体行为的特点,通过行为资产定价与组合模型,可构建更优的行为投资策略。本部分主要介绍了证券市场中个人投资者过度自信、锚定效应、框架依赖、禀赋效应等非理性心理和行为偏差,行为金融学对证券市场异象的解释,前景理论的基本内容、应用及最新发展。在投资群体行为方面,介绍了基于不完全信息、声誉和补偿机制的羊群行为及其市场效应,投资者互动模型的基本思路和多种群投资者互动模型的现实特征,金融泡沫的成因及相关特征。在行为资产组合与行为投资决策方面,介绍了噪声交易模型的基本原理,了解传统资产定价模型和资产组合模型的基本内容及其缺陷,理解行为资产定价模型的核心观点,行为资产组合理论中单一心理账户和多个心理账户基本原理,掌握基于行为金融学的投资策略原理。

本书特色

本书相较于其他证券投资分析教材具有以下特色:

首先,本教材在结构安排上以主流的证券投资分析方法为纲,包括证券投资分析基础、证券价值投资分析、证券投资技术分析和证券投资行为分析四部分内容。国内教材主要包括前三部分内容,或者聚焦于证券投资技术分析部分,较少分析证券投资行为。

其次,本教材在内容上强调证券投资分析理论在中国证券市场的运用,尝试运用量化交易策略验证证券投资分析的估值方法、技术指标在中国的适用性。证券投资分析是实践性很强的课程,国内教材多以国外案例阐述相关证券投资理论,由于国内外投资环境、参与群体和微观市场结构的差异,运用中国案例解释证券投资分析理论显得尤为重要。本教材在证券投资分析基础部分,分析了中国宏观经济运行与证券投资分析的关系,美林投资钟在中国的适用性;在证券价值投资分析部分,运用量化投资策略验证了PE、PEG、PB、PS等估值方法在中国进行价值投资分析的可行性;在证券投资技术分析部分,所有案例均来自国内证券市场指数或个股走势,并精心选取市场大盘反转关键点位如2007年10月16日上证6124点前后的M形、2001年6月14日上证2245点前后的圆弧顶、2009年8月4日3478点到2014年7月21日2054点的长期压力线等经典案例,运用量化投资策略验证了KDJ、RSI、MACD等技术指标在中国进行技术投资分析的可行性;在证券投资行为分析方面,分析了行为资产定价模型在中国的运用。当然,由于篇幅限制,以及本丛书各教材内容之间的协调,本教材未包括债券的估值、传统的证券投资组合理论和期货期权等衍生产品的相关内容。

最后,本教材在证券投资分析理论上,除了介绍传统的证券投资理论,还增加了巴菲特的经济护城河、欧奈尔的CAN SLIM选股策略、费雪的超级强势股策略等投资大师的理论,运用量化投资策略验证了欧奈尔、费雪的选股策略在中国的可行性。每章均采用针对本章核心内容的小案例、小专栏,教材最后增加了做空的大案例,以丰富证券投资分析内容,增强教材的可读性。

适用对象

本教材适用于高等院校金融学、经济学和管理学专业的本科生和研究生,也适用于零起点的普通投资者。

感谢

在本教材的编著过程中得到了很多人的帮助,特别感谢我的研究生:王奇超(第二、四章)、黄玉莹(第一、三、五章)、虞圳勋(第六、七、八章)和黄鹏鸣(第九、十、十一章)等同学在资料收集、文字整理和图表制作等方面的辛勤付出,感谢董方红、袁景、王硕、李诗雯、余倩莹等2017级研究生帮助校对文字、提出宝贵修改建议,感谢复旦大学金融研究院张金清教授、沈红波副教授等老师的热情指导,感谢复旦大学出版社编辑方毅超老师的辛勤付出。由于时间限制,教材结构安排和内容难以达到尽善尽美,书中如有遗漏和不当之处,还请读者朋友们批评指正!

目　录

第一章　证券投资基础知识 ……………………………………………… 1
教学目的与要求 …………………………………………………………… 1
第一节　证券投资分析的含义及目标 …………………………………… 1
　一、证券投资分析的含义 ………………………………………………… 1
　二、证券投资分析的目标 ………………………………………………… 1
　三、证券投资与投机 ……………………………………………………… 2
第二节　证券投资分析的方法 …………………………………………… 3
　一、证券投资基础分析法 ………………………………………………… 4
　二、证券投资技术分析法 ………………………………………………… 5
　三、证券投资心理分析法 ………………………………………………… 6
　四、证券投资组合分析法 ………………………………………………… 7
第三节　证券投资分析的手段 …………………………………………… 9
　一、自上而下和自下而上 ………………………………………………… 9
　二、积极投资和消极投资 ………………………………………………… 9
　三、定性分析和定量分析 ………………………………………………… 10
第四节　证券投资业绩评价 ……………………………………………… 10
　一、詹森指数(Jensen ratio) …………………………………………… 11
　二、特雷诺指数(Treynor ratio) ………………………………………… 11
　三、夏普指数(Sharpe Ratio) …………………………………………… 11
　四、索提诺指数(Sortino ratio) ………………………………………… 12
　五、信息指数(information ratio) ……………………………………… 12
案例分析：市场中存在 Alpha 收益吗? …………………………………… 12
小结 ………………………………………………………………………… 13
习题 ………………………………………………………………………… 14

第二章 证券投资宏观环境分析 ... 15
教学目的与要求 ... 15
第一节 宏观经济分析框架 ... 15
一、宏观经济政策的目标 ... 15
二、凯恩斯主义经济学 ... 16
三、古典经济学 ... 21
四、宏观经济与证券市场的互动关系 ... 25
第二节 货币政策与流动性 ... 27
一、货币政策分析框架 ... 27
二、流动性分析框架 ... 32
第三节 财政政策与产业政策 ... 36
一、财政政策分析与证券投资 ... 36
二、产业政策与证券投资 ... 39
案例分析：宏观经济周期与"通胀无牛市" ... 40
小结 ... 41
习题 ... 42

第三章 估值理论 ... 43
教学目的与要求 ... 43
第一节 相对价值估值模型 ... 43
一、市盈率 ... 44
二、PEG ... 47
三、市净率 ... 48
四、市销率 ... 50
五、市值法 ... 51
第二节 绝对价值估值模型 ... 52
一、红利贴现模型 ... 52
二、自由现金流贴现模型 ... 56
第三节 其他估值模型 ... 60
一、DEVA 估值模型 ... 60
二、实物期权法估值模型 ... 61
三、剩余收益估值模型 ... 63
案例分析：肯尼斯·费雪"超级强势股"选股策略及其在中国市场的应用 ... 65

小结 ·· 66
　　习题 ·· 67

第四章　行业分析 ·· 68
　教学目的与要求 ·· 68
　第一节　行业生命周期与行业竞争结构 ·· 68
　　一、行业生命周期 ·· 68
　　二、行业结构与行业竞争 ·· 70
　　三、行业变迁与股价表现 ·· 72
　第二节　经济护城河 ·· 75
　　一、经济护城河的源泉 ·· 75
　　二、寻找经济护城河 ·· 79
　　三、经济护城河的动态变化 ·· 81
　第三节　宏观经济周期与行业轮动 ·· 83
　　一、宏观经济周期与行业发展 ·· 83
　　二、美林投资钟与大类资产配置 ·· 86
　案例分析：中国股票市场的行业轮动情况 ·· 90
　　小结 ·· 91
　　习题 ·· 92

第五章　公司财务分析 ·· 93
　教学目的与要求 ·· 93
　第一节　财务报表分析基础 ·· 93
　　一、资产负债表 ·· 94
　　二、利润表 ·· 96
　　三、现金流量表 ·· 97
　　四、所有者权益变动表 ·· 99
　　五、附注 ·· 100
　第二节　公司基本面分析 ·· 100
　　一、公司行业地位 ·· 100
　　二、公司经营能力 ·· 101
　　三、公司成长性 ·· 102
　第三节　公司财务分析 ·· 103

一、公司盈利能力 …………………………………………………………… 103
　　二、公司营运能力 …………………………………………………………… 105
　　三、公司偿债能力 …………………………………………………………… 108
　　四、杜邦分析法 ……………………………………………………………… 114
　　五、沃尔评分法 ……………………………………………………………… 116
案例分析：欧奈尔的 CAN SLIM 选股策略及其在中国市场的应用 …………… 117
小结 ……………………………………………………………………………… 119
习题 ……………………………………………………………………………… 119

第六章　证券投资技术分析理论 …………………………………………… 121
教学目的与要求 ………………………………………………………………… 121
第一节　证券投资技术分析理论基础 ………………………………………… 121
　　一、证券投资技术分析的理论基础 ………………………………………… 121
　　二、三大假设的局限性 ……………………………………………………… 122
　　三、证券投资技术分析的优势及其局限性 ………………………………… 123
　　四、运用证券投资技术分析时应注意的问题 ……………………………… 123
第二节　证券投资技术分析方法 ……………………………………………… 124
　　一、K 线法 …………………………………………………………………… 124
　　二、切线法 …………………………………………………………………… 125
　　三、形态法 …………………………………………………………………… 125
　　四、指标法 …………………………………………………………………… 125
　　五、波浪分析法 ……………………………………………………………… 125
第三节　证券投资技术分析常用理论 ………………………………………… 126
　　一、道氏理论 ………………………………………………………………… 126
　　二、波浪理论 ………………………………………………………………… 127
　　三、江恩理论 ………………………………………………………………… 131
　　四、时间周期理论 …………………………………………………………… 133
　　五、混沌理论 ………………………………………………………………… 134
　　六、缺口理论 ………………………………………………………………… 135
案例分析：2014－2015 年牛市五浪上涨的波浪理论分析 …………………… 136
小结 ……………………………………………………………………………… 137
习题 ……………………………………………………………………………… 137

第七章　证券投资技术形态分析……138
教学目的与要求……138
第一节　支撑线与压力线……138
一、支撑线和压力线的含义和画法……138
二、支撑线和压力线的作用……139
三、支撑线和压力线的理论依据……139
四、支撑线和压力线的突破与转化……140
五、基于支撑线和压力线的买卖操作……140
第二节　趋势线、轨道线与黄金分割线……141
一、趋势线……141
二、轨道线……143
三、黄金分割线和斐波那契数列……144
第三节　技术形态……145
一、价格运行的一般规律和基本形态类型……145
二、反转突破形态……147
三、持续整理形态……155
案例分析：平台突破形态量化投资策略……162
小结……163
习题……164

第八章　证券投资技术指标分析……165
教学目的与要求……165
第一节　技术指标分类……165
一、技术指标的概念……165
二、产生技术指标的方法……166
三、技术指标的六个应用法则……166
四、技术指标的分类……167
第二节　趋势类指标……168
一、移动平均线(MA)……168
二、指数平滑异同移动平均线(MACD)……171
三、布林线指标(BOLL)……175
第三节　震荡类指标……178
一、相对强弱指标(RSI)……178

二、威廉指标(W%R) ································· 181
　　三、随机指标(KDJ) ································· 182
　　四、乖离率(BIAS) ································· 186
第四节　大势类指标 ································· 189
　　一、腾落指数(ADL) ································· 189
　　二、涨跌比率(ADR) ································· 190
第五节　成交量类指标 ································· 191
　　一、能量潮指标(OBV) ································· 191
　　二、成交量比率指标(VR) ································· 192
第六节　人气类指标 ································· 194
　　一、人气和买卖意愿指标(ARBR) ································· 194
　　二、中间意愿指标(CR) ································· 197
　　三、心理线(PSY) ································· 198
案例分析：上证50技术指标量化投资策略回溯 ································· 200
小结 ································· 202
习题 ································· 202

第九章　投资者个体行为分析 ································· 203
教学目的与要求 ································· 203
第一节　投资者心理与行为偏差 ································· 203
　　一、过度自信与过度交易 ································· 203
　　二、证实偏差 ································· 204
　　三、锚定效应 ································· 205
　　四、代表性偏差 ································· 206
　　五、框架依赖 ································· 206
　　六、损失厌恶与禀赋效应 ································· 207
　　七、后悔厌恶与处置效应 ································· 207
第二节　证券市场的异象 ································· 208
　　一、证券市场异象 ································· 208
　　二、对证券市场异象的解释 ································· 211
第三节　前景理论 ································· 213
　　一、前景理论的基本内容 ································· 213
　　二、前景理论的应用 ································· 220

三、前景理论的发展 …… 222
案例分析：证券投资基金中的处置效应和反处置效应 …… 225
小结 …… 226
习题 …… 226

第十章 投资群体行为分析 …… 227
教学目的与要求 …… 227
第一节 羊群行为及其市场效应 …… 227
一、羊群行为 …… 227
二、羊群行为成因 …… 228
三、金融市场上羊群行为研究 …… 233
第二节 投资者互动模型 …… 235
一、模型基本思路 …… 236
二、LLS 模型 …… 236
三、股价的涨跌及周期循环 …… 238
四、多种群 LLS 模型的现实特征 …… 239
第三节 金融泡沫 …… 240
一、金融市场泡沫 …… 240
二、理性泡沫与非理性泡沫 …… 241
三、资产泡沫的特征 …… 242
案例分析：我国大宗商品期货市场存在羊群行为吗 …… 244
小结 …… 245
习题 …… 245

第十一章 行为资产组合与行为投资决策 …… 246
教学目的与要求 …… 246
第一节 噪声交易与资产定价 …… 246
一、噪声交易者基本模型 …… 246
二、噪声交易与资产定价 …… 247
三、中国证券市场的噪声交易问题 …… 248
第二节 行为资产定价模型 …… 250
一、CAPM 及其拓展模型 …… 250
二、行为资产定价模型 …… 253

　　第三节　行为资产组合理论模型 ·············· 254
　　　　一、传统资产组合理论的局限性 ·············· 254
　　　　二、行为资产组合理论 ·············· 255
　　第四节　行为投资策略 ·············· 259
　　　　一、逆向投资策略 ·············· 259
　　　　二、动量交易策略 ·············· 260
　　　　三、小盘股策略 ·············· 260
　　　　四、集中投资策略 ·············· 261
　　　　五、量化投资策略 ·············· 261
　案例分析：BAPM vs CAPM：来自中国 A 股市场的实证 ·············· 262
　　小结 ·············· 263
　　习题 ·············· 264

案例分析　浑水做空辉山乳业：海外机构狙击中概股之道 ·············· 265
　引言 ·············· 265
　1. 昨日之日不可留 ·············· 266
　2. 浑水摸鱼：一池浑水，谁能得鱼？ ·············· 267
　3. 今日之日多烦忧 ·············· 273

参考文献 ·············· 283

第一章

证券投资基础知识

教学目的与要求

证券投资分析作为证券投资的核心过程,对投资者实现其收益目标具有重要意义。通过本章学习,对证券投资分析的概念和目的有基本了解,能够识别不同证券投资分析方法的主要思想和各自特点,理解不同投资分析策略并知晓其适用场合,掌握证券投资业绩评价指标。

第一节 证券投资分析的含义及目标

一、证券投资分析的含义

投资是一种推迟当前消费以换得未来更高消费水平的资源跨期配置行为。而所谓证券投资就是指投资者通过购买股票、债券、基金单位等有价证券以及(或者)这些有价证券的衍生品(例如期货、期权等)以获取红利、利息以及资本利得的投资行为和投资过程。证券投资分析是指人们通过各种专业分析方法,对影响证券价值(或价格)的各种信息进行综合分析,以判断证券价值(或价格)变动的行为,是证券投资过程中不可或缺的一个重要环节。

二、证券投资分析的目标

证券投资分析是证券投资过程中的一个核心环节,科学的证券投资分析是投资者实现投资目标的关键。在进行证券投资分析的过程中,投资者采用专业的分析方法和分析手段,对影响证券回报率和风险的诸多因素进行客观、全面、系统地分析,揭示这些因素对证券价格以及投资收益的影响,探索某些规律,从而指导投资决策,实现投资者效用的最大化。具体来说,证券投资分析的目标主要体现为以下三个方面:

(一) 提高投资决策的科学性

投资决策贯穿于整个投资过程,其正确与否关系到投资的成败。尽管不同投资者投资决策的方法可能不同，但进行科学的证券投资分析对于提高投资决策的正确性至关重要。一方面，由于性格特征、资金持有量、金融知识等条件的差异，不同的投资者的风险承受能力、收益要求和投资周期迥异。另一方面，由于受到宏微观因素的影响，不同的证券拥有差异化的风险收益特征，而证券的可流通性保证了投资者的流动性需求。因此，在投资决策时，投资者需要正确识别每一种证券在风险性、收益性、流动性和安全性方面的特点，从而选择与自己的要求相匹配的投资对象，并制定相应的投资策略。只有这样，投资者的投资决策才具有科学性，才能提高投资决策的成功率，以期获得满意的回报。可以说进行证券投资分析有助于投资者权衡证券风险性、收益性、流动性和安全性，是投资者进行科学决策的基础。

（二）正确评估证券的投资价值

投资者之所以对证券进行投资，是因为证券具有一定的投资价值。证券的投资价值受很多因素的影响，并随着这些因素的变化而发生变化。以常见证券为例，债券的投资价值受到市场利率水平的影响，债券价值通常与市场利率反方向变动；影响股票投资价值的因素更为复杂，宏观经济波动、行业竞争态势和公司基本面状况等多方面因素都会影响公司的未来经营能力和创造的价值评估，从而引起公司股票价格的变动。所以，投资者在决定投资某种证券前，首先应该认真评估该证券的投资价值。只有当证券价格低于证券价值时，投资该证券才会有利可图，否则可能会导致投资失败。而证券投资分析正是通过对可能影响证券投资价值的各种因素进行综合分析，来判断这些因素及其变化对证券投资带来的可能影响。

（三）降低投资者的投资风险

投资者在进行证券投资以期获得投资收益的同时，也承担了相应风险。从总体来说，预期收益水平和风险之间存在一种正相关关系。预期收益水平越高，投资者所要承担的风险也就越大；投资者所承担的风险越小，预期收益水平也就越低。然而，对于单一证券来说，由于其价值各影响因素的变化，其风险和收益也在不断变动，有可能存在风险超过其可能获取的收益的情况。若判断失误，投资者就可能在承担较高风险的同时无法获得较高的收益。通过证券投资分析来考察每一种证券的风险收益特征及其变化，理性投资者就可以较为准确地判断哪些证券风险较大，哪些证券风险较小，从而选择风险收益相匹配的证券进行投资，以实现自身效用的最大化，避免承担不必要的风险。

三、证券投资与投机

如何界定证券投资与投机，是证券投资分析领域一直关注的话题。

投资与投机的相同之处在于，两者都以获得跨期货币的增值或收益为目的而预先投入货币的行为。同时，两者的未来收益都带有不确定性，都有承担本金损失的风险。

投资与投机的不同之处在于：① 两者行为期限的长短不同。一般认为，投资的期限较长，投资者愿意长期持有证券是因为企业的价值形成和发现是一个长期的过程，而投机者认为投资时间越长，面临的不确定性就越大，因此投机的期限较短，投机者热衷于捕捉市场稍纵即逝的机会,频繁快速买卖。② 两者的利益着眼点不同。投资者着眼于研究证券的内在价值,投资收益随着证券内在价值的增长而增加,其追求的是长期收益,而投机活动只着眼于资产价格的短期涨跌,捕捉市场的短期波动机会,以谋取短期利益。③ 两者承担的风险不同。投资者追求的是稳健且性价比高的资产,投资风险较小,本金相对安全,而短线投机的风险则较大,及时止损成为重要的风险控制手段。

本杰明·格雷厄姆(Benjamin Graham)在《证券分析》一书中写道:"投资是指根据详尽的分析,本金安全和满意回报有保证的操作。不符合这一标准的操作就是投机。"他特别强调了"详尽的分析""安全性""满意回报"以及"有保证"在投资与投机的界定中的重要性。

"详尽分析"是以既定的安全和价值标准进行的研究工作。详尽分析的结果必须使得证券的目标价位接近于其内在价值,得到显失公允定价的分析显然是不详尽的。"安全性"的概念必须建立在明确的、成熟的标准之上,而不是依据购买者心理决定的。但安全性的含义也不是绝对的,而是指在通常和可能情况下可以免于遭受损失。例如,一张安全的债券是指它仅仅在例外的情形和可能性极小的条件下发生违约。类似地,一支安全的股票也是指在大多数情况下会带来正的投资回报,除非有非常意外的情况发生。而一旦存在必须加以考虑的可以感觉到的损失可能性时,实际上进行的就是投机行为。"满意回报"中除了当前的利息和股息以外,还包括了资本增值。"满意"是一个主观色彩浓厚的词,它几乎可以涵盖各种程度的回报,无论多低,只要投资者愿意接受,就能成立。当然,前提在于投资者至少是具有理性行为的经济人,投资的收益首先应该能够补偿投资的资本成本。

本杰明·格雷厄姆在《聪明的投资者》中说,"直接的投机并不违法,也与道德无关"。"就像投资一样,投机也可以是明智的。但在很多时候,投机并非明智之举,尤其在下列情况下:① 自以为是投资,实则投机;② 在缺乏足够知识与技能的情况下,把投机当成一种严肃的事情,而不是当成一种消遣;③ 投机投入的资金过多,超出了自己承担其亏损的能力。"

因此,投资和投机本身不应成为是非好恶的价值观判断。有的投资者擅长于价值投资分析,长线投资是最好的选择,沃伦·巴菲特(Warren Buffett)是典型代表;有的投资者对投资市场的短期扰动因素有足够的敏感性,善于博弈投资者心理,甚至借助于大数据分析,短线投机也可以获得巨额收益,杰西·李佛摩尔(Jesse Livermore)、詹姆斯·西蒙斯(James Simons)就是明证。俗话说股市投资长线是金短线是银,而找到适合自己的投资方法才是最重要的。

第二节 证券投资分析的方法

目前主流的证券投资分析方法主要分为四大类,分别是:基础分析法、技术分析法、心理分析法和组合分析法。

一、证券投资基础分析法

基础分析法（fundamental analysis）又称基本面分析法，是投资者对决定证券价值及价格的基本要素进行分析，评估证券的投资价值，判断证券的合理价位，提出相应投资建议的一种分析方法。投资者主要进行分析的因素包括宏观经济指标、经济政策走势、行业发展状况、产品市场状况、公司销售和财务状况等，主要运用的方法是经济学、金融学、财务管理学及投资学等基本原理。

基础分析法的理论基础在于：① 任何一种投资对象都有一种可以称之为内在价值的固定基准，且这种内在价值可以通过对该投资对象的现状和未来前景进行分析获得。② 市场价格和内在价值之间的差距最终会被市场所纠正。因此，市场价格低于（或高于）内在价值之日，便是买（卖）机会到来之时。

基础分析主要研究影响市场变化的各种经济因素和发展趋势，最核心的步骤是对资料数据进行理性的分析评估。进行基础分析的核心目标在于价值发现，在于理解企业进行价值创造的过程和模式。这对于破除所谓的"投机热"和"非理性繁荣"有直接的作用。

基础分析的理论基础非常宽泛，主要来自四个方面：经济学、金融学、财务学和管理学。在这些学科的理论基础上，基础分析法主要通过宏观、中观和微观三个层次的内容进行分析。

宏观经济分析：宏观经济分析主要探讨宏观经济形势和经济政策对证券价格的影响。对宏观经济形势的判断主要通过各经济指标来识别，经济指标主要可分为三类：① 先行性指标：对将来经济情况提供预示性的信息，如利率水平、货币供给、消费者预期、主要生产资料价格、PMI 等；② 同步性指标：变化基本与总体经济活动转变同步，如个人收入、企业工资支出、GDP、社会商品销售额等；③ 滞后性指标：变化一般滞后于国民经济变化，如失业率、库存量、银行未收回贷款规模等。而影响证券价格的主要经济政策包括：货币政策、财政政策、信贷政策、产业政策等。

中观经济分析：中观层次的分析主要在于对行业和区域进行分析。行业分析主要分析行业所属的不同市场类型、所处的不同生命周期以及不同宏观经济周期的行业轮动对证券价格的影响。区域分析主要分析区域经济因素对证券价格的影响。一方面，行业的发展状况对该行业上市公司的影响是巨大的，从某种意义上来说，投资某家上市公司实际上就是以某个行业为投资对象。另一方面，上市公司在一定程度上又受区域经济的影响，尤其是我国各地区的经济发展极不平衡的情况下，产业政策也有所差异，进而对我国证券市场中不同区域上市公司的行为与业绩产生不同程度的影响。

微观经济分析：微观分析就是对公司或企业进行分析，也是基本面分析中的重点。无论什么样的分析报告，最终都要落实在某家公司证券价格的走势上。而股票的市场表现直接受制于该公司的经营状况。只有通过对公司的背景资料、业务资料和财务资料进行深层次全方面分析，才能为最终的投资决策提供合理的依据和基础。公司分析主要包括以下三方面内容：公司基本素质分析、公司财务报表分析和投资价值评估。

基础分析的主要优点在于：① 综合考虑影响证券内在价值的影响因素，能够比较全面地把握证券价格的基本走势；② 基础分析方法已经形成一套较为成熟的体系，应用起来相对规范和简单。

从长期来看，基础分析法是一种有用的分析工具，但在考虑诸多影响市场经济因素的短期变化时不够灵活和及时，对政治、经济因素产生影响的分析经常有滞后性。因此，基础分析的主要缺点就是预测的时间跨度相对较长，对短线投资者的指导作用较弱。

基于以上优缺点，基础分析主要的运用范围是：① 周期相对比较长的证券价格预测；② 相对成熟的证券市场；③ 短期预测精确度要求不高的领域。

二、证券投资技术分析法

技术分析法（technical analysis）是指仅从证券的市场行为和供求状况来分析证券价格未来变化趋势的方法。它是根据证券价格本身的变化规律得出的分析方法，属于对过去历史经验的总结。

技术分析流派认为，任何能对市场产生影响的信息，其影响都立即反映到市场价格中，市场永远是对的。同时，市场的历史信息包含有对市场未来趋势的提示。投资者可以根据对过去市场的分析得出对未来市场运动趋势的某种预期。

技术分析流派的建立，主要是投资者对市场运行规律长期经验的积累。一代又一代的投资者在总结经验的基础上，逐步归纳出市场运作的若干规律，并逐步据以形成各自的投资方法与投资理论。

简单地说，技术分析是从证券的市场行为来分析和预测证券的将来行为，不考虑别的因素。所谓市场行为包括市场的价格、成交量、达到这些价格和成交量所用的时间，也就是所谓的"价、量、时、空"。传统的技术分析的理论基础是建立在市场行为涵盖一切信息、价格沿趋势移动、历史会重演这三个假设之上的。技术分析的理论体系呈现出百家争鸣的特点，但绝大部分理论都以经典的道氏理论为起源。

技术分析流派一般认为：对任何重大的足以影响市场价格的事件而言，市场一般有能力预见到它的发生。同时，其评估更加客观。在重大的事件发生过程中，各种媒体所传播的信息往往是极为混乱的，而这时市场价格变动所提供的对事态发展的解读信息，往往是极为准确的。

从这个角度来看，技术分析弥补了基础分析在短期分析中所体现出的不足。技术分析仅依赖于对价格变化的观察和解释来做分析结论，易学易用，有助于市场参与者对新的市场事件做出灵活反映。

技术分析的主要优点在于：① 接近市场，考虑问题比较直接，对市场的反应迅速，分析的结果也更接近实际市场的局部现象。② 与基础分析相比，通过技术法分析指导证券买卖见效快，获得收益的周期短。

而技术分析的缺点主要在于三个方面：① 技术分析投资者的目光往往比较短浅，考虑问题的范围相对较窄,对宏观经济政策、市场的长远趋势不能进行有益的判断。在市场的重大转折关头,技术分析方法就方法的本质特征而言具有相对的长处,但是能够据以进行正确操作的技术分析投资者仍然是极少数。② 技术分析不容易把握事物发展过程中量变与质变的界限。事后看来,观点似乎很清楚;但从事件发生当时来看,很难抉择。另外,建立在单一技术分析方法上的投资决策系统失误率较高,而同时使用多种技术分析方法,投资决策系统的效率又较低。③ 技术分析成功运用的前提条件是市场供求双方不受任何约束,这个条件不具备,对价格变化的解释就失去意义。由于金融市场上可能出现价格噪声或价格操纵,技术分析所依赖的图形往往也被噪声化,图形所显示的意义大部分都不能实现,虚假信号成为经常发生的事情。如果按照实际上被噪声化的技术图形所提示的方向去进行投资,那将面临巨大风险。

基于以上优缺点,技术分析主要适用于在时间上较短的行情预测。而一旦要进行周期较长的分析,则必须依靠基础分析等方法,这是应用技术分析方法时需要注意的问题。技术分析另一个值得注意的问题是,它所得到的结论是以概率的形式出现,难以做出绝对方向性的判断。

三、证券投资心理分析法

心理分析法是基于市场心理分析股价运行的规律,强调市场心理是影响股价的最主要因素。心理分析主要涉及两个方面:个体心理和群体心理。个体心理分析基于"人的生存欲望""人的权利欲望"和"人的存在价值欲望"三大心理分析理论进行分析,旨在解决投资者在投资决策过程中产生的心理偏差问题。群体心理分析基于群体心理理论与逆向思维理论,旨在解决投资者如何在研究投资市场过程中保证正确的观察视角。

历史上著名的股票投资家,如凯恩斯、索罗斯都是市场心理分析大师。凯恩斯1936年提出"空中楼阁理论"是心理分析流派中最重要的理论。该理论完全抛开股票内在价值,强调心理构造出来的"空中楼阁"。该理论认为,投资者之所以以一定的价格购买某种股票,是因为他相信股价将会上涨,会有其他投资者以更高的价格向他购买这种股票。投资者无须计算股票的内在价值,所需要做的就是在股价到最高点之前买进股票,然后以高于成本的价格将其卖出。凯恩斯另一著名的"选股如选美"理论中,也对投资者心理进行了分析。假设在有众多美女参加的选美比赛中,如果猜中了谁能够获得冠军,就可以得到大奖。凯恩斯认为别猜个人认为最漂亮的美女能够拿冠军而应该猜大家会选哪个美女做冠军。诀窍就是要猜准大家的选美倾向和投票行为。相应地,对于证券投资而言,就是不要去买自己认为能够赚钱的金融品种,而是要买大家普遍认为能够赚钱的品种,哪怕那个品种根本不值钱。这实际上就是对投资心理的一种分析。

心理分析流派认为,促成股价变动的因素,主要是市场对于未来股票市场信心的强弱。若投资者对未来股市乐观,就必然会买入股票来表现其心理,股价因而上升;若过度乐观,则股价可能超越合理水平,上涨至不合理的价位。相反,若投资者对股市悲观,信心转弱,将卖出手中的股票,股价因此而下跌;倘若投资者心理过度悲观,会不计成本大量抛售,则可导致股票价格跌至不合理的低价。当市场表现出越来越强烈的投机狂热的心理特征时,牛市常常已进入尾声。当市场一片低迷,恐惧心理越来越强烈时,熊市可能正悄然离去。这是心理学的逆向思维理论在股票投资中的应用。股价狂涨暴跌原因就在这里。而成功投资的策略就是研究市场心理是悲观还是乐观,然后顺势而为。

尽管心理分析法在判断市场趋势是否发生重大转折时,有其独到之处,但心理分析亦有其缺点。如何衡量股票市场的心理,这常使分析股市行情的人士感到困惑。在美国,已建立了测量市场心理的一系列指标体系。如共同基金的现金/资产比例、投资顾问公司的看法、再融资的数量等等。由于不同的国家有不同的市场监管体系、不同的市场成熟程度、不同的市场信息结构等,因此,按美国市场条件建立的市场心理测量体系无法直接应用于其他国家。

现代的投资心理分析则是基于卡尼曼(D. Kahneman)等人发展的非线性效用理论。一些金融学家开始引入心理学关于投资者行为的一些观点,来解释金融产品交易的异常现象,比如从众心理、噪声交易、泡沫等等,这些理论形成了现代金融理论中的行为学派,被称为行为金融(behavior finance)。

行为金融理论试图刻画决策人真实但常常是直觉的行为,不管这些行为是貌似合理还是不合理,并以此为基础对决策前、决策中和决策后的情形做出预测。除了研究信息吸收、甄别和处理,以及由此带来的后果外,行为金融理论还研究人们的异常行为,从而观察非理性行为对其他市场参与者的影响程度。

通过对市场交易者各种行为的研究,行为金融学对有效市场假说(effective market theory,EMH)的三个假设提出了质疑。有效市场假说建立在三个逐步放松的假设之上:投资者是理性的,所以他们能对证券价值做出合理的评估;即使某些投资者是非理性的,但他们的交易是随机进行的,他们之间的交易很可能会相互抵消,证券价格一直保持在基本价值附近;即使非理性的投资者会犯相同的错误,但市场上理性的套利者会通过套利行为消除非理性投资者对价格的影响。行为金融理论认为,要用投资者的正常行为取代理性行为假设,而正常行为并不等于理性行为;非理性投资者的决策并不总是随机的,常常会朝着同一个方向发展;套利不仅有条件限制,套利本身也是有风险的,因此不能发挥预期作用。

行为金融分析的快速发展试图为这些经验法则提供行为基础和行动逻辑。尽管行为金融学已经提出了许多富有成效的成果,一些新的研究结论和思想也在广泛应用之中,但作为一个新的研究领域,行为金融学仍在不断充实与完善的过程之中。如果将不同的分析理论结合起来,考虑在心理分析的基础上进行技术分析,再结合上基本面分析的长处,金融投资理论就会更加实用,我们也将会对价格变化的机理有更深入的认识。

四、证券投资组合分析法

组合分析是现代金融理论的核心成果之一。组合分析法根据不同的证券具有不同的风险收益特征,通过构建证券的组合以达到最佳投资收益和投资风险的分析方法。

马科维茨(Harry M. Markowitz)在1952年提出了投资组合理论,引起了股票投资理论的革命。他的主要贡献有:① 提出了如何定量计算股票投资的收益和风险以及投资组合的收益和风险。② 用模型揭示出,股票投资收益和风险成正比。③ 说明股票投资风险由系统风险和非系统风险两部分构成,通过适当的组合可以避免非系统性风险。④ 提出有效投资组合的概念。有效投资组合具有如下要求:在相同的风险水平下,投资组合具有最高的收益;在相同的期望收益下,投资组合具有最低的风险。⑤ 如果有以下三个变量的数据,即每个股票的收益、收益的标准差(风险)、每个股票之间的协方差,就可以决定投资组合的期望收益和期望风险,从而建立有效投资组合。然而,马尔科维茨的投资组合理论最大的问题在于,该理论需要大量的计算,在当时较难大量用于实践中。

1963年,夏普(William F. Sharpe)对其理论进行了简化,提出了单指数模型,也称为市场模型或对角线模型。实证分析表明:借助简化模型所选取的有效投资组合,十分类似马科维茨体系下的投资组合,但计算量大大减少。夏普首先将统计学上简单回归分析中的两个系数 α 和 β 引入股票投资分析中。β 系数反映某个股票(或投资组合)对市场组合方差的贡献率。用来衡量该股票的系统风险。β 大于1,说明该股票比较活跃,β 等于1,说明该股票与指数同步波动。α 是某个股票的非系统性风险,它主要用于检验某个股票或投资组合是否具有异常收益。

1964年,夏普提出了著名的资本资产定价模型(capital asset pricing model, CAPM),并系统地提出:① 资本市场线(capital market line, CML),该线反映的是有效组合的风险与收益之间的关系。② 证券市场线(security market line, SML),该线反映达到均衡时每个证券和证券组合的风险与收益之间的关系。③ 在 SML 中市场组合是最有效的投资组合,没有其他具有相同风险的投资组合能比市场组合提供更高的预期收益,也没有任何具有相同预期收益的投资组合,能比市场组合拥有更低的风险。这意味着,从长期看,没有投资者能够战胜市场,最好的投资策略就是买进一个尽可能分散的投资组合。

1976年,罗斯(Stephen A. Ross)在一篇论文中提出了套利定价理论。该理论在资本市场完全竞争和投资者偏好较多财富的前提假设下,以因素模型为基础,得出了市场上的投资者可以通过构建套利组合来实现市场无套利均衡的理论。与CAPM模型相比,该理论的假设较少,而且更便于应用和实证检验。

上述现代投资理论兴起之后,可以看出组合分析流派投资分析的哲学基础是"效率市场理论",投资目标为"按照投资风险水平选择投资对象"。组合分析法中的"长期持有分散化组合"投资策略以获取平均的长期收益率为投资目标的原则,是组合分析法与其他分析法最重要的区别之一,其他分析方法大多以"战胜市场"为投资目标。组合分析法在投资理论方法的定量化,大型投资组合的组建与管理,以及风险评估与控制等方面具有不可取代的地位。

第三节 证券投资分析的手段

在复杂多变的市场环境中,需要专业化的证券投资策略和投资管理方式。是采取"自上而下"的证券分析投资方式,还是采取"自下而上"的投资分析方式?是采取以"战胜市场"为导向的主动投资,还是选择跟踪指数的被动投资?是定性分析还是数量化投资管理?这些投资理念和分析手段的选择也是投资证券投资分析过程中的重要组成部分。

一、自上而下和自下而上

在证券投资分析过程中通常需要对投资标的进行选择,而在选择具体需要投资的证券时,通常可以考虑"自上而下"(top-down)的分析方法和"自下而上"(bottom-up)的分析方法。

"自上而下"的分析方法是按照"宏观—中观—微观"的顺序,最终确定投资标的。这种投资策略认为,宏观经济环境和企业所处的行业的变化对个体企业的经济收益,进而对其市场价值具有重要的直接或间接的影响。因此,在选择确定投资对象、构建投资组合的过程中,不能孤立地仅仅依靠对证券的个体分析,而应该从宏观到个体,遵循"自上而下"的投资过程。具体来说,"自上而下"的证券投资分析是投资者首先从宏观经济环境驱动因素进行分析,将宏观经济作为投资决策的顶层驱动因素,以决策所投资的地域国家和资产类别选择分配;其次,关注特定宏观经济背景下行业因素,对投资行业或板块进行剖析,判断行业竞争态势、行业周期、行业景气、行业政策等,以便发现和选择在近期或中远期能够持续成长的行业进行投资;最后,对公司的财务和经营状况进行分析,在优选行业中最终选择优秀的公司股票。

"自下而上"的方法则更偏重对公司的分析,关注最具有潜力的个股,而并不关注市场状况和宏观经济情况。在"自下而上"的投资策略中,投资者选择证券的内在价值独立于所处行业和经济环境,往往更容易发现被低估的优质公司,从而获得高出基准指数的回报。

由此可见,"自上而下"与"自下而上"体现了不同的投资哲学理念,实施的环境和条件也不尽相同。"自上而下"的宏观和行业分析,在大类资产配置以及规避股票市场系统性风险方面具有较好的实用性。而在市场或行业不存在系统性风险的条件下,"自下而上"的投资方法则更有助于长期价值投资。

二、积极投资和消极投资

自有效市场假说提出以来,金融经济学一直沿着两个并行的领域发展:一是强调有效市场假说(EMH),认为市场有效,投资证券只能获得市场平均收益;另一则是认为有效市场假说不成立,市场是无效的,投资者可以战胜市场。由此延伸出两种投资理念,即积极投资和消极投资。

积极投资者认为,投资者可以有效识别并捕捉市场定价无效的区间,从而持续稳定地预测资本市场的未来运行轨迹,并根据这一预测体系形成以"时机抉择"为特征的投资策略,从市场无效中获得超过其风险承担水平之上的超额收益,达到战胜市场的目标。具体来说,积极投资策略主要体现在:① 积极的资产配置,即根据不同时期的市场预期或风险估计,改变股票、债券、现金等资产配置的比例;② 积极风格切换,即根据不同时期市场特征进行特定类型公司选择,如大公司或小公司的切换、价值型或成长型风格切换;③ 积极进行板块和行业选择,注重行业前景或板块机会的选择能力,并通过行业或板块积极地进行组合调整。

而消极投资者则认为,市场定价机制是有效率的,投资人可能在短期内偶尔取得超额收益,但无法对投资时机作出长期、系统、正确的判断。因此,消极投资者的策略主要为投资各种风格的指数。他们否认"时机抉择"的功效,放弃对投资对象价格转折点作出系统预测的努力,而以现代数理统计为基础,通过构建投资组合,或者直接投资市场指数,取得与所承担的风险相适当的市场平均收益。

三、定性分析和定量分析

从投资方法论的角度而言,定性投资分析和定量投资分析是投资管理发展的另外两个分支。

定性投资分析主要依赖于投资者对信息的主观判断。以深入的基本面分析为核心基础,辅以对上市公司的调研和管理层的交流,在综合所有信息后精选个股,构建组合,以获得超额收益。

定量投资分析则注重量化分析方法在投资管理中的应用,强调定量投资分析与数量化投资。数量化投资是将投资理念及策略通过具体指标、参数设计体现到具体的模型中,让模型对市场进行不带任何情绪的跟踪。近年来,定量分析的方法逐渐在全球资本市场兴起和发展。相对于传统投资方式来说,定量投资分析具有快速高效、客观理性、收益与风险平衡和个股与组合平衡四大特点。量化投资技术几乎覆盖了投资的全过程,包括估值与选股、资产配置与组合优化、订单生成与交易执行、绩效评估和风险管理等,在各个环节都有不同的方法及量化模型。

第四节 证券投资业绩评价

证券投资的目标在于实现投资者效用的最大化,其效果可以用收益与风险相结合的各种指标进行评价。常用的业绩评价指标包括詹森α、特雷诺指数、夏普比率、索提诺比率、信息比率等。

一、詹森指数(Jensen ratio)

詹森指数是测定证券组合经营绩效的一种指标,是证券组合的实际期望收益率与位于证券市场线上的证券组合的期望收益率之差。1968 年,美国经济学家迈克尔·詹森(Michael C. Jensen)发表了《1945-1964 年间共同基金的业绩》一文,提出了这个以资本资产定价模型(CAPM)为基础的业绩衡量指数。

詹森指数(也称詹森α)是对 CAPM 基础上的资产组合的超额收益的测算。其计算公式为:

$$\alpha_i = r_i - [r_f + \beta_i (r_m - r_f)] \tag{1.1}$$

其中,r_i 为投资组合收益率,r_f 为无风险资产收益率,r_m 为市场组合收益率,β_i 为投资组合所承担的系统风险。詹森指数是绝对绩效指标,表示投资组合收益率与相同系统风险水平下市场投资组合收益率之间的差异。詹森指数大于 0 时,表示投资组合绩效优于市场投资组合绩效。用詹森指数对不同投资组合绩效进行比较,詹森指数较大表明投资组合具有较高的超额收益。

二、特雷诺指数(Treynor ratio)

特雷诺指数测度了单位系统风险的风险溢价。其计算公式为:

$$Treynor_i = \frac{r_i - r_f}{\beta_i} \tag{1.2}$$

其中,r_i 为投资组合收益率,r_f 为无风险资产收益率,$r_i - r_f$ 即为投资组合的风险溢价,β_i 为投资组合所承担的系统风险。特雷诺指数是相对绩效指标,反映了投资组合承担每单位系统风险获取的风险溢价。特雷诺指数大于 1 时,表示投资组合绩效优于市场投资组合绩效。用特雷诺指数对不同投资组合绩效进行比较,特雷诺指数较大表明投资组合单位系统风险的风险溢价较高。

三、夏普指数(Sharpe Ratio)

夏普指数测度了单位总风险的风险溢价。其计算公式为:

$$Sharpe_i = \frac{r_i - r_f}{\sigma_i} \tag{1.3}$$

其中,r_i 为投资组合收益率,r_f 为无风险资产收益率,$r_i - r_f$ 即为投资组合的风险溢价,σ_i 为投资组合收益率的标准差,即投资组合所承担的总风险。夏普指数是相对绩效指标,反映了投资组合承担每单位总风险获取的风险溢价。用夏普指数对不同投资组合绩效进行比较,夏普指数较大表明投资组合单位总风险的风险溢价较高。与特雷诺指数相比,夏普指数同时考虑了系统风险与非系统风险,能够反映出投资组合分散和降低非系统风险的程度。在比较已完全分散系统风险的投资组合绩效时,夏普指数与特雷诺指数得到的结果相同。在比较未完全分散系统风险的投资组合绩效时,夏普指数比特雷诺指数更适用。

四、索提诺指数(Sortino ratio)

索提诺指数测度了单位下行风险的风险溢价。其计算公式为:

$$Sortino_i = \frac{r_i - r_f}{\sigma(d_i)} \tag{1.4}$$

其中,r_i 为投资组合收益率,r_f 为无风险资产收益率,$r_i - r_f$ 即为投资组合的风险溢价,$\sigma(d_i)$ 为投资组合收益低于无风险收益部分的标准差,即为投资组合的下行风险。索提诺指数是相对绩效指标,反映了投资组合承担每单位下行风险获取的风险溢价。用索提诺指数对不同投资组合绩效进行比较,索提诺指数较大表明投资组合单位下行风险的风险溢价较高。与夏普指数相比,索提诺指数认为收益的上行波动不产生风险,而下行波动才是风险的主要来源,这一衡量标准更符合对资产价值下跌较为敏感的投资者。

五、信息指数(information ratio)

信息指数测度了每单位非系统风险所带来的超额收益。其公式如下:

$$information\ ratio_i = \frac{\alpha_i}{\sigma(\varepsilon_i)} \tag{1.5}$$

其中 α_i 为投资组合的詹森 α,表示投资组合相对于相同系统风险水平下市场投资组合收益率的超额收益,$\sigma(\varepsilon_i)$ 为投资组合与市场组合之间差异的标准差,表示组合的非系统风险。当非系统风险较低时,可以以较大的置信度相信超额收益 α 是稳定的,而当非系统风险较高时,投资组合超额收益 α 就会具有更大的不确定性,即 α 值显著性的置信度降低。信息指数反映了投资者偏离市场组合进行投资的积极投资行为所带来的超额收益。用信息指数对不同投资组合绩效进行比较,信息指数较大表明投资组合单位非系统风险的超额收益较高。

案例分析

市场中存在 Alpha 收益吗?

Alpha 收益指的是实际收益率中高于对应的预期收益率的超额收益部分。与 Alpha 收益相对应的是 Beta 收益,Beta 收益的概念来源于 CAPM 模型。在 CAPM 模型中,投资组合的收益率等于无风险利率加上风险溢价,只有多承担风险才能获得更高的收益。因此,CAPM 模型认为,资产的收益主要取决于 Beta 值,Beta 值越高,则股票的期望收益相对越高,Beta 值越低,则期望收益相对越低。

二十世纪的中叶,市场上将近75%的基金经理所构建的投资组合都不能超过市场指数。学者们通过研究认为,这种现象的根源是市场有效性理论:只要套利活动可以继续开展,那么在有效市场上就没有投资者可以获得超额收益,他们只能得到市场的基准收益率。因此,指数投资策略盛极一时。

然而,在随后的几十年中,金融衍生品被不断地开发出来,有很多的股票基金在市场上取得了超过市场指数收益的辉煌成绩。于是,投资者不再满足于投资简单的市场组合或指数,他们希望可以更积极地配置策略,以获得超过市场水准的收益率,也即Alpha收益。杰西·李佛摩尔(Jesse Livermore)、沃伦·巴菲特(Warren Buffett)、约翰·邓普顿(John Templeton)、彼得·林奇(Peter Lynch)、乔治·索罗斯(George Soros)、詹姆斯·西蒙斯(James Simons)等成功的股票投资家以长期获得Alpha收益而成为全球投资者学习的榜样。

近年来,中国学者的研究更倾向认为A股市场存在Alpha收益。罗荣华等(2011)利用338只开放式基金2005-2009年间数据,使用包括了完整的上升和下降阶段的时间段两年作为测量期间,发现基金经理通过主动性管理显著地提升了基金的Alpha收益。司靳(2015)以1998-2008年间我国主板A股市场首次公开募股的上市公司作为研究对象,发现IPO事件发生后,事件公司的股票存在显著的长期正向超额收益。孙尚芝(2015)在2009-2014年间,使用ROE增长率、资产报酬率、流动资产周转率、现金流量比率、总资产周转率、息税折扣摊销前利润与负债总计比率这六个指标对股票进行筛选,认为我国中小板市场上存在Alpha收益。

在市场存在Alpha收益的情况下,主动投资策略会获得比市场指数更高的收益率,因此,进行证券投资分析是十分必要的。

小　结

1. 证券投资分析是证券投资过程中的重要环节,投资者进行证券投资分析的主要目标是实现投资决策的科学性,正确评估证券的投资价值,降低投资风险。
2. 目前进行证券投资分析所采用的主流方法主要有四种类型,分别为基础分析法、技术分析法、心理分析法、组合分析法,对不同分析方法的学习和使用有助于投资者更科学地进行证券投资。
3. 基于投资者对市场的认识不同以及特定市场的不同特征,证券投资分析的手段可以从"自上而下"与"自下而上"、积极投资与消极投资、定性分析与定量分析中进行选择。

习 题

1. 进行证券投资分析的目的是什么?
2. 证券投资分析有哪几种方法?每种方法的假设与适用性如何?
3. 投资是一种什么样的行为?如何区分投资与投机?
4. 证券投资业绩评价的方法有哪些?

第二章

证券投资宏观环境分析

教 学 目 的 与 要 求

宏观经济分析是"自上而下"证券投资分析的重要组成部分。通过本章学习,应该了解证券投资分析中宏观经济环境的分析框架,并结合其在中国的实际应用情况,分析宏观经济增长与通货膨胀、货币政策与流动性以及财政政策与产业政策对证券投资的影响,掌握证券投资分析的宏观基础,从而提高"自上而下"进行投资分析的能力。

第一节 宏观经济分析框架

宏观经济分析是自上而下证券投资分析的重要组成部分。在对证券进行估值时,首先要考察宏观经济对公司和证券市场的影响,然后分析在这样的经济环境中具有较好发展前景的行业,最后再分析理想行业中的优秀公司。因此,研究重大的宏观经济问题、把握宏观经济走势是一个专业证券投资者所必须具备的素养。

一、宏观经济政策的目标

宏观经济政策最终目标是指经济政策的制定者所期望达到的最终实施结果,是政府制定和执行货币政策和财政政策的依据。一般来说,一国宏观经济政策的最终目标有四个:稳定物价、充分就业、促进经济增长和平衡国际收支。

宏观经济政策的四个目标,都是国家经济政策战略目标的组成部分,它们既有一致性,又有矛盾性,不同目标的实现过程中有时会出现相互干扰和背离的情况。在实际经济运行过程中政府往往会根据本国的具体情况,在一定时间内选择一个或两个目标作为货币政策的主要目标。

就我国目前的实际情况而言,在证券投资分析中投资者主要关注的是通货膨胀和经济增长这两个指标。西方成熟市场经济国家基本实行2%的通货膨胀目标制,我国近几年主要以3%作为目标通胀率,同时保持6.5%左右的经济增速。当通胀水平超过3%的目标时,央行就会执行紧缩的货币政策来抑制物价上涨;而当预期经济增速大幅低于6.5%水平时,宏观经济管理部门就会采取扩张的财政和货币政策来刺激经济。

宏观经济学的一个核心问题是讨论如何维持一国国内生产总值的合理增长。针对这个问题一般有两种思考的角度,第一个角度是讨论一个国家潜在生产能力已知的前提下,如何矫正实际产出水平对潜在生产能力水平的偏离,这属于宏观经济学的短期经济波动问题(short-run fluctuations);另一个角度是讨论一个国家的潜在生产能力由哪些因素决定,诸如人力资源、技术水平等,这属于宏观经济学中的长期经济增长问题(long-run growth)。

另一方面,任何宏观经济现象都涉及供给和需求两个方面,在研究宏观经济问题时必然要涉及对商品和服务的总需求和总供给的分析,对于需求和供给两者关系的区别也是划分不同经济学流派的重要维度之一。

由此,我们得到了分析宏观经济学问题的两个维度:长期和短期、供给和需求。并以此来划分宏观经济学理论中的两大主要流派:古典经济学和凯恩斯主义经济学。古典经济学强调市场配置资源的有效性以及市场经济的内在稳定性,供给决定需求,因此,政府没有干预经济的必要。其分析框架主要用于对经济的长期增长动力的研究。而凯恩斯学派强调市场并不总是有效的,当出现有效需求不足时需要政府对经济进行干预,其分析框架着眼于需求角度,并对经济的短期波动进行分析。后人又在这两大流派的框架基础上进行了一系列改进,其中新古典经济学在卢卡斯批判的基础上加入了理性预期(rational expectations),而新凯恩斯主义则又加入了价格黏性(price stickiness)的假设条件。

二、凯恩斯主义经济学

(一)凯恩斯主义的分析框架

1936年出版的《就业、利息和货币通论》一书奠定了凯恩斯主义宏观经济学体系的基础。凯恩斯认为总需求决定总供给,其对大萧条的解释是有效需求不足,背后原因是投资者信心(animal spirit)的下降。同时认为市场上的工资和价格的调整是刚性的,因此当价格的调整落后于需求的调整时,市场处于非均衡状态。当有效需求不足时,政府应该通过扩张性的货币政策和财政政策来刺激社会总需求,从而使经济增长回到潜在增长水平。而当经济处于通货膨胀的过热阶段时,则应该采取紧缩性的货币政策和财政政策来抑制社会总需求。总之,凯恩斯主义强调政府应通过针对性的经济政策对经济运行施加影响,平抑经济波动,使其始终处于潜在增长水平附近。

从需求角度来分析,国内总产值主要由消费、投资、净出口以及政府支出四个方面决定,其中政府支出水平主要体现在政府消费和政府投资两方面,其支出大小主要取决于政府意愿,在一定程度上属于外生变量。一般我们把消费、投资和净出口统称为拉动经济增长的"三驾马车"。

1. 消费（consumption）

从主要国家的统计资料来看，消费在总支出的组成部分中所占的比重都是最大的。人们的消费行为主要受到收入水平、资产价格（财富效应）以及政府的税收等因素的影响。一般来说，收入水平越高，消费水平也就越高；政府降低税收水平可以有效刺激消费。在消费函数中，不随收入变化而变化的那一部分消费被称为必需消费，而其他消费受到当期或长期收入水平影响。边际消费倾向（marginal propensity to consume）则表示随着国民总收入的增长，每增加一元钱中被用于消费的比例。对于一个国家而言，在不同的时期，其边际消费倾向会发生变化，在相同时期内，不同群体的边际消费倾向存在差异。

2. 投资（investment）

企业的投资行为主要受到融资条件、对未来需求的预期或对经济发展的信心影响。一般而言，通过降低企业的实际利率水平可以有效地促进企业的投资行为。此外，企业家对于经济发展前景的预期也能在很大程度上影响其投资行为，并呈现出顺周期的特征：当经济发展状况良好、投资机会较多时，企业往往愿意加大投资、扩大生产；而当经济出现衰退迹象时，企业则更倾向于选择收缩投资、缩小生产规模。

3. 净出口（net Export）

净出口为出口额减去进口额的差额。净出口受到外部需求和市场环境（如汇率变化、贸易条件等因素）的影响。通常来说外部需求转好可以刺激本国产品的出口，本国货币的贬值也可以增强出口产品的竞争力，从而改善出口状况。进出口中一部分为与总收入无关的进出口产品，指本（外）国消费者的必需品；另一部分则与本（外）国收入呈正相关。边际出口倾向描述了外国居民对本国产品的依赖程度，边际进口倾向描述了本国居民对外国产品的依赖程度，一般而言在一个时期内是大致稳定的。

（二）凯恩斯主义分析框架在中国的应用

在20世纪90年代，我国市场经济体制逐步确立。一方面，市场在资源配置中的作用大大增加，价格体系的灵活性大大增强，可以较好地吸收供给和需求端的冲击，同时价格的弹性变动调节了消费和投资行为，降低了生产活动波动的幅度。经济增长的制约因素逐步从供给端向需求端转化。20世纪90年代中期之后，我国从短缺型经济逐步过渡到供给充分型经济，经济体制改革、适龄劳动人口的增加以及农村富余劳动力向城镇的转移都有效提高了生产效率，增加了经济供给能力。在上述背景下，中国经济增长速度的波动幅度显著下降。

如果考察拉动总需求的"三驾马车"，可以看到出口和投资的变动解释了大部分的经济短周期波动因素。出口和投资的波动性较大，消费对GDP增长的贡献则相对稳定。1995年以来，消费对GDP增速的拉动平均为4.94%，高点和低点分别为6.7%和3.6%，对经济增长波动的影响远远小于出口和投资（图2-1）。

1. 净出口

首先，从净出口的总量角度进行观察。20世纪90年代中期以来，外需冲击是造成我国短期经济增长探底的主要诱因。1995-2016年，净出口对我国GDP的平均贡献为

图 2-1 我国三大需求对 GDP 增长的贡献率

数据来源：Wind.

0.1%，在 GDP 平均增长率中占比较小，但是波动很大，最高达到 3.9%，最低则为 -4%。1995 年以来我国 GDP 增长的两次低位分别位于 1999 年和 2009 年，均受到了外部冲击的影响：1997 年的亚洲金融危机和 2008 年的全球金融危机均造成出口大幅下滑，2009 年的出口额更是比 2008 年大幅下降 16%。出口对于经济的影响还体现在其对投资和消费的乘数效应上，出口受到冲击之后外向型企业的投资会受到抑制，不仅体现在固定资产投资上，也体现在存货的需求上。同时，出口增速放缓抑制了相关就业人员的收入和其对未来的信心，从而影响消费支出。

其次，从进口和出口产品的结构进行观察。2016 年底，我国主要出口商品有机电音像、纺织品、贱金属、化工品、车辆等运输设备等。在出口产品中，装备制造业（主要是机电产品）和劳动密集型产品依然是出口主力，分别占总值的 58.47% 和 22.83%；劳动密集型产品中，只有玩具出口正增长，保持着较好的竞争优势。主要进口产品为机电音像、矿产品等（图 2-2）。

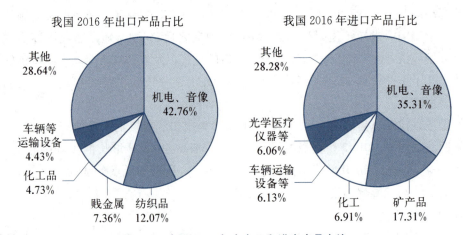

图 2-2 我国 2016 年底出口和进出产品占比

数据来源：Wind.

2. 投资

投资包括固定资产的形成和存货的增加。由于存货在投资中占比较小,我们更关注固定资产形成总额的变化。投资对GDP增长的贡献波动较大,2010年之后投资对于经济增长的拉动效率呈递减趋势。1995年以来,投资对GDP增速的贡献平均为4.3个百分点,最高达到8.1%,最低为1.4%。

房地产和制造业投资占固定资产投资的比例接近50%。其波动既受到自身内在的周期性因素影响,也受到宏观政策的影响(图2-3)。比如房地产投资主要取决于流动性情况、房屋销量和存货水平等。制造业扩张的动力主要来源于原有需求的持续增长和新增需求的出现,企业进行产能扩张和设备更新。近年来,随着我国经济增速的下滑,制造业投资增速下滑也最为明显,其中民间投资增速更是出现了幅度较大的下跌,反映了企业对于未来一段时间的经济发展前景缺乏信心。而基础设施投资则主要由政府进行,受财政政策的影响比较大。一般来说,在制造业、房地产业投资下滑之际,政府有动力运用财政和窗口指导等手段提高基建等相关行业的投资增速,以平抑制造业和房地产业投资下滑过快给实体经济造成的冲击。

图2-3 我国固定资产投资及三大部分累计增速情况

数据来源:Wind.

3. 消费

中国消费的决定因素可以分为四个方面:其一是流量财富,关注的指标是居民可支配收入和就业水平;其二是存量财富,关注的指标包括储蓄率和资产价格;其三是通胀预期,主要体现在居民对经济的信心如何;其四是国家政策,包括对于消费的优惠政策。以上四方面中最核心的指标是居民收入增长,因此消费整体上相对经济具有一定的滞后性。

消费构成中,汽车、食品饮料、石油制品以及服装家纺所占比例较高,其中汽车类消费在2016年底的比例达到了近28%,较2008年底的21%有所提升,石油制品类由于油价大幅下跌的影响,所占比例从2008年底的20.8%下降至12.9%(图2-4)。

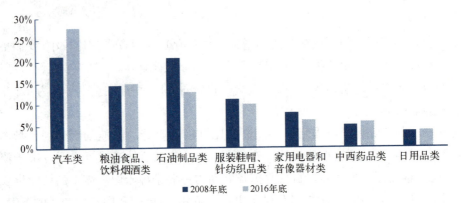

图 2-4 2008 年底和 2016 年底我国限额以上批发和零售业零售额中各子行业占比

数据来源：Wind.

从 2005-2017 年消费各构成部分对于消费水平的波动影响来看，汽车、家电和石油及其制品具有较强的周期性，是导致消费总体水平变动的主要波动来源；而食品饮料、服装和日用品增速比较稳定(图 2-5)。

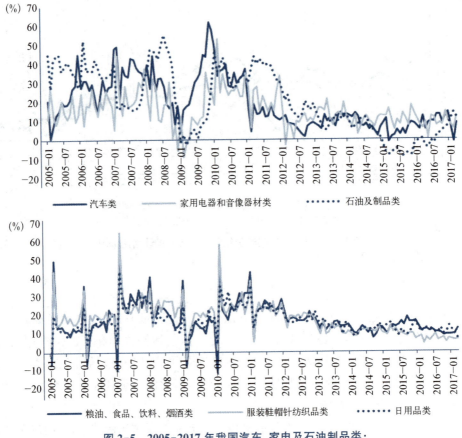

图 2-5 2005-2017 年我国汽车、家电及石油制品类；
食品饮料、服装及日用品类的当月同比增速

数据来源：Wind.

三、古典经济学

(一) 古典经济学的分析框架

1776年亚当·斯密(Adam Smith)《国富论》的发表,标志着古典经济学的建立,该学派强调价格就像一只"看不见的手",能够引导经济活动达到某种最优状态。在自由市场经济条件下,每个人和企业都按照使自己利益最大化的原则进行经济活动,但这些活动将使市场整体产生一组最优价格并使得全社会的利益最大化。这一理念在宏观层面的延伸即供给决定需求的观点,在现有的供给能力下生产的产品数量决定了经济的需求。用萨伊定理(Say's Law)来解释即为供给创造需求。经济不会出现生产过剩的情况,资源被充分利用,即使失业也是自愿的,是人们基于效用最大化在就业和休闲之间的选择。因此,古典经济学派认为,外在的冲击只会导致经济短暂的波动,市场自身具有调节机制,并最终能回到充分就业的水平,政府在自由市场经济体系中所起的作用是十分有限的,因此应尽可能减少政府对市场的干预。

从长期来看,经济的增长主要取决于供给面的基本因素,包括劳动力、资本存量和技术水平,而与需求方面的因素关系不大。1956年,罗伯特·索洛(Robert Solow)提出了新的经济增长模型,对古典经济增长理论作出了非常有意义的修正。在分析影响经济增长因素的问题上,索洛提出的观点是提高储蓄率和提高有效劳动生产率都可以促使经济增长,但两者的影响路径不同。提高储蓄率会影响长期增长趋势线的起始位置,从而使得资本积累加速;而趋势线的斜率则是由有效劳动生产率(劳动生产率与技术进步之和)确定,有效劳动生产率越高,长期增长趋势线的斜率就越大。各国财政政策的制定者可以根据本国的实际情况选择不同的增长途径,既可以通过税收政策鼓励人们储蓄来提高长期增长趋势线的截距,也可以通过加大对技术研发部门的投入,使长期增长趋势线的斜率增大。

索洛还提出了一种估计技术进步率的方法,即将经济整体增速除去劳动、资本、土地等要素投入之后的"余值"作为技术进步率的衡量标准,被称为"索洛余值"(Solow residual)或"全要素生产率"(total factor productivity,TFP)。

1. 劳动人口

人既是生产者又是消费者,所以人口的变动对一个经济体商品和服务的总供给和总需求都会产生影响。人口的增长提高了商品和服务的生产量,同时又增加了对这些商品和服务的消费需求,因此对经济增长具有双重作用,即既可以促进经济增长,也可能阻碍经济增长。

关于人口增长的问题,关键是如何保持适度的人口规模。人口过度增长阻碍了生活水平的提高和社会经济的增长。当人口的增长率超过了国民总收入和总产量的增长率时,显然会减少资本的积累,降低资本的密集度。如果国民收入和总产量的增长更快的话,人口的增加会导致市场规模的扩大、专业化水平的提高以及规模经济的形成。

人力资本投资能有效提升劳动生产率,并进而促进经济增长。人口的适度增长之所以能推动经济增长,不仅因为人是生产者和生产要素,而更在于人的各种能力和禀赋同样是一种资本,通过教育、培训等使人的能力和素养提高所形成的资本是人力资本。从经济增长的总体情况来看,形成先进和落后生产力最主要的差别就是在人力资本上的差别。发达国家由于在教育上有足够的投入,从而形成了人力资本上的显著优势,并由此推动了经济的快速增长和社会生活水平的快速提高,形成良性循环。而落后国家,由于没有足够的投入用于教育,因此在人力资本的形成上处于明显的劣势,造成经济落后,生活水平低下,并因此造成有限的人力资本向发达国家流动,形成恶性循环。

2. 资本积累

资本积累主要来自储蓄,包括私人储蓄和政府储蓄。由于存在着商品、服务以及资本的跨国流动,因此储蓄还包括来自国外的储蓄。

储蓄率并非越高越好。第一,储蓄是当年国民总收入和总产品中未消费的部分,在总收入一定的条件下,储蓄率越高,意味着当期消费水平越低。如果消费长期保持在过低的水平,会损害当期生产者,影响生产者积极性,降低经济体系的效率。这时,高储蓄率不一定会带来高增长率,或者说不能带来有效的经济增长。第二,投资的边际效率递减,这意味着储蓄率越高,资本的边际产出可能越低。如果把推迟消费作为储蓄的代价,把资本边际产出作为储蓄的收益,那么只有在资本边际产出大于储蓄的代价时,储蓄才是适当的。因此,最优储蓄率是在储蓄的边际成本等于资本边际产出时的水平。

在封闭经济条件下,政府可以通过减免利息收入税来鼓励储蓄和资本的形成。在其他条件一定时,利息是对储蓄者推迟消费的一种补偿,减免利息收入税有利于鼓励家庭更多地储蓄。由于政府预算出现赤字时,不是通过增税就是通过金融市场融资来加以弥补,无论哪种方法均会降低整个国家的储蓄率。在这种情况下,削减财政赤字,能提高储蓄率。为了刺激资本形成,政府也可以对投资进行税收减免以及直接增加政府的投资性支出,特别是基础设施的投资。

3. 技术进步

技术进步对于经济增长的贡献体现在三个部分:首先,技术进步是提高劳动生产率的源泉;其次,技术进步可以使经济结构发生变革,优化产业结构,从而使宏观结构效益和资源配置效率得到提高;再次,技术进步是经济增长方式转变的核心,人类社会的每一次技术进步总是能够极大地提高生产效率和资源的利用率,优化资源配置,降低生产消耗,从而促进经济增长,并提高经济增长的质量。

技术研究和开发活动中具有以下三个特点:第一,尽管大部分知识属于公共知识,但研究和开发新知识的直接动机来自厂商对利润的追求;第二,厂商之所以愿意进行新知识、新技术的研究和开发,是由于研发带来的技术创新能给予厂商暂时的垄断地位,这既是由于专利制度的存在,也是由于研发的新产品能在市场上获得优势地位;第三,一家厂商的研发成果,会成为其他厂商今后创新的起点,也就是研发过程中存在着正外部效用溢出。

专利给予发明者的排他性产权,允许发明者在一段时间内拥有垄断利润。在研发的初期,厂商往往需要很大的投入。而一旦新技术开发出新产品却容易被别人模仿和剽窃。因此,需要政府对这种知识创新做出排他性的产权保护制度安排,否则技术创新就会缺乏动力。

(二) 古典经济学的分析框架在中国的应用

通过对中国自改革开放以来的经济发展历程的回顾,我们发现,过去三十余年间,尽管改革开放初期劳动力对经济增长的贡献不低,但驱动中国长期经济增长的根本原因主要是全要素生产率和资本存量的提升(图2-6)。

图 2-6　我国 1979-2011 年经济增长源泉分解

数据来源:CEIC,中金公司研究.

1. 人口结构

中国的人口因素对于经济长期增长的贡献主要体现在人口结构的变化对于资本积累和全要素生产率的推动上。中国的人口结构变迁体现了两大趋势:一是"人口红利",生产者和消费者①的人口比例在过去十年快速上升至目前的 264% 左右的水平(图2-7);二是"城乡转移",农村富余劳动力向城镇大量转移。这两个趋势在资本积累和全要素生产率两个方面促进了经济增长。

第一是对资本积累的影响,主要是通过提高储蓄率来实现的。影响储蓄的有多种因素,包括制度、政策的变化,但人口结构的变化是重要影响因素。一方面,生产者超过消费者的人数越来越多,经济的供给能力相对当期的消费需求增加,储蓄率上升。另一方面,大量农村富余劳动力向城镇转移,劳动力的充分供给抑制了工资的过快上涨,使得收入分配朝企业倾斜,企业部门的储蓄增加。

第二是对全要素生产率增长的影响,主要在于劳动力城乡转移过程中,劳动生产率得到提高。改革开放初期,农村劳动者占总劳动者的比重达到 70%,农业部门人均劳动生

---

① 生产者年龄的定义并没有绝对的标准,这里按照传统的劳动年龄定义(15—64 岁)作为生产者的区间,以 15 岁以下和 64 岁以上的年龄区间作为消费者。

产率低,有大量富余劳动力。当这些劳动力转移到城镇从事第二、三产业后,城市的集聚效应提升了劳动力技能,提高了劳动生产率。

2. 资本积累

自我国改革开放以来,资本积累主要是通过提高储蓄率来实现的。对于单个企业来说,投资资金来自内部的留存利润或者外部融资。对整个经济而言,投资的资金则来自国内储蓄或者对外负债。我国总体储蓄占 GDP 的比率在 20 世纪 90 年代中期以后大幅提高,10 年间由初始的 30% 上升到 50% 左右的水平,支持了投资的快速增长(图 2-7)。同时,由于人口红利的影响,经济增长的成果分配偏向于资本持有方,使得我国企业在发展初期拥有了大量资本持续用于再生产。

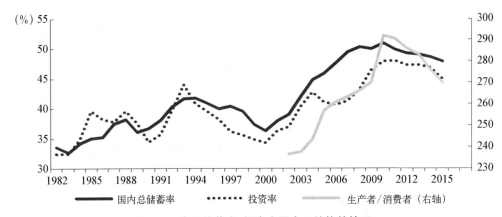

图 2-7 我国储蓄率、投资率及人口结构的情况

数据来源:Wind。

3. 全要素生产率

根据中金公司的研究,全要素生产率对中国 GDP 增长的平均贡献率最高达到 50% 左右。而根据亚洲开发银行的统计,同期亚洲四小龙的全要素生产率只贡献了约三分之一,其他 7 个亚洲发展中国家只贡献了约五分之一。因此我国全要素生产率在经济增长中的占比显著超过了同时期的亚洲新兴国家。这一现象出现的原因主要有两个:其一是市场经济体系在 1990 年前后全面确立,市场配置资源的比重大幅增加,从而提高了生产效率,而其他国家早已是市场经济,没有改革带来的增量红利效应;其二是 20 世纪 90 年代以来,在劳动力的城乡转移过程中大大提高了平均劳动生产率,而这也是中国独有的现象。

从图 2-6 我们可以看到在过去三十多年间我国经济出现了三次明显的加速时期:第一次是在 20 世纪 80 年代初;第二次是在 90 年代初;第三次是在 21 世纪初至全球金融危机前。期间,劳动力与资本的增速相对稳定,全要素生产率是经济增长的主要驱动力。而在全要素生产率提升的背后则是改革红利的体现,改革带来了经济体制和组织形式的变化,对外开放程度的加深则带来了竞争环境的变化。随着改革红利的释放完毕,三个快速增长期后,都伴随着潜在经济增长率不同程度的下降。

第一个上升期是20世纪80年代初,以家庭联产承包责任制为核心的农村改革开始推行,大幅提高了农业生产效率。家庭联产承包责任制以及其他农村改革解放了原来僵化的农业生产组织形式,使农民的生产积极性被调动起来,生产资料的配置得到了优化,从而促进了全要素生产率的提升。

第二个上升期出现在90年代初,邓小平南方谈话和"建立社会主义市场经济体制改革"目标确立,政府在财税、金融、外汇管理、企业制度以及社会保障等多方面采取了一系列的改革措施,在宏观经济调控体系的建立和所有制改革方面取得了重大进展。这些改革提高了市场在资源配置中的作用,促进了生产效率的提高。

第三个上升期出现在21世纪初,加入世贸组织进一步提高了我国对外开放的水平。一方面,随着进出口规模的扩大,外商投资的相应增加,中国企业开始进入全球市场,从技术、管理等方面提高了生产效率。另一方面,出口的扩大为农村富余劳动力的转移创造了条件,进而提高了劳动生产率。从20世纪90年代中期开始,劳动年龄人口开始超过非劳动年龄人口,加上农村的大量富余劳动力,经济面临内部需求相对于潜在生产能力严重不足和大量人口失业的双重挑战,加入WTO为解决这些问题提供了良机。

四、宏观经济与证券市场的互动关系

股票市场素有"经济晴雨表"之称,证券市场综合反映了人们对于宏观经济形势的预期,这种预期较为全面地反映了人们对经济发展过程中所表现出的有关信息的切身感受,并反映到投资者的投资行为中,从而影响证券市场的价格。从长周期的角度来看,证券市场的波动大体上与经济周期相一致,即经济繁荣,股票价格上涨;经济衰退,股票价格下跌。但是由于预期偏差以及投资者行为的非理性,证券市场的波动与经济走势并非时刻保持一致。

乔治·索罗斯(George Soros)在其长期成功的投资生涯中,深入地观察了商业、经济繁荣与萧条周期的市场表现,并提出了其关于宏观经济周期与股票价格之间关系的繁荣-萧条模型(图2-8)。该模型通过每股收益和股票价格这两个变量展示了一个典型的繁

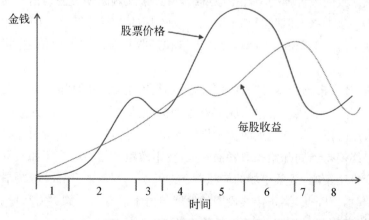

图2-8 索罗斯繁荣-萧条模型

资料来源:索罗斯,《金融炼金术》,海南出版社,1999.

荣-萧条周期,每股收益代表基本面情况,股票价格代表市场表现。其中,股票价格的快速上涨和市盈率的快速提高表示市场处于繁荣周期,而股票价格的下跌和市盈率的快速下降预示着市场处于萧条阶段。

索罗斯将经济周期和证券市场之间的互动分为了八个阶段。

第一阶段,市场股价表现滞后于经济基本面的改善。虽然宏观经济已经逐渐摆脱萧条阶段,但由于市场中悲观情绪弥漫,投资者对于经济基本面的改善视而不见,股票价格没有明显变动。

第二阶段,每股收益持续显著增长,刺激了边际购买力增强,基本面表现转好,使得投资者预期开始逐渐改善,股票价格快速上涨,股票价格在一定程度上偏离基于每股收益的估值水平。

第三阶段,随着前一阶段股票价格的快速上涨,短期出现回调风险,股价出现下跌,回调至更接近基本面估值的水平,原有趋势经受考验,价格出现一个短期高点。

第四阶段,经过短暂的分歧之后,市场价格重拾升势,对于未来经济增长的良好预期再度占据主导地位。股票从第三阶段的调整中恢复过来并创出新高。

第五阶段,基本面开始减弱,市场繁荣面临结束或反转的危险,市场出现明显的投机泡沫现象。在这一阶段会出现许多所谓的"基本面替代分析法"以解释在传统价值分析框架中无法解释的投机泡沫的合理性,使得由于政策性超量货币供应、新经济增长模式等因素刺激产生的经济繁荣看起来很正常,且可以持久下去。

在美国2000年"互联网泡沫"的高潮阶段,出现了两个流行的估值模型:DEVA估值模型和实物期权估值模型(详见第三章相关内容)。DEVA估值模型认为,一个网站被个人用户"点击"访问的次数被赋予了一定的货币价值,并在此基础上给互联网公司的价值进行估值;而实物期权估值模型认为,推动互联网公司价值增长的因素灵活多变,包括专利技术、多样的商业模式以及其他因素,这些无形因素无法被准确度量,因此被普遍用作给互联网公司估值合理化的借口。

经济繁荣导致的股价强劲上涨得以继续,反过来又刺激相关公司估值的提升,从而导致股票价格进一步上涨。但股票基本面信息和市场的表现不能互相印证,这在索罗斯模型中的表现就是持续上升的市盈率,股票价格和每股收益反应的价值之间开始出现持续的背离。

第六阶段,整个市场的良好表现,以及经济繁荣的强大动力和持续发展,导致一些边际投资者持续买入。股票价格进入脱离基本面的泡沫膨胀期,但这已经进入了本轮市场繁荣周期的最后阶段。持续增加的货币供给使得经济过热,过度消费引起物价大涨,通胀水平的上行最终使得当局开始采取紧缩政策,货币政策开始转向。正如索罗斯所言,一旦中央银行改变货币策略,股票市场的崩溃将立即开始。利率的升高将减缓消费的步伐,增加折现率,引起估值降低,终止错误投资的发展。由于没有新的购买力和投资来推动价格上涨,股票市场遇到了"拐点",股价开始快速下跌。

第七阶段,市场由先前的正反馈开始变为负反馈,由于缺乏后续投资者的买入力量,股票价格下降趋势确立,同时由于利率的上升,股票基本面恶化,这又反过来导致股价的进一步下跌和边际卖空行为。股票价格开始崩溃,经济陷入停滞阶段。随着技术面和基本面的持续恶化,市场上出现一种"非理性恐慌"。一些基本面较好的公司股价也在市场的极度恐慌时期大幅下跌,甚至跌破价值区间。

第八阶段,随着经济萧条期的来临,股票价格进一步下跌,悲观气息弥漫市场,投资者不断撤离市场,成交量萎缩,投资情绪低迷。随着时间的推移,经济景气慢慢触底回升,开始孕育下一个周期。在股票市场信心恢复的过程中,会出现管理渎职、债务拖欠、公司破产、工人失业和各种丑闻,投资信心的恢复需要很长的时间。但先知先觉者已经开始买入景气恢复较快的股票,新一轮繁荣-萧条周期即将开始。

第二节 货币政策与流动性

一、货币政策分析框架

货币政策是中央银行运用各种政策工具逆周期调控宏观经济的各种措施的总和,其目的是为宏观经济平稳运行创造良好的金融环境。货币政策的目标主要是通过影响利率而实现的,货币供应量的加大会使短期利率下降,并最终刺激投资需求和消费需求。

与财政政策主要刺激总需求不同,货币政策对经济的影响是全方位的,货币政策不仅能直接调控利率和货币供应量,还能够影响汇率,并刺激投资,推动总供给和总需求。当然与财政政策相比,货币政策影响经济的方式较间接,一般要经过一定的传导途径和时滞。弗里德曼(Friedman)和施瓦沃(Schwartz)在其有关美国货币史的经典著作中指出,货币供应量增长率的下降比经济收缩平均提前20个月,货币供应量增长率的上升则比经济扩张提前大约8个月。货币政策的分析框架大体可以分为四个层次:操作工具、中介目标、传导机制和最终目标。就最终目标而言,货币政策的目标和第一节所提到的经济政策的目标一致,包括了经济增长、充分就业、稳定物价和国际收支平衡。以下就货币政策分析框架中的其他三个层次的内容进行具体阐述。

(一)操作工具

货币政策的操作工具是指中央银行为实现货币政策目标所采用的政策手段。货币政策工具可分为一般性政策工具(包括法定存款准备金率、再贴现政策、公开市场业务)和选择性政策工具(包括直接信用控制、间接信用指导等)。

1. 一般性政策工具

(1)法定存款准备金率。法定存款准备率是指中央银行规定的金融机构为保证客户提取存款和资金清算需要而准备的在中央银行的存款占其存款总额的比例。当中央银行提高法定存款准备金率时,商业银行可运用的资金减少,贷款能力下降,货币乘数变小,市场货币流通量便会相应减少。所以,在通货膨胀时,中央银行可通过提高法定准备金率减少流通货币量;反之,则降低法定准备金率。由于货币乘数的作用,法定存款准备金率的作用效果十分明显。人们通常认为,这一政策工具效果过于猛烈,调整法定存款准备率会在很大程度上影响整个经济和社会心理预期,因此,央行一般对法定存款准备金率的调整都持谨慎态度。

(2) 再贴现。再贴现政策是指中央银行对商业银行用持有的未到期票据向中央银行融资所作的政策规定。再贴现政策一般包括再贴现率的确定和再贴现资格审查。再贴现率主要着眼于短期政策效应。中央银行根据市场资金供求状况调整再贴现率,以影响商业银行借入资金成本,进而影响商业银行对社会的信用量,从而调整货币供给总量。在传导机制上,若商业银行需要以较高的代价才能获得中央银行的贷款,便会提高对客户的贴现率或提高放款利率,其结果就会使信用量收缩,市场货币供应量减少。反之,则相反。中央银行对再贴现资格条件的规定则着眼于长期的政策效用,以发挥抑制或扶持相关贷款行业的作用,并改变资金流向。

(3) 公开市场业务。在多数发达国家,公开市场业务操作是中央银行调节基础货币、改变市场流动性的主要货币政策工具,通过中央银行与指定交易商进行有价证券和外汇交易,实现货币政策调控目标。1999年以来,公开市场业务已成为中国人民银行货币政策日常操作的重要工具,对于调控货币供应量、调节商业银行流动性水平、引导货币市场利率走势发挥了积极的作用。

目前,我国央行常用的政策操作工具有:

① 正/逆回购:正回购与逆回购都是央行在公开市场上调节货币的行为。正回购为中国人民银行向一级交易商卖出有价证券,并约定在未来特定日期买回有价证券的交易行为,正回购为央行从市场收回流动性的操作,正回购到期则为央行向市场投放流动性的操作;逆回购为中国人民银行向一级交易商购买有价证券,并约定在未来特定日期将有价证券卖给一级交易商的交易行为,逆回购为央行向市场上投放流动性的操作,逆回购到期则为央行从市场收回流动性的操作。

② SLO(short-term liquidity operations):短期流动性调节工具。可以被视为超短期的逆回购(期限小于7天)。SLO是公开市场常规操作的必要补充,在银行体系流动性出现临时性波动时相机使用。

③ SLF(standing lending facility):常备借贷便利。是全球大多数中央银行都设立的货币政策工具。但名称各异,如美联储的贴现窗口(discount window)、欧央行的边际贷款便利(marginal lending facility)、英格兰银行的操作性常备便利(operational standing facility)、日本银行的补充贷款便利(complementary lending facility)、加拿大央行的常备流动性便利(standing liquidity facility)等。常备借贷便利指以抵押方式发放贷款,主要作用是提高货币调控效果,有效防范银行体系流动性风险,增强对货币市场利率的调控效力。期限一般为1—3个月,资金的投放渠道包括政策性银行和全国性商业银行。

④ MLF(medium-term lending facility):中期借贷便利。2014年9月由中国人民银行创设。中期借贷便利是中央银行提供中期基础货币的货币政策工具,对象为符合宏观审慎管理要求的商业银行、政策性银行,可通过招标方式开展。发放方式为质押方式,并

需提供国债、央行票据、政策性金融债、高等级信用债等优质债券作为合格质押品。期限一般为3个月。

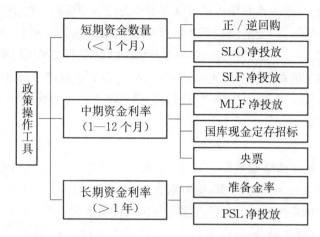

图 2-9 我国央行按时间长度分类的货币政策操作工具

⑤ 国库现金定存招标：指国库资金在中央银行保留一定的余额以后，其余部分存放在经过招投标产生的商业银行。此种工具对于市场利率的影响相对较小。

⑥ 中央银行票据(central bank bill)：是中央银行为调节商业银行超额准备金而向商业银行发行的短期债务凭证，其实质是中央银行债券，之所以叫"中央银行票据"，是为了突出其短期性特点。2014年人民币出现贬值趋势以来，央行发行央票的规模大幅缩小。

⑦ PSL(pledged supplementary lending)：抵押补充贷款，指央行以抵押方式向商业银行发放贷款。合格抵押品可能包括高信用评级的债券类资产及优质信贷资产等。期限一般在3—5年，资金投放渠道为政策性银行，主要是国开行和进出口银行。

2. 选择性政策工具

随着中央银行宏观调控作用重要性的加强，货币政策工具也趋向多元化，因而出现了一些供选择使用的新措施，这些措施被称为选择性货币政策工具。选择性货币政策工具主要有两类：直接信用控制和间接信用指导。

(1) 直接信用控制。直接信用控制是指以行政命令或其他方式，直接对金融机构尤其是商业银行的信用活动进行控制。其具体手段包括：规定利率限额与信用配额、信用条件限制，规定金融机构流动性比率和直接干预等。

(2) 间接信用指导。间接信用指导是指中央银行通过道义劝告、窗口指导等办法来间接影响商业银行等金融机构行为的做法。

(二) 中介目标

货币政策的中介目标(intermediate target)是介于操作工具和最终目标之间的指标。具体来说，中介目标是中央银行可以在适当时滞和精度下加以控制的经济变量，它是货币政策最终目标的先行指标，与后者之间存在相对稳定或至少可预测的联系。典型的中介目标包括诸如货币供应量、利率等。通常假定通过操作工具，中介目标能够被控制或至少受到显著影响。由于中介目标具有重要的传导和调控枢纽作用,可为货币政策的实施及时提供量化操作依据。同时,也能够准确地监测货币政策的作用效果。

中国人民银行自1993年开始将货币供应量作为中国货币政策的中介目标,这与当时我国经济市场化程度不高、金融体系不够完善的现实国情是相适应的。然而,随着我国市场化改革的推进,金融创新层出不穷,国内经济活动也更多地受到国际因素的影响,这些都使得我国货币数量的统计变得更加困难,且其与货币政策最终目标和宏观经济运行之间的相关性也在下降。因此,近年来央行开始尝试逐步放弃货币数量指标,转而使用价格型指标作为中介目标。

1. 数量型中介目标

数量型中介目标主要指的是货币供应量指标。货币供应量是指一国经济中可用于各种交易的货币总量。包括现金、存款、商业票据、可流通转让的金融债券、政府债券等。凡是在中央银行和金融机构以外的各经济部门和个人可用于交易的货币都是货币供应量的组成部分。货币供应量的初始供给是中央银行提供的基础货币,这种基础货币经过商业银行无数次的存入和支取,派生出许多可以用于交易的存款货币和支付工具,出现多倍数的货币扩张。货币供应量的多少,与社会最终总需求有正相关的关系。所以把货币供应量作为中央银行货币政策的中介目标,最终可以影响到宏观经济的调控目标。

货币供应量可以按照货币流动性的强弱划分为不同的层次,即M_0、M_1、M_2、M_3等。

① 流通中现金(M_0)是指银行体系以外各个单位的库存现金和居民的手持现金之和;② 狭义货币供应量(M_1)是指M_0加上企事业单位在银行的活期存款;③ 广义货币供应量(M_2)是指M_1加上企事业单位在银行的定期存款和城乡居民个人在银行的各项储蓄存款以及证券客户保证金;④ 更广义的货币供应量(M_3)是指M_2加上其他货币性短期流动资产(国库券/金融债券/商业票据/大额可转让定期存单等)。

一般认为,我国研究M_2构成的变化,对整个国民经济状况的分析、预测有特别重要的意义。

2. 价格型中介目标

价格型中介目标主要指银行间的市场利率。随着利率市场化的进程以及商业银行存贷款利率上限的逐步放开,央行公布的存贷款基准利率在市场中的影响力开始减弱。近年来,央行着手培育的市场基准利率包括上海银行间同业拆借利率以及银行间市场回购利率的市场指导意义开始加强。

(1) 上海银行间同业拆借利率(Shanghai interbank offered rate, Shibor)。上海银行间同业拆借利率是指由信用等级较高的银行自主报出的人民币同业拆出利率计算确定的算术平均利率,是单利、无担保、批发性利率。目前,对社会公布的Shibor品种包括隔夜、1周、2周、1个月、3个月、6个月、9个月及1年。

(2) 银行间市场回购利率。在银行间市场回购利率中,最重要和最常用的两个资金类的指标是1天回购利率和7天回购利率,其中又以质押式回购为主。在一个流动性非常宽松的环境下,由于资金需求方对资金的持续供应非常有信心,因此一般情况下是倾向于采用短期工具来进行融资的。在此情况下，1天回购品种的交易量会明显增大，1天回购利率对于资金面的敏锐度也会明显提高。相反，在一个流动性适度宽松甚至预期偏紧的环境中，融资方必然要对资金需求的可持续性做出前瞻性判断，因此7天回购品种将更受青睐，交易量会明显放大。因此，一般情况下，1天品种和7天品种的交易量相对变化可以反映出市场整体资金面状况，同样1天品种和7天品种的利差变化也可以反映出即期资金面和市场预期资金面的状况。

（三）传导机制

货币政策传导机制（conduction mechanism of monetary policy）是指中央银行运用货币政策工具影响中介指标，进而最终实现既定政策目标的传导途径与作用机理。货币政策传导机制是从运用货币政策到实现货币政策目标的过程，货币传导机制是否完善及提高，直接影响货币政策的实施效果。货币的传导机制较为复杂，同时关于这个过程的认识始终存在很多分歧和争论，以下是关于货币政策传导机制的一些主要理论和观点：

1. 传统的利率传导机制

以利率为渠道是传统凯恩斯学派货币政策传导机制的核心，其基本思路可以表示为：货币政策工具→M（货币供应）→r（利率）→I（投资）→Y（总收入）。货币政策的作用过程，先是通过货币供应量的变动影响利率水平，再经过利率水平的变动改变投资活动水平，最后导致收入水平的变动。

在这一传导机制中，核心变量为利率。这也是凯恩斯学派的基本观点：强调利率在经济中的核心作用。同时，利率传导机制还强调，影响消费者和企业决定的是实际利率而非名义利率，而且常常是实际的长期利率而非短期利率被认为对投资有主要的影响。

2. 资产价格渠道

在货币学派提出的传导机制中，货币政策是通过其他相关的资产价格以及真实财富作用于经济的。与凯恩斯学派观点不同，货币主义学派不认为利率在传导机制中具有重要作用，而是强调货币供应量在整个传导机制中的直接作用。货币政策的传导机制主要不是通过利率间接地影响投资和收入，而是通过实际货币余额的变动直接影响支出和收入，一般而言，这一传导机制主要通过大类资产价格以及汇率渠道对实际产出造成影响。

（1）资产价格渠道。就货币传导机制而言，有两种重要的与股票价格相关的渠道：托宾的Q理论和消费的财富效应。按照托宾Q理论，当企业的市场价值高于资本的重置成本，新厂房和设备的资本要低于企业的市场价值，此时公司会更有意愿发行股票进行融资并增加投资支出。货币主义学派认为，当货币供给增加时，社会公众会将多余的货币更多地配置于股票市场，增加对股票的需求，从而推升股票的价格。另一种借助股票价格的货币传导渠道是依靠消费的财富效应来运转的。这种观点认为，消费支出是由消费者毕生财富所决定的。这种资财由人力资本、实物资本以及金融财富所构成。金融财富的一个主要组成部分便是普通股。因此当货币扩张导致股价上升时，金融资产的价值也上升，导致消费者毕生财富增加，从而消费上升。

（2）汇率渠道。随着经济全球化的发展和浮动汇率的出现，汇率对净出口的影响已成为一个备受关注的货币政策传导机制。国内货币供应量的增加会使得利率下降,此时与用外币计价的存款相比,国内的本币存款吸引力降低,导致其相对价值下跌,即本币贬值。本币的贬值会增强本国商品的出口竞争力,因而在一定条件下会增加净出口,继而使总产出增加。

3. 信贷渠道

Williams 提出的贷款人信用可能性学说是最早有关货币政策信用传导途径的理论,伯南克(Ben Shalom Bernanke)则在此理论基础上进一步提出了银行借贷渠道和资产负债渠道两种理论,并得出如下结论:货币政策传递过程中,利率即使没发生变化,也会通过信用途径影响国民经济总量。

(1) 银行贷款渠道。扩张性货币政策将增加银行的准备金和存款,从而使得银行的贷款量上升。而贷款量的增加将刺激企业投资和公众的消费。这种信贷观点的一个重要启示就是:货币政策对那些更依赖银行贷款的小公司的作用,要大于对那些可以不通过银行而由股票和证券市场直接进入融资市场的大公司的作用。

(2) 资产负债表渠道。公司的资产净值越低,贷款给这些公司所产生的逆向选择和道德风险就越大,因为净值较低意味着贷款人对其贷款只拥有较少的抵押品,则违约带来的损失也更高。净值的下降使逆向选择问题更严重,因为这会致使用于金融投资的贷款减少。净值的下降意味着所有者所拥有的公司的股本价值下降,这会促使他们去参与高风险的投资项目,而进行风险更高的投资项目会使得贷款得不到偿还的可能性增大。故公司的资产净值下降会导致贷款的减少,进而引起投资下降。

扩张性的货币政策使得股票价格上涨,增加公司资产净值,同时名义利率的下降可以增加公司现金流,改善资产负债表。再者,企业的债务负担会因通货膨胀的影响而导致实际价值减少,从而使得公司的实际净资产价值增加,降低逆向选择和道德风险,从而使投资和总产出增加。

综合我国实际情况,可以将上述的货币政策传导机制表示为图 2-10。就目前几条主要传导路径的实际运行情况而言,第一条路径是最为市场化的路线,通过调整公开市场、再贴现再贷款等业务的利率以及存贷款基准利率影响市场的同业拆借利率和回购利率,进而传导至企业的实际融资成本,影响企业的投资行为;第二条路径利率和资产价格的作用关系中,利率对于房价的影响更大,但对于股价的涨跌之间的关系并不确定,房地产价格上涨所带来的消费效应和投资效应也要好于股市。此外,我国汇率尚未实现完全市场化,利率与汇率之间的关系并不明显,因此目前汇率渠道还难以体现利率的效果;第三条路径中对于存款准备金率以及存贷款基准利率的调整、央行的窗口指导对于商业银行的放贷行为仍比较有效,但是在某些时候,微观企业的借款意愿和银行的放贷意愿之间存在背离,导致传导至投资增速上可能效果不佳。

二、流动性分析框架

一般而言,股票资产的价格主要取决于其内在价值,即未来现金流的折现。但是,除

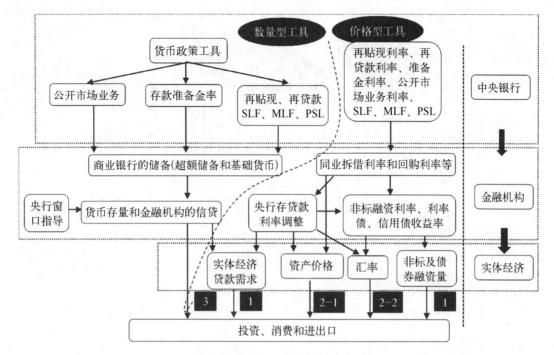

图 2-10 中国货币政策传导机制示意图

资料来源：申万宏源证券，《追根溯源 应对困局——中国利率传导机制的考察及政策选择》，2015。
注：黑框中的编号对应上文中相应的传导机制。

了一般意义上的股票资产定价，股票价格还受到宏观经济主体在大类资产配置上的影响，因此，股票市场的流动性会受到宏观层面的很多冲击，从而形成增量资金入市、资金外逃或者存量博弈等趋势带来的市场特征。从这一意义上来讲，对于宏观流动性的研究就显得非常必要了。

宏观流动性是股市流动性的起点。基础货币形成后，通过银行体系不断进行派生，从而产生全社会的货币供给，而政府、金融机构、企业和个人在满足基本消费之后则会产生过剩流动性，从而产生资产配置的需求，形成大类资产配置的再均衡。

研究流动性就是要回答一个问题：流动性从哪里来，要配置到哪里去。简单的框架可见图 2-11。

一般用货币供应量对流动性进行度量，其中最常用的指标包括广义货币供应量(M_2)和狭义货币供应量(M_1)。从我国历年 M_2 同比增速看，过去三十多年，我国货币增速经历了四个阶段（图 2-12）。第一阶段是从改革开放到 90 年代中期的货币高速扩张期，该时期货币的高速增长反映了经济体制从计划向市场过渡所引起的货币化过程。第二阶段是 1995-2003 年的货币增速大幅放缓阶段。从 1995 年开始，我国中央银行开始行使金融监管和货币政策的职能，货币政策逐步确立了以调控通胀为主的稳健基调。1995 年以后 M_2 增速快速下降，1997-2002 年的 M_2 年均增速为 15.4%。第三阶段是 2003-2010 年新一轮货币快速增长期。其间 M_2 平均增速达到 18.8%，即便扣除实行极为宽松货币政策

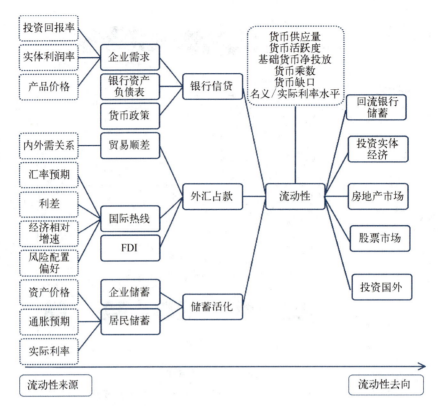

图 2-11 宏观流动性分析框架图

资料来源：王成，《策略投资》，地震出版社，2012：94.

的 2009 年，M_2 平均增速也达到 17.6%。最近 10 年的货币快速增长发生在我国货币政策调控机制基本建立、货币政策逆周期操作特征显著增强的时期。期间平均的 CPI 通胀水平只有不到 3%。第四阶段是从 2011 年开始至今，M_2 增速进入又一轮放缓期，同时波动幅度也大幅减少，2017 年中期开始 M_2 的同比增速跌破 10%。

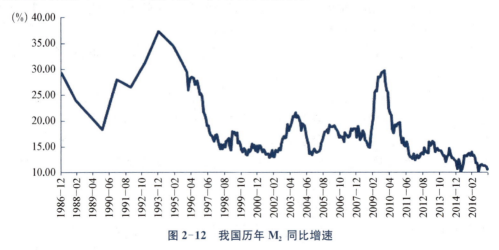

图 2-12 我国历年 M_2 同比增速

数据来源：Wind.

(一) 流动性来源

1. 银行信贷

在流动性的来源中,银行信贷是最传统也是最重要的来源,其决定因素主要是货币政策约束、银行资产负债表以及风险偏好、实体经济需求。一般来说,宽松的货币政策、较高的风险偏好会使得商业银行的放贷意愿增加,而较低的利率、较高的实体经济回报率也会刺激企业的融资需求。

在考察银行信贷时,除了关注其总量的变化之外,也要考虑其结构性因素,中长期贷款更多地用于消费和长期投资,而票据融资和短期融资则更多地为市场提供短期流动性。

2. 外汇占款

外汇占款(funds outstanding for foreign exchange)是指本国中央银行购买外汇资产而相应投放的本国货币。外汇占款是我国过去10多年里除了商业银行体系派生货币之外流动性的重要来源。贸易顺差的大幅增加以及资本流入,使得人民币汇率的升值预期较高,但同时由于我国长期实行资本账户管制和强制结售汇的汇率管制,导致外汇占款大幅提高。2003-2010年外汇占款增量占M2增量的平均比重则高达43%,是在此期间推动我国货币增长的重要因素。2010年以来,我国出口增速和贸易顺差逐年放缓,因此外汇占款的比例开始下降,2015年新增外汇占款已经为负。我国M2新增量的分解见图2-13。

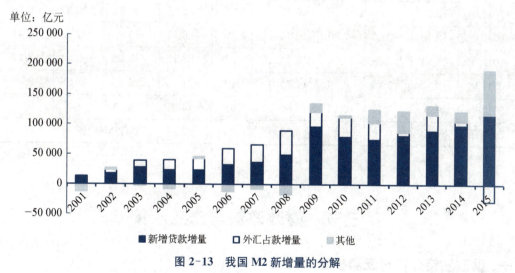

图 2-13 我国 M2 新增量的分解

数据来源:Wind.

(二) 流动性去向

流动性配置一般来说有如下类型:实体经济投资、回流储蓄、房地产市场、股票市场、债券市场以及海外投资等。在进行大类资产的配置时主要的决定因素是各类资产的收益率,比如中长期贷款利率、企业现金流、PPI、工业企业利润率、ROE、债券收益率等。除此之外,还要比较风险和过去一段时间的波动率,最后可以找出新增流动性的配置主方向。

这需要结合当时的经济背景和当时的各资产类型风险收益特征进行综合分析。

从我国的实际情况来看,目前主要的配置资产仍然集中在股票市场和房地产市场,通过表2-1可以看到,根据货币数量论MV=PY,流动性在满足了交易功能之外,多余的流动性主要被用于充当储值功能。而根据凯恩斯的流动性偏好理论,这部分用于满足储值功能的流动性最终将会推高资产价格。从2009年以来,在多余流动性增速较快的年份,股票市场和房地产市场往往有至少一类资产出现大幅上涨的情形。例如在2009年,多余流动性的同比增速高达19.2%,当年的上证指数和深圳成指的年度涨跌幅均为2009年至今的最高水平,而一线城市的房价也出现了明显上涨;在2010年,虽然同期的上证指数和深圳成指的涨跌幅开始转负,但是多余的流动性依然支撑了房价的继续上涨,为此政府在2010年下半年出台了一系列限制房价上涨的政策。

表2-1 我国多余流动性与主要股票指数和房价涨跌幅的关系　　　　单位:%

涨跌幅 日期	M2同比增速	CPI同比增速	实际GDP增速	(CPI+实际GDP)增速	[M2-(CPI+GDP)]增速	上证指数涨跌幅	深证成指涨跌幅	创业板指涨跌幅	百城住宅一线城市房价涨跌幅
2016年	11.30	2.00	6.70	8.70	2.60	-12.31	-19.64	-27.71	25.00
2015年	13.30	1.40	6.90	8.30	5.00	9.41	14.98	84.41	17.20
2014年	12.20	2.00	7.30	9.30	2.90	52.87	35.62	12.83	0.58
2013年	13.60	2.50	7.80	10.30	3.30	-6.75	-10.91	82.73	23.44
2012年	13.80	2.60	7.70	10.30	3.60	3.17	2.22	-2.14	2.17
2011年	13.60	5.40	9.30	14.70	-1.10	-21.68	-28.41	-35.88	3.88
2010年	19.70	3.30	10.50	13.80	6.00	-14.31	-9.06	/	/
2009年	27.70	-0.70	9.20	8.50	19.20	79.98	111.24	/	/

数据来源:Wind.

第三节　财政政策与产业政策

一、财政政策分析与证券投资

(一)财政政策分析框架

财政政策是政府依据客观经济规律制定的指导财政工作和处理财政关系的一系列方针、准则和措施的总称,也是市场经济条件下国家干预经济的重要手段。更具体地说,财政政策是指政府的支出和税收行为,它是需求管理的一部分。相较于货币政策,财政政策在刺激或减缓经济增长的作用中更为直接。

财政政策分为短期、中期、长期财政政策,并各有目标,其中短期目标是促进经济稳定增长,而中长期目标是实现资源的合理分配,并实现收入的公平分配与社会和谐发展。财政政策手段主要包括国家预算、税收、国债、转移支付等,其中最重要的是国家预算、税收和国债。这些手段可以单独使用,也可以配合协调使用。

1. 国家预算

国家预算是财政政策的主要手段。作为政府的基本财政收支计划,国家预算能够全面反映国家财力规模和平衡状态,并且是各种财政政策手段综合运用结果的反映,因而在宏观调控中具有重要的作用。国家预算收支的规模和收支平衡状态可以对社会供求的总量平衡产生影响。国家预算的支出方向可以调节社会总供求的结构平衡。财政投资主要运用于能源、交通及重要的基础产业、基础设施的建设,财政投资的多少和投资方向直接影响和制约国民经济的部门结构,因而具有矫正当期经济结构失衡、造就未来经济结构的功能。

2. 税收

税收是国家凭借政治权力参与社会产品分配的重要形式。税收具有强制性、无偿性和固定性的特征,它既是筹集财政收入的主要工具,又是调节宏观经济的重要手段。税制的设置可以调节和制约企业间的税赋水平。税收还可以根据消费需求和投资需求的不同对象设置税种或在同一税种中实行差别税率,以控制需求数量和调节供求结构。进口关税政策和出口退税政策对于国际收支平衡具有重要的调节功能。

3. 国债

国债是国家按照有偿信用原则筹集财政资金的一种形式,也是实现政府财政政策、进行宏观调控的重要工具。国债可以调节国民收入的使用结构和产业结构,用于农业、能源、交通和基础设施等国民经济的薄弱部门和瓶颈产业的发展,调整固定资产投资结构,促进经济结构的合理化。政府还可以通过发行国债调节资金供求和货币流通量。

4. 财政补贴

财政补贴是国家为了某种特定需要,将一部分财政资金无偿补助给企业和居民的一种再分配形式。我国财政补贴主要包括价格补贴、企业亏损补贴、财政贴息等。

5. 转移支付

转移支付制度是中央财政将集中的一部分财政资金,按一定的标准拨付给地方财政的一项制度。其主要功能是调整中央政府与地方政府之间的财力纵向不平衡,调整地区间财力横向不平衡。

财政预算政策、税收政策除了通过预算安排的松紧、课税的轻重影响财政收支的多少,进而影响整个经济的景气外,更重要的是对某些行业、某些企业带来不同的影响。如果财政预算对能源、交通等行业在支出安排上有所侧重,将促进这些行业的发展。同样,如果国家对某些行业、某些企业实施税收优惠政策,诸如减税、提高出口退税率等措施,那么这些行业及其企业就会处于相对有利的经营环境,其税后利润相应增加。

(二)财政政策与证券投资

财政政策分为扩张性财政政策和紧缩性财政政策。实施紧缩财政政策时,政府财政在保证各种行政与国防开支外,并不从事大规模的投资。而实施扩张性财政政策时,政府积极投资于能源、交通、住宅等建设,从而刺激相关产业如水泥、钢材、机械等行业的发展。如果政府以发行公债方式增加投资的话,对景气的影响就更为深远。总的来说,紧缩财政政策将使得过热的经济受到控制,证券市场也将走弱,因为这预示着未来经济将减速增长或走向衰退;而扩张性财政政策将刺激经济发展,证券市场则将走强,因为这预示着未来经济将加速增长或进入繁荣阶段。具体而言,以实施积极财政政策为例,其对证券市场的影响有:

1. 减少税收,降低税率,扩大减免税范围

其政策的经济效应是增加微观经济主体的收入,以刺激经济主体的投资需求,从而扩大社会供给,进而增加人们的收入,同时增加了投资需求和消费支出。减少税收对证券市场的影响路径为:增加收入直接引起证券市场价格上涨,增加投资需求和消费支出又会拉动社会总需求;而总需求增加又反过来刺激投资需求,从而使企业扩大生产规模,增加企业利润;企业利润的增加又将刺激企业扩大生产规模的积极性,进一步增加利润总额,从而促进股票价格上涨。因市场需求活跃,企业经营环境改善,盈利能力增强,进而降低了还本付息风险,债券价格也将上扬。

2. 扩大财政支出,加大财政赤字

其政策效应是:扩大社会总需求,从而刺激投资,扩大就业。政府通过公共支出增加对商品和劳务的需求,激励企业增加投入,提高产出水平,于是企业利润增加,经营风险降低,将使得相关股票价格和债券价格上升。同时,居民在经济复苏中增加了收入,景气的趋势更增加了投资者的信心,证券市场和债券市场趋于活跃。特别是与政府支出相关的企业将最先、最直接从财政政策中获益,有关企业的股票价格和债券价格将率先上涨。但过度使用此项政策会使得财政收支出现巨额赤字,虽然进一步扩大了需求,但由于债券偿还压力加大,增加了经济不稳定因素。

3. 增加财政补贴

财政补贴往往使财政支出扩大。其政策效应是扩大社会总需求和刺激供给增加,从而使整个证券市场的总体水平趋于上涨。紧缩财政政策的经济效应及其对证券市场的影响与上述情况相反。

专栏

"四万亿"财政刺激政策与2009年"牛市"行情

"四万亿"政策是时任中国国务院总理温家宝于2008年11月5日在国务院常务会议上提出的,2008年11月9日晚间正式对外公布。"四万亿"政策成功地让中国经济在2009年快速复苏,但也使中国错失了经济结构调整的最佳时期,并带来通货膨胀和巨大的地方债务等副作用,对于四万亿的评价至今仍然存在较大的分歧。

2008年面对席卷全球的金融风暴,中国政府实行了积极的财政政策和宽松的货币政策,并出台了扩大国内需求措施,加快民生工程、基础设施、生态环境建设和灾后重建,提

高城乡居民特别是低收入群体的收入水平,促进经济平稳较快增长。

具体而言,政府推出了十项措施以有效刺激经济、提振信心,包括:加快建设保障性安居工程;加快农村基础设施建设;加快铁路、公路和机场等重大基础设施建设;加快医疗卫生、文化教育事业发展;加强生态环境建设;加快自主创新和结构调整;提高城乡居民收入;在全国所有地区、所有行业全面实施增值税转型改革,鼓励企业技术改造,减轻企业负担;加大金融对经济增长的支持力度。

到2010年底,实施上述措施约需投资四万亿元。因此,上述十项措施也被称为"四万亿"经济刺激计划。

在"四万亿"经济刺激计划的助推作用下,各地政府大力投资基础设施建设,使得我国基础建设改善显著,并间接繁荣了相关产业,如建筑行业、水泥、钢铁、家电、汽车等。基建与投资的复苏吸收许多剩余劳动力,从而促进就业,增加了社会总体收入水平,这也在一定程度上带动了整个社会的消费。

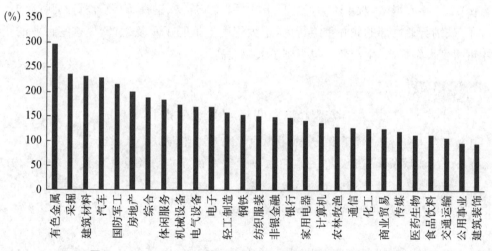

图2-14　1664—3478点区间内申万一级行业的最大涨幅排名

数据来源:Wind.

从股市表现来看,上证指数在2008年10月见底,而宏观经济也在2009年的一季度见底回升,上证指数从1664点到3478点走出了一波跨年的翻番行情。从图2-14中可以看到在大盘这一次的上涨行情中,区间最大涨幅包括有色金属、采掘、建筑材料、汽车以及房地产等基建和重资产类的行业,反映了本轮"四万亿"刺激计划的主要投向行业仍然集中在传统的基建和房地产的相关产业链。

二、产业政策与证券投资

产业政策是国家干预或参与经济的一种形式,是国家系统设计的有关产业发展的政策目标和政策措施的总和,表现出了国家对某一行业的扶持或限制。正确理解国家产业政策的目的,有助于把握投资机会。因为国家的产业政策往往是在对产业结构发展的方向和各产业发展规律深刻认识的基础上制定并实施的,因而具有显著的指导作用。在把握行业发展趋势的基础上正确理解国家的产业政策,能获得更好的投资收益。一般认为,产业政策可以包括产业结构政策、产业组织政策和产业技术政策等部分,其中前两者是产业政策的核心。

产业结构政策是选择行业发展重点的优先顺序的政策措施,其目的是促使行业之间的关系更协调、社会资源配置更合理,并使产业结构高级化。例如,我国2010年以来出台了一系列针对战略性新兴产业的扶持政策,以节能环保、新一代信息技术、生物、高端装备制造、新能源、新材料和新能源汽车等为代表的新兴产业受到了政府的政策支持,这些行业的相关股票也在2010年以来取得了非常优异的市场表现。产业组织政策是调整市场结构和规范市场行为的政策,其核心是反垄断、促进竞争、规范大型企业集团并扶持中小企业的发展,目的是实现同一产业内企业的组织形态和企业间的关系的合理化。例如,我国自2015年年底以来,对于落后产能集中的行业(如煤炭、钢铁、有色等行业)进行的供给侧改革,鼓励行业内部的兼并重组行为,很大程度上抑制了重复生产,使这些行业的企业集中度得到大幅提高,生产效率也得到了大幅提高。

案例分析

宏观经济周期与"通胀无牛市"

股市有一句谚语叫"通胀无牛市"。对于通货膨胀与股市表现之间的关系历来众说纷纭。经济增长和通货膨胀的不同组合方式是证券市场最重要的投资背景。宏观经济增长的变化通过需求变化的维度,特别是量的变化维度来影响企业的回报率和股票的收益率,而通胀周期的变化则通过价的变化维度来影响企业的回报率和股票的收益率。

根据宏观经济周期的理论,投资和货币信贷是导致经济周期波动的最主要原因,而政府控制的货币信贷的松紧又在很大程度上取决于经济增速和通胀水平。当流动性超量供给(表现为实际利率下降、获取贷款的难度下降),居民开始过度消费,企业也利用廉价资本进行大规模投资,并转向生产资本密集型的投资品。但经济的快速增长不可能长期维持,涨价效应的扩散,最终使全社会出现通货膨胀。为了保持稳定的实际经济增速,需要更大的货币投放,但货币供给不可能一直无节制增加,政府在高通胀的压力下执行紧缩货币政策,于是企业和居民开始收缩投资和消费规模,导致整个经济进入衰退,有时会伴随着通缩。

通货膨胀通过价格一方面影响商品的供求平衡,另一方面也影响货币的供求平衡,前者主要对于企业盈利水平造成影响,后者则通过利率水平的变化对企业的估值造成影响。通货膨胀通过这种双重影响能够改变不同经济资源的配置方式——经济增长在理论上创造价值,但是通货膨胀在理论上将这种价值进行分配。在价格水平变化较快的环境中,通货膨胀的未来表现对资产配置就具有更决定性的影响。一般认为,在发达国家市场，由于经济发展成熟，成长性相对较弱，因此对于利率与通胀的变化更加敏感。

温和的通货膨胀对多数企业都是利好，在通货膨胀的环境下，价格上升使企业的利润显著增加，同时相对较低的通胀水平还未对利率水平产生影响，在这一时期，股市往往有较好的表现；而在高通胀情况下，下游需求开始萎缩，上游资源品的成本上涨无法顺畅地传导至中下游，导致多数中下游企业的毛利率受损。此外央行为控制通胀采取的紧缩政策也进一步压制了企业的估值水平，这两方面因素导致在高通胀水平下证券市场难以出现牛市行情。综合而言，通胀水平对于股票价格的分子端（EPS）和分母端（PE）有双重影响，在评判其对股价的影响时应该权衡两方面的因素综合判断。宏观经济周期与股价的关系详见图2-15。

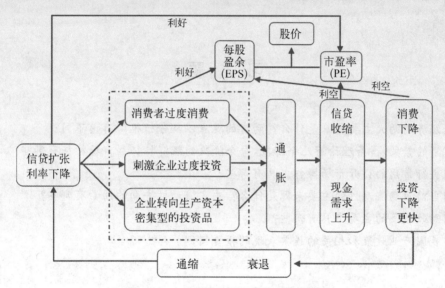

图 2-15　宏观经济周期与股价关系图

小　结

1. "短期看需求，长期看供给"，宏观经济的短周期波动可用凯恩斯主义的三驾马车（消费、投资和净出口）的变动来分析，宏观经济的长周期的增长则需要用古典经济学的人口、资本积累和技术进步的分析框架分析。在我国，对于经济波动影响最大的是投资和净出口水平的变动；从经济的长期增长来看，人口红利以及改革红利促进了全要素生产率的提升，是经济增长的主要来源。
2. 根据索罗斯的繁荣-萧条理论，宏观经济周期与股市周期的互动过程中两者并非完全同步,股市的走势可能暂时偏离宏观经济的基本面。
3. 央行货币政策的操作工具包括一般性政策工具(包括法定存款准备金率、再贴现政策、公开市场业务)和选择性政策工具(包括直接信用控制、间接信用指导);中介目标包括数量型目标(货币供应量)和价格型目标(Shibor 和银行间市场利率);货币政策的传导渠道可以通过传统的利率传导机制、资产价格渠道以及信贷渠道等途径影响实体经济。
4. 流动性的分析框架要解决两个问题:流动性的来源和流动性的去向。流动性的来源包括传统的银行信贷以及外汇占款,近年来外汇占款的所占比例逐年下降并且已经转负;流动性的去向包括实体经济投资、房地产市场、股票市场、债券市场等。
5. 财政政策包括国家预算、税收、国债、财政补贴、财政管理体制、转移支付制度等,其中最重要的是国家预算、税收和国债。这些手段可以单独使用,也可以配合协调使用。产业政策包括产业结构政策、产业组织政策和产业技术政策等部分,其对于投资有重要的指导意义。

习 题

1. 宏观经济的两大主要流派是什么?两者的观点以及分析框架有何不同?
2. 索罗斯的繁荣-萧条理论有几个阶段,每个阶段的经济特征和市场特征有哪些?
3. 我国央行常用的公开市场操作工具有哪些?
4. 我国当前市场流动性的主要来源是什么?决定流动性去向的因素有哪些?
5. 我国财政政策的主要工具有哪些?
6. 列举我国产业政策和相关的股票表现的投资案例。

第三章

估 值 理 论

教学目的与要求

对证券价值的正确评估是价值投资的核心。通过本章的学习,了解 PE、PB、PS 等相对价值估值模型,红利折现模型、自由现金流模型等绝对价值估值模型和 DEVA、实物期权和剩余收益等其他估值模型的优缺点,能运用不同的估值方法和技巧对不同特征的股票进行估值。

在证券投资的基础分析法中,最核心的内容就是需要对不同证券的价值进行评估,从而识别出市场价格与其价值偏离的证券,进行投资以期获取超额投资收益。因此,投资者需要采用适当的方法对证券进行估值。

股票估值模型主要可以分为相对价值估值模型和绝对价值估值模型两大类。相对价值估值模型描述了一种股票相对于另一种股票的价值,或相对于上市公司的每股收益、每股净资产等财务指标的价值,并以此估算股票价值的合理范围。而绝对价值估值模型则描述了基于未来现金流(红利和自由现金流等)的股票内在价值。另外,对互联网公司可以采取 DEVA 估值法、实物期权估值法等估值模型。

第一节 相对价值估值模型

相对价值估值模型的思想基础是一价定理,即类似的股票应该以类似的价格出售。具体来说,相对价值估值模型将股票价格乘数(如市盈率)与合理价格乘数比较,用以确定该股票是否被合理定价。按照价格乘数的不同,相对价值估值模型可以分为市盈率、市净率、市销率、PEG 等模型。

相对价值估值模型在行业内被广泛运用,主要在于其运用的简便性,需要的信息简单明了,可以快速对公司股票进行估值。此外,相对价值估值模型对市场的反应十分迅速,估值得到的结果也更接近市场整体投资者对该股价的判断。

相对估值法认为企业内在价值难以准确估计,而只有相对价值才有现实意义,其内在假设是同行业的公司之间具有较大的可比性。由此可以看出,相对价值股价模型存在如下问题:① 相对估值法只能说明可比公司之间的相对价值高低,而对于这些可比公司的绝对价值则无法准确判断,使得市场情绪对股价的估值会产生影响,利用被市场高估的价格倍数对股票进行估值会错误地高估股票价格;② 在现实生活中缺乏真正意义上的可比公司,即使在同一个行业,各家公司还是各有特点,从而限制了相对估值方法的运用;③ 如果忽略了风险、增长和潜在的现金流等关键因素的差异,而简单地将价格倍数与一些可比企业相比较,会造成价值评估的不一致性。

一、市盈率

1. 计算公式

在所有的价格倍数中,市盈率(PE ratio)是最常见的股票估值方法,而市盈率模型也是最常见的相对价值估值模型。

市盈率又称为价格收益比或本益比,是公司的股票价格与每股收益之间的比率。如果有跨期股本变动,则将市盈率计算公式中的分子和分母同乘上公司的总股本,那么公司的市盈率又可以表示为总市值与年度净利润的比值。其公式为:

$$PE = P \div EPS = 总市值 \div 净利润 \qquad (3.1)$$

以市盈率作为价格倍数对公司股价合理性进行估计的主要优势在于:① 市盈率注重分析公司的每股收益,而每股收益是公司盈利能力的重要指标;② 市盈率考虑了公司的规模,使得不同规模之间的公司可以进行比较,成为最常用的估值指标;③ 实证分析表明,市盈率差异与长期股票收益显著相关。然而市盈率在使用过程中也存在一定的缺点:① 每股净利润可能是负值,这时候求得的市盈率就没有任何意义了;② 每股净利润容易受短期因素影响,波动很大;③ 经理层可以很容易操纵每股净利润,使得市盈率分析结果变得不可信。

考虑到戈登增长模型中股票价格的表示方式,可以将市盈率与股息支付率以及公司未来增长的预期结合起来。因此,市盈率又可以表示为:

$$PE = \frac{D_1}{r-g} \div EPS_0 = \frac{D_0(1+g)}{EPS_0} \times \frac{1}{r-g} = \frac{b(1+g)}{r-g} \qquad (3.2)$$

其中D_1表示第一期每股分红,g表示预期未来公司红利的增长率,r为贴现率,b为红利与净利润之间的比例,即股息支付率。

2. 分类

(1) 静态市盈率与动态市盈率。根据每股收益选取的期间不同,市盈率又可分为动态市盈率和静态市盈率两种类型。静态市盈率是以股票市场价格除以最近一个会计年度已经公告的每股收益后的比值。动态市盈率则是股票现价和公司最近12个月每股收益的比值,可以采用公司最近四期季度报表公布的每股收益作为动态的年度每股收益。所以每当公司公布新的季报,该市盈率覆盖时间范围就会向前滚动3个月。有时,计算动态市盈率的每股收益也会使用预期当年的每股收益。有的研究机构会提供公司未来一至二年每股收益的一致预期值。目前,动态市盈率是机构投资者进行投资决策所采用的重要依据。

(2) 不同行业市盈率。市盈率是全球资本市场通用的投资参考指标,用以衡量某一阶段资本市场的投资价值和风险程度,也是资本市场之间估值水平高低的重要依据。一般来说,市盈率表示该公司需要累积多少年的盈利才能达到当期的市值水平,所以市盈率指标数值越低越小越好,越小说明投资回收期越短,风险越小,投资价值一般就越高;倍数越大则意味着投资回收期越长,风险越大。需要注意的是,不同行业之间市盈率高低缺少可比性。一般来说,传统行业市盈率低,而新兴行业市盈率偏高,这与行业利润增速有关。我国分行业市盈率情况见表3-1。

表3-1 我国分行业市盈率情况

中证行业分类	2016-10-31	2017-07-31	中证行业分类	2016-10-31	2017-07-31
CICS 能源	30.5	77.94	CICS 医药卫生	38.48	43.51
CICS 原材料	43.73	127.78	CICS 金融地产	10.18	9.06
CICS 工业	34.44	37.92	CICS 信息技术	50.71	63.72
CICS 可选消费	26.34	29.08	CICS 电信业务	116.51	55.85

数据来源:Wind.

(3) 不同规模公司市盈率。一般来说,规模大的公司市盈率低,规模小的公司市盈率高。我国不同市场市盈率反映了该特征,如表3-2所示上证A股的平均市值最大,其市盈率在整个市场最低,而创业板市场平均市值最小,其市盈率在整个市场最高。

表3-2 我国A股市场主要板块市盈率(2016年12月31日)

板块名称	成分股个数(个)	总市值(十亿元)	最新市盈率	最近一个月平均市盈率	最近一年平均市盈率
全部 A 股	3 180	55 533.32	21.81	22.11	20.57
上证 A 股	1 246	33 015.01	15.63	15.83	14.63
深证 A 股	1 934	22 518.32	51.81	52.65	49.39
深市主板	438	7 228.42	33.49	34.11	31.29
中小板	839	9 821.45	57.79	58.43	55.35
创业板	622	5 223.3	79.78	82.01	79.61

数据来源:Wind.

3. 应用

用市盈率来分析股票价值的一般过程是:首先确定一个合理市盈率,即股价不存在高估或低估时的市盈率;然后用根据当前股价计算的市盈率与这个合理市盈率相比较,如果目前市盈率高于合理市盈率则说明股价被高估了,如果目前市盈率低于合理市盈率则说明股价被低估了。这个过程中最关键的就是合理市盈率的确定。

一般来讲,确定合理市盈率的方法有两种:一种是根据绝对价值模型计算股票的内在价值,将这个内在价值计算的市盈率作为合理市盈率;第二种方法则是选择一可比公司的市盈率,或者公司历史平均市盈率作为合理市盈率。

受到经济波动、行业周期和非经常性损益等影响,公司的每股收益存在很大的波动性,传统意义上的PE未必能有效地衡量市场的估值水平,尤其是对于A股这种周期性波动很大的市场更是如此。对此,在格雷厄姆(Benjamin Graham)1934年的《证券分析》一书中指出,在计算企业的市盈率时,需要强调企业的长期盈利能力,应该使用长期的平均盈利。罗伯特·席勒(Robert J. Shiller)在1998年发表的《估值比率和股票市场长期前景》(Valuation Ratios and the Long-Run Stock Market Outlook)中使用了格雷厄姆建议的周期调整方法,采用10年移动平均收益率计算市盈率。席勒教授通过对美国以及加拿大等市场的研究发现,股票市场长期收益率与市场当期席勒PE之间存在着较为显著的负相关关系。他认为2000年的席勒PE水平已经超过了1929年股灾时的PE水平,股价已经被大幅高估,处于非理性繁荣。

gurufocus网站对美国股市的席勒PE进行实时更新。图3-1显示了美国股市1881-2017年席勒PE值,可以看到2017年12月30日席勒PE值为32.6,高于均值16.8近一倍,表明美股市场已处在历史的相对高位。

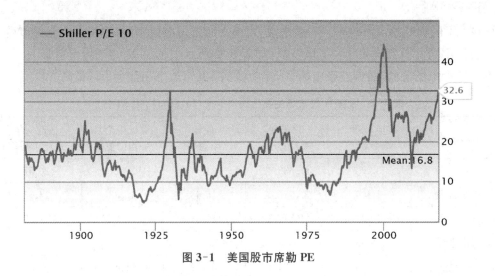

图3-1　美国股市席勒PE

对于个股来说,用市盈率来估值没有绝对的高低之分。但从历史经验来看,当整个市场指数市盈率达到70倍,创业板指数市盈率达到150倍时,往往预示股市泡沫达到顶点。1989年12月29日,日经225指数平均市盈率高达70.6倍。2000年3月纳斯达克指数市盈率最高达152倍。我国历史上牛市顶点时,2007年10月上证A股平均市盈率为69.64倍,2007年9月深圳A股平均市盈率75.54倍(Wind数据);2015年6月12日,深成指最高收盘价18098点,对应深圳A股静态市盈率72倍(中证指数公司数据)。2015年6月3日,创业板指数最高收盘价3982点,对应静态市盈率为149.39倍(中证指数公司数据)。

专栏

低市盈率投资策略有超额收益吗?

根据市盈率选股投资的策略思路为:市盈率较低的公司价格被低估,未来价格有上涨空间,因此可以投资低市盈率公司以获得超额收益。

因此,我们在每个交易日开盘时,选择A股市场中市盈率最低的30只股票进行投资,策略回测结果如图3-2所示:

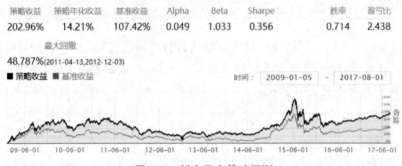

图3-2 低市盈率策略回测

低市盈率投资策略收益为202.96%,年化收益率为14.21%,以沪深300指数作为业绩比较基准,该策略超额收益为95.54%,但策略收益的波动率较大,夏普指数为0.445。总体来看,选择低市盈率公司进行投资具有一定的超额收益,低PE股票的整体走势与基准指数走势接近。

二、PEG

PEG指标又称为市盈率增长系数(PE growth factor),是用公司的市盈率(PE)除以公司未来3到5年每股收益复合增长率得到的数值,其公式记为:

$$PEG = PE \div (企业年盈利增长率 \times 100) \tag{3.3}$$

在使用PEG指标时,若PEG指标小于1,表明该公司的成长性大于其市盈率,具有较高的投资价值;若PEG指标大于1,表明股票价值可能被高估;若PEG指标等于1,表明市场赋予这只股票的估值可以充分反映其未来业绩的成长性。投资者在运用PE指标进行投资决策时,往往选择同行业中PE较低的股票进行投资,但这种投资思路可能存在一定的问题,因为那些有高成长潜力的公司,通常有较高的PE,而对于低PE的股票,市场之所以给予较低的股价,也是由于预期其业绩成长性较低。而 PEG 指标将 PE 与公司未来盈利增长进行比较,同时考虑了股票的估值与成长性,克服了 PE 存在一定滞后性的缺陷。

虽然 PEG 指标可以很好地将公司的成长性纳入公司的价值评估,实用性较强,但在使用 PEG 指标时也需要注意:① 利润不稳定的公司不适用 PEG 法,如周期性行业、项目型公司、夕阳行业等。② 成熟的大型公司不适用 PEG 法,因为这类公司往往稳定有余而成长不足。③ 高增长率通常不可能长期保持下去,历史上良好的数据并不代表未来能够继续保持良好的成长速度。

我国中小板创业板主要是成长型中小上市公司,其市盈率普遍比主板市场公司高,但其业绩增长速度普遍快于主板公司。因此,从 PEG 的角度,部分中小板、创业板上市公司的估值也是合理的。

专栏

低 PEG 投资策略是否有超额收益?

PEG 指标表明,综合考虑股票的估值与成长性后,应该投资于 PEG 小于 1 的股票。

因此,我们在每个交易日开盘时,筛选 A 股市场中 PEG 小于 1 的股票,并从中选取利润同比增长率最高的 30 只股票进行投资,策略回测结果如图 3-3 所示:

图 3-3 PEG 策略回测

回测结果显示,低 PEG 高利润增长投资策略收益为 531.64%,年化收益为 24.73%,相对于沪深 300 指数的超额收益为 424.22%,但策略收益的波动率较大,夏普指数为 0.634。这可能与采用历史增长率有一定关系,公司的历史成长性不能代表公司未来成长性。利润增长不可持续是基于 PEG 指标进行投资的最大风险。

三、市净率

市净率(P/B ratio)是股票价格与每股账面价值的比值,其计算公式为:

$$P/B = 每股价格 \div 每股净资产 \qquad (3.4)$$

如果将市净率计算公式中的分子和分母同乘上公司的总股本,那么公司的市净率又可以表示为总市值和账面价值的比值:

$$P/B = 总市值 \div 账面价值 \qquad (3.5)$$

其中,企业市值即为公司总股本按市场价格计算出来的股票总市值,而企业账面价值则体现在公司的资产负债表上,是公司的所有者权益(也称净资产)减去优先股股东的权益后所剩下的所有普通股股东权益的账面价值。

采用市净率对股票的相对价值进行分析,较之市盈率的优势在于:① 账面价值一般都是正值,公司亏损导致市盈率为负值时候,市净率模型仍然可以使用;② 账面价值比每股净利润稳定,因此在公司每股收益波动较大的时候,市净率分析的结果要比市盈率更为可信;③ 账面价值可以很好地反映资产流动性高的企业价值;④ 账面价值在衡量那些即将清算的企业价值时也有优势。同时市净率模型也存在着一些缺陷:① 账面价值忽略了无形资产的价值,而对于服务行业等轻资产公司来说,人力资本可能具有更高的价值;② 当企业性质、规模差异很大时,比较市净率意义不大;③ 不同会计准则可能导致相同资产账面价值差异很大;④ 通货膨胀和技术革新使得公司账面价值和实际价值可能有很大差异。

股票价格包含了投资者对该公司业绩的认可以及未来发展的预期。通常来说,股票价格应该高于每股净资产,此时市净率应该大于1。而当市净率小于1时,企业市值低于企业的账面价值,表明市场对该股票的定价低于资产负债表中普通股股东所持有的权益价值,也就是"股价跌破净资产"的现象。

这种现象体现出上市公司的企业财富和市场对该公司的价值估值不匹配,意味着市场对上市公司创造利润的能力和抵抗风险能力的不尽认可。在这种情况下,一方面低股价可能提示着投资机会,但另一方面也表示出市场对企业未来盈利能力缺乏信心,或对上市公司所处行业可能发生负面影响的担忧。对"破净股"投资时,应更注重对其财务数据和资产质量的分析。

2013 年 6 月,我国股市下跌到阶段性低点,在这一轮长达近 4 年的下跌行情中,上百只股票由于股价的不断下跌而陷入跌破净资产的境地。在全部 A 股中,有 157 家公司的股票收盘价低于公司中报披露的每股净资产,银行、钢铁、公路等行业更是股价跌破净资产的重灾区。总体来看,这些股票普遍存在行业景气度低迷、公司盈利能力不佳或亏损、成长性缺失等特点。

对破净股的投资价值挖掘主要可以依据以下策略:一是观察行业景气度的变化情况。对于周期股而言,其买点应该在其行业景气度见底回升之时出现。二是选择基本面质地优良、被错杀的品种。因为即使在行业低迷阶段,也会有一些技术相对领先、成本控制能力较强、经营管理水平较高、产业链优势突出的企业业绩明显好于行业平均水平。三是观察产品价格变化,寻找阶段性买点。例如钢铁公司产品价格随着大宗商品市场价格走势出现一定的波动性,而其股价往往也会出现同向波动。因此,中短线投资者可以根据商品价格变化寻找阶段性的投资机会。

> **专栏**
>
> ### 买入破净股的投资策略是否有超额收益?
>
> 破净股具有一定的安全边际,因为市场给予破净股的估值已经低于公司账面价值,而理论上来说,公司股票价值应该至少等于权益账面价值。因此,破净股市场价格上涨的可能性较大,具有较高的投资价值。
>
> 考虑到应该投资于基本面没有大问题的股票,我们在每个交易日开盘时,选择A股市场中每股净利润最高的30只破净股进行投资,策略回测结果如图3-4所示:

图3-4 买入破净股策略回测

> 可以看到,投资于破净股票带来的超额收益很大,投资期收益达到1 726.48%,年化收益率达到32.6%,超额收益达到1 641.75%。整个策略的收益稳定性很高,夏普比例达到1.368。尤其是在2016年以后,选择低市净率公司进行投资取得了非常好的投资回报。

四、市销率

市销率(P/S ratio)是股票价格与每股销售收入的比值,其计算公式为:

$$P/S = 每股价格 \div 每股销售收入 \tag{3.6}$$

市销率表明,在股市中投资者愿意为公司1元的销售收入支付多少价格。与市盈率和市净率一样,计算市销率最关键的是确定每股销售收入。与净利润和净资产相比,对销售收入的预测要简单些,需要注意的是销售收入确认的时间,防止公司提前确认未来收入以增加当期收入。

> **专栏**
>
> ### 低市销率投资策略是否具有超额收益?
>
> 我们在每个交易日开盘时,选择A股市场中市销率最低的30只股票进行投资,策略

回测结果如图 3-5 所示：

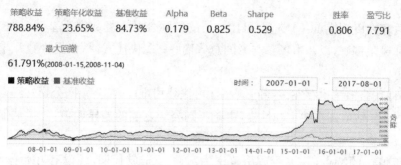

图 3-5　市销率策略回测

总体来说，低市销率股票投资策略收益达到 788.84%，年化收益率达到 23.65%，相对于业绩比较基准沪深 300 指数的超额收益为 704.11%，能带来较高的超额收益。但策略收益波动幅度很大，夏普指数为 0.529，出现了暴涨暴跌的情况。

五、市值法

市值法的主要思路在于通过计算公司总市值最终确定每股价格。依据以下公式：

$$理论价值 = 目标市值 \div 总股本 \tag{3.7}$$

与其他相对估值方法类似，市值法需要寻找与公司经营业务类似的可比公司，了解市场给予该行业估值的平均水平，从而按市场情况给公司进行整体定价。运用市值法进行估值的主要步骤如下：

首先，选择可比公司。选择目标公司的可比公司是进行分析的基础，在同一个行业领域、规模相近的公司往往是较好的可比公司。如果没有显而易见的可比上市公司，那么投资者也可以寻找在基本面上与目标公司业务或财务特征相似的公司。例如：对于难以找到同行业的生产窗户的公司，可以选择生产其他建材相关产品的制造商作为可比公司进行分析。

其次，收集必要的信息，并计算关键比率。通过上市公司公布的年报、公告、新闻、研报等信息来源，收集可以体现可比公司规模的关键数据，利用总市值与这些数据的比值消除规模等因素对市值产生的影响，计算单位规模下市场对该行业公司的估值。对于关键指标的选取，可以按不同行业分类考虑。例如：对媒体和电信行业采用收播现金流、订户数等数据，对餐饮、零售等行业采用息税折旧摊销前利润（EBITDA）、营业收入等数据，对金属矿业、自然资源、油气等行业采用资源储量等数据。

最后，确定公司的估值，并计算相应股价。采用行业内可比公司相关数据的中位值或平均值，与目标公司相应数据作比较，确定目标公司市值的范围。此外，对总市值的估计还需要考虑股票的流动性溢价、公司的无形资产等对最后的估值进行调整，最终得到一个较为合理的总市值的估计值。以目标公司的总市值除以总股本,就可以得到该股票的理论价值。

市值法存在以下优点:① 选取可比公司的实际公开市场数据为基础,反映了市场的增长预期和风险偏好,以及市场参与者的总体偏好;② 快捷方便,依据少数几个变量就可以确定估值。

然而,使用市值法也存在一些问题:① 可比公司难以确定,不同公司在经营业务上难免存在差异;② 估值调整的主观性强,由于不同公司之间的差异性,对公司估值根据流动性溢价和无形资产等进行的调整是非标准化的,主观性较强。

基于市值法的特点,其主要适用范围为:① 处于成长期,还没有开始盈利的公司;② 准备上市或者被并购的私营企业;③ 业务相对简单可比的已上市公司。

第二节 绝对价值估值模型

绝对价值估值模型是确定资产内在价值的模型。这种估值模型可以提供价值的估计,且可与股票市场价格比较,以确定股价是否存在低估或高估。绝对价值估值模型基于未来现金流贴现的思想,认为股票的价值来源于未来所能创造的现金流。其缺陷在于,绝对价值分析高度依赖于对未来会计数据和财务指标增长率的假设,而超过 3 年的预测准确性并不高。

按照现金流的不同来源,绝对价值估值模型可以分为红利贴现模型和自由现金流贴现模型。

一、红利贴现模型

投资者购买公司股票时,预期获得的收益为股票持有过程中获得的红利和结束投资时获得的资本利得。因此,投资者对于当前股票价格的合理预期取决于股票未来红利收入和预期出售股票的价格。

(一) 贴现率的估计

和稳定的现金流相比,风险较大的现金流评估价值较低。但风险是如何衡量并反映在价值中的呢?在传统的绝对估值法中,贴现率成为不同类型投资者对风险的调整。对于风险相对较高的现金流,投资者采用的贴现率较高,而对于较安全的现金流,投资者采用相对更低的贴现率。在绝对价值估值模型中,贴现率对证券价值的估计极为重要。因为从长期来看,贴现率很小的变动都会导致股票最终估值产生较大的偏差。

在衡量股权投资风险并把这个风险转化成为股权成本的过程中,主要存在两个难点:一是股权成本是一种隐含成本,是无法观测到的,而不像负债那样可以以利率方式体现出来;二是对于不同的投资者而言,其风险偏好是不一样的,由此导致不同投资者对于同样股权的期望回报率存在差异,难以进行估计并得到单一的贴现率。

资本资产定价模型(CAPM)提供了上述问题的解决思路。资本资产定价模型表明，投资者即股东的要求回报率与资产的市场风险之间存在线性关系：

$$E(r_i) = r_f + \beta_i(E(r_M) - r_f) \tag{3.8}$$

其中，β_i 即为 i 证券 β 系数，r_i 为投资于 i 证券的要求回报率，r_f 为无风险利率，r_M 为市场组合收益率。该式表明投资者的回报来自两个方面，市场的无风险利率和风险溢价。β_i 越大，表明证券的系统风险越高，投资者所要求的风险溢价越高。

在实际运用中，无风险利率可参考同期国债利率。如长期持有，一般可选择 10 年期的国债利率，或者选择距离到期日 5 年以上的长期国债收益率的平均值。市场收益率一般可由证券市场的历史收益率计算得出，如选择某一时段该市场的股票指数，如上证综合指数、沪深 300 指数等。β 值一般可在专业数据库中找到，也可以利用历史数据进行估计。

在红利贴现模型中，贴现率可以用股东的要求报酬率表示。

（二）多期模型

首先假设投资者仅投资一期股票，希望在一期后卖出，那么该股票目前的价值就应该是投资者在到期时取得现金流即持有期间获得的红利和出售股票获得收入之和的贴现值。于是股票价值可以表示为：

$$V_0 = \frac{D_1}{(1+r)} + \frac{P_1}{(1+r)} \tag{3.9}$$

其中，V_0 表示股票当期的价值，D_1 表示第一期红利收入，P_1 表示第一期股票售价，r 表示投资者的要求报酬率。

若投资者持有股票并在第 t 期出售，那么股票的价值来源于持有期间的红利分配以及出售时获得收入之和的贴现值，股票价值可以表示为：

$$V_0 = \frac{D_1}{(1+r)} + \frac{D_2}{(1+r)^2} + \frac{D_3}{(1+r)^3} + \cdots + \frac{D_n}{(1+r)^n} + \frac{P_n}{(1+r)^n} = \sum_{i=1}^{n} \frac{D_i}{(1+r)^i} + \frac{P_n}{(1+r)^n} \tag{3.10}$$

其中，V_0 表示股票的当期价值，D_n 表示股票第 n 期的红利收入，r 表示投资者的要求报酬率，P_n 表示第 n 期的股票出售价格。

由于持有期期末股票的预期价格是由持有期之后的股票未来红利决定的，所以股票当前价值可以表示为无限期红利的现值：

$$V_0 = \frac{D_1}{(1+r)} + \frac{D_2}{(1+r)^2} + \frac{D_3}{(1+r)^3} + \cdots + \frac{D_n}{(1+r)^n} + \cdots = \sum_{i=1}^{\infty} \frac{D_i}{(1+r)^i} \tag{3.11}$$

其中，V_0 表示股票在当期的价值，D_n 表示第 n 期股票的红利收入，r 表示投资者的要求报酬率。

（三）戈登增长模型

实际操作中，分别估计每期红利并计算贴现值有一定的难度，因此投资者测算未来价值时,可以对股票的未来红利分配模式采取一定的假设,然后在该假设的基础上对股票价值进行估计。

戈登模型就提供了这样一种思路。戈登模型假设股票未来分红的增长速度已知,以 g_t 作为第 t 期股票红利的增长率,于是有:

$$g_t = \frac{D_t - D_{t-1}}{D_{t-1}} \tag{3.12}$$

用不同的方法对增长率 g_t 进行估计就可以得到不同的股票价值计算公式。首先假设 $g_t = 0$ 的情况,此时公司派发红利处于一个稳定的水平,也就是说 $D = D_1 = D_2 = \cdots = D_n$,于是股票价值公式可以简化为:

$$V_0 = \frac{D_1}{(1+r)} + \frac{D_2}{(1+r)^2} + \frac{D_3}{(1+r)^3} + \cdots + \frac{D_n}{(1+r)^n} = \frac{D}{r} \tag{3.13}$$

式(3.13)也就是零增长模型,由式(3.13)可知,股票的价值等于固定派发的股利与要求回报率的比值。

显然,零增长模型大大简化了股利贴现模型,使用起来也较为便捷,但股利零增长的假设却不是很合理,因为公司的股利派发通常与其盈利相关,若公司长期保持一个稳定的股利发放水平,意味着公司可能保持着长期不变的利润额。而在当今社会中,激烈的竞争环境中不断有公司因为入不敷出而倒闭,也有新的公司不断成长,公司长期保持稳定的盈利水平和股利支付水平是不现实的。

如果假设股票今后的股利增长保持在一个不变的增长率水平 $g_t = g$,也就是说未来任何一期的股利可以表示为:

$$D_n = D_0 \times (1+g)^n \tag{3.14}$$

于是股票价值就可以表示为:

$$V_0 = \frac{D_0(1+g)}{(1+r)} + \frac{D_0(1+g)^2}{(1+r)^2} + \cdots + \frac{D_0(1+g)^n}{(1+r)^n} = \frac{D_0(1+g)}{r-g} = \frac{D_1}{r-g} \tag{3.15}$$

上式即为戈登增长模型,而零增长模型就是戈登增长模型中的一个特例。需要注意的是,在这里股东的要求报酬率必须大于股利的增长率,否则上式就是没有意义的。因为当 $r = g$ 或 $r < g$ 时,每期股利的贴现值的和是发散的,未来股利的贴现值将趋近于无穷大。而从经济学方面看,这种要求也是合理的,因为随着公司不断发展壮大并发展成为成熟型企业,其成长速度就不断减缓,因此高于股东要求报酬率的增长率也是不可能长期存在的,从这个角度看,戈登增长模型更适合用于估计长期保持稳定低增长率的成长型公司。

(四) 多阶段增长模型

戈登增长模型中对公司红利的增长速度做出了明确的限制,而对于处在高速发展阶段的科技类公司来说,往往会经历从快速发展到缓慢增长的过程。假设其增长率长期保持不变是不合理的,则我们可以考虑多阶段增长模型对增长速度变化的公司进行估值。

多阶段股利贴现模型假定了股利增长模式会随时间的推移而发生改变,从而在对股票进行估值时,更符合科技类公司所面对的现实。根据对股利增长模式的不同假设,多阶段增长模型又可分为两阶段红利增长模型、H 模型等。

两阶段红利增长模型按公司股利增速不同分成两个阶段,在时间 m 之前,股利以不变速度 g_1 增长,在时间 m 以后,股利以另一个不变的增长速度 g_2 增长(图 3-6)。因此,我们可以得到两阶段增长模型的公式:

$$
\begin{aligned}
V_0 &= \frac{D_0(1+g_1)}{(1+r)} + \cdots + \frac{D_0(1+g_1)^m}{(1+r)^m} + \frac{D_0(1+g_1)^m(1+g_2)}{(1+r)^{m+1}} + \cdots + \\
&\quad \frac{D_0(1+g_1)^m(1+g_2)^{n-m}}{(1+r)^n} + \cdots \\
&= \sum_{t=1}^{m} \frac{D_0(1+g_1)^t}{(1+r)^t} + \frac{1}{(1+r)^m} \times \frac{D_0(1+g_1)^m(1+g_2)}{r-g_2}
\end{aligned} \tag{3.16}
$$

一般来说,公司会避免股利增速突然下降的情况,因为股利突然的变动可能会造成公司股价剧烈波动,因此公司管理层应当逐步降低股利增长速度的决策,这就是 H 模型对红利增速假设的改进。

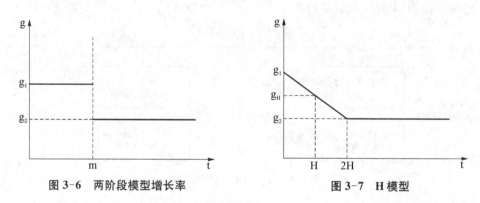

图 3-6 两阶段模型增长率　　　　图 3-7 H 模型

从图 3-7 中可以看到,H 模型假设第一阶段中公司的股利增速不是稳定不变,而是逐步降低的,直到在某一时刻达到长期增长水平 g_2,并在此后保持不变的股利增长速度。由此可得到 H 模型的计算公式:

$$
V_0 = \sum_{t=1}^{m} \frac{D_0 \prod_{i=1}^{t}(1+g_i)}{(1+r)^t} + \frac{1}{(1+r)^m} \times \frac{D_0 \prod_{i=1}^{m}(1+g_i)(1+g_2)}{r-g_2} \tag{3.17}
$$

虽然 H 模型可能较为接近事实,但计算上比较复杂,因为在股利增长率下降到 g_2 以前,每年的股利增长率 g 都是变化的,如果第一阶段持续的时间较长,那么计算就会变得

非常复杂,因此我们一般可以使用以下公式进行简化计算:

$$V_0 = \frac{D_0(1+g_2) + D_0 H(g_1 - g_2)}{r - g_2} \quad (3.18)$$

其中,g_1 为初始时的股利增长率,g_2 为最终的股利增长率,H 为第一阶段时间的一半。

公式(3.18)是计算 H 模型股票估值时的一个近似公式。大部分时候它的计算和用精确公式计算出来的结果是很接近的,但是当第一阶段时间特别长或者初始与最终的股利增长率相差特别大时,近似公式的计算就会产生较大误差,此时就要用精确的公式对股票进行估值。

二、自由现金流贴现模型

顾名思义,自由现金流指的是公司能够自由分配的现金流。自由现金流可以分为公司层面和股东权益层面两个层次。公司自由现金流指的是不影响公司资本投资时可以自由向债权人和股东提供的资金。股权自由现金流指不影响公司资本投资时可以自由分配给股东的资金。

(一) 加权平均资本成本

利用不同现金流对股票进行估值时,所采用的风险考量也有所区别。公司风险主要可以从业务风险和资本风险两方面考虑。所谓业务风险指的是公司整体运营或公司全部资产的风险,而资本风险主要指的是对公司进行股权投资的风险(图3-8)。

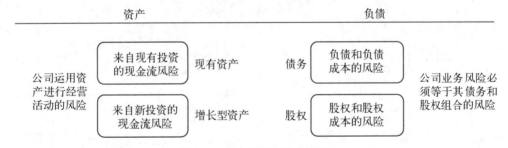

图3-8 业务风险与资产风险

资料来源:埃斯瓦斯·达莫达兰,《估值:难点、解决方案及相关案例》,2013.

如同资产负债表的其他方面一样,资产的风险必须等于负债和股权的加权风险。这就意味着,在一项业务上的股权投资风险,部分取决于公司业务的风险,部分取决于公司对于这项业务的资金支持中负债和股权比例的选择。如果公司使用大量负债经营业务,那么同一风险水平业务下对公司进行股权投资的风险就会增大。

在不同的绝对价值估值模型中,应该采用不同的成本作为贴现率。在使用红利贴现模型或股东自由现金流模型时,其对应风险为股东进行投资的风险,也就是资本风险,此时贴现率应该为股东要求报酬率。而在企业自由现金流模型中,其风险为公司整体运营风险,资金来源于股权和债权两个方面,因此需要选择加权平均资本成本(weighted average cost of captial，WACC)作为贴现率。

加权平均资本成本实际上就是对企业不同融资来源成本的加权。加权平均资本成本的计算公式如下：

$$r_{WACC} = \frac{E}{E+D} \times r_E + \frac{D}{E+D} \times r_D \times (1-T) \tag{3.19}$$

其中，E 是公司权益资本总额，D 是公司债务资本总额，$\frac{E}{E+D}$ 即为公司权益成本的权重，$\frac{D}{E+D}$ 则为公司债务成本的权重。r_E 是公司股东要求报酬率，r_D 是公司的债务成本，T 是公司适用的所得税税率，$r_D \times (1-T)$ 表示考虑了债务的抵税作用后的债务成本。

权益资本成本即红利贴现模型中使用的股东要求报酬率，可以用 CAPM 模型计算得到。

在计算债务资本成本时，通常使用有息负债作为债务总量的衡量，有息负债包含了企业向银行贷款如短期借款、长期借款以及企业发行的债券等，而生产经营产生的负债并不包含在内，如应付账款、应付税金、应付职工薪酬等。用公司每年的利息支出额除以有息负债额就可以求得公司的债务成本。

(二) 公司自由现金流

公司自由现金流(free cash flow to the firm，FCFF)指扣除维持企业正常运转的费用和必要的投资之后能够支付给企业债权和股权投资者的现金流。

自由现金流并不直接在公司财务报表中披露，我们可以通过财务报表披露的数据来计算公司的自由现金流。在计算过程中主要运用的指标包括净利润(net income，NI)、经营活动净现金流(cash flow from operation，CFO)、息税前收益(earnings before interest and tax，EBIT)、息税折旧摊销前收益(earnings before interest and tax，Depreciation and Amortization，EBITDA)等。

公司自由现金流可用三种方式进行计算，分别是调整净利润、调整经营活动净现金流量和调整息税前收益或息税折旧摊销前收益。

1. 调整净利润计算自由现金流

从净利润出发计算自由现金流需要经过四个步骤：

(1) 由于净利润是公司在权责发生制下的净收入，在扣除支出时扣除了某些非现金支出的项目。因此，为了保证最后得到的是现金流量，就要在净利润中加上非现金支出的增加，减去非现金支出的减少。最常见的非现金支出是折旧和摊销，在计算现金流时需要加上折旧和摊销，因为折旧和摊销仅仅是减少了资产的账面价值，而没有现金流出。

(2) 由于公司自由现金流是可以自由向所有资金供给者提供的现金流，因此要将计算净利润时扣减的向债权人和优先股股东的利息支出加回去。对于债务而言，需要考虑税收的影响，因为税额是在扣除利息后计算的。而由于优先股股利在税后扣减，因此不需要考虑收税调整的因素。

（3）公司为了维持经营必须进行各种固定资产的更新和购买，因此进行这些投资支出的现金并不是可以自由分配的，应该把它从净利润中扣除。固定资产投资过程中也可能会对已有的固定资产进行处理，此时处理固定资产得到的现金与固定资产投资支出相抵扣，得到固定资产投资的净值。即使公司不使用现金进行投资，而是采用发行债券或股票的方式，虽然现金没有在当时流出，但仍旧产生未来的现金流出，也需要在未来预测中加以考虑，因此无论以什么方式发生投资支出，都在当期自由现金流中进行扣减。

（4）公司对营运资本的投资也是日常经营中的必要支出，要从净利润中扣除。通常情况下营运资本是流动资产减流动负债的差额。但在公司自由现金流计算中，营运资本不包括现金和短期债务，因为短期债务更类似于融资而非经营，而现金正是我们需要得到的项目。

根据以上思路，对净利润进行调整得到公司自由现金流的公式如下：

$$FCFF = NI + NCC + Int \times (1-t) - FI - WI \tag{3.20}$$

其中，NI 表示净利润，NCC 表示非现金支出，Int 表示利息支出，t 为所得税税率，FI 为净固定资产投资，WI 为净营运资本投资。

2. 调整现金流量表计算自由现金流

公司现金流量表中披露了经营活动产生的净现金流（CFO），可以看做是收付实现制下的净利润，与净利润相比，经营活动现金流已经扣除了所有非现金项目，因此与公司自由现金流较为接近，稍作调整就可以得到公司自由现金流，计算公式如下：

$$FCFF = CFO + Int \times (1-t) - FI \tag{3.21}$$

3. 调整息税前收益和息税折旧摊销前收益计算自由现金流

息税前收益（EBIT）是公司在扣除利息支出和所得税前的利润，而息税折旧摊销前收益（EBITDA）则是公司在扣除利息支出、所得税、折旧和摊销前的利润。因此在用 EBIT 和 EBITDA 计算公司自由现金流时，与净利润较为类似，只需要在净利润计算公司自由现金流的公式中对利息和所得税等项目进行调整，具体公式如下：

$$FCFF = EBIT \times (1-t) + Dep - FI - WI \tag{3.22}$$

$$FCFF = EBITDA \times (1-t) + Dep \times t - FI - WI \tag{3.23}$$

其中，Dep 表示折旧。

运用公司自由现金流模型对公司价值进行估计时，企业的价值等于未来所有的公司自由现金流的贴现值，贴现率采用加权平均资本成本，得到公司价值的计算公式为：

$$V_0 = \sum_{t=1}^{\infty} \frac{FCFF_t}{(1+WACC)^t} \tag{3.24}$$

类似于红利贴现模型,若假设公司自由现金流一直保持稳定增长率 g,于是公司价值计算公式可简化为:

$$V_0 = \frac{FCFF_0 \times (1+g)}{WACC - g} \tag{3.25}$$

与红利贴现模型类似,自由现金流模型也有两阶段模型和 H 模型。公司自由现金流的两阶段模型可以表示为:

$$V_0 = \sum_{t=1}^{n} \frac{FCFF_0 \times (1+g_1)^t}{(1+WACC)^t} + \frac{FCFF_0 \times (1+g_1)^n \times (1+g_2)}{(1+WACC)^n \times (WACC - g_2)} \tag{3.26}$$

其中,g_1 为第一阶段增长速度,g_2 为第二阶段增长速度。

公司自由现金流的 H 模型可以表示为:

$$V_0 = \sum_{t=1}^{n} \frac{FCFF_0 \times \prod_{i=1}^{t}(1+g_i)}{(1+WACC)^t} + \frac{FCFF_0 \times \prod_{i=1}^{n}(1+g_i) \times (1+g_2)}{(1+WACC)^n \times (WACC - g_2)} \tag{3.27}$$

公司价值减去公司债权价值的剩余部分就是公司股权价值,用公司股权价值除以总股本即求得股票内在价值。

(三) 股权自由现金流

股权自由现金流(free cash flow to equity,FCFE)指的是扣除必要的营运支出和债务支出后,可以向股东进行支付的现金流。由此可见,公司自由现金流与股权自由现金流的差异就在于向债权人支付的资金净额。其中,向债权人支付的资金主要包括利息支出和对过去债务的偿还,而从债权人处获得的资金主要是新债务的形成。因此,将公司自由现金流调整为股东自由现金流的过程中,主要考虑利息支出和借款与还款相互抵消之后的净额(借款净额,net borrowing,NB)。由此可得到股权自由现金流的计算公式:

$$FCFE = FCFF - Int \times (1-t) + NB \tag{3.28}$$

运用股权自由现金流模型对公司价值进行估计,其假设为股权的价值等于未来所有的股权自由现金流的折现值,贴现率采用股东要求回报率,得到股权价值的计算公式:

$$V_0 = \sum_{t=1}^{\infty} \frac{FCFE_t}{(1+r)^t} \tag{3.29}$$

同样的,若假设未来股权自由现金流一直保持稳定增长率 g,于是股权价值计算公式可简化为:

$$V_0 = \frac{FCFE_0 \times (1+g)}{r - g} \tag{3.30}$$

股权自由现金流的两阶段模型可以表示为：

$$V_0 = \sum_{t=1}^{n} \frac{FCFE_0 \times (1+g_1)^t}{(1+r)^t} + \frac{FCFE_0 \times (1+g_1)^n \times (1+g_2)}{(1+r)^n \times (r-g_2)} \quad (3.31)$$

其中，g_1 为第一阶段增长速度，g_2 为第二阶段增长速度。

公司自由现金流的 H 模型可以表示为：

$$V_0 = \sum_{t=1}^{n} \frac{FCFE_0 \times \prod_{i=1}^{t}(1+g_i)}{(1+r)^t} + \frac{FCFE_0 \times \prod_{i=1}^{n}(1+g_i) \times (1+g_2)}{(1+r)^n \times (r-g_2)} \quad (3.32)$$

用公司股权价值除以总股本即可求得股票内在价值。

第三节　其他估值模型

一、DEVA 估值模型

互联网已经成为日常生活中的重要工具，互联网公司也成为公司中的重要组成部分。网络的价值与传统公司产品具有很大的差异，互联网公司的估值方法也不同于传统估值方法。

互联网行业普遍认为用户是最具有价值的资源，公司之间的竞争也多是为了争取更多的有效客户。客户数量与互联网公司价值之间的关系可以用梅特卡夫定律（Metcalfe's Law）表示。该定律认为互联网的价值在于将节点连接起来，而节点越多，潜在连接数也会越多。如果节点数是 N，其中可能的连接数是 N×(N−1)，因此可以近似认为网络的价值与节点的平方成正比。

根据梅特卡夫定律，摩根士丹利的分析师 Mary Meeker 提出了对互联网公司进行估值的 DEVA 估值模型（discounted equity valuation analysis，股票价值折现分析）。该模型最早于 1995 年 Mary Meeker 和同事合作的论文《互联网报告》中提出，很快成了风险投资领域估值的参考标准。该理论认为互联网公司的产品价值为：

$$E = M \times C^2 \quad (3.33)$$

其中，E 表示公司产品的价值，M 表示投入的初始资本，C 表示客户价值。随着客户增长，公司的价值以客户价值的平方速度增长。

目前 DEVA 估值模型在美国互联网行业估值中运用已经较为成熟，诸如 Facebook、Twitter、Google、Cousera 等互联网企业在进行融资时往往就是基于 DEVA 估值模型。这种估值方式也使得目前互联网公司的估值达到了传统估值模型难以想象的价格高度。

Facebook 的估值

2012年5月18日,Facebook正式登陆纳斯达克。公司的发行价格为38美元,其融资高达160亿美元,承销团队多达33家投行,其中包括摩根士丹利、摩根大通、高盛、美国银行、巴克莱资本等知名投行。

根据公司招股说明书,公司在2011年的每股净利润为0.52美元,38美元的发行价意味着公司的市盈率达到了73.08,即使对于科技公司来说,这样的市盈率水平也已经超过了投资者的预期,而在根据PEG估值理论,Facebook只有达到每年73%以上的增长速度,才具有投资价值。

市场普遍认为股价被高估,Facebook在IPO后,股价一路下跌,曾一度跌到17.55美元。直到上市一年后,首次公开发行价格依然是Facebook股价的最高点。

在投资者看来,传统的估值方式表明Facebook的股价远高于公司合理的内在价值,因此对其股票价格普遍持有看空态度。然而根据梅特卡夫定律,互联网行业的价值与其用户价值的平方成正比。也就意味着,哪怕公司未来的用户数量保持低水平的稳定增长,公司的价值就能快速增长。如图3-9所示,公司2010年第4季度至2017年第1季度的数据表明公司的有效用户数确实带来了营业收入和价值的高速增长。至2017年4月,公司股价已经超过150美元。

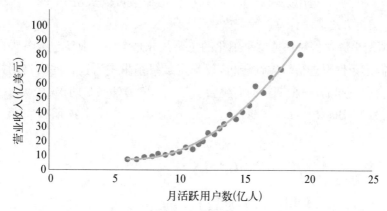

图3-9　Facebook月活跃用户数与营业收入(2010Q4-2017Q1)

Facebook股价的走势表明投资者依然习惯于使用传统的估值方式对股票价值进行分析,而投资银行在首次公开发行过程中则考虑了互联网的特殊性。采用DEVA估值模型对互联网公司股价进行估计,更能反映公司股票的真实价值。如果投资者能够较早调整估值模型,采用合适的方法进行估值,就能发现Facebook股价曾被长期低估,从而通过投资该股票获得超额收益。

二、实物期权法估值模型

实物期权估值法考虑公司未来营运所具有的选择权,对未来效益具有高度不确定性、投资决策可扩充、紧缩、延迟、暂停等具有弹性的投资计划可得到更合理的估值。

按照实物期权估值法的理念,企业管理者对于实物资产的投资或清盘的决策都被看作是一个选择权或期权。期权的持有者拥有继续或放弃该项投资的权利,这一点类似于金融期权中的看涨期权或看跌期权。

因此,公司价值评估可以分为两个部分,一部分是公司自身的内在价值;另一部分则是其隐含的实物期权价值。也就是说,公司价值可以表示为:

$$V_T = V_\alpha + V_\beta \tag{3.34}$$

其中,V_α 为公司的内在价值;V_β 为公司隐含的实物期权价值。公司的内在价值可以用传统估值方法计算得到。对公司实物期权价值估计时,一般要通过以下四个步骤:

(1) 确定企业所包含的实物期权。根据企业的行业特性、市场发展状况、产品的寿命周期等因素确定企业所包含的实物期权。

(2) 确定实物期权的各个期权要素。使实物期权的各个要素符合金融期权的特性,满足各项假设条件。

(3) 选择估值方法。实物期权的具体计算方法主要有两种:一是直接用公式计算,二是用二叉树方法计算。运用公式计算实物期权价值一般可以采用 Black-Scholes 期权定价公式,而二叉树方法能够计算多种复杂情况。

(4) 估值结果调整。对估值结果细化的主要任务是考虑企业所包含各种期权的相互作用以及在假定条件下进行敏感性分析,以确定最终结果中所包含的实物期权不是单独出现而是结合在一起的,一个期权的产生会引起或消除另外一个期权。

具体来说,将 Black-Scholes 期权定价公式应用于计算实物期权价值时,其公式如下:

$$C = SN(d_1) - X e^{-r_f(T-t)} N(d_2) \tag{3.35}$$

其中,$d_1 = \ln\left(\dfrac{S}{X}\right) + \left(r_f + \dfrac{1}{2}\delta^2\right)(T-t)$,$d_2 = d_1 - \delta\sqrt{(T-t)}$

S 表示公司不考虑实物期权价值情况下的内在价值。

δ 表示公司价值的波动率。波动率的确定方法有三种:计算公司价值历史波动率、计算隐含波动率、对现金流量的模拟。当存在与公司类似的同行业公司时,可以计算同业公司股价的历史波动率作为对标的公司价值波动率的估计。

$T-t$ 表示期权的期限。由于公司所处的环境是变化不定的,实物期权的期限也会因竞争态势以及技术的改变而发生变化。

r_f 表示无风险利率。无风险利率一般是根据期权期限及执行时期按照零息债券利率结构曲线决定的,可以简单地使用同期国库券收益率作为近似无风险利率。

X 表示执行价格。实物期权的执行价格是对公司的投资成本,可以用未来投资额的现值进行计算。

N 是正态分布变量的累积概率分布函数。

在应用实物期权法估值时,主要需要对未来现金流量、公司价值波动率、期权期限等进行估计。下面以 ZM 公司并购案为例[①],说明实物期权法估值的应用:

在进行收购时,收购方相当于执行一个看涨期权,理论上来说,公司收购导致的价值增加与被收购公司的价值相当。因此,我们可以利用实物期权法计算被收购公司价值,与收购方公司市值增加幅度进行比较,以说明实物期权法的适用性。

首先,估计公司不含实物期权的内在价值,可以采用自由现金流贴现模型进行估计。其中,公司未来自由现金流可以通过行业市场规模发展和公司行业地位等估计,贴现率采用 CAPM 模型计算得到,ZM 公司加权平均资本成本为 15.51%。据此估计 ZM 公司的内在价值为 227 363.17 万元。

其次,用 B-S 模型对公司实物期权价值进行估计。其中,无风险收益率采用当期市场国债收益率,取 4.14%;公司价值波动率借用同行业公司股价历史波动率,算得 27.31%;公司内在价值即为用自由现金流模型估计得到的 227 363.17 万元;考虑到宣布收购计划与收购达成之间的时间差为 0.91 年,为实物期权可选择执行的期限;收购时的支付价格 26.6 亿元,为期权的执行价。将上述数字带入 B-S 公式即可求得实物期权价值为 13 249 万元。

最后,将并购标的内在价值与实物期权价值相加,即可得到并购标的整体价值,为 24.06 亿元。

在并购执行日,收购方股价较标的评估基准日上升 2.25 元,按当时流通股总数计算,公司流通市值增加额为 26.68 亿元。由于股价影响因素是多方面的,公司价值评估不可能完全精确,但按实物期权法估计的公司价值更接近于市场交易结果。

三、剩余收益估值模型

剩余收益估值模型(residual income valuation model, RIM),是由爱德华兹(Edwards)和贝尔(Bell)于 1961 年提出来的企业价值评估模型。它具体是指基于企业现有的会计信息,通过公司权益的账面价值与未来存续期间的预期剩余收益的现值来表示企业价值。该模型开创虽较早,但直到 20 世纪 90 年代,美国学者奥尔森(Mancur Lloyd Olson)将企业权益价值和会计变量联系起来,在其著作《权益估价中的收益、账面价值和股利》中系统地阐述了剩余收益模型,该模型才开始受到学界的重视。

剩余收益的概念来源于经济学中的利润,是指企业净利润减去股权成本后剩余的值,当且仅当企业实现了股东要求的必要报酬后,才能获得剩余收益。其公式表达如下:

---

① 限于篇幅,未公开 ZM 公司的财务报表和同行业相关数据。

$$RI_t = NI_t - r_E \times B_{t-1} \tag{3.36}$$

其中，RI_t 为公司当期剩余收益，NI_t 为公司当期净利润，r_E 为股权成本(要求回报率)，B_{t-1} 为公司上期股东权益总额。

剩余收益模型认为，企业价值可分为两部分，即现有资产价值和未来存续期内的企业价值增值。剩余收益是公司为股东们创造的新价值，如果剩余收益为正，股东们就能获得超额收益，因此长期来看股价就升高；反之，如果剩余收益是负数，那么股票价格将会下跌。因此剩余收益模型的一般形式可以表示为：

$$V_0 = B_0 + \sum_{t=1}^{\infty} \frac{RI_t}{(1+r_E)^t} = B_0 + \sum_{t=1}^{\infty} \frac{NI_t - r_E B_{t-1}}{(1+r_E)^t} \tag{3.37}$$

剩余收益模型可以从红利折现模型中推导出来。公司每年获得的净利润用于股利的分配和公司净资产的积累两个方面。因此，净利润、股利和净资产之间存在如下关系：

$$B_t = B_{t-1} + NI_t - D_t \tag{3.38}$$

因此，股利 D_t 可以用净利润和净资产表示为 $D_t = NI_t + B_{t-1} - B_t$，将该式带入红利贴现模型，可以得到：

$$V_0 = \frac{NI_1 + B_0 - B_1}{(1+r_E)} + \frac{NI_2 + B_1 - B_2}{(1+r_E)^2} + \frac{NI_3 + B_2 - B_3}{(1+r_E)^3} + \cdots + \frac{NI_n + B_{n-1} - B_n}{(1+r_E)^n} \tag{3.39}$$

上式也就是剩余收益模型的一般表达形式。

与红利贴现模型类似，对未来剩余收益按照固定比例增长的预期，可以得到不变增长的剩余收益模型。假设未来剩余收益按固定固定比例 g 增长，且股权成本保持不变，于是不变增长的剩余收益模型可以表示为：

$$V_0 = B_0 + \frac{RI_t}{r_E - g} = B_0 + \frac{NI_t - r_E B_{t-1}}{r_E - g} \tag{3.40}$$

剩余收益估值模型与传统的自由现金流贴现模型和红利贴现模型最大的不同就在于，剩余收益的定价根植于企业价值创造的整个过程。红利贴现模型和自由现金流贴现模型将股权成本考虑在分母贴现率部分，剩余价值估值模型则还将股权成本反映在分子部分。剩余收益的特点就在于，它将权益资本成本纳入了企业经营要素考核的范畴。

剩余收益估值模型从公司股东的权益出发，评价公司经营绩效的核心在于公司是否为股东创造了足够价值，分析结果往往比红利贴现模型和自由现金流模型更为准确。此外，当公司不发放股利或自由现金流长期为负值时，剩余收益模型就很好地弥补了传统贴现模型的不足。

案例分析

肯尼斯·费雪"超级强势股"选股策略及其在中国市场的应用

肯尼斯·费雪(kenneth L. Fisher)十分推崇市销率的应用,并提出了以市销率为核心的"超级强势股"选股策略。

费雪认为,相对于其他指标,销售收入具有更大的稳定性,因此采用市销率对公司价值进行判断是有价值的。他发现一些优秀公司的销售净利率稳定在5%—7%,少数精英企业能够长期保持在10%左右。

在费雪看来,购买超级强势股的关键在于挑选未来具有成长可能性的股票,并在较低价位买入。因此,费雪选择超级强势股的具体条件如下:

① 公司未来长期销售收入年均增长率大约在15%—20%之间;
② 公司长期平均销售净利率超过5%;
③ 市销率为0.75或更低的水平。

实证表明,相对于小公司股票而言,大公司股票普遍具有更低的市销率,因此费雪认为大公司的股票必须在市销率小于或等于0.4时购买,在市销率0.8时卖出,即使在强劲的牛市中,也应该在市销率小于或等于2时卖出(表3-3)。

表3-3 公司规模与市销率之间关系(1982年11月)

过去12个月的销售收入	位于不同销售区间的公司数量						
	0—1	1—2	2—3	3—4	4—5	5—6	6+
0—1亿美元	8	17	16	3	2	5	8
1亿—2亿美元	4	7	2	3	2	1	0
2亿—3亿美元	2	2	1	0	0	0	0
3亿—4亿美元	1	2	2	1	1	0	0
4亿—8亿美元	2	4	2	0	1	0	0
8亿美元以上	11	5	2	0	0	0	0

数据来源:肯尼斯·费雪,《超级强势股》,2013。

费雪还认为,市销率策略需要兼顾市研率(市值除以研发投入)。他认为不能购买市研率超过15的超级公司的股票,而应该寻找市研率处于5—10之间的股票进行投资。此外,他还很重视市场占有率对利润率的影响,认为公司的潜在利润率与市场占有率之间存在显著的正相关。

根据费雪超级强势股的特征,我们构建如下策略:

1. 公司季度市销率小于0.75;
2. 当季销售净利润率大于5%;

3. 年度营业收入增长率大于20%。

每天开盘前,对沪深市场所有A股进行判断,从中挑选符合以上条件的股票,按照季度EPS进行排序,选择前30只股票进行投资。

策略回归效果如图3-10:

图3-10 基于市销率的强势股策略回测

以沪深300指数收益率作为基准,总体来看,策略能够跑赢基准收益。2007年以来,以该策略方式进行投资,获得总收益率达到976.44%,相对于基准的超额收益为891.71%,年化收益率达到25.97%。策略收益的波动率也较大,夏普指数为0.68。

小 结

1. 对股票进行估值可以采用相对价值估值模型或绝对价值估值模型。相对价值估值模型通过可比公司市场价格对公司股票进行定价,绝对价值估值模型通过估计企业未来现金流的现值估计股票价值。
2. 计算公司股票的相对价值可以从市盈率、PEG、市净率、市销率、总市值等方面进行考虑,而绝对价值估值模型主要有红利贴现模型和自由现金流贴现模型。
3. 相对价值估值模型运用简便,使用的信息简单明了,可以快速对公司股票进行估值,对市场的反应十分迅速,估值得到的结果也更接近市场整体对该股价的认知。但同时市场情绪对股价的估值产生影响,可比公司寻找困难也为相对价值估值模型的使用带来不便。
4. 绝对价值估值模型可以提供公司绝对价值的估计,但其估计高度依赖于未来会计数据和企业增长率的假设,对现金流和贴现率估计的小幅变化会带来公司估值大大幅变动。
5. 除了传统估值方法以外,还可以采用DEVA估值模型、实物期权估值模型、剩余收益估值模型等对公司进行估值。DEVA估值模型主要应用于注重客户价值的互联网公司,实物期权模型用于赋予未来不确定性以期权价值,而剩余收益估值模型从公司股东的权益出发,评价公司经营绩效的核心在于公司是否为股东创造了足够价值。

习 题

1. 某公司 2016 年底财务数据显示：年度净利润为 22 亿元，总股本 44 亿股；经过相关测算，该公司将来 12 个月的每股收益为 0.80 元，目前股价为 25 元。根据某机构研究报告，市场上像该公司这样规模和盈利能力的企业，其当前市盈率和预期市盈率的合理值分别为：40 和 35。根据以上信息，请判断该公司股票市场价格是否合理。
2. 假设某公司估值基准日为 2016 年 12 月 31 日，公司估值的预测期为 2017 年 1 月 1 日至 2021 年 12 月 31 日，公司 2021 年的自由现金流为 100 万元，永续增长率为 3%，公司的加权平均成本为 12%。求该公司股票价值。
3. 假设某公司估值基准日为 2016 年 12 月 31 日，公司估值的预测期为 2017 年 1 月 1 日至 2021 年 12 月 31 日，公司 2021 年的 EBITDA 为 100 万元，预期 2021 年 12 月 31 日可比公司的 EV/EBITDA 乘数为 6 倍，公司的加权平均资本为 10%。求该公司股票价值。
4. 分析市盈率估价模型的优点和局限性。
5. 请简述 DEVA 估值模型、实物期权法估值模型、剩余收益估值模型的适用场合及优缺点。

第四章

行 业 分 析

教学目的与要求

行业的发展状况是决定公司价值的重要因素。通过本章的学习,能够了解行业生命周期和行业竞争结构的分析框架,并能运用迈克尔·波特"五力模型"分析一些简单行业的竞争结构;掌握经济护城河的含义及其来源,并能准确识别一些行业的护城河;掌握宏观经济周期与行业发展的关系,以及美林投资时钟在行业轮动中的应用。

行业分析作为"自上而下"证券投资分析方法的第二个步骤,是介于宏观经济分析和微观公司分析之间的中观分析。行业的发展状况对该行业中的公司业绩影响巨大,行业的兴衰也是决定公司价值的重要因素之一。从某种意义上讲,投资于某上市公司,实际上就是以该上市公司所处行业为投资对象。因此,行业分析在证券投资分析过程中具有重要意义。

第一节 行业生命周期与行业竞争结构

一、行业生命周期

每个行业都要经历一个由成长到衰退的发展演变过程,这个过程便称为行业的生命周期。一般来说,行业的生命周期可分为幼稚期、成长期、成熟期和衰退期。行业生命周期和各阶段的典型行业见图4-1。

(一)幼稚期

在行业的初创期由于产品和技术刚诞生不久,虽然设计新颖,但质量有待提高。产品用户很少,只有高收入用户会尝试新的产品。产品类型、特点、性能和目标市场方面尚在不断发展变化当中,只有很少的竞争对手。为了说服客户购买,幼稚期的产品营销成本高,广告费用大,而且销量小,产能小,生产成本高。

幼稚期的经营风险非常高。研制的产品能否成功,研制成功的产品能否被顾客接受,

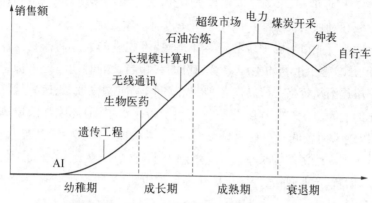

图 4-1 行业生命周期与各阶段的典型行业

被顾客接受的产品能否达到经济生产规模,可以规模生产的产品能否取得相应的市场份额等都存在很大不确定性。因此,这时在行业中选择特定的公司进行投资是相当有风险的,这些新兴产业的主要投资者往往是为数不多的创业投资(venture capital)公司。

在幼稚期后期,随着行业生产技术的成熟、生产成本的降低和市场需求的扩大,存活下来的新行业便逐渐由高风险、低收益的幼稚期迈入高风险、高收益的成长期。

(二)成长期

在成长期,随着产业生产技术的提高、生产成本的降低和市场需求的扩大,呈现出高风险高收益的特征。这个时期行业的产品已经建立了较稳定的市场,并出现了规模较大、业务结构比较稳定的企业,其市场份额也比较容易预测。

进入加速成长期后,企业的产品和劳务已逐渐被广大消费者接受,销售收入和利润开始增长,新的机会不断出现,但企业仍然需要大量资金来实现高速成长。在这一时期,拥有较强研究开发实力、市场营销能力、雄厚资本实力和畅通融资渠道的企业逐渐占领市场。这个时期的行业增长非常迅猛,部分优势企业脱颖而出,投资于这些企业的投资者往往能获得极高的投资回报,所以成长期阶段有时被称为投资机会时期。

而在成长期的后期,行业内厂商数量大量增加,产品也逐步从单一、低质、高价向多样、优质和低价方向发展,市场竞争开始加剧。生产厂商不仅依靠扩大产量和提高市场份额来获得竞争优势,还需不断提高生产技术水平、降低成本、研制和开发新产品,从而维持在市场中的优势地位。这一时期企业的利润虽然增长很快,但所面临的竞争风险也非常大,破产率与被兼并率相当高。在市场竞争优胜劣汰的过程之后,市场上生产厂商的数量会在一个阶段后出现大幅度减少,之后开始逐渐稳定下来。

(三)成熟期

成熟期的时间跨度一般较长,具体来看,各个行业成熟期的时间长短往往有所区别。一般而言,技术含量高的行业成熟期历时相对较短,而公用事业行业成熟期持续的时间较长。

行业处于成熟期的特点主要有:① 龙头企业规模空前、地位显赫,产品普及程度高。

② 行业生产能力接近饱和，市场需求也趋于饱和，买方市场出现。③ 构成支柱产业地位，其生产要素份额、产值、利税份额在国民经济中占有一席之地。

进入成熟期的行业市场已被少数资本雄厚、技术先进的大厂商控制。各厂商分别占有自己的市场份额，整个市场的生产布局和份额在相当长的时期内处于稳定状态。厂商之间的竞争手段逐渐从价格手段转向各种非价格手段，如提高质量、改善性能和加强售后服务等。行业的利润由于一定程度的垄断达到了较高水平，而风险却因市场结构比较稳定、新企业难以进入而较低。在行业成熟期，行业增长速度降到一个适度水平，一般其销售增长率会低于宏观经济的增长率。在一些情况下，整个行业会完全停止增长甚至收缩。当然，由于技术创新、产业政策、经济全球化等各种原因，某些行业可能会在进入成熟期之后迎来"第二春"。

这一阶段的企业由于具有稳定的现金流收入，有时被称为"现金牛"公司，对于投资者而言，一般都希望从该行业中获得稳定的现金流，不会新增投资甚至逐渐收回投资。

（四）衰退期

衰退期出现在较长的稳定期之后，在经过一段较长时间的稳定阶段以后，由于市场需求下降和替代性新产品不断涌现，原行业产品的销量开始下降，业内厂商的获利能力也逐步萎缩，甚至出现不少亏损。最终，正常利润无法弥补固定资产的折旧，投资者开始将他们的资金向前景更好的行业转移，因而原行业出现了厂商数量减少、利润水平停滞不前或不断下降的萧条景象。至此，整个行业便进入了衰退期。

很多情况下，一些度过成熟期的行业往往呈现出衰而不亡的特征，真正退出历史舞台的行业却很少，例如我国的钢铁业和纺织业在衰退，但是由于经济发展结构上的需要，这些行业依然存在。

综上所述，一个行业生命周期的不同阶段会呈现出不同的特点，而投资者所要做的便是仔细研究公司所在行业的生命周期阶段，跟踪考察该行业的发展趋势，分析行业的投资价值和投资风险。对于保守型的投资者，可以优先选择处于成熟期的行业，因为这些行业基础稳定，盈利丰厚，市场风险相对较小；而对于风格较为激进的投资者，处于成长期的行业可能是更好的选择，因为这些行业中的企业有机会实现高速增长，能让投资者分享行业的成长红利。

二、行业结构与行业竞争

（一）行业市场结构

不同行业具有不同的市场结构，市场结构是指一个行业内部买方和卖方的数量及其规模分布、产品差别的程度和新企业进入该行业的难易程度的综合状态。

根据行业内部的企业数目、行业内各企业生产者的产品差别程度以及行业进入障碍的大小，可以将市场划分为完全竞争市场、垄断竞争市场、寡头垄断市场和完全垄断市场四种市场类型。四种市场结构中，完全竞争市场竞争最为充分，完全垄断市场不存在竞争，垄断竞争和寡头垄断存在竞争但竞争又不充分（表4-1）。

表 4-1 行业市场结构的划分和特点

市场类型	厂商数量	产品的差别程度	对价格的控制程度	行业进出的难易	范例
完全竞争	很多	完全无差别	没有	很容易	农产品
垄断竞争	较多	有差别	有一些	比较容易	轻工零售业
寡头竞争	几个	差别小	相当程度	比较困难	汽车制造业
完全垄断	一个	唯一的产品	很大程度,但常受政府管制	很困难,几乎不可能	公用事业

在分析行业的市场结构时,行业集中度(concentration ratio,CR)是一个常用的指标。行业集中度又称为行业集中率或市场集中度,是指某行业相关市场内前 N 家大型企业所占市场份额(产值、产量、销售额、销售量、职工人数、资产总额等不同口径)的总和。行业集中度(CR)一般以某一行业排名前 4 名或前 8 名的企业销售额(或生产量等数值)占行业总的销售额比例来度量,表示为 CR_4 或 CR_8。这一数值越大,说明这一行业的集中度越高,市场越趋于垄断;反之,市场集中度越低,越趋于竞争,集中度是衡量行业市场结构的一个重要指标。

根据美国经济学家贝恩和日本通产省对行业集中度的划分标准,将行业市场结构粗分为寡占型($CR_8 \geqslant 40\%$)和竞争型($CR_8 < 40\%$)两类。其中,寡占型又细分为极高寡占型($CR_8 \geqslant 70\%$)和低集中寡占型($40\% \leqslant CR_8 < 70\%$);竞争型又细分为低集中竞争型($20\% \leqslant CR_8 < 40\%$)和分散竞争型($CR_8 < 20\%$)。

表 4-2 美国贝恩对市场结构进行的分类

市场结构 集中度	CR_4 值(%)	CR_8 值(%)
寡占Ⅰ型	$CR_4 \geqslant 85$	—
寡占Ⅱ型	$75 \leqslant CR_4 < 85$	$CR_8 \geqslant 85$
寡占Ⅲ型	$50 \leqslant CR_4 < 75$	$75 \leqslant CR_8 < 85$
寡占Ⅳ型	$30 \leqslant CR_4 < 50$	$45 \leqslant CR_8 < 75$
寡占Ⅴ型	$30 \leqslant CR_4 < 35$	$40 \leqslant CR_8 < 45$
竞争型	$CR_4 < 30$	$CR_8 < 40$

资料来源:中国证券业协会,《证券投资分析》,中国财政经济出版社,2012:144.

(二)行业竞争分析

前面介绍的行业生命周期分析主要用于预测行业的市场规模和增长状况,而行业竞争分析则更注重特定行业内各公司之间的竞争结构和竞争状况。因为盈利的增长比销售增长更能刺激投资收益率的提高。在行业竞争分析中,波特"五力模型"是最常用的分析模型之一。

迈克尔·波特(Michael E.Porter)在《竞争战略》一书中,从行业组织理论的角度,提出了行业结构分析的基本框架——五种竞争力分析。波特认为,在每一个行业中都存在五种基本竞争力量,即潜在进入者、替代品、购买者、供应者与现有竞争者间的抗衡,如图4-2所示:

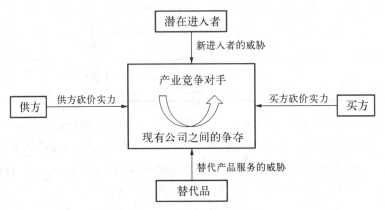

图 4-2 行业竞争结构分析示意图

"五力模型"的主要缺陷在于该分析模型基本上是静态的,但是在现实中竞争环境始终在变化;同时,该模型低估了企业与供应商、客户或分销商、合资企业之间可能建立长期合作关系以减轻相互之间威胁的可能性。

三、行业变迁与股价表现

技术的变革带动了生产力的发展,并带动了整个经济的发展,大量的投资机会则孕育其中。通常情况下,超级牛股大部分出自引领时代潮流的行业,随着时代的变化,代表时代发展方向的行业也在不断发生更迭。行业变迁的趋势往往暗示着市场行情主线的变化,而新兴行业则是孕育牛股的摇篮,通过考察美国和中国的行业变迁的轨迹和股市领涨板块的更替,可以更深刻地认识到这一点。

(一) 美国 1982-2000 年的牛市

在经历了 20 世纪 70 年代长时间的滞涨之后,从 1982 年开始,美国政府开始放松管制、恢复企业活力,同时在 IT 革命的带领下,美国经济再度进入了高增长、低通胀的模式,开启了黄金 20 年。而从产业结构的变化看,美国产业发展的重心开始由以劳动和资源密集型为代表的重化工业,逐步向以创新为主要特征的"熊彼特产业"即以高技术为代表的通信设备、计算机及电子产品制造业转移。服务业则由传统服务业向现代服务业变迁。从 80 年代起,美国服务业、金融业和信息产业的占比快速上升,摆脱了之前依赖于制造业的局面。

在这一轮经济增长中,以电脑硬件、软件、通讯和互联网等部门为代表的高科技产业取代了传统的建筑业、汽车制造业,成为引领美国经济增长的新火车头。IT 产业劳动生产率数倍于其他经济部门生产率,同时促进了其他部门生产率的提升。

在良好的经济基本面的支撑下,美国股市也在同期迎来了超级大牛市,标普 500 指数从 1982 年初的 120 点起步,最高涨至 2000 年 1470 点,而纳斯达克指数在此期间更是从不到 200 点最高涨至超过 5100 点(图 4-3)。在本轮牛市中表现最好的当属互联网类股票,其中微软、雅虎、亚马逊、思科等股票价格都上涨了近百倍。

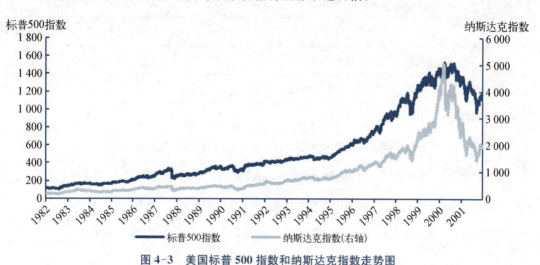

图 4-3　美国标普 500 指数和纳斯达克指数走势图

数据来源:Wind.

从欧奈尔总结的美国 1953-2007 年的牛市领军板块中,可以看到,股市领涨板块的变迁往往对应着相应行业的变迁(表 4-3)。

表 4-3　1953-2007 年美国牛市领军性板块

年　份	领　涨　板　块
1953-1954	航空航天、铝业、建筑、造纸、钢铁
1958	保龄球、电子、出版
1959	自动贩卖机
1960	食品、信贷、烟草
1963	航空公司
1965	航空航天、彩色电视、半导体
1967	计算机、跨行业企业集团、酒店
1968	移动房屋
1970	建筑、煤炭、石油服务、餐厅、零售
1971	移动房屋
1973	黄金、白银
1974	煤炭

续 表

年 份	领 涨 板 块
1975	商品目录展售店、石油
1976	酒店、污染治理、私人疗养院、石油
1978	电子、石油、小型计算机
1979	石油、石油服务、小型计算机
1980	小型计算机
1982	服装、汽车、建筑、折扣超级市场、军用电子、移动房屋、服饰零售、玩具
1984—1987	非专利药品、食品、糖果及烘烤食品、超市、有线电视、电脑软件
1988—1990	制鞋、制糖、有线电视、电脑软件、珠宝商行、电信、保健门诊
1990—1994	医药制造、生物工程、健保组织、电脑配件/局域网、餐厅、博彩、银行、油气开采、半导体、电信、非专利药、有线电视
1995—1998	电脑配件/局域网、电脑软件、互联网、银行/金融、计算机(个人电脑/工作站)、石油/天然气勘探、零售(折扣店/多样化经营门店)
1999—2000	互联网、制药(生物医学药品/基因药品)、计算机(存储设备)、电信设备、半导体制造、计算机(网络构建)、被动式光纤组件、电脑软件
2003—2007	化肥、石油和天然气、服装、钢铁、媒体、太阳能、互联网、房屋建造

资料来源：欧奈尔，《笑傲股市》，机械工业出版社，2015：334—350．

(二) 中国历次牛市与领涨行业

在中国股市短短二十多年的历史中，也曾出现过数次牛市，而每次牛市中的领涨板块无一不体现着中国经济结构的重大变化。1996年以家电为代表的耐用消费品全面普及带动了家电板块的异军突起；1999年消费升级从普通家电升级到家用电脑和电信，从而使得网络股在短短数月间快速上涨；2003年我国加入WTO，汽车和住宅消费市场的大幅增长带动了以汽车、钢铁、有色为首的"五朵金花"的绽放；2006年固定资产投资的加速增长以及房地产市场的持续火爆，拉动了钢铁、水泥、电解铝等数十个地产链上的产业，中国整体经济出现过热迹象，期间，有色、煤炭、机械等板块涨幅领先全市场；2008年底"四万亿"经济刺激计划的出台使得固定资产投资增速再度上行，带动了有色、煤炭、汽车、家电板块的大幅反弹；2013—2015年的创业板牛市则体现了我国经济转型的大方向，第三产业占比逐渐上升，以互联网等为代表的电商和娱乐产品需求增长迅速，各种新兴消费方式不断涌现，而上涨行情的主线也从2013年的传媒、手游，扩散到2015年的"互联网+"。牛市各阶段的领涨板块和相应的行业背景如表4-4所示。

表 4-4 我国股市历次牛市行业背景及领涨板块

时间	背景	领涨板块
1992-1993 年	短缺经济时代	百货公司
1996-1997 年	新一轮消费升级,家电普及化	家电
1999 年	消费升级从普通家电升级到家用电脑和电信	网络
2003-2004 年	重化工业发展,汽车和住宅消费大幅增长	汽车、钢铁、石化、电力、有色金属
2006-2007 年	固定资产投资驱动经济加速增长	有色、煤炭、机械、券商
2009-2010 年	四万亿投资、汽车家电消费补贴	有色、煤炭、水泥、汽车、家电
2013-2015 年	经济结构转型	互联网、传媒、科技、电子

第二节 经济护城河

1993 年,巴菲特在致股东信中首次提出了经济护城河(economic moat)概念,意指行业或企业抵御竞争对手对其攻击的可持续竞争优势。经济护城河对于公司而言意义非凡,拥有牢固护城河的公司能够在较长时期内实现超额收益,并随着时间的推移通过股价体现其超过市场平均的盈利能力。而作为投资者,如何准确的识别真正拥有宽护城河的优秀行业或企业则是投资过程中的核心问题之一。

一、经济护城河的源泉

(一)经济护城河的定义

经济护城河是指某一行业或行业中的某一公司拥有的一种结构性竞争优势,帮助其在较长时间内抵御外来竞争,从而实现超额收益。

一般而言,一个行业的资本回报率从长期来看体现出"均值回归"(mean-reverting)的特征,高资本回报率会导致竞争的加剧,并使企业的超额收益率逐渐萎缩。但某些行业或公司却能够借助内在的结构性特征取得持续性的竞争优势和超过平均水平的资本回报率。这些结构性特征就像拒敌于城池之外的护城河一样,保卫着这些公司的高资本回报率不受侵犯。

(二)经济护城河的来源

如果说优质产品、高市场份额、有效执行和卓越管理都不是值得信赖的护城河标志,那么,我们应该寻找的到底是什么呢?通过对全球数千家优秀企业特征的提炼,可以总结出真正护城河的四大源泉,分别是无形资产、客户转换成本、网络优势以及成本优势。其中前三项是基于行业或企业层面而言,成本优势是基于企业层面而言的。

1. 无形资产(intangible assets)

企业拥有的无形资产是指企业长期积累的、没有实物形态的资源,主要包括品牌、专利等。无形资产能让该企业出售竞争对手无法效仿的产品或服务。因此,无形资产是最有价值的竞争优势来源,在评价无形资产时最关键的因素是看其到底能给企业创造多少价值,以及能持续多久。如果找到了一个能带来定价权的品牌,一个限制竞争的法定许可,或是拥有一整套多样化专利权和悠久创新历史的企业,那么就找到拥有经济护城河的企业了。

(1) 品牌(brands)。对于品牌而言,最关键的并不是品牌的受欢迎程度,而是它能否影响消费者的行为。投资者最常犯的错误就是认为一个知名品牌一定会给其所有者带来竞争优势。实际上,只有提高消费者购买意愿的品牌,或者能巩固消费者对商品依赖性的品牌,才能形成经济护城河。毕竟,品牌的创建和维护都需要成本,如果不能通过定价权或重复购买等形式创造收益,那么这种品牌就无法创造竞争优势。

如果一家企业仅仅凭借其品牌就能以更高的价格出售同类产品,那么,这个品牌就有可能形成一个强大无比的经济护城河。但是这种情况并不多见,大多数品牌的力量还是源于产品品质的不同,对这些产品而言,品牌的价值在于它能减少客户的搜索成本,但未必能给企业带来定价权。而对以品牌为基础的经济护城河来说,最大的危险在于,品牌一旦失去魅力,企业价值就无法再获得溢价了。

(2) 专利(patents)。专利是指一项发明创造的首创者所拥有的受法律保护的独享权益,其可以通过法律手段限制或禁止竞争对手销售专利涉及的产品。专利可以成为经济护城河中最有价值的来源之一,但在考察专利所带来的护城河时需要注意:专利权是有期限的,在到期之后市场上的其他竞争者就会接踵而至(这种情况在医药行业非常普遍);专利权可能受到竞争对手的挑战。因此要小心那些把利润建立在少数专利产品基础上的企业,因为一旦他们的专利权受到挑战,就有可能给企业带来严重损失。

专利权要形成名副其实的可持续竞争优势,企业不仅要拥有历史悠久的创新传统,让投资者完全有理由相信它的创新能力,而且要拥有一大批专利产品。只有那些拥有多种专利权和创新传统的企业,才拥有护城河。

(3) 法定许可(regulatory licenses)。法定许可是指需要通过政府审批才能从事经营活动的一些行业,取得法定经营牌照的企业往往在该行业具有垄断地位,一般情况下政府当局对这类产品的价格会进行监管或人为干预(例如公用事业的收费);但是也存在某些行业有法定许可准入门槛,同时企业可以像垄断者一样定价、受政府价格管制影响较小,这类公司往往具有很宽的护城河。

2. 转换成本(conversion cost)

转换成本最早是由迈克尔·波特在1980年提出,指的是当消费者从一个产品或服务的提供者转向另一个提供者时所产生的一次性成本。转换成本效应是指,更换供应商所需要的附加成本越大,消费者对于现有供应商商品的价格敏感性越低,从而企业可以收取更高的价格,维持高资本回报率。因此,转换成本是经济护城河的重要来源之一。

营销学者伯罕姆(Burnham)等人将转换成本分为程序性转换成本、财务性转换成本、关系性转换成本。程序性转换成本(procedural switching costs)主要是指顾客在时间和精力上的付出,包括了经济风险成本、评估成本、学习成本以及建立成本;财务性转换成本(financial switching costs)主要是由顾客的利益损失成本和金钱损失成本构成;关系性转换成本(relational switching cost)主要是指顾客在情感上或心理上的损失,涉及因为身份或契约关系的打破而导致的心理上和情感上的不舒服,由个人关系损失成本和品牌关系损失成本构成。

3. 网络效应(the network effect)

网络效应也称网络外部性,根据经济学家奥兹·夏伊(Oz Shy)在《网络产业经济学》(The Economics of Network Industries)中提出的定义:"当一种产品对用户的价值随着采用相同的产品或可兼容产品的用户增加而增大时,就出现了网络外部性。"

网络效应可以分为直接的网络效应和间接的网络效应。比如传真设备之间就是直接的网络效应,而 DVD 播放器之间则是间接的网络效应。"先下手为强"(first-mover advantage)和"赢家通吃"(winner-take-all)是具有网络效应的产业中市场竞争的重要特征,例如日本雅虎登陆日本在线拍卖市场的时间比 eBay 早 5 个月,但就是这短短 5 个月时间使雅虎先于 eBay 招揽到了最关键的第一批客户并建立了网络效应,从而打败了后进入的 eBay。

"信息的生产成本很高,但是复制成本很低",网络型业务具有普遍性效应,扩大网络规模带来的收益并非是线性的,也就是说网络规模扩大带来的经济价值增长率要大于其绝对规模的增长率。

信息具有非排他性。因此在不同行业中,在以信息共享型或用户集成型为基础的业务中,更容易找到这种护城河,例如信用卡、在线拍卖和某些金融产品交易所;但从事有形商品交易的企业却很难体现网络效应的威力。

通过考察道琼斯工业平均指数中的成分股企业,仅有两家公司的竞争优势主要来自网络效应,它们是美国运通和微软公司。美国运通(American Express)是全球最大的独立信用卡公司,其利用发行的运通卡(Amex)所建立的巨大商业网络形成了美国运通最大的竞争优势。能够使用运通卡的地点越多,它们对用户的价值也就越高,这也是促使公司开始向便利店和加油站等小型零售点推广运通卡的首要原因。而庞大的 PC 操作系统用户群则是微软公司(Microsoft)护城河的最大源泉之一,微软的办公软件已经成为全球用户的通用语言,面对强大的网络效应,其他竞争对手已经很难从微软手中夺取市场份额了。

4. 成本优势(cost advantages)

成本优势是基于某一行业中的企业层面而言的,它也是护城河的重要来源之一,低成本的流程优势、上佳的地理位置、独一无二的资源和较大的市场规模都能创造出成本优势。根据波特的思想,成本领先战略应该体现为相对于对手而言的低价格,但这并不意味着仅仅获得短期成本优势或仅仅是削减成本,而是一个"可控制成本领先"的概念。凭借成本优势获得护城河的关键,在于在满足顾客认为最重要的产品特征与服务的前提下,实现相对于竞争对手的可持续性成本优势。换言之,在考察这类企业时,必须找出成本优势的持续性来源,能够形成防止竞争对手模仿优势的障碍,这种低成本优势才能转化为公司的护城河。

(1) 流程优势。流程优势是指企业在运用流程提供产品的过程中,如果能够比竞争对手更有效率地获得、利用和组织资源,则能够借此提高生产效率、降低成本。典型的案例包括戴尔建立在流程基础上的成本优势和西南航空公司的低价策略,戴尔取消分销环节,采用直销方式,并通过订单式生产 PC 机实现存货最小化;西南航空公司采用单一机型,实现地面时间最小化,并在全体员工中间培育厉行节约的企业文化。

在理论上,流程优势不可能持续长久,因而也不可能构成持续性的竞争优势。因为当一家公司找到低成本的产品或服务市场模式时,竞争对手会马上模仿这一流程,从而与业内领导者的成本结构保持一致。因此,流程成为持续竞争优势来源的充分条件是流程的稀缺性和难以模仿性。

(2) 地理优势。一项生产活动的地理位置可能从劳动力、管理、原材料、能源等多个方面影响其成本,通常而言,这种优势与建立在流程基础上的成本优势相比更具持久性。地理优势在大批量的商品行业更为常见,这些产品通常具有较低的价值重量比(价值/重量),且消费市场接近于生产地。

(3) 资源优势。在能源类行业中,如果企业拥有的矿藏类资源成本低于其他资源生产商的采掘成本,那么,这家企业就会拥有竞争优势。例如,阿特拉石油公司(Ultra Petroleum)是一家中等规模的能源类企业,主要生产和销售天然气,由于怀俄明州部分地区在天然气资源方面的特殊优势,使得阿特拉的生产和销售成本极低,其利润率足足比北美天然气制造商的平均水平高出 1 倍。阿特拉的大多数气井只需要 700 万美元的钻井成本,而北美其他地区的类似天然气田,即便是附近其他公司的钻井成本也在 1 700 万—2 500 万美元之间。正是这种源于先天资源的成本优势,让阿特拉成为为数不多拥有最高资本回报率的能源类企业。

(4) 规模效应。规模效应是指通过扩大生产或销售规模使单位产品成本下降,从而引起经济效益增加的现象。

规模效应可以带来巨大的成本优势,其来源除了传统的生产规模以外,还包括配送网络和利基市场(niche market,小众细分市场)。首先,通过提高产能利用率扩大生产规模可以将固定成本平摊到更多单位产品上,从而降低成本。其次,完善的大规模配送网络也可以形成成本优势,对于基础服务业而言,在建立和运营配送网络初期需要大量的资本投入,但是在网络建成之后额外运输货物的变动成本几乎为零。美国联邦包裹(UPS)的资本回报率明显高于联邦快递(FedEx)的主要原因,就是因为 UPS 的经营利润主要源于门到门的配送业务,而联邦快递的主要经营利润则源于隔夜信件的发送业务。四通八达的地面配送网络显然比隔夜快递业务拥有更高的资本回报率。再者,对于利基市场的统治也能为企业带来明显的规模优势,即使一家公司的绝对规模不大,其只要在市场的某一局部超过其竞争对手,同样可以形成强大的竞争优势。对于市场容量较小、仅能维持少数几家公司盈利的利基市场，市场竞争近似于垄断状况，因为其他企业为进入市场所耗费的资本在经济上是无意义的，例如很多地区拥有的航空路线只能保证一家机场盈利，即使有竞争对手在其附近新建第二个机场他们也无法获得满意的资本回报率，这样就间接地将新进入者拒之门外，为现有机场挖掘了一个宽阔无比的经济护城河。

二、寻找经济护城河

确定一个行业或公司是否拥有护城河的步骤可以按照图4-4的步骤来进行。

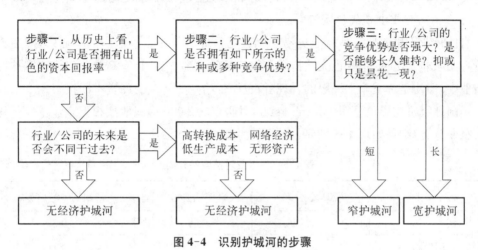

图4-4 识别护城河的步骤

资料来源：帕特·多尔西(Pat Dorsey)，《寻找投资护城河》，2014：130—141.

1. 考察资本回报率

步骤一是考察行业或公司是否能在很长一段时间内创造出超过平均水平的资本回报率？在分析这个问题的时候，要在尽可能长的期限内看待资本回报率，因为一两年的表现不佳并不能否认经济护城河的存在。如果第一个问题的答案是否，并且判断公司基本面在未来不太可能出现实质性的变化，那么可以判断这一行业或公司没有护城河。

在衡量一家公司的资本回报率时，常用的三种方式是资产收益率(ROA)、股东权益回报率(ROE)以及投资资本回报率(ROIC)，这三种方式分别从不同角度为我们提供了考察企业盈利能力的信息。

2. 确定竞争优势

当确定某一行业或公司具有长期的超额资本回报率之后，第二个问题便是确定其资本回报率背后的竞争优势，也就是说探寻一个行业或企业能够长久地创造出超乎寻常的资本回报率的真正原因，并判断其在未来的可持续性。即便一家企业曾经拥有诱人的资本回报率，但只要无从验证这种回报率能长久维持，那么护城河的存在性依然是值得怀疑的。

根据本节第一部分的论述，竞争优势主要来源于无形资产、转换成本、网络效应、成本优势。因此可以从企业是否拥有知名品牌、企业是否有专利权、客户是否不易于转换到竞争对手的产品、企业是否能始终维持低成本、企业是否受益于网络效应、企业是否会受到技术变革或行业变迁的影响等角度进行思考并确认企业真正的竞争优势所在。

3. 确定竞争优势的持续性

在确定企业超额收益率背后的竞争优势之后,需要思考的最后一个问题便是当前的这种经济护城河是否能在未来持续存在。按照竞争优势的强弱程度可以将企业划分为三类:竞争优势非常持久的公司拥有宽护城河,竞争优势明显但是不够强大的企业拥有窄护城河,而不存在竞争优势的公司则没有护城河。在考察企业竞争优势的持续性时可以从外部环境(宏观经济环境和产业环境)及内部环境(公司的战略资源和核心能力等)的变化去进行考察。

4. 在不同行业中寻找护城河

有些行业天生要比其他行业更易于创造竞争优势。在竞争激烈的行业中,即使公司的管理团队非常出色,企业也无法持续获得超额收益率;而在具有高准入门槛和宽护城河的行业中,即使是资质非常一般的管理者,也能带给企业持久的高资本回报率。

美国评级机构晨星公司(Morningstar)对研究的2 000多只股票根据企业竞争优势进行了行业分类,结果如表4-5所示。

表4-5 按行业对护城河分类

行　　业	宽护城河(%)	窄护城河(%)	总体护城河(%)
媒　　体	14	69	83
公用设施	1	80	81
金融服务	14	54	68
能　　源	6	55	61
电　　信	0	59	59
软　　件	9	49	58
商业服务	13	36	49
消 费 品	14	32	46
医疗卫生服务	11	31	42
消费者服务	7	32	39
工业原料	3	31	34
硬　　件	5	26	31

从表中可以看到,媒体行业拥有最高的行业总体护城河比例,这些媒体行业例如迪士尼和时代华纳,他们控制着大量近乎独有的内容,这些资源的开发成本令一般企业望而却步,但传播成本几乎为零。总体上看,传播渠道本身的多样性,以及他们对这些渠道的控制,共同造就了媒体企业的竞争优势。在近些年中,互联网对媒体业的传统经营模式造成了明显冲击,但是具有超强品牌(如迪士尼)或超宽传播网络的企业(如Comcast)的护城河能在冲击面前仍然保持强大的生命力。

在技术领域,从表中可以看到相对于硬件企业,软件企业更容易建造护城河。产品使用方式的不同是造成这种差异的直接原因。一种软件通常要和其他软件结合在一起才能发挥作用,而这种结合就锁定了客户,同时增加了客户的转换成本;硬件的采用则更依赖于通用的行业标准,同时硬件升级的转换成本并不高。当然,也有不少例外情况,比如说思科这样的硬件公司,他们直接把软件内嵌到自己的硬件产品中,这就相当于人为创造了转换成本。但就总体情况而言,和硬件企业相比,我们更容易在软件公司里发现护城河。

从表中可以看到,拥有护城河的消费者服务企业比例较低。由于低转换成本以及好的经营理念易于传播和复制,直接面对消费者的企业往往难以形成竞争优势,如餐饮企业和零售商。存在于服务性企业中的护城河多来自品牌效应,如麦当劳和星巴克多年来为消费者提供稳定高质量的服务,这使消费者减少了搜寻成本,为消费者忠诚于企业和重复消费提供了原动力。

至于为公司业务提供服务的企业,他们的处境则与餐饮零售业截然不同。在晨星研究范围内,这类企业拥有宽护城河的比例很高,其中的很大一部分原因在于,他们可以把自己的业务紧密结合到客户的业务中,这就形成非常高的转换成本,进而为他们带来定价权和超乎寻常的资本回报率。比如从事数据处理的 DST 系统公司和 Fiserv,属于这一类型的还有某些拥有不可复制的数据库的企业,如艾美仕市场研究公司(IMS Health,全球最大的医药市场咨询调研公司)、邓白氏咨询公司(Dun & Bradstreet)和艾可菲(Equifax,美国三大信用报告机构之一)。

此外,能源行业中拥有护城河的企业比例也非常高。首先,专门从事天然气生产的公司会得益于远距离传输的困难。尽管铜和煤炭等材料通过船运等方式可以轻而易举地实现全球运输,但天然气却只能采取管道实现经济化输送,而管道是无法越洋的。因此,北美洲的天然气厂商就可以以低成本优势创造护城河,因为他们根本就不必担心中东地区超低成本天然气带来的威胁。那么,北美洲的天然气公司就可以通过开发处于成本曲线低端、具有合理开采寿命的气田,为自己打造一条坚不可摧的护城河。其次,石油输出国组织(OPEC)通过形成类似卡特尔形式的组织,通过市场垄断使石油价格长期维持在高位。开发油田所需要的巨大投资使得石油生产成为极少数超级资本巨头的乐园。这些因素促使拥有石油资源的企业长期保持非常高的资本回报率。

我们还能从表中发现消费品行业是拥有宽护城河比例最高的行业之一,例如可口可乐、高露洁、箭牌糖果和宝洁等企业,这些企业旗下的经久不衰的产品和品牌绝非是在一朝一夕之间形成的,需要持续的广告投入、持之以恒的创新以及大量的资金来维持,因此其护城河非常牢固。此外,公用事业也拥有很高的总体护城河比例,但是其对于特定地理范围内的自然垄断并不能完全转化为企业的账上利润,因为政府部门为公用事业设定了相对较低的最高收费标准,因此这类公司业绩的天花板效应较为显著。

三、经济护城河的动态变化

经济护城河也并非一成不变。当行业或企业面临的外部环境和内部环境发生改变的时候，即使是最坚固的护城河也可能遭受侵蚀。30年前，宝丽来（Polaroid）革命性地改变了人们拍摄照片的方式，但是随着数字图像技术的出现，公司业务急转直下并在2001年申请破产；长途电话和报纸一直被视为是最可靠、最赚钱的业务，但在互联网浪潮的冲击下，其业务已经大大萎缩。因此对于投资者而言，在找到了具有护城河的行业或企业之后，仍必须注意被投资方的竞争态势，紧盯护城河遭到侵蚀的种种迹象，以尽早发现可能的竞争优势出现衰退的信号。

导致一个行业或企业经济护城河的侵蚀的原因多种多样，包括技术变革和消费者行为习惯的变化等。

（一）技术变革

重大技术变革的发生是导致企业原有经济护城河遭受侵蚀的最常见的原因之一。技术的革新可以催生新的行业，也可以使旧有的行业消亡。

对于技术创造型企业而言，比如生产软件、半导体和网络硬件的企业，为了获得持久性的竞争优势，必须持续不断地进行技术创新。因为技术性企业的成功，几乎完全依赖于他们是否能比竞争对手更快地推出新产品，而新产品上市之后企业原有的竞争优势可能会在数月内消失殆尽。只有在极个别情况下，一家企业推出的产品具有划时代的重大意义，并在日后成为真正的业内标准，这家企业才能享有较长时间内的竞争优势。例如苹果在2007年发布的iphone经典机型成功引领了全球智能手机的浪潮，并在随后的时间里帮助苹果确立了在智能手机市场的领先地位。

对于非技术型企业而言，技术革新所带来的打击可能是致命性的。这样的例子数不胜数，兴起于2000年的互联网浪潮对于诸多传统行业的运营带来了结构性的破坏，柯达曾经统治美国胶卷市场数十年之久，但在数字摄影的冲击下已经江河日下；而纳斯达克交易所成功运用了计算机和通信技术，用全电子交易取代了叫价式交易，使得市场的交易量迅猛上升。而随着电子交易的普及，交易成本的下降以及买卖价差的日趋缩小，原有叫价式做市商的生存空间则被压缩。

（二）消费者行为的变化

消费者行为的变化也将给企业的竞争优势带来潜移默化的影响。广义的消费者行为不仅包括通过各种行为来购买、使用与处置商品，还可以扩展至消费者决定采取这些行动所进行的详细决策过程，甚至还可以扩展至消费者个人及家庭的收入获得过程等。消费者行为受到多种因素的影响，主要包括经济因素、文化因素以及心理因素。随着人们生活水平和受教育程度的提高，消费心理、消费习惯、文明程度和社会责任感会逐渐改变，从而使某些商品的需求发生变化并进一步影响行业的兴衰。

近十年来，网络购物在我国迅速发展，至2016年网购零售额占社会零售总额的比例已经超过10%，越来越多的消费者逐渐形成了网络购物的习惯。而消费者购物方式的转变对于传统零售业态的冲击无疑是巨大的，其中又以苏宁电器为首的线下连锁经营模式首当其冲。苏宁原先的护城河可概括为：以大规模采购获取低价优势，以低价销售占有市场份额，扩大和巩固销售渠道，以市场份额赢得对上游供应商或厂商的话语权，从而以收取进场费、促销费等其他业务收入补贴主营业务。因此,牢牢占有渠道优势和维系与上游供应商或厂商的战略伙伴关系成了苏宁电器持续经营和盈利的关键。但是在移动互联网时代,新兴销售渠道和消费群体新购物习惯的变化已经对苏宁原有的护城河造成了侵蚀,2012年苏宁线下零售的营收开始出现下滑,在前三个季度当中利润总额同比下降了36.54%。面对不利的局面,苏宁方面已开始向电子商务方向转型,除了在2010年上线"苏宁易购"之外,2012年苏宁又提出了"云商模式",意图打造线上线下一体化。但是到目前为止,苏宁的转型之路走得并不顺利,电子商务方面的经验不足、开放平台的管理也存在诸多问题,未来的转型之路依然任重而道远。

第三节 宏观经济周期与行业轮动

一、宏观经济周期与行业发展

(一) 经济周期划分

1. 经济周期的定义

经济学将经济周期(business cycle)定义为经济生产或再生产过程中周期性出现的经济扩张和经济萧条交替更迭的一种现象。一个周期的长短从数年到数十年不等。美国著名的研究机构国民经济研究局(National Bureau of Economic Research,NBER)是这样解释经济周期的:尽管在经济周期中出现许多变化,但商业扩张期多表现为逐渐发展积累至顶峰。在经济扩张的过程中,反向的力量逐渐增强,最终形势出现逆转,经济进入萧条时期。在经济萧条的时候,扩张的力量又逐渐开始凝聚直到占支配地位,一切又重新开始。

一般将宏观经济周期按照国民经济的不同发展阶段分为四个典型阶段:即萧条、复苏、繁荣、衰退(图4-5)。

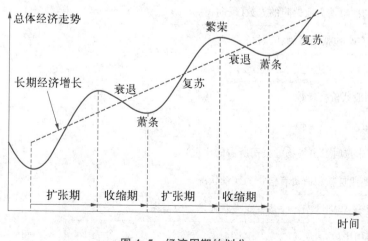

图4-5 经济周期的划分

2. 判断经济周期的指标

由于宏观经济的周期性运行将对社会经济生活产生深刻的影响,因此,无论是政策制定者还是企业或投资者个人均希望对目前经济的性质做出准确的判断。然而,由于宏观经济运行的复杂性,要对经济处于周期的哪一阶段做出准确的判断是一件比较困难的事情。为了达到准确判断经济所处周期的目的,研究人员按照经济指标波动与经济周期波动发生的先后关系,将经济指标分为领先指标、同步指标、滞后指标和其他指标。

领先指标(leading indicators)指那些通常在总体经济活动达到高峰或低谷之前,先达到高峰或低谷的经济指标,如股票指数、货币供应量、PMI、消费者信心指数、制造业工人平均每天开工时间数等。这类指标可以对将来的经济状况提供预示性的信息,因此这类指标也是最有分析价值的。

同步指标(coincident indicators)指那些高峰和低谷与经济周期的高峰和低谷几乎同步的经济指标,也就是说,这些指标反映的是国民经济正在发生的状况,并不预示将来的变动。由于这些指标反映的国民经济转折状况基本上与总体经济活动发生转变的时间相同,如个人收入、企业工资支出、GDP、社会商品销售额等,政府和一些科研机构有时用这些指标序列来帮助定义经济周期的不同阶段。

滞后指标(lagging indicators)指那些高峰和低谷都滞后于总体经济的高峰和低谷的经济指标,如失业率、库存量、银行未收回贷款规模等。一般滞后期都在 3 个月到半年之间。

NBER 在检验了众多与过去经济周期相关的经济指标的时间序列基础上,编制了完整的经济周期预测指标序列表(表 4-6)。

表 4-6 NBER 经济周期预测指标序列

领先指标序列	高峰①	低谷	所有转折点
1) 制造业工业每周平均工作小时数	−2	−3	−3
2) 平均每周初次申请失业保险的人数(反向指标)	−5	−1	−3
3) 制造业新订单,包括消费品和原材料	−2	−2	−2
4) 地方建筑部门批准建造的私人住房单位指数	−9	−6	−7
5) 500 种普通股票价格指数	−4	−4	−4
6) 货币供应量	−5	−4	−5
7) 卖方状况(未按时发出货物的公司所占的比重)	−3	−4	−3
8) 未偿付的商业贷款和消费者信贷的变动状况	−4	−6	−5
9) 利息差,即 10 年期国库券收益率减去联邦基金收益率	−2	0	−1.5
10) 消费者期望指数	−4	−3	−3

续 表

同步指标序列	高峰	低谷	所有转折点
1) 工资册上的非农业雇员	−2	0	0
2) 个人收入减转移支付	0	−1	−1.5
3) 工业产量指数	−3	0	−1.5
4) 制造业和商业销售额	−3	0	−1.5
滞后指标序列			
1) 以周计算的平均事业持续时间(反向指标)	+1	+8	+3.5
2) 制造业和商业存货/销售额比率	+2	+3	+3
3) 银行收取的平均优惠利率	+4	+14	+5
4) 未偿付的商业和工业贷款	+2	+5	+4
5) 消费者未偿付的分期付款和个人收入比率	+6	+7	+7
6) 制造业中单位产量的劳动成本(以百分比表示)	+8.5	+11	+10

注：① 领先(−)或滞后(+)(以月为单位)。

资料来源：Geoffrey H. Moore, "The Leading Indicator Approach — Value, Limitations, and Future," and the Conference Board, 1984.

(二) 行业分类

宏观经济周期的背后是宏观经济变量的波动，不同行业对于宏观经济波动的敏感程度也不同，因而当经济处于经济周期的不同阶段时，各个行业的业绩表现也各不相同。

一般认为，行业对经济周期的敏感程度主要由以下三个因素决定：首先，销售额对经济周期的敏感性，敏感性最低的一般是公用事业、食品、医疗服务等消费弹性较低的行业；而机械设备、钢铁、汽车等行业的生产企业对于宏观经济具有很大的敏感性。其次，企业的经营杠杆比率，它反映了企业生产耗费的固定成本与可变成本之间的比例关系。如果企业的可变成本相对较高，那么就可以根据经济景气情况来灵活控制成本，以降低萧条期的损失。再次，企业的融资杠杆比率，资本结构中负债比例较大的企业对经济周期有较大的敏感性，一旦利率水平出现上调，这类企业的融资成本会大大提高。

根据行业的发展和经济周期的关系，可以将行业分为成长型行业、周期型行业以及防御型行业。

成长型行业(growing industries)的发展状态与经济活动总体水平的周期及其冲击的关系并不紧密。这些行业的收入增长速度往往快于社会总体经济发展速度，并且不会受到经济周期波动的过多影响，因为其主要依靠自身的技术进步、新产品的推出、高质量的服务以及改善经营而始终保持较高的增长动力。这一类的企业是投资者的理想目标，因为这些行业对处在经济周期下行阶段的投资者提供了宝贵的"保值增值"的手段。成长型行业的缺点在于企业的发展前景有时候不确定性较高，导致其股价的波动幅度较大难以预测，使得投资者很难准确把握买入该类股票的时机。

周期型行业(cyclical industries)的运行状况直接与经济周期相关，典型的行业如有色金属、钢铁业、建筑业、运输以及耐用消费品等。当经济处于上升时期,这些行业就会紧随其扩张,而当经济衰退时,这些行业也会相应衰落。

防御型行业(defensive industries)运行受经济周期的影响小,但成长性相对不足,他们的产品往往是生活必需品或必要的公共服务,公众对其产品具有相对稳定的需求,需求弹性较小,如食品、公共服务以及医药行业等。对于防御型行业的投资一般属于收入型投资,分红收益是重要的收入来源。

此外,很多处于行业生命周期成长阶段的行业同时也具有周期型行业的特征,这些行业被称为成长周期型。

既然多数行业的绩效与经济周期有着或多或少的联系,那么投资者便可以通过预判宏观经济周期进行相应的行业选择。通常将这种以经济周期为依据,而将资金在不同行业之间不断转换的投资策略称为"行业轮动策略",这一策略的核心在于买入将在经济周期的下一个阶段有突出表现行业的股票,通过买入不同行业股票的轮动获取最大收益。当然,这一策略对于宏观经济走势的准确把握,以及行业特征关键变量的分析能力也提出了很高的要求。

二、美林投资钟与大类资产配置

(一)美林投资钟

美林投资钟是美国的美林证券提出的一种资产配置理论,是将资产配置、行业投资策略与经济周期联系起来的一种直观的相机选择的投资策略。其根据经济增长和通胀水平将经济周期划分为四个不同的阶段,分别为衰退、复苏、过热和滞胀,并根据四个阶段的不同特点给出对应的大类资产配置和股票市场中行业选择的投资建议,是目前市场上被最为广泛接受和应用的资产配置和行业轮动的理论之一(图4-6)。

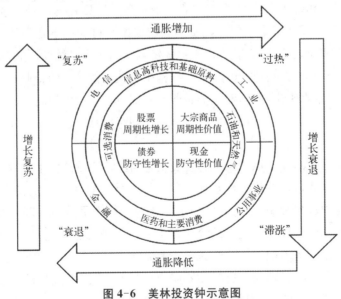

图4-6 美林投资钟示意图

资料来源:美林证券研究报告(The Investment Clock),2004。箭头表示在一个经典的繁荣-萧条周期中的循环顺序。

美林投资钟的第一个应用是根据经济周期每个阶段的经济增长特点和通胀水平给出对应的大类资产配置的优先次序,主要考虑了股票、大宗商品、债券以及现金(国库券)四种资产。

1. 衰退阶段

在衰退阶段,经济增长停滞。过剩的生产能力和下跌的大宗商品价格使得通胀率进一步降低。企业赢利能力下降同时资本收益率下降。中央银行通过降低短期利率以刺激经济复苏到长期自然增长率水平,进而导致收益率曲线急剧下行。此时大类资产配置顺序为债券＞现金＞股票＞大宗商品。

2. 复苏阶段

在经济复苏阶段,政府扩张的货币和财政政策使GDP增速加快。然而,通胀率继续下降,因为空置的生产能力还未耗尽,周期性的生产能力扩充也变得强劲。企业盈利大幅上升、债券的收益率仍处于低位。这个阶段是股权投资者的"黄金时期"。大类资产配置顺序为股票＞债券＞现金＞大宗商品。

3. 过热阶段

在过热阶段,企业生产能力增速减慢,开始面临产能约束,同时GDP增速开始超过潜在生产力水平,通胀抬头。中央银行实施紧缩的货币政策以求将经济拉回到可持续的增长路径上来。收益率曲线上行并变得平缓,债券的表现非常糟糕。股票的投资回报率取决于强劲的利润增长与估值水平不断下降的权衡比较。大宗商品是最佳投资选择。大类资产配置顺序为大宗商品＞股票＞现金＞债券。

4. 滞涨阶段

在滞胀阶段,GDP的增长率降到潜能之下,但通胀却继续上升。其原因归于石油等大宗商品大幅上涨带来的外部冲击。经济滞胀阶段,产量下滑,企业为了保持盈利而提高产品价格,导致工资-价格螺旋上涨。较高的通胀水平制约了中央银行采取宽松货币政策以刺激经济的力度,这就限制了债券市场的回暖步伐。企业的盈利恶化,股票(除了少数涨价品种)表现非常糟糕。现金是最佳选择。大类资产配置顺序为现金＞大宗商品＞债券＞股票。

美林投资钟划分的四个经济阶段特征详见表4-7。

表4-7 美林投资钟划分的四个经济阶段特征

阶 段	经济增长	通 胀	最优资产	最佳股票行业
衰 退	↓	↓	债券	防御成长型
复 苏	↑	↓	股票	周期成长型
过 热	↑	↑	商品	周期价值型
滞 涨	↓	↑	现金	防御价值型

(二)美林投资钟在中国的运用及局限性

1. 美林投资钟在中国的应用

按照美林投资钟的划分标准,以中国的 CPI 增速作为通胀水平的代表,并且以实际 GDP 增速作为描述经济增长的指标(美林投资钟原文中用产出缺口代替),可以将中国自 2002 年以来的经济波动划分为若干个不同的经济周期(图 4-7)。

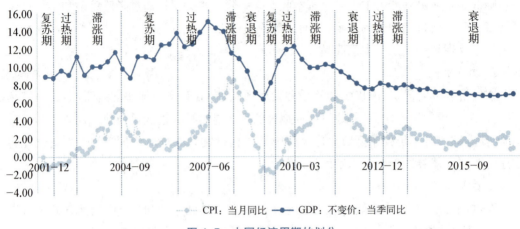

图 4-7 中国经济周期的划分

资料来源:Wind.

在运用美林投资钟进行资产配置的数据回溯时,债券收益率数据来自中债登公布的中债总指数,股票收益率来源于万得全 A 的区间收益率,大宗商品的收益率根据 CRB 指数计算,现金收益用银行三个月定期存款基准利率计算,年均净值的计算采用算术平均。通过统计在不同经济周期内大类资产的表现,得到 2002-2017 年中国经济周期中各资产的净值表现(表 4-8)。

表 4-8 中国经济周期中各资产的净值表现

周 期	日 期	股票	债券	现金	商品
复 苏	2002.2-2002.4	**1.14**	1.03	1	1
过 热	2002.5-2003.3	0.87	1.01	1.02	**1.16**
滞 胀	2003.4-2004.9	0.82	1	1.03	**1.19**
衰 退	2004.10-2004.12	0.9	1.01	**1.02**	0.99
复 苏	2005.1-2006.4	1.1	**1.11**	1.02	1.08
过 热	2006.5-2007.9	**4.53**	1.01	1.03	1.23
滞 胀	2007.10-2008.4	0.74	**1.03**	1.02	1.01
衰 退	2008.5-2009.3	0.69	**1.08**	1.02	0.67
复 苏	2009.4-2009.7	**1.44**	1	1.01	1.16

续 表

周期	日期	股票	债券	现金	商品
过热	2009.8-2010.3	0.98	1.03	1.01	**1.16**
滞胀	2010.4-2011.7	0.92	1.01	1.03	**1.22**
衰退	2011.8-2012.10	0.73	**1.08**	1.02	0.84
过热	2012.11-2013.3	**1.14**	1.01	1.01	0.93
滞胀	2013.4-2013.11	**1.08**	0.98	1.02	0.94
衰退	2013.11-2017.3	**1.9**	1.19	1.06	0.93

注：2013年之后中国宏观经济波动收窄，并且受到2015年脱离基本面的杠杆牛影响，在此期间的股票波动较大，其期间收益率的代表性有一定问题。

数据来源：Wind。

而如果根据经济周期的四个阶段单独进行归类汇总的话，大类资产的平均收益率情况见表4-9。

表4-9 中国大类资产在不同经济周期的年化净值汇总

阶段	股票	债券	现金	大宗商品
衰退期(4次)	0.82(1次)	**1.08**(2次)	1.02(1次)	0.82
复苏期(3次)	**1.65**(2次)	1.07(1次)	1.02	1.18
过热期(4次)	**1.66**(2次)	1.02	1.02	1.10(2次)
滞涨期(4次)	0.87(1次)	1.01(1次)	1.03	**1.05**(2次)
平均收益	**1.23**	1.04	1.02	1.03

注：括号内为该类资产期间作为最佳资产的次数。

从上述数据可以看到，在中国不论复苏期还是过热期，股票通常都是收益最高的资产；与经典美林投资理论相悖的是，在滞涨阶段现金从未作为最佳的资产配置对象，反而是商品和股票表现更佳。

2. 美林投资钟在中国应用的局限性

从表4-9中可以看到，在中国不论复苏期还是过热期，股票都是收益最高的资产。同时，与经典美林投资理论不同的是，以现金和债券为代表的固定收益类资产并不总是经济下行期的"宠儿"，股票和商品常常异军突起，表现优异。滞胀期的资产表现整体比较混乱，除现金外的三种资产均有可能成为当期表现最好的资产。这说明美林投资钟在中国的实际运用上仍存在一定的局限性，主要的原因在于：

（1）美林投资钟原始报告中的数据来自1973-2004年的美国，并不一定适用于其他国家。比如有学者使用美林投资时钟来分析日本的历史数据，发现得到的结果并不像美国那样好。

（2）2004年之后经济形势有了新的变化。2008年金融危机后，全球经济需求低迷，复苏速度远不及过去几次经济萧条。各国央行连续使用量化宽松（QE）货币政策刺激经济，而极度宽松的流动性脱实入虚，推升了资产价格。与此同时，中国宏观经济变量的波动从2013年之后便逐渐收敛，新的宏观格局下美林投资钟的分析框架展现出了一定的局限性。

（3）美林投资钟在实际运用中存在滞后效应，一定程度上削弱了其有效性。即使对于货币政策制定者而言，要清晰地辨别出经济当下所处的阶段也是很难的，现实世界中有非常多的噪声会干扰对于经济所处阶段的判断，因此对经济的判断形成一致预期时往往在时间上已经滞后了，对于投资的指导意义也有所下降。

（4）美林时钟并没有将房地产和外汇这两大类重要资产考虑进来。而房地产在中国普通居民的资产配置中占有非常重要的地位。

案例分析

中国股票市场的行业轮动情况

通过考察2002-2017年经济周期不同阶段内我国股票市场行业轮动的情况，得到了我国经济复苏、过热、滞涨以及衰退阶段涨跌幅前五位的行业及其涨跌幅（表4-10）。

表4-10 在不同经济周期股票市场行业轮动情况　　　　单位：%

申万一级行业平均涨幅前五位	复苏期	申万一级行业平均涨幅前五位	过热期
有色金属	95.59	非银金融	101.09
采掘	84.33	汽车	88.35
银行	82.83	房地产	84.78
国防军工	77.43	国防军工	84.30
非银金融	76.60	家用电器	78.46
申万一级行业平均跌幅前五位		申万一级行业平均跌幅前五位	
通信	17.91	食品饮料	40.69
传媒	22.90	建筑装饰	49.56
计算机	25.49	农林牧渔	51.71
家用电器	26.94	通信	55.45
医药生物	30.04	公用事业	61.58
申万一级行业平均涨幅前五位	衰退期	申万一级行业平均涨幅前五位	滞涨期
银行	−9.08	采掘	57.99
传媒	−9.24	农林牧渔	53.09

续表

申万一级行业平均涨幅前五位	衰退期	申万一级行业平均涨幅前五位	滞涨期
电气设备	−11.16	家用电器	51.02
建筑装饰	−12.67	电气设备	46.94
交通运输	−13.12	建筑材料	39.88
申万一级行业平均跌幅前五位		申万一级行业平均跌幅前五位	
国防军工	−24.11	银行	9.12
农林牧渔	−23.32	非银金融	16.75
轻工制造	−21.20	汽车	21.15
化工	−21.13	公用事业	22.75
有色金属	−21.10	交通运输	22.81

注：1. 行业分类选择申万一级行业。
2. 年化收益率采用算术平均计算。
数据来源：Wind.

从表 4-10 中可以看到，在经济复苏期和过热期，强周期性的行业以及可选消费行业的涨幅居前，而必须消费、医药等防御性板块的涨幅靠后；而在衰退期，强周期性的行业（化工、有色）以及高弹性的行业（军工）跌幅居前，而银行、传媒等板块的跌幅相对较小；在滞涨期，不同于美林投资钟的结论，所有行业均取得了正收益，其中采掘、农林牧渔等板块的平均涨幅居前，银行、非银金融以及汽车板块的涨幅较小，从整体来看，在中国此阶段的行业涨跌幅并不存在明显的规律。

小 结

1. 行业分析是介于宏观经济分析和微观公司分析之间的中观分析。
2. 行业的生命周期可分为幼稚期、成长期、成熟期和衰退期。在分析行业的市场结构时，行业集中度是一个常用的指标。在行业竞争分析中，波特"五力模型"是最常用的分析模型之一。行业变迁与股市中相应热门板块的表现密切相关。
3. 经济护城河是指公司拥有的可持续性的竞争优势，其来源包括无形资产、客户转换成本、网络优势以及成本优势；经济护城河会随着技术变革和消费者行为的变化而发生变迁。
4. 根据行业发展与经济周期的关系可以将行业分为成长型行业、周期型行业和防御型行业等。美林投资钟是将资产配置、行业投资策略与经济周期联系起来的一种投资理论,其根据经济增长和通胀状况将经济周期划分为四个不同的阶段,分别为衰退、复苏、过热和滞胀,并以此为依据分别给出经济周期相应阶段的最佳大类资产配置和股票投资的最佳行业选择。

习 题

1. 美林投资钟划分经济周期的依据是什么?其在中国的实际应用过程中存在哪些局限性?
2. 行业生命周期包括哪几个阶段?每个阶段公司发展的特点有哪些?请列出至少三个目前中国处在不同阶段中的典型行业。
3. 请运用"五力模型"对中国的一个行业进行行业竞争结构的分析。
4. 经济护城河的四大来源是什么?请列举至少三家在中国具有真正护城河的企业,并分析其护城河的牢固程度。
5. 材料题:五粮液是家喻户晓的白酒品牌,也是浓香型白酒市场的龙头企业,不仅具有五粮液这样的高端强势品牌,同时具有五粮春、五粮醇等60个左右的品牌覆盖中高低端市场。由于产品线较长,公司在市场上的覆盖面相对更广,因此"五粮液"品牌在大众心中认可度很高。公司的产能优势突出,45万吨产能居行业之首,远超竞争对手数倍,甚至一些其他地方品牌也向五粮液购买原料基酒以弥补自身的产能不足。公司不断推出新产品的能力很强,新推出的"永福酱酒"将进入酱香型白酒市场,并且产能已达2.7万吨,很可能成为新的利润增长点。五粮液的渠道网络较好,品牌经营经验丰富,加上产能的支持和公司治理的改善,公司前景广阔。

(1) 白酒行业处于行业生命周期中的哪个阶段?为什么?
(2) 五粮液是否具有真正的经济护城河?它的来源是什么?其可持续性如何?

第五章

公司财务分析

教学目的与要求

对公司进行基本分析和财务分析有利于投资者选择行业中的优秀公司进行投资。通过本章的学习,需要初步了解财务报表的基本构成,熟悉资产负债表、利润表、现金流量表、所有者权益变动表以及它们之间的联系,了解公司基本素质分析的方法与重点,熟练掌握公司财务分析的指标,并且利用各财务分析指标对公司财务状况及投资价值进行判断。

无论是判断投资环境的宏观经济分析,还是选择投资领域的中观行业分析,对于具体投资对象的选择最终都将落实在微观层面的公司分析上。公司分析通常包括公司的基本面分析和公司的财务分析。对于上市公司来说,公司年报通常被认为是最能获取有关公司信息的工具。在信息披露规范的前提下,已公布的财务报表是上市公司投资价值预测与证券定价的重要信息来源。投资者对真实、完整、详细的财务报表的分析,是其预测公司股东收益和现金流等各因素的基础,也是其具体投资决策的直接依据之一。

第一节 财务报表分析基础

投资者获得公司财务信息最主要也是最可靠的途径就是公司的财务报告。财务报告是公司对外提供的反映公司某一特定日期的财务状况和某一会计期间的经营成果、现金流量等会计信息的文件,财务报告包括财务报表和其他应当在财务报告中披露的相关信息和资料。

作为财务报告主体部分,财务报表是对公司财务状况、经营结果和现金流量的结构性表述。财务报表包括资产负债表、利润表、现金流量表、所有者权益变动表、附注等部分。投资者可以对公司财务报表中列示的数据进行分析,以判断公司的经营现状并评估公司的价值。

一、资产负债表

公司的资产负债表(balance sheet)主要用于反映公司在某一特定日期的财务状况，其中包含了资产、负债和所有者权益三个部分。资产(asset)指公司因过去交易或者事项而形成的、由公司拥有或者控制的、预期会给公司带来经济利益的资源。负债(debt)指公司由于过去的交易或事项形成的、由公司拥有或控制的、预期会导致公司经济利益流出的现时义务。所有者权益(Equity)指公司资产扣除负债后，由公司所有者享有的剩余权益。公司的所有者权益又称为净资产或股东权益，公司所有者对公司资产享有剩余索取权。因此，公司的资产负债表实际上反映了公司在某一特定日期所拥有或控制的经济资源、所承担的现时义务和所有者对净资产的索取权。

资产负债表可以提供某一日期资产的总额及其结构，表明公司拥有或控制的资源及其分布情况，可以使投资者一目了然地了解公司在某一特定日期所拥有的资产总量及其结构；可以提供某一日期的负债总量及其结构，表明公司未来需要多少资产或劳务清偿债务以及清偿时间；可以反映所有者拥有的权益，据以判断资本保值增值的情况以及对负债的保障程度。此外，资产负债表还提供了进行财务分析的基本资料，有助于投资者进一步做出决策。

在我国，资产负债表采用账户式结构，报表分为左右两方，左方列示资产各项目，反映全部资产的分布及存在形态；右方列示负债和所有者权益各项目，反映全部负债和所有者权益的内容及构成情况。资产负债表左右双方平衡，资产总额等于负债和所有者权益的总和，即：

$$资产＝负债＋所有者权益 \tag{5.1}$$

资产负债表的具体格式如表 5-1 所示：

表 5-1　MT 公司 2016 年资产负债表　　　　　　　　　　　（单位：亿元）

资　产	期末余额	期初余额	负债和所有者权益	期末余额	期初余额
流动资产：			流动负债：		
货币资金	668.55	368.01	短期借款	0.00	0.00
拆出资金	3.90	0.00	吸收存款及同业存放	107.79	59.68
交易性金融资产	0.00	0.00	应付票据	0.00	0.00
应收票据	8.18	85.79	应付账款	10.41	8.81
应收账款	0.00	0.00	预收款项	175.41	82.62
预付款项	10.46	14.78	应付职工薪酬	16.29	9.75
应收利息	1.41	0.85	应交税费	42.72	25.16

续 表

资　产	期末余额	期初余额	负债和所有者权益	期末余额	期初余额
应收股利	0.00	0.00	应付利息	0.34	0.27
其他应收款	0.77	0.48	应付股利	0.00	0.00
买入返售金融资产	0.00	0.00	其他应付款	17.25	14.23
存货	206.22	180.13	一年内到期的非流动负债	0.00	0.00
一年内到期的非流动资产	0.00	0.00	其他流动负债	0.00	0.00
其他流动资产	2.31	0.00	流动负债合计	370.20	200.52
流动资产合计	901.81	650.05	非流动负债：		
非流动资产：			长期借款	0.00	0.00
发放贷款及垫款	0.61	0.20	应付债券	0.00	0.00
可供出售金融资产	0.29	0.29	专项应付款	0.16	0.16
持有至到期投资	0.00	0.00	其他非流动负债	0.00	0.00
长期应收款	0.00	0.00	非流动负债合计	0.16	0.16
长期股权投资	0.00	0.00	负债合计	370.36	200.67
投资性房地产	0.00	0.00	所有者权益：		
固定资产	144.53	114.16	实收资本	12.56	12.56
在建工程	27.46	48.95	资本公积	13.75	13.75
工程物资	0.00	0.00	减：库存股	0.00	0.00
固定资产清理	0.00	0.01	其他综合收益	−0.11	−0.13
无形资产	35.32	35.82	其他权益工具	0.00	0.00
开发支出	0.00	0.00	盈余公积	71.36	62.11
商誉	0.00	0.00	一般风险准备	4.21	2.18
长期待摊费用	1.88	1.99	未分配利润	627.18	548.79
递延所得税资产	17.46	11.55	归属于母公司所有者权益合计	728.94	639.26
其他非流动资产	0.00	0.00	少数股东权益	30.04	23.08
非流动资产合计	227.54	212.97	所有者权益合计	758.99	662.34
资产总计	1 129.35	863.01	负债和所有者权益总计	1 129.35	863.01

二、利润表

利润表(profit and loss account or income statement)是流量报表,反映了公司在某一会计期间的经营成果。利润表充分反映了公司经营业绩的主要来源和构成,有助于投资者判断净利润的质量及其风险,预测净利润的持续性,从而做出正确的决策。

利润表反映了一定会计期间公司的收入实现情况、费用耗费情况,反映了经营活动如何造成股东权益的增加或减少。股东权益价值增加的度量就是净利润。常见的利润表结构主要有单步式和多步式。在我国,利润表基本上采用多步式进行编制,即通过对当期的收入、费用、支出项目按性质加以归类,按利润形成的主要环节列示一些中间性利润指标,分步计算当期净损益,以便于区分经营成果的来源。此外,利润表中对于费用的列报通常按照功能分类,且需要在附注中按性质分类补充。对利润表的分析有利于投资者进一步了解公司的经营结构,并对未来公司收入进行预测。

利润表的具体格式如表 5-2 所示:

表 5-2　MT 公司 2016 年利润表　　　　　　　　　　(单位:亿元)

项目	本期金额	上期金额
营业总收入	401.55	334.47
营业收入	388.62	326.60
其他业务收入	12.93	7.87
营业总成本	158.89	112.92
营业成本	34.10	25.38
营业税金及附加	65.09	34.49
销售费用	16.81	14.85
管理费用	41.87	38.13
财务费用	−0.33	−0.67
资产减值损失	0.12	−0.01
其他业务成本	1.23	0.74
其他经营收益	0.00	0.04
公允价值变动净收益		
投资净收益	0.00	0.04
其中:对联营公司和合营公司的投资收益		
营业利润	242.66	221.59
加:营业外收入	0.09	0.05
减:营业外支出	3.16	1.62

续 表

项　　目	本期金额	上期金额
其中：非流动资产处置净损失	0.02	0.00
利润总额	239.58	220.02
减：所得税	60.27	55.47
加：未确认的投资损失		
净利润	179.31	164.55
减：少数股东损益	12.12	9.52
归属于母公司所有者的净利润	167.18	155.03
加：其他综合收益	0.02	−0.12
综合收益总额	179.32	164.43
减：归属于少数股东的综合收益总额	12.12	9.52
归属于母公司普通股东综合收益总额	167.20	154.91

三、现金流量表

现金流量表(statement of cash flow)反映了公司在一定会计期间内现金和现金等价物流入和流出的信息。它对资产负债表和利润表的信息进行了综合，反映了公司在一定时期内的收入、费用对现金流量的影响，以及资产负债表中相应各项的变动情况。

从编制原则上看，现金流量表按照收付实现制原则编制，将权责发生制下的盈利信息调整为收付实现制下的现金流量信息，便于信息使用者了解公司利润的质量。

从内容上看，现金流量表被划分为经营活动、投资活动和筹资活动产生的现金流量三个部分：经营活动产生的现金流揭示了公司正常运营中的资金来源和使用；投资活动产生的现金流是指公司对长期资产的购建和不包括在现金等价物范围内的投资及其处置活动所产生的现金流；筹资活动产生的现金流是指导致公司股本及债务规模和构成发生变化的活动。每类活动又分为各具体项目，这些项目从不同角度反映公司业务活动的现金流入与流出，弥补了资产负债表和利润表提供信息的不足。通过现金流量表，投资者能够了解现金流量的影响因素，预测公司的未来现金流量，为决策提供有力依据。

现金流量表的具体格式如表 5-3 所示：

表 5-3　MT 公司 2016 年现金流量表　　　　（单位：亿元）

项　　目	本期金额	上期金额
经营活动产生的现金流量：		
销售商品、提供劳务收到的现金	610.13	370.83

续表

项　　　目	本期金额	上期金额
客户存款和同业存放款项净增加额	48.11	20.11
收取利息、手续费及佣金的现金	12.66	7.66
收到其他与经营活动有关的现金	1.89	1.54
经营活动现金流入小计	672.79	400.14
购买商品、接受劳务支付的现金	27.73	29.68
客户贷款及垫款净增加额	0.42	−0.12
存放中央银行和同业款项净增加额	23.40	−8.48
支付利息、手续费及佣金的现金	1.16	0.62
支付给职工以及为职工支付的现金	46.74	45.37
支付的各项税费	175.11	140.03
支付其他与经营活动有关的现金	23.71	18.67
经营活动现金流出小计	298.28	225.78
经营活动产生的现金流量净额	374.51	174.36
投资活动产生的现金流量：		
收回投资收到的现金	0.00	0.60
取得投资收益收到的现金	0.00	0.04
处置固定资产、无形资产和其他长期资产收回的现金净额	0.00	0.09
收到其他与投资活动有关的现金	0.06	0.33
投资活动现金流入小计	0.06	1.06
购建固定资产、无形资产和其他长期资产支付的现金	10.19	20.61
投资支付的现金	0.00	0.25
支付其他与投资活动有关的现金	0.89	0.68
投资活动现金流出小计	11.08	21.55
投资活动产生的现金流量净额	−11.03	−20.49
筹资活动产生的现金流量：	0.00	0.00
吸收投资收到的现金	0.16	0.00
其中：子公司吸收少数股东投资收到的现金	0.16	0.00
收到其他与筹资活动有关的现金	0.00	0.22

续 表

项　目	本期金额	上期金额
筹资活动现金流入小计	0.16	0.22
偿还债务支付的现金	0.00	0.56
分配股利、利润或偿付利息支付的现金	83.51	55.54
其中：子公司支付给少数股东的股利、利润	5.32	5.13
筹资活动现金流出小计	83.51	56.10
筹资活动产生的现金流量净额	−83.35	−55.88
汇率变动对现金及现金等价物的影响	0.00	−0.16
现金及现金等价物净增加额	280.14	97.83
加：期初现金及现金等价物余额	347.80	249.97
期末现金及现金等价物余额	627.95	347.80

四、所有者权益变动表

所有者权益变动表(statement of owner's equity)是指反映构成所有者权益各组成部分当期增减变动情况的报表。股东权益变化情况存在如下关系：

$$期末股东权益 = 期初股东权益 + 净利润 - 对股东的净支付 \qquad (5.2)$$

所有者权益变动全面地反映了一定时期所有者权益变动情况，不仅包括所有者权益总量的增减变动，还包括所有者权益增减变动的重要结构性信息。通过所有者权益变动表，投资者可以准确理解所有者权益增减变动的根源。

所有者权益变动包括净留存收益的变动，也包括综合收益和股东的资本交易导致的变动。为了让投资者更明确了解所有者权益变动的原因，会计准则规定综合收益和股东的资本交易导致的所有者权益的变动应当分别列示。企业至少应当单独列示反映下列信息的项目：(1)综合收益总额；(2)会计政策变更和差错更正的累积影响金额；(3)所有者投入资本和向所有者分配利润等；(4)提取的盈余公积；(5)所有者权益各组成部分的期初和期末余额及其调节情况。

所有者权益变动表以矩阵的形式列示，以清楚地表明构成所有者权益的各组成部分当期增减变动情况：一方面，列示导致所有者权益变动的交易或事项，不是像以往一样仅仅按照所有者权益的各组成部分反映所有者权益变动情况，而是从所有者权益变动的来源对一定时期所有者权益变动情况进行全面反映；另一方面，按照所有者权益各组成部分(包括实收资本、资本溢价、其他综合收益、盈余公积、未分配利润和库存股等)及其总额列示交易或事项对所有者权益的影响。

五、附注

会计报表附注是对资产负债表、利润表、现金流量表和所有者权益变动表等报表中所列示项目的文字描述或明细资料,以及对未能在这些报表中列示项目的说明等。附注一般包括如下内容:公司的基本情况、财务报表的编制基础、遵循公司会计准则的申明、重要会计政策和会计估计、报表数据同比变动较大的原因、会计科目的明细结构、关联交易情况等。

附注是财务报表的重要组成成分。附注对报表数据变动等进行的解释和说明,有利于投资者进一步了解公司的经营状况。

第二节 公司基本面分析

公司的经营状况直接影响到公司股票的市场表现,进而影响投资者的投资收益。只有全方位多角度地对标的公司进行分析,才能对公司股票进行合理定价,进而通过比较股票的市场价格与理论价格之间的差异进行投资决策。对公司基本状况进行分析时,主要可以从公司行业地位、公司经营能力、公司成长性等方面进行分析。

一、公司行业地位

对公司的行业地位进行分析是公司基本分析中的重要内容。行业地位分析的目的在于判断公司在所处行业中的竞争地位,如是否为领导行业,在价格上是否具有影响力,是否具有竞争优势等。

一般来说,虽然同一行业中有大量不同公司存在,但无论行业平均盈利能力如何,总有一些公司具有比其他公司更强的获利能力,他们在这个行业中处于优势地位。市场经济的运行法则是优胜劣汰,因而只有那些确立了竞争优势并且通过各种方式保持优势地位的公司才有长期存在并发展壮大的机会,也只有这样的公司才是投资者寻求的投资目标。而缺乏竞争优势的公司,随着时间的推移只能走向衰弱甚至消亡。

在分析公司的行业地位时,我们需要将公司背景资料与行业分析中所获得的信息相结合,以便综合评价公司在本行业中的竞争地位。

1. 技术水平

决定公司竞争地位的首要因素在于公司的技术水平。在相同的条件下,拥有高技术水平的公司自然能够生产出更多、更好、质优价廉的满足市场需求的产品,从而在竞争中获得优势地位。

2. 市场开拓能力

市场占有率是公司利润的源泉,是公司生存和发展的基础,特别是在买方市场中,公司间竞争直接体现为市场份额的争夺。公司可以通过降低价格来增加销售量以扩大市场份额,也可以通过兼收并购竞争公司的方式维持行业龙头地位。

市场开拓能力并不是单纯的销售能力,它涵盖了公司形象设计、品牌战略建立、产品市场定位、销售模式确立等方面,是公司综合能力的体现。

3. 资本与规模效益

对于资本密集型行业来说,"高投入、大产出"是其基本特征。由于规模效应的存在,处于这些行业的公司,收益和前景往往取决于公司的资本集中程度。在投资这类公司时,公司的规模成为考虑的重点对象。

4. 产品研发能力

公司新产品的研发能力是公司能否长期维持优势竞争地位的关键,也是公司核心竞争力的重要内容。在科技快速进步和需求不断升级的今天,只有不断更新产品、改造技术,公司才能长期立于不败之地。而决定公司研发能力的主要因素是公司的研发投入。公司的研发投入实际上表明了公司对技术更新和产品创新的态度,拥有大量研发投入的公司往往处于行业领先地位,通过不断推出符合市场需求的新产品,保持公司在行业中的竞争优势。

二、公司经营能力

公司的经营能力关系到公司未来的发展水平,对公司的经营能力进行分析时主要可以考察公司管理人员的素质和能力、公司管理风格及经营理念、公司经营人员素质、公司治理结构等方面。

1. 公司管理人员的素质和能力

管理人员不仅担负着对公司生产经营活动进行计划、组织、控制等管理职能,而且从不同角度和方面参与或负责对各类非管理人员的选择、使用与培训工作。在一定意义上,是否有卓越的公司管理人员,直接决定了公司的经营成败。管理人员的素质要求是指从事公司管理工作的人员应当具备的基本品质、素养和能力,它是选拔管理人员担任相应职务的依据和标准,也是决定管理者工作效能和公司经营能力的先决条件。对管理人员的素质分析是公司分析的重要组成部分。

2. 公司管理风格及经营理念分析

管理风格是公司在管理过程中所一贯坚持的原则、目标及方式等方面的总称。经营理念是公司发展一贯坚持的核心思想,是公司员工坚守的基本信条,也是公司制定战略目标及实施战术的前提条件和基本依据。

一般而言,公司的管理风格和经营理念有稳健型和创新型两种。稳健型公司的特点是在管理风格和经营理念上以稳健原则为核心,一般不会轻易改变业已形成的管理和经营模式。奉行稳健型原则的公司发展一般较为平稳,大起大落的情况较少,但是由于不太愿意从事风险较高的经营活动,公司较难获得超额利润。创新型公司的特点是管理风格和经营理念上以创新为核心,公司在经营活动中的开拓能力较强。创新型公司依靠自己的开拓创造,有可能在行业中率先崛起,获得超常规发展。但有时实行的一些冒进式的发展战略,也有可能迅速导致公司的失败。

3. 公司经营人员素质分析

公司经营人员的素质也会对公司的发展起到很重要的作用。

对公司的经营活动效率进行分析时，投资者应当着重评价经营人员的：整体观念和奉献精神、开拓能力和应变能力、业务程度和效益意识、工作效率和工作业绩以及职业道德和进取精神。具有以上这些基本素质的经营人员，才有可能做好自己的本职工作，才有可能贯彻落实公司的各项管理措施以及完成公司的各项经营业务，才有可能把自身的发展和公司的发展紧密地联系在一起。

4. 公司治理结构分析

健全的公司法人治理机制至少体现在以下四个方面：

合理的股权结构。合理的股权结构包括三层含义：一是降低股权集中度，改变"一股独大"的局面，这可以避免大股东侵害小股东权益；二是流通股股权的适度集中，发展机构投资者、战略投资者，发挥他们在公司治理中的积极作用；三是股权的普遍流通性。

完善的独立董事制度。在董事会中引入独立董事制度，有利于保护中小股东利益，防止代表大股东的董事做出损害公司利益的经营决策。目前我国证监会要求所有上市公司都必须建立独立董事制度。

监事会的独立性和监督责任。监事会的设立是代表股东大会行使监督职能，以防止董事会、经理滥用职权，损害公司和股东利益。

相关利益人的公共治理。相关利益者包括员工、债权人、供应商和客户等主要利益相关人。相关利益人共同参与的共同治理机制可以有效地建立公司外部治理机制，以弥补公司内部治理机制的不足。

三、公司成长性

公司的成长性是指公司发展的潜力和趋势。成长性既是公司发展所追求的核心目标，也是推动国民经济持续发展的主要动力，还是衡量上市公司经营状况和发展前景的一项重要指标。公司成长性分析的目的在于观察公司在一定时期内的经营能力发展状况。

对公司成长性进行分析时，主要考虑公司的经营战略和扩张潜力。

1. 公司经营战略分析

经营战略是指公司面对多变的内部环境和外部环境，为求得长期生存和不断发展而进行的总体规划。

经营战略分析主要有如下几个步骤：

（1）经营任务分析。经营任务规定了公司的业务范围和发展方向。制定经营任务需要考虑市场需求、客户主体和产品、技术优势等因素。

（2）战略条件分析。战略条件主要指公司自身的优势和弱点。战略条件分析的作用在于，公司通过分析自身的优势和弱点，预测现有经营能力和未来环境适应能力，以便采取相应措施扬长避短。

（3）战略目标分析。战略目标是公司所确立的相对具体的阶段性任务。经营战略计划的制定和实施要以特定目标为依据。选择战略目标一定要注意目标体系的层次化和目标之间的一致性。

(4) 战略思想分析。战略思想是指导经营战略制定和实施的基本思想。它由一系列观念或观点构成，是公司领导者和职工对经营中发生的重大关系和重大问题的认识和态度的总和。

2. 公司扩张潜力分析

公司成长性分析除了需要分析公司的经营战略外，还需要分析公司规模变动特征及其扩张潜力。公司规模变动特征和扩张潜力一般与其所处的行业发展阶段、市场结构、经营战略密切相关，能够从微观层面体现公司的成长性。

公司规模变动特征和扩张潜力分析的主要途径：

(1) 分析公司规模扩张的动因，据此找出公司发展的内在规律。影响公司规模变化的主要因素有：资本变动、市场需求、技术进步、管理水平、生产效率等。

(2) 纵向比较公司历年销售、利润、现金流、资产规模、负债水平等数据，进而把握公司的发展趋势。

(3) 将公司经营数据与行业平均水平及主要竞争对手的数据进行比较，了解其行业地位的变化。

(4) 分析预测公司主要产品的市场前景及公司未来的市场份额；分析公司的投资项目，预测其销售和利润水平。

(5) 分析公司的投资和筹资潜力。

第三节　公司财务分析

对公司进行财务分析有助于投资者判断公司财务的安全性、资本的保全程度以及资产的收益能力，用以进行相应的投资决策。具体体现在三个方面：一是投资的安全性与公司的资产结构密切相关，如果流动性强的资产占公司资产比重大，则资产的变现能力强，公司一般不会遇到现金拮据的压力，财务安全性较高。二是要保全所有者或股东的投入资本，除要求在资产的运用过程中，资产的净损失不得冲减资本金外，还要有高质量的资产作为其物质基础，否则资产周转价值不能实现，就无从谈及资本保全。而通过资产结构和资产管理效果分析，可以很好地判断资本的安全程度。三是公司的资产结构直接影响着公司的收益。公司存量资产的周转速度越快，实现收益的能力越强。良好的资产结构和资产管理效果预示着公司未来收益的良好预期。

一、公司盈利能力

(一) 销售净利率

销售净利率(net profit margin)是指净利润与销售收入的比率，通常用百分数表示。

其计算公式如下：

$$销售净利率 = (净利润 \div 营业收入) \times 100\% \quad (5.3)$$

根据 MT 公司财务报表数据：

销售净利率 = 179.31 ÷ 388.62 = 46.14%

销售净利率又被称为"销售利润率"。分母使用营业收入，分子为净利润，两者相除可以概括公司的全部经营成果。它表明每 1 元销售收入所产生出来的净利润。该比率越大，说明销售净额给公司提供的净收益越多，而其被费用占用的部分越少。相反，如果这个比率较低，则表明公司经营管理者没有很好地控制成本。因此，这一指标可以用来衡量公司总的经营管理水平。

（二）毛利率

毛利率（gross profit ratio）是指营业利润与销售收入的比率，用百分数表示，其计算公式为：

$$毛利率 = (营业利润 \div 营业收入) \times 100\% \quad (5.4)$$

$$营业利润 = 营业收入 - 营业成本 \quad (5.5)$$

根据 MT 公司财务报表数据：

毛利率 = (388.62 − 34.1) ÷ 388.62 = 91.23%

毛利率体现了管理者根据产品成本进行产品定价的能力，通常具有较强竞争力的产品具有较高的毛利率。由于各家公司所处行业不同，会计处理方式也有差异，产品成本的组成通常有很大的差别，所以在用这个指标比较两家公司时要注意行业差异。

毛利率可以分部门、分产品、分顾客群、分销售区域或分推销员进行分析，视分析的目的以及可取得的资料而定。

（三）总资产收益率

总资产收益率（return on total assets，ROA）是指净利润与总资产的比率，它反映每 1 元总资产创造的净利润。其计算公式如下：

$$总资产收益率 = (净利润 \div 总资产) \times 100\% \quad (5.6)$$

根据 MT 公司财务报表数据：

总资产收益率 = 179.31 ÷ 996.18 = 18.00%

总资产收益率反映了只考虑经营情况时，管理层对能够运用的所有资产管理好坏的程度，以及公司现有资源创造价值的能力。

总资产收益率是公司盈利能力的关键。虽然股东报酬由总资产收益率和财务杠杆共同决定，但提高财务杠杆会同时增加公司风险，往往并不增加公司价值。此外，财务杠杆的提高有诸多限制，公司经常处于财务杠杆不可能再提高的临界状态。因此，提高权益收益率的基本动力是提高总资产收益率。

(四) 权益收益率

权益收益率(return on equity, ROE)是净利润与股东权益的比率,也称为净资产收益率。计算公式为:

$$权益收益率 = (净利润 \div 股东权益) \times 100\% \tag{5.7}$$

根据 MT 公司财务报表数据:

总资产收益率 = 179.31 ÷ 710.67 = 25.23%

ROE 反映每 1 元股东权益赚取的净利润,可以衡量公司的总体盈利能力,其分母是股东的投入,分子是股东的所得。对于股权投资者来说,ROE 就是公司股东出资的回报率,具有非常好的综合性,概括了公司全部经营业绩。投资者可以用 ROE 与自己的期望收益率作比较,以决定是否继续投资该公司。除非特殊原因,否则投资者应该尽量避免投资于 ROE 很低的公司。

根据证监会 2010 年修订的《公开发行证券公司信息披露编报规则第 9 号——净资产收益率和每股收益的计算和披露》规定,目前我国上市公司必须根据归属于公司普通股股东的净利润和扣除非经常性损益后归属于公司普通股股东的净利润,分别计算和披露扣非前后的净资产收益率。

二、公司营运能力

营运能力比率是衡量公司资产管理效率的财务比率。常见的指标有:应收账款周转率、存货周转率、流动资产周转率、营运资本周转率、非流动资产周转率和总资产周转率等。

(一) 应收账款周转率

应收账款周转率(receivable turnover)是销售收入与应收账款的比率。它有三种表示形式:应收账款周转次数、应收账款周转天数和应收账款与收入比。其计算公式如下:

$$应收账款周转次数 = 销售收入 \div 平均应收账款 \tag{5.8}$$

$$应收账款周转天数 = 365 \div 应收账款周转次数 \tag{5.9}$$

$$应收账款与收入比 = 平均应收账款 \div 销售收入 \tag{5.10}$$

应收账款周转次数,表明一年中应收账款周转的次数,或者说明每 1 元应收账款投资支持的销售收入。应收账款周转天数,也称为应收账款收现期,表明从销售开始到收回销售收入平均需要的天数。应收账款与收入比,则表明每 1 元销售收入需要的应收账款投资。

在计算和使用应收账款周转率时也需要注意到以下几个方面的问题:

(1) 销售收入的赊销比例。从理论上讲,应收账款是赊销引起的,其对应的流量是赊销额,而非全部销售收入。因此,计算时应使用赊销额而非销售收入。但是,投资者无法取得赊销数据,只好直接使用销售收入进行计算。实际上相当于假设现销是收现时间等于零的应收账款。只要现销与赊销的比例保持稳定,不妨碍与上期数据的可比性,只是一贯高估了周转次数。但问题是与其他公司比较时,不知道可比公司的赊销比例,也就无从知道应收账款周转率是否可比。

(2)应收账款年末余额的可靠性。应收账款是特定时点的存量,容易受季节性、偶然性和人为因素影响。在用应收账款周转率进行业绩评价时,可以使用年初和年末的平均数,或者使用多个时点的平均数,以减少这些因素的影响。

(3)应收账款的减值准备。财务报表上列示的应收账款是已经计提坏账准备后的净额,而销售收入并未相应减少。其结果是,计提的坏账准备越多,应收账款周转次数越多、周转天数越少。这种周转次数增加、天数减少不是业绩改善的结果,反而说明应收账款管理欠佳。如果坏账准备的金额较大,就应进行调整,使用未计提坏账准备的应收账款进行计算。报表附注中披露的应收账款坏账准备信息,可作为调整的依据。

(4)应收账款周转天数不是越少越好。应收账款是赊销引起的,如果赊销有可能增加销售量,那么周转天数就不是越少越好。此外,收现时间的长短与公司的信用政策有关。例如,甲公司的应收账款周转天数是 18 天,信用期是 20 天;乙公司的应收账款周转天数是 15 天,信用期是 10 天,那么前者的收款业绩优于后者,尽管其周转天数较多。改变信用政策,通常会引起公司应收账款周转天数的变化。信用政策的评价涉及多种因素,不能仅仅考虑周转天数的缩短。

(二)存货周转率

存货周转率是销售收入与存货的比率,也有三种计量方式。其计算公式如下:

$$存货周转次数 = 销售收入 \div 存货 \quad (5.11)$$

$$存货周转天数 = 365 \div (销售收入 \div 存货) \quad (5.12)$$

$$存货与收入比 = 存货 \div 销售收入 \quad (5.13)$$

根据 MT 公司财务报表数据:

存货周转次数 = 388.62 ÷ 193.18 = 2.01

存货周转天数 = 365 ÷ 2.01 = 181.43

存货与收入比 = 193.18 ÷ 388.62 = 0.50

存货周转次数,表明一年中存货周转的次数,或者说明每 1 元存货支持的销售收入。存货周转天数表明存货周转一次需要的时间,也就是存货转换成销售收入平均需要的时间。存货与收入比,表明每 1 元销售收入需要的存货投资。

存货周转天数不是越少越好。存货过多会浪费资金,存货过少则不能满足流转需要。在特定的生产经营条件下,存在一个最佳的存货水平。一般来说,销售增加会拉动应收账款、存货、应付账款增加,不会引起周转率的明显变化。但是,当公司接受一个大订单时,通常要先增加存货,然后推动应付账款增加,最后才引起应收账款(销售收入)增加。因此,在该订单没有实现销售以前,先表现为存货等周转天数增加。这种周转天数增加,没有什么不好。与此相反,预见到销售会萎缩时,通常会先减少存货,进而引起存货周转天数等下降。这种周转天数下降,不是什么好事,并非资产管理改善。因此,任何财务分析都应该以认识经营活动本质为目的,不可根据数据高低作简单结论。

(三) 流动资产周转率

流动资产周转率是销售收入与流动资产的比率,也有三种计量方式。其计算公式如下:

$$流动资产周转次数 = 销售收入 \div 流动资产 \tag{5.14}$$

$$流动资产周转天数 = 365 \div (销售收入 \div 流动资产) \tag{5.15}$$

$$流动资产与收入比 = 流动资产 \div 销售收入 \tag{5.16}$$

根据 MT 公司财务报表数据:

流动资产周转次数 = 388.62 ÷ 775.93 = 0.50

流动资产周转天数 = 365 ÷ 0.50 = 728.77

流动资产与收入比 = 775.93 ÷ 388.62 = 2.00

流动资产周转次数,表明一年中流动资产周转的次数,或者表明每 1 元流动资产支持的销售收入。流动资产周转天数表明流动资产周转一次需要的时间,也就是流动资产转换成销售收入平均需要的时间。流动资产与收入比,表明每 1 元销售收入需要的流动资产投资。

通常,流动资产中应收账款和存货占绝大部分,因此它们的周转状况对流动资产周转具有决定性影响。

(四) 营运资本周转率

营运资本周转率是销售收入与营运资本的比率,也有三种计量方式。其计算公式如下:

$$营运资本周转次数 = 销售收入 \div 营运资本 \tag{5.17}$$

$$营运资本周转天数 = 365 \div (销售收入 \div 营运资本) \tag{5.18}$$

$$营运资本与收入比 = 营运资本 \div 销售收入 \tag{5.19}$$

根据 MT 公司财务报表数据:

营运资本周转次数 = 388.62 ÷ 490.57 = 0.79

营运资本周转天数 = 365 ÷ 0.79 = 460.75

营运资本与收入比 = 490.57 ÷ 388.62 = 1.26

营运资本周转次数,表明一年中营运资本周转的次数,或者说明每 1 元营运资本支持的销售收入。营运资本周转天数表明营运资本周转一次需要的时间,也就是营运资本转换成销售收入平均需要的时间。营运资本与收入比,表明每 1 元销售收入需要的营运资本投资。营运资本周转率是一个综合性的比率。严格意义上,仅有经营性资产和负债被用于计算这一指标,而短期借款、交易性金融资产和超额现金等不是经营活动必需的资产和负债应被排除在外。

（五）非流动资产周转率

非流动资产周转率是销售收入与非流动资产的比率，也有三种计量方式。其计算公式如下：

$$非流动资产周转次数 = 销售收入 \div 非流动资产 \quad (5.20)$$

$$非流动资产周转天数 = 365 \div (销售收入 \div 非流动资产) \quad (5.21)$$

$$非流动资产与收入比 = 非流动资产 \div 销售收入 \quad (5.22)$$

根据 MT 公司财务报表数据：

非流动资产周转次数 = 388.62 ÷ 220.26 = 1.76

非流动资产周转天数 = 365 ÷ 1.76 = 206.87

非流动资产与收入比 = 220.26 ÷ 388.62 = 0.57

非流动资产周转次数，表明一年中非流动资产周转的次数，或者说明每 1 元非流动资产支持的销售收入。非流动资产周转天数表明非流动资产周转一次需要的时间，也就是非流动资产转换成销售收入平均需要的时间。非流动资产与收入比，表明每 1 元销售收入需要的非流动资产投资。

非流动资产周转率反映非流动资产的管理效率，主要用于投资预算和项目管理分析，以确定投资与竞争战略是否一致，收购和剥离政策是否合理等。

（六）总资产周转率

总资产周转率是销售收入与总资产的比率，也有三种计量方式。其计算公式如下：

$$总资产周转次数 = 销售收入 \div 总资产 \quad (5.23)$$

$$总资产周转天数 = 365 \div (销售收入 \div 总资产) \quad (5.24)$$

$$总资产与收入比 = 总资产 \div 销售收入 \quad (5.25)$$

根据 MT 公司财务报表数据：

总资产周转次数 = 388.62 ÷ 996.18 = 0.39

总资产周转天数 = 365 ÷ 0.39 = 935.63

总资产与收入比 = 996.18 ÷ 388.62 = 2.56

总资产周转次数，表明一年中总资产周转的次数，或者说明每 1 元总资产支持的销售收入。总资产周转天数表明总资产周转一次需要的时间，也就是总资产转换成销售收入平均需要的时间。总资产与收入比，表明每 1 元销售收入需要的总资产投资。

三、公司偿债能力

债务一般按到期时间分为短期债务和长期债务，偿债能力分析也由此分为短期偿债能力分析和长期偿债能力分析两部分。偿债能力的衡量方法有两种：一种是比较可供偿债资产与债务的存量，资产存量大幅超过债务存量，则认为偿债能力较强；另一种是比较经营活动现金流量和偿债所需现金，如果产生的现金大幅超过需要的现金，则认为偿债能力较强。

可偿债资产的存量是指资产负债表中列示的流动资产年末余额,短期债务的存量是指资产负债表中列示的流动负债年末余额。

(一) 营运资本

营运资本是指流动资产超过流动负债的部分。其计算公式如下:

$$营运资本 = 流动资产 - 流动负债 \tag{5.26}$$

根据 MT 公司财务报表数据:

营运资本 = 901.81 - 370.20 = 531.61(亿元)

计算营运资本使用的"流动资产"和"流动负债",通常可以直接取自资产负债表。

流动资产将在一年或一个营业周期内消耗或转变为现金,流动负债将在一年或一个营业周期内偿还。因此,两者的比较可以反映短期偿债能力。

正是为了便于计算营运资本和分析流动性,资产负债表项目才区分为流动项目和非流动项目,并且按流动性强弱排序。如果流动资产与流动负债相等,并不足以保证短期偿债能力没有问题,因为债务的到期与流动资产的现金生成不可能同步;而且,为维持经营,公司不可能清算全部流动资产来偿还流动负债,公司必须维持最低水平的现金、存货和应收账款等。因此,公司必须保持流动资产大于流动负债,即保有一定数额的营运资本作为安全边际。

营运资本之所以能够成为流动负债的"缓冲垫",是因为它是长期资本用于流动资产的部分,不需要在一年内偿还。当流动资产大于流动负债时,营运资本为正数,表明长期资本的数额大于长期资产,超出部分被用于流动资产。营运资本的数额越大,财务状况越稳定。更极端地,当全部流动资产完全不由流动负债提供,而是由长期资本提供时,公司没有任何短期偿债压力。当流动资产小于流动负债时,营运资本为负数,表明长期资本小于长期资产,有部分长期资产由流动负债提供资本来源。由于流动负债在一年或一个营业周期内需要偿还,而长期资产在一年或一个营业周期内不能变现,偿债所需现金不足,必须设法另外筹资。

营运资本是绝对数,不便于进行不同历史时期及不同公司之间的比较。因此,在实务中很少直接使用营运资本作为偿债能力指标。营运资本的合理性主要通过短期债务的存量比率进行评价。

(二) 短期债务的存量比率

短期债务的存量比率包括流动比率、速动比率和现金比率。

1. 流动比率

流动比率是流动资产与流动负债的比值,其计算公式如下:

$$流动比率 = 流动资产 \div 流动负债 \tag{5.27}$$

根据 MT 公司财务报表数据:

流动比率 $= 901.81 \div 370.20 = 2.44$

流动比率假设全部流动资产都可用于偿还流动负债,表明每一元流动负债有多少流动资产作为偿债保障。

流动比率和营运资本配置比率反映的偿债能力相同,它们可以互相换算:

$$流动比率 = 1 \div (1 - 营运资本 \div 流动资产) \tag{5.28}$$

流动比率是相对数,排除了公司规模的影响,更适合同业比较以及本公司不同历史时期的比较。此外,由于流动比率计算简单,因而被广泛应用。

但是,需要注意的是,不存在统一、标准的流动比率数值。不同行业的流动比率,通常有明显差别。营业周期越短的行业,合理的流动比率越低。在过去很长一段时期里,人们认为生产型公司合理的最低流动比率是 2。这是因为流动资产中变现能力最差的存货金额约占流动资产总额的一半,剩下的流动性较好的流动资产至少要等于流动负债,才能保证公司最低的短期偿债能力。但是这种认识一直未能得到理论上的证明。

如果流动比率相对上年发生较大变动,或与行业平均值出现大偏离就应对构成流动比率的流动资产和流动负债的各项目逐一分析,寻找形成差异的原因。为了考察流动资产的变现能力,有时还需要分析其周转率。

流动比率有其局限,在使用时应注意:流动比率假设全部流动资产都可以变为现金并用于偿债,全部流动负债都需要还清。实际上,有些流动资产的账面金额与变现金额有较大差异,如库存等;经营性流动资产是公司持续经营所必需的,不能全部用于偿债;经营性应付项目可以滚动存续,无须动用现金全部结清。因此,流动比率是对短期偿债能力的粗略估计。

2. 速动比率

构成流动资产的各项目,流动性差别很大。其中,货币资金、交易性金融资产和各种应收款项等,可以在较短时间内变现,称为速动资产;另外的流动资产,包括存货、预付款项、一年内到期的非流动资产及其他流动资产等,称为非速动资产。

非速动资产的变现金额和时间具有较大的不确定性:存货的变现速度比应收款项要慢得多;部分存货可能已毁损报废、尚未处理;存货估价有多种方法,可能与变现金额相距甚远。一年内到期的非流动资产和其他流动资产的金额有偶然性,不代表正常的变现能力。因此,将可偿债资产定义为速动资产,计算短期债务的存量比率更可信。

速动资产与流动负债的比值,称为速动比率,其计算公式如下:

$$速动比率 = 速动资产 \div 流动负债 \tag{5.29}$$

根据 MT 公司财务报表数据:

速动比率 $= 693.27 \div 370.2 = 1.87$

与流动比率一样,不同行业的速动比率差别很大。例如,采用大量现金销售的商店,几乎没有应收款项,速动比率大大低于 1 很正常。相反,一些应收款项较多的公司,速动比率可能要大于1。影响速动比率可信性的重要因素是应收款项的变现能力。账面上的应收款项不一定能变成现金，实际坏账可能比计提的准备要多；季节性的变化，可能使报表上的应收款项金额不能反映平均水平。这些情况，外部分析人员不易了解，而内部人员则有可能作出较准确的估计。

3. 现金比率

速动资产中，流动性最强、可直接用于偿债的资产称为现金资产。现金资产包括货币资金、交易性金融资产等。与其他速动资产不同，它们本身就是可以直接偿债的资产，而其他速动资产需要等待不确定的时间，才能转换为不确定金额的现金。

现金资产与流动负债的比值称为现金比率，其计算公式如下：

$$\text{现金比率} = (\text{货币资金} + \text{交易性金融资产}) \div \text{流动负债} \tag{5.30}$$

根据 MT 公司财务报表数据：

现金比率 = 668.55 ÷ 370.2 = 1.81

现金比率假设现金资产是可偿债资产，表明1元流动负债有多少现金资产作为偿债保障。

4. 现金流量比率

经营活动现金流量净额与流动负债的比值，称为现金流量比率。其计算公式如下：

$$\text{现金流量比率} = \text{经营活动现金流量净额} \div \text{流动负债} \tag{5.31}$$

根据 MT 公司财务报表数据：

现金流量比率 = 374.51 ÷ 370.2 = 1.01

公式中的"经营活动现金流量净额"，通常使用现金流量表中的"经营活动产生的现金流量净额"。它代表公司创造现金的能力，已经扣除了经营活动自身所需的现金流出，是可以用来偿债的现金流量。

一般来讲，该比率中的流动负债采用期末数而非平均数，因为实际需要偿还的是期末金额，而非平均金额。现金流量比率表明每1元流动负债的经营活动现金流量保障程度。该比率越高，偿债能力越强。

用经营活动现金净额流量代替可偿债资产存量，与短期债务进行比较以反映偿债能力，更具说服力。因为一方面它克服了可偿债资产未考虑未来变化及变现能力等问题；另一方面，实际用以支付债务的通常是现金，而不是其他可偿债资产。

5. 影响短期偿债能力的其他因素

上述短期偿债能力比率，都是根据财务报表数据计算而得。还有一些表外因素也会影响公司的短期偿债能力：

（1）可动用的银行贷款指标：银行已同意、公司尚未动用的银行贷款限额，可以随时增加公司现金，提高支付能力。这一数据不反映在财务报表中，但公司会公开披露该信息。

（2）可以很快变现的非流动资产：公司可能有一些非经营性长期资产可以随时出售变现，而不出现在"一年内到期的非流动资产"项目中。例如，储备的土地、未开采的采矿权、出租的房产等，在公司发生周转困难时，将其出售并不影响公司的持续经营。

（3）偿债能力的声誉：如果公司的信用很好，在短期偿债方面出现暂时困难，比较容易筹集到短缺现金。

（4）与担保有关的或有负债：如果该金额较大且很可能发生，应在评价偿债能力时予以关注。

（5）经营租赁合同中的承诺付款：很可能是需要偿付的义务。

（三）长期偿债能力比率

长期来看，所有债务都要偿还。因此，反映长期偿债能力的存量比率是总资产、总债务和股东权益之间的比例关系。常用比率包括：资产负债率、产权比率、权益乘数和长期资本负债率。

1. 资产负债率

资产负债率是总负债与总资产的百分比，其计算公式如下：

$$资产负债率 = (总负债 \div 总资产) \times 100\% \tag{5.32}$$

根据MT公司财务报表数据：

资产负债率 = 370.36 ÷ 1 129.35 = 32.79%

资产负债率反映总资产中有多大比例是通过负债取得的。它可以衡量公司清算时对债权人利益的保护程度。资产负债率越低，公司偿债越有保证，贷款越安全。资产负债率还代表了公司的举债能力。一个公司的资产负债率越低，举债越容易。如果资产负债率高到一定程度，没有人愿意进一步提供贷款了，则表明公司的举债能力已经用尽。

通常，资产在破产清算时的售价不到账面价值的50%，因此如果资产负债率过高，债权人的利益就缺乏保障。各类资产变现能力有显著区别，一般来说，房地产变现时价值损失小，专用设备则相对难以变现。

2. 产权比率与权益乘数

产权比率与权益乘数是资产负债率的另外两种表现形式，它和资产负债率的性质类似，其计算公式如下：

$$产权比率 = 总负债 \div 股东权益 \tag{5.33}$$

$$权益乘数 = 总资产 \div 股东权益 \tag{5.34}$$

根据MT公司财务报表数据：

产权比率 = 370.36 ÷ 758.99 = 0.49

权益乘数 = 1 129.35 ÷ 758.99 = 1.49

产权比率表明每1元股东权益借入的债务额，权益乘数表明每1元股东权益拥有的资产额，它们是两种常用的财务杠杆比率。

3. 长期资本负债率

长期资本负债率是指非流动负债占长期资本的百分比,其中长期资本可以用非流动负债与股东权益之和表示,计算公式如下:

$$长期资本负债率 = 非流动负债 \div (非流动负债 + 股东权益) \times 100\% \quad (5.35)$$

根据 MT 公司财务报表数据:

长期资本 = 0.16 + 758.99 = 759.15 亿元

长期资本负债率 = 0.16 ÷ (0.16 + 758.99) = 0.02%

长期资本负债率反映了公司的资本结构。

4. 利息保障倍数

利息保障倍数是指息税前利润对利息费用的倍数。其计算公式如下:

$$\begin{aligned} 利息保障倍数 &= EBIT \div 利息费用 \\ &= (净利润 + 利息费用 + 所得税费用) \div 利息费用 \end{aligned} \quad (5.36)$$

长期债务不需要每年还本,却需要每年付息。利息保障倍数表明每 1 元利息支付有多少倍的息税前利润作保障,它可以反映债务结构的风险大小。如果公司一直保持按时付息的信誉,则长期负债可以延续,举借新债也比较容易。利息保障倍数越大,利息支付越有保障。如果利息支付尚且缺乏保障,归还本金就更难指望。因此,利息保障倍数可以反映长期偿债能力。

如果利息保障倍数小于 1,表明自身产生的经营收益不能支持现有的债务规模。利息保障倍数等于 1 也很危险,因为息税前利润受经营风险的影响很不稳定,而利息支付却是固定的。利息保障倍数越大,公司拥有偿还利息的缓冲资金越多。

5. 现金流量利息保障倍数

现金流量利息保障倍数,是指经营活动现金流量净额对利息费用的倍数。其计算公式如下:

$$现金流量利息保障倍数 = 经营现金活动流量净额 \div 利息费用 \quad (5.37)$$

现金流量利息保障倍数是公司现金流量的利息保障倍数,表明每 1 元利息费用有多少倍的经营活动现金净流量净额作保障。它比以利润为基础的利息保障倍数更可靠,因为实际用以支付利息的是现金,而不是利润。

6. 现金流量债务比

现金流量债务比,是指经营活动现金流量净额与债务总额的比率。其计算公式如下:

$$经营活动现金流量净额债务比 = (经营活动现金流量净额 \div 债务总额) \times 100\% \quad (5.38)$$

一般来讲,该比率中的债务总额采用期末数而非平均数,因为实际需要偿还的是期末金额,而非平均金额。该比率表明公司用经营活动现金流量净额偿付全部债务的能力。

比率越高,偿还债务总额的能力越强。

7. 影响长期偿债能力的其他因素

上述长期偿债能力比率,都是根据财务报表数据计算而得。此外还有一些表外因素会影响公司长期偿债能力:

(1) 长期租赁。当公司急需某种设备或厂房而又缺乏足够资金时,可以通过租赁的方式解决。财产租赁的形式包括融资租赁和经营租赁。融资租赁形成的负债会反映在资产负债表中,而经营租赁的负债则未反映在资产负债表中。当公司的经营租赁额比较大、期限比较长或具有经常性时,就形成了一种长期性融资,因此,经营租赁也是一种表外融资。这种长期融资,到期时必须支付租金,会对公司偿债能力产生影响。因此,如果公司经常发生经营租赁业务,应考虑租赁费用对偿债能力的影响。

(2) 债务担保。担保项目的时间长短不一,有的影响公司的长期偿债能力,有的影响公司的短期偿债能力。在分析公司长期偿债能力时,应根据有关资料判断担保责任带来的影响。

(3) 未决诉讼。未决诉讼一旦判决败诉,便会影响公司的偿债能力,因此在评价公司长期偿债能力时,要考虑其潜在影响。

四、杜邦分析法

杜邦分析体系是利用各主要财务比率之间的内在联系,对公司财务状况和经营成果进行综合系统评价的方法。该体系是以权益净利率为源头,以总资产收益率和权益乘数为分支,重点揭示公司获利能力及杠杆水平对权益收益率的影响,以及各相关指标间的相互作用关系。因其最初由美国杜邦公司成功应用而得名。

(一) 杜邦分析体系的核心比例

权益收益率是分析体系的核心比率,具有很好的可比性,可用于不同公司之间的比较。由于资本具有逐利性,总是流向投资报酬率高的行业和公司,因此各公司的权益净利率会比较接近。如果一家公司的权益净利率经常高于其他公司,就会引来竞争者,迫使该公司的权益净利率回到平均水平。如果一家公司的权益净利率经常低于其他公司,该公司就可能退出该行业,从而幸存公司的权益净利率就可能因此而提升。权益净利率不仅有很好的可比性,而且有很强的综合性。为了提高权益净利率,管理者可从如下三个分解指标入手:

$$\text{权益净利率} = 净利润 \div 股东权益$$
$$= 销售净利率 \times 总资产周转次数 \times 权益乘数 \quad (5.39)$$

无论提高其中的哪个比率,权益净利率都会提高。其中,"销售净利率"是利润表的概括,"营业收入"在利润表的第一行,"净利润"在利润表的最后一行,两者相除可以概括全部经营成果;"权益乘数"是资产负债表的概括,表明资产、负债和股东权益的比例关系,可以反映最基本的财务状况;"总资产周转次数"把利润表和资产负债表联系起来,使权益净利率可以综合反映整个公司经营成果和财务状况。

（二）杜邦分析体系的基本框架

杜邦分析体系是一个多层次的财务比率分解体系。各项财务比率，可在每个层次上与本公司历史或同业财务比率比较，比较之后向下一级分解。通过逐级向下分解，逐步覆盖公司经营活动的每个环节，最终实现系统、全面评价公司经营成果和财务状况的目的。

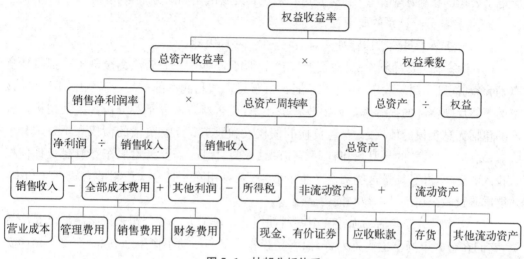

图 5-1 杜邦分析体系

第一层次的分解，是把权益净利率分解为销售净利率、总资产周转次数和权益乘数。这三个比率在各公司之间可能存在显著差异。通过比较，可以观察本公司与其他公司的经营战略和财务政策有什么不同。

分解出来的销售净利率和总资产周转次数，可以反映公司的经营战略。一些公司销售净利率较高，而总资产周转次数较低；另一些公司与之相反，总资产周转次数较高而销售净利率较低。两者经常呈反方向变化，这种现象不是偶然的。为了提高销售净利率，就要增加产品附加值，往往需要增加投资，引起周转率的下降。与此相反，为了加快周转，就要降低价格，引起销售净利率下降。通常，销售净利率较高的制造业，其周转率都较低；周转率很高的零售业，销售净利率很低。采取"高盈利、低周转"还是"低盈利、高周转"的方针，是公司根据外部环境和自身资源做出的战略选择。正因如此，仅从销售净利率的高低并不能看出业绩好坏，应把它与总资产周转次数联系起来考察公司经营战略。真正重要的是两者共同作用得到的总资产净利率。

分解出来的财务杠杆可以反映公司的财务政策。在总资产净利率不变的情况下，提高财务杠杆可以提高权益净利率，但同时也会增加财务风险。如何配置财务杠杆是公司最重要的财务政策。一般说来，总资产净利率较高的公司，财务杠杆较低，反之亦然。这种现象也不是偶然的。可以设想，为了提高权益净利率，公司倾向于尽可能提高财务杠杆。但是，贷款提供者不一定会同意这种做法。贷款提供者不分享超过利息的收益，更倾向于为预期未来经营活动现金流量净额比较稳定的公司提供贷款。为了稳定现金流量，公司的一种选择是降低价格以减少竞争,另一种选择是增加营运资本以防止现金流中断,这都会导致总资产净利率下降。这就是说,为了提高流动性,只能降低赢利性。因此,我们实际看到的是,经营风险低的公司可以得到较多的贷款,其财务杠杆较高;经营风险高的公司,只能得到较少的贷款,其财务杠杆较低。总资产净利率与财务杠杆负相关,共同决定了公司的权益净利率。因此,公司必须使其经营战略和财务政策相匹配。

(三) 杜邦分析体系的局限性

杜邦分析体系虽然被广泛使用,但也存在一些局限性。

(1) 计算总资产净利率的"总资产"与"净利润"不匹配。总资产为全部资产提供者享有,而净利润则专属于股东,两者不匹配。由于总资产利润率的"投入与产出"不匹配,该指标不能反映实际的报酬率。为了改善该比率,要重新调整分子和分母。为公司提供资产的包括无息负债的债权人、有息负债的债权人和股东。无息负债的债权人不要求分享收益,要求分享收益的是股东和有息负债的债权人,因此,需要计量股东和有息负债债权人投入的资本,并且计量这些资本产生的收益,两者相除才是合乎逻辑的总资产净利率,才能准确反映公司的基本盈利能力。

(2) 没有区分经营活动损益和金融活动损益。对于大多数公司来说金融活动是净筹资,它们在金融市场上主要是筹资,而不是投资。筹资活动不产生净利润,而是支出净费用。公司的金融资产是尚未投入实际经营活动的资产,应将其与经营资产相区别。与此相应,金融损益也应与经营损益相区别,才能使经营资产和经营损益匹配。因此,正确计量基本盈利能力的前提是区分经营资产和金融资产,区分经营损益和金融损益。

(3) 没有区分金融负债与经营负债。既然要把金融活动分离出来单独考察,就需要单独计量筹资活动成本。负债的成本(利息支出)仅仅是金融负债的成本,经营负债是无息负债。因此,必须区分金融负债与经营负债,利息与金融负债相除,才是真正的平均利息率。此外,区分金融负债与经营负债后,金融负债与股东权益相除,可以得到更符合实际的财务杠杆。经营负债没有固定成本,本来就没有杠杆作用,将其计入财务杠杆,会歪曲杠杆的实际效应。

五、沃尔评分法

沃尔评分法是对公司财务状况和经营成果进行综合评价的一种财务比率综合分析方法。它是一种将选定的财务比率用线性关系结合起来,然后根据重要程度赋予每个指标相应的权重,用实际值与标准值相比较,确定各项指标的得分及总体指标的累计分数,从而对公司的信用水平做出评价的方法。

该方法最早体现于美国财务学家亚历山大·沃尔于1928年出版的《财务报表比率分析》和《信用晴雨表研究》中。他提出了"信用能力指数"的概念,把选定的流动比率、产权比率、固定资产比率、存货周转率、应收账款周转率、固定资产周转率、主权资本(即所有者权益)周转率等7项财务比率用线性关系结合起来,并分别给定了其在总评价中的比重,总和为100,然后确定标准比率,并与实际比率相比较,评出每项指标的得分,最后求出总评分。沃尔的这种评估公司价值的方法被称为沃尔评分法。

沃尔综合评分法的具体步骤如下：

（1）选定若干财务比率，按其重要程度给定一个分值，即重要性权数，其总和为100分。

（2）确定各个指标的标准值。财务指标的标准值，可以采用行业平均值、公司的历史先进数、国家有关标准或国际公认的基准等。

（3）计算出各指标的实际值，并与所确定的标准值进行比较，计算一个相对比率，将各项指标的相对比率与其重要性权数相乘，得出各项比率指标的指数。

（4）将各项比率指标的指数相加，最后得出公司的综合指数，即可以判明公司财务状况的优劣。

沃尔评分法是一种数据性的、综合统计性的理论评分制办法，相比一般理论评价法，它更全面，更权威，更能对财务数据整体加以相对准确的理论性评价。但同时，沃尔法也存在一定的缺陷。从理论上来说，沃尔评分法未能证明为什么要选择这七个指标，而不是更多些或更少些，或者选择别的财务比率，也未能证明每个指标所占比重的合理性。从技术上来说，用相对比例进行加权计算会导致某一个指标严重异常时，对综合指数产生不合逻辑的重大影响。

案例分析

欧奈尔的 CAN SLIM 选股策略及其在中国市场的应用

投资大师欧奈尔在《笑傲股市》一书中提出了挑选成长股的七步选股法，简称为"CAN SLIM"。

1. C=current quarterly earnings per share

当季每股收益。当季每股收益至少应该上涨18%—20%，能够上涨40%—100%甚至是200%就更好了，简而言之，越高越好。而且，最近几个季度内，每股收益应该在某个水平上持续上涨。同时，季度销售额也应该有至少25%的涨幅。

2. A=annual earning increases

年度收益增长率。近3年来，每年的年度每股净收益都应该大幅度上涨（上涨25%或以上），同时净资产收益率应大于等于17%（如果能达到25%—50%，那就更好了）。如果净资产收益率较低，那么，这家公司的税前利润率必须较高。

3. N=new products, new management, new highs

新公司、新产品、新管理层、股价新高。寻找那些开发出新商品或推出新服务、聘用新的管理人员或者是行业环境发生重大新变化的公司。然而，更重要的是，购买那些从平稳的走势中脱颖而出、价格底部已完全形成并且股价开始创出新高的股票。

4. S=supply and demand

供给与需求：兼顾考虑流通股份的供给数量和需求情况。在新的市场环境下，只要某公司的股票满足CAN SLIM法则的其他要求，不论它的流通规模大小，都可以被投资者所接受。不过，需要重点关注那些在股价底部刚刚出现巨量向上突破的股票。

5. L=leader or laggard

领军者或拖油瓶。买进领军股，回避落后股。也就是说要买进在其行业中业绩优秀的公司的股票，选择行业龙头进行投资。

6. I=institutional sponsorship

买进近期内业绩持续上涨，并且至少有一两家近期投资业绩拔尖的共同基金投资者认同的股票。同时留意投资机构管理层的变化情况。

7. M=market direction

判断市场走势。学会通过精确地分析每日股指、成交量变动和领军股的股价表现，由此来分析判断大盘走势，这是决定投资者是大赔还是大赚的关键因素。投资者必须顺势而为，不要偏离市场趋势去进行投资。

CAN SLIM 系统地将基本面分析与技术分析结合在一起，全面考虑了公司财务情况和市场情绪，从而挑选出优秀的公司，并在恰当的时机进行投资，以期获取超额收益。

我们将 CAN SLIM 方法运用于中国 A 股市场，对欧奈尔的选股方法进行测试。具体选股条件如下：

(1) 公司当季主营业务收入增速大于 25%；

(2) 公司当季 ROE 大于 17%；

(3) 公司净利润近两年复合增长率大于 30%。

根据以上要求，对 2009 年 1 月 5 日至 2017 年 8 月 4 日 A 股市场中优秀公司进行选择，并回测投资效果。该策略投资收益如图 5-2 所示：

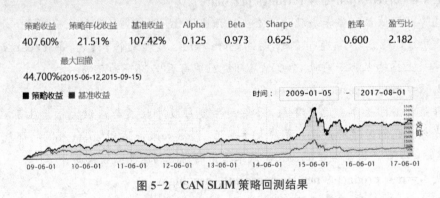

图 5-2 CAN SLIM 策略回测结果

以沪深 300 指数收益作为基准收益，总体来看，该策略获得了不错的超额收益。该策略投资收益率为 407.60%，超额收益达到 300.18%，年化收益率达到 21.51%。无论是普涨的大牛市，还是缺乏投资机会的震荡市，该策略收益率都超过了指数收益率。然而，诚如欧奈尔所述，除了选股之外，对市场走势进行判断也十分重要。2015-2016 年的市场几次大跌，该策略都没能幸免，回撤率曾一度达到 44.7%。

小 结

1. 对公司进行财务分析目的在于了解公司的盈利情况和在行业中的地位,作为对公司未来价值判断的基础。
2. 公司的资产负债表、利润表和现金流量表包含了公司经营期间的重要财务数据,是对公司财务状况进行分析的重要信息来源。
3. 公司行业地位、产品竞争能力、经营能力和公司成长性是公司未来获利能力的重要来源,投资时应该选择具有核心竞争力、经营管理结构完善、成长空间大的行业龙头公司进行投资。
4. 公司的财务比率将同一报表的不同项目或不同报表的相关项目进行运算,可以反映公司在盈利能力、营运能力、偿债能力等方面的情况。将这些比率与同行业公司进行比较,有助于投资者发现公司的优势和弱势,以便对公司进行更深入的分析。

习 题

1. 某公司 2016 年度销货成本 30 000 元,期初存货余额 4 000 元,存货年周转率 6 次,该年度赊销净额 40 000 元,期初应收账款余额 4 800 元,期末应收账款余额 5 200 元。公司该年度利润总额 7 200 元,年末流动负债余额 8 000 元,流动比率 2.15。
   要求:计算速动比率、应收账款周转率
2. 某公司 2016 年有关资料如下表:(元)

年 份	销售收入	销售成本	期末存货	期末应收账款
2015	760 000	510 000	100 000	120 000
2016	900 000	690 000	140 000	150 000

   根据上述资料计算该公司 2016 年的下列指标:
   (1) 存货周转率
   (2) 应收账款周转率(销售收入中 30% 为赊销)
   (3) 销售毛利和销售毛利率
3. 已知 A 公司 2016 年资产负债有关资料如下:

资 产	年初	年末	负债和所有者权益	年初	年末
流动资产:			流动负债合计	175	150
货币资金	50	45	长期负债合计	245	200

续表

资　　产	年初	年末	负债和所有者权益	年初	年末
应收账款	60	90	负债合计	420	350
存货	92	144	所有者权益合计	280	350
预付账款	23	36			
流动资产合计	225	315			
固定资产净值	475	385			
资产总计	700	700	负债和所有者权益总计	700	700

该公司 2015 年度营业净利率为 16%，总资产周转率为 0.5 次，权益乘数为 2.5，净资产收益率为 20%，2016 年度营业收入为 420 万元，净利润为 63 万元。

要求：（1）计算 2016 年年末的流动比率、速动比率、资产负债率和权益乘数。

（2）计算 2016 年总资产周转率和净资产收益率（均按期末数计算）。

（3）按总资产周转率、权益乘数的次序进行杜邦财务分析，确定各因素对净资产收益率的影响。

第六章

证券投资技术分析理论

教学目的与要求

证券投资技术分析是根据投资者行为和市场供求关系，分析判断证券价格变化趋势，具有丰富的理论体系。通过本章的学习，能够了解证券投资技术分析的前提假设，证券投资技术分析的优势与局限，理解K线法、切线法、形态法、指标法等证券投资技术分析方法，掌握道氏理论、波浪理论、江恩理论和时间周期理论等证券投资技术分析理论。

第一节 证券投资技术分析理论基础

所谓证券投资技术分析是抛开证券内在价值，只根据证券市场投资者行为和市场供求关系，分析判断证券价格变化趋势，从而决定证券投资时机的分析方法。证券投资技术分析的要点是通过观察分析证券在市场中过去和现在的具体表现，应用逻辑、统计等方法，归纳总结出在过去的历史中所出现的典型市场行为特点，得到一些市场行为的固定模式，并利用这些模式预测证券市场未来的变化趋势。证券投资技术分析主要通过价格、交易量、时间和空间等变量研究市场行为。

一、证券投资技术分析的理论基础

证券投资技术分析的合理性与其理论依据密切相关，根据道氏理论，证券投资技术分析建立在以下三个理论假设的基础上。

（一）市场行为涵盖一切信息

市场行为涵盖一切信息构成了技术分析的基础。技术分析者认为，能够影响某种商品期货价格的任何因素：基础的、政治的、心理的或任何其他方面的因素，实际上都反映在其价格之中。由此推论，我们必须做的事情就是研究价格变化。技术分析者认为，证券价格完全由市场供求决定，而影响供求的因素极其复杂，有些是理性的，有些是非理性的，但它基本上由不同投资人的意见、感觉、推测等不同心理因素所决定的。正因为如此,各种因素分析(包括基本面分析)不能完全描述供求变化,价格走势的研究还必须结合各种技术分析方法。

证券价格完全由市场供求决定的实质含义其实就是价格变化必定反映供求关系。如果需求大于供给,价格上涨;如果供给大于需求,价格下跌。从另一个角度来说,只要股票价格上涨,不论是因为什么具体原因,需求一定超过供给;如果价格下跌,则需求小于供给。归根结底,技术分析者不过是通过价格的变化间接地研究基本面。大多数技术派人士认为,公司基本面是影响股票供求关系的根本因素,从而影响了股票价格看涨或者看跌的心理变化。

(二) 价格沿趋势变动

寻找价格趋势是技术分析的核心。研究价格图表的全部意义,就是要在一个趋势出现的早期,及时准确地把它揭示出来,从而达到顺应趋势交易的目的。事实上,技术分析在本质上就是顺应趋势,即以判定和追随价格趋势为目的。

从价格沿趋势变动可以自然而然地推断,对于一个已经形成的趋势来说,下一步常常是沿着现存趋势方向继续演变,而掉头反向的可能性要小得多。这当然也是牛顿惯性定律的应用。还可以换个说法:当前趋势将一直持续到反转为止。虽然这句话差不多是同语反复,但要强调的是:坚定不移地顺应一个既定趋势,直至有反向的征兆为止。

(三) 历史会重演

证券投资技术分析、市场行为学与人类心理学有着千丝万缕的联系。比如价格形态,通过一些特定的价格图表形状表现出来,而这些图形表示了人们对某市场看好或看淡的心理。其实这些图形早已广为人知,并被分门别类了。既然它们在过去很管用,就不妨认为它们在未来同样有效。因为它们是以人类心理为根据的,而人类心理从来就是"江山易改本性难移"。人性是永远不变的。基于这样一个"历史往往重演"的假定,我们才能以研究过去来了解未来,达到我们通过证券投资技术分析来预测市场的目的。

在三大假设之下,证券投资技术分析有了自己的理论基础。第一条肯定了研究市场行为就意味着全面考虑了影响价格的所有因素,第二和第三条使得我们找到的规律能够应用于投资的实际操作中。

二、三大假设的局限性

证券投资技术分析的三个假设有合理的一面,也有不尽合理的一面。例如,第一个假设是市场行为包括了一切信息,但市场行为反映的信息同原始的信息毕竟有一些差异,信息损失是必然的。正因为如此,在进行技术分析的同时,还应该适当进行一些基本面分析和行为金融方面的分析,以弥补其不足。尽管一些基本因素的确会通过供求关系来影响证券价格和成交量,但证券价格最终要受到其内在价值的影响。

对于第二个假设来说,它具有"强制性"的成分。价格按照趋势波动需要在没有"外力"影响的状态下,这显然不符合证券市场的现实。因为"外力"在市场中随时存在,保持趋势很不容易。

第三个假设为历史会重演,但证券市场的市场行为是千变万化的,不可能有完全相同的情况重复出现,差异总是或多或少地存在。正如黑格尔所说:"人类从历史中学到的唯一教训,就是人类无法从历史中学到任何教训。"因此,技术分析法由于说服力不够强、逻辑关系不够充分引起不同的看法与争论。

三、证券投资技术分析的优势及其局限性

(一) 技术分析优点

证券投资技术分析具备全面、直接、准确、可操作性强、适用范围广等特点。与基本面分析相比,利用技术分析进行交易的见效快,获得利益的周期短,当然风险也大。此外,技术分析对市场的反应比较直接,分析的结果也更贴近实际市场情况,通过市场分析得到的买卖点相比较基本面分析而言,往往比较准确。

(二) 技术分析的缺点

证券投资技术分析的缺点是研究的着眼点相对较窄,注重短期变化,对股票的长期价值难以进行有效判断。基本面分析主要适用于周期相对比较长的市场预测,以及短期预测精确度要求不高的领域。技术分析相对于基本面分析更适用于短期的行情预测,要进行周期较长的分析则必须参考基本面分析,这是应用技术分析最应该注意的问题。因为技术分析是经验的总结而非科学体系,所以通过技术分析所得到的结论通常以概率的形式呈现。

(三) 技术分析盲区与误区

应用技术分析研判走势应该注意规避技术分析的盲区与误区。所谓技术分析盲区,就是指技术指标无法预测或者预测失灵的区域,比如 KDJ 指标预测上升段和下跌段比较准确,但是出现高位钝化和低位钝化就使 KDJ 指标进入了技术分析盲区。又比如乖离率、布林线等技术指标做超跌反弹比较有效,但是,牛市末期反转的第一波下跌行情往往是惯性下跌行情,很多技术指标出现超跌反弹信号,结果都是失灵的,这也是技术分析盲区。所谓技术分析误区,就是指技术指标预测结果有时准确有时不准确的区域,比如说很多著名分析师和炒股高手总结捕捉黑马的技术指标和标准,有时在熊市末期和牛市初期是可靠的,但如果在熊市初期和平衡市按图索骥就可能进入技术分析误区。还有多数技术指标存在滞后现象,这也是技术分析的盲区与误区。

四、运用证券投资技术分析时应注意的问题

(一) 技术分析必须与基本分析结合起来使用

从理论上看,技术分析法和基本面分析法分析股价趋势的基本点是不同的。基本面分析法的基点是事前分析,即在基本因素变动对证券市场产生影响之前,投资者已经在分析、判断市场的可能走势,从而做出顺势而为的买卖决策。但是基本面分析法很大程度上依赖于经验判断,其对证券市场的影响力难以数量化、程式化,受投资者主观能力的制约较大。技术分析法的基点是事后分析,以历史预知未来,用数据、图形、统计方法来说明问题,不依赖于人的主观判断,一切都依赖于用已有资料做出客观结论。但未来不会简单重

复过去,所以仅依靠过去和现在的数据预测未来并不可靠。因此,为了提高技术分析的可靠性,投资者只有将技术分析法与基本面分析法结合起来进行分析,才能既保留技术分析的优点,又考虑基本因素的影响,提高测试的准确程度。

（二）多种技术分析方法综合研判

证券投资技术分析方法多种多样,但每一种方法都有其独特的优势和功能,也有不足和缺陷。没有任何一种方法能概括股价走势的全貌。实践证明,单独使用一种技术分析方法有相当大的局限性和盲目性,甚至会给出错误的买卖信号。为了减少失误,只有将多种技术分析方法结合运用,相互补充、相互印证,才能减少出错的机会,提高决策的准确性。

（三）理论与实践相结合

各种技术分析的理论和方法都是前人在一定的特殊条件和特定环境下得到的。随着环境的变化,一些成功方法在使用时却有可能失败。因此,在使用技术分析方法时,要注意掌握各种分析方法的精髓,并根据实际情况做适当的调整。同时,只有将各种方法应用于实际,并经过实践检验后成功的方法才是好的方法。

第二节 证券投资技术分析方法

一、K线法

K线图又称蜡烛图、阴阳线等,是指将每天股票价格或股市指数的开盘价、最高价、最低价和收盘价的变动情况记录下来,然后按照一定的方法绘成图形,投资者根据形态分析股票价格的趋势,预测股价未来的发展方向,从而决定是否进行投资决策的一种常见的技术分析方法。

K线图分析法最早产生于1600年的日本,用于分析稻米合约的价格,最初被称为棒状图分析法（candlestick charting）,此后这种分析方法被史蒂夫·尼森（Steven Nison）引入股市分析,成为世界上应用范围最广、效果最好、最具权威性的技术分析方法。

K线图是进行技术分析最重要的图形,单独一天的K线的形态有十几种,若干天K线的组合种类就更多了。人们经过不断总结,发现了一些对证券买卖有指导意义的组合形态。K线法在我国十分流行,进行技术分析时首先将学习K线图。图6-1为K线的两种常见形状。

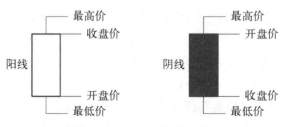

图6-1 K线的两种常见形状

二、切线法

切线的作用是限制证券价格波动,也称为支撑或压力的作用。切线法是按一定方法和原则在由股票价格的数据所绘制的图表中画出一些直线,然后根据这些直线的情况推测股票价格的未来趋势,这些直线就叫切线。画切线的方法是人们在长期研究中逐步摸索出来的,比较常用的支撑压力线有趋势线、通道线、黄金分割线、速度线等。股价移动平均线也是重要的支撑压力线。

三、形态法

形态法是通过对市场格变动时形成的各种价格形态进行分析,并且配合成交量的变化,推断出市场现存的趋势将会延续或反转。趋势的方向发生变化一般不是突然来到的,变化都有一个发展的过程。形态理论通过研究股价K线组合的各种形态,发现股价正在运行的方向。技术分析的假设之一是市场的行为包括了一切信息,价格运行的轨迹蕴含着投资行为的结果,是市场对各种信息的反映,从价格轨迹的形态中,我们可以推测出证券市场中多空双方力量的对比和优势转化,明确当前所处市场的趋势。股价形态主要分为反转和持续两种大的形态类型,著名的形态有M头、W底、头肩形、三角形等十几种。

四、指标法

所谓技术指标法,就是应用一定的数学公式,建立数学模型,对原始数据进行处理,得到一个或多个具体体现市场某个方面内在特征的数字,这些数字叫做技术指标值。将指标值绘成图表,从定量的角度对股市进行预测的方法。这里的原始数据指开盘价、最高价、最低价、收盘价、成交量和成交金额等。

技术指标法的本质是通过数学公式产生技术指标。这个指标反映了股市的某一方面深层次的内涵,这些内涵仅仅通过原始数据是很难看出的。技术指标是一种定量分析方法,克服了定性分析方法的不足,提高了具体操作的精确度。尽管这种分析方法不是完全有效,但至少能在采取买卖行动之前提供重要参考。

目前已经存在的技术指标非常多,相对强弱指标(RSI)、随机指标(KDJ)、平滑异同移动平均线(MACD)、心理线(PSY)、布林线(BOLL)等都是著名的技术指标。新的技术指标还在不断涌现。每个致力于技术分析的研究机构和投资者都根据自己对市场的认识和理解,不断研发出新的技术指标。

五、波浪分析法

波浪理论是美国人拉尔夫·纳尔逊·艾略特(Nelson Elliott)提出的一种技术分析理论。艾略特在华尔街闯荡多年,发现了股票以及商品价格的波动都与自然界的潮汐规律相类似,展现出周期循环的特点,而且任何波动均有迹可循。经过一段时间的研究,艾略特依此建立了一套经由实证推导、可用以解释市场行为的法则和纲领。1934年11月28

日,将其命名为"波浪理论"。1938年,艾略特完成了第一本著作《波浪理论》,系统地阐述了波浪理论。

波浪分析法是把股价的上下波动和不同时期的持续上涨、下跌看成是波浪的上下起伏,认为股票的价格运动遵循"上涨五浪下跌三浪"波浪起伏的规律,数清楚了各个浪就能准确地预见到跌势已接近尾声,牛市即将来临;或是牛市已到了强弩之末,熊市即将来到。波浪理论较之别的技术分析流派,最大的区别就是能提前很长时间预计到行情的底和顶,而别的流派往往要等到新的趋势已经确立之后才能看到。但是,波浪理论又是公认的较难掌握的技术分析方法,同样的价格走势不同的人有不同的浪形判断,出现所谓"千人千浪"现象,从而对股价趋势难以达成共识。

以上五类技术分析流派从不同的方面理解和考虑证券价格波动方向,有的有相当坚实的理论基础,有的没有很明确的理论基础。在操作上,有的注重长线,有的注重短线;有的注重价格的相对位置,有的注重绝对位置;有的注重时间,有的注重价格。尽管各类分析方法考虑的方式不同,但目的是相同的,彼此并不排斥,在使用上可相互借鉴。

第三节　证券投资技术分析常用理论

一、道氏理论

证券投资分析最古老、最著名的股票价格分析理论可以追溯到道氏理论。查尔斯·H. 道(Charles Dow)是纽约道-琼斯金融新闻服务的创始人、《华尔街日报》的创始人和首位编辑。道氏理论最早用于股票市场,以此判断股市的涨跌及经济的兴衰。1902年查尔斯·道去世后,威廉姆·皮特·汉密尔顿(William Peter Hamilton)与罗伯特·雷亚(Robert Rhea)继承了道的理论,并在其后有关股市的评论写作过程中,加以组织与归纳成为今天我们所见到的道氏理论。他们所著的《股市晴雨表》《道氏理论》成为后人研究道氏理论的经典著作。道氏理论的主要内容有:

1. 市场价格指数可以解释和反映市场的大部分行为

市场价格平均指数可以解释和反映市场的大部分行为。这是道氏理论对证券市场的重大贡献。道氏理论认为收盘价是最重要的价格,并利用收盘价计算平均价格指数。目前,世界上所有的证券交易所计算价格指数的方法大同小异,都源于道氏理论。此外,他还提出平均价格涵盖一切信息的假设。目前,这仍是技术分析的一个基本假设。

2. 市场波动有三种趋势类型

道氏理论认为,价格的波动尽管表现形式不同,但最终可以将它们分为3种趋势:主要趋势(primary trend)、次要趋势(secondary trend)和短暂趋势(near termtrend)。主要趋势是那些持续1年或1年以上的趋势,看起来像大潮;次要趋势是那些持续3周—3个月的趋势,看起来像波浪,是对主要趋势的调整;短暂趋势持续时间不超过3周,看起来像波纹,其波动幅度更小。

3. 主要趋势有 3 个阶段

第一个阶段为累积阶段。该阶段中,股价处于横向盘整时期。在这一阶段,聪明的投资者在得到信息并进行分析的基础上开始买入股票。第二个阶段为上涨阶段。在这一阶段,更多的投资者根据财经信息并加以分析,开始参与股市。尽管趋势是上升的,但也存在股价修正和回落。第三个阶段为市场价格达到顶峰后出现的又一个累积期。在这一阶段,市场信息变得更加为众人所知,市场活动更为频繁。第三个阶段结束的标志是下降趋势,并又回到累积期。道氏理论中的趋势详见图 6-2。

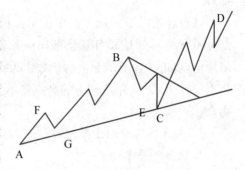

图 6-2 道氏理论中的趋势

A—C 为基本趋势,B—C 为调整趋势;A—F、F—G、B—E 为小趋势;A—B、B—C、C—D 为中等趋势

4. 两种指数必须相互验证

这是道氏理论最有争议也是最难统一的地方,然而它已经经受了时间的考验。道氏理论认为,工业平均指数和运输业平均指数必须在同一方向上运行才可确认某一市场趋势的形成,除非两个指数都发出看涨或看跌的信号,否则市场基本的运动方向仍然无法确定。

5. 趋势必须得到交易量的确认

在确定趋势时,交易量是重要的附加信息,交易量应在主要趋势的方向上放大。如牛市中价格上升,成交量增加;价格回调,成交量萎缩。这一规律在次级趋势中同样适用,如熊市中的次级反弹,价格上涨时,成交量增加;而反弹结束后,价格下降时成交量减少。

6. 收盘价是最重要的价格

道氏理论认为,在所有价格中收盘价是最重要的价格,甚至认为只用收盘价,不用别的价格。收盘价所表示的是多空双方经过一个交易日"较量"而最终达成的共识,是买卖双方的平衡点。从对今后的影响作用而言,收盘价更有说服力。

二、波浪理论

(一) 波浪理论的起源与发展

波浪理论首先由拉尔夫·纳尔逊·艾略特(Ralph Nelaon Elliott)提出。1891 年艾略特 20 岁时去墨西哥的铁路公司工作。1896 年,艾略特开始从事会计工作,在以后的二十多年里,艾略特在美洲的许多公司任职,这些公司大部分是铁路公司。艾略特在危地马拉生了一场大病,1927 年 56 岁的艾略特退休回到加利福尼亚的老家养病,在这段漫长的疗养期内,艾略特摸索出股市的规律,创立了"波浪理论"。

艾略特认为不管是股票或商品价格的波动,与大自然的潮汐一样,具有相当程度的规律性。价格的波动,如同潮汐一样,一波跟着一波,而且周而复始,展现出周期循环的必然性。任何的波动,均是有迹可循的。因此,可以根据这些规律性的波动,预测价格未来的走势。

波浪理论已成为众多股市技术分析流派中最具综合性的经典理论,这与其实战效果是分不开的。在1935年美国股市一片低迷,投资者丧失信心之际,艾略特本人曾运用波浪理论,以道·琼斯工业平均指数作为研判对象,指出熊市已结束,牛市将来临,并会持续相当长时间,1929年所创下的高点将不会成为阻力。后来的事实与艾略特的预言惊人地吻合。

(二)波浪理论的主要内容

1. 波浪的基本形态

股票市场遵循着一种周而复始的规律,先是五浪上涨,随之有三浪下跌。如图6-3所示,一个完整的周期包含8浪——5浪上升,3浪下降。周期的上涨阶段由五浪组成,每一浪均以数字编号。其中1、3、5浪是上升浪,称为主浪,2、4浪分别是对1、3浪的调整,称调整浪。周期的下跌阶段由三浪组成,分别用字母a、b、c来表示。

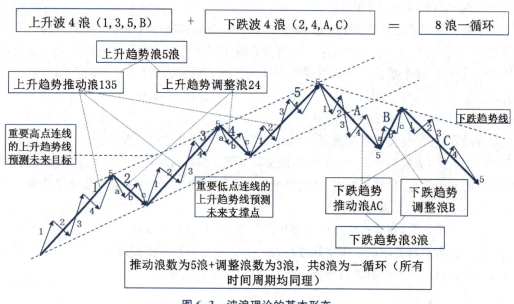

图6-3 波浪理论的基本形态

2. 各浪的特点

1浪:通常是最短的一浪,差不多有一半处于市场的底部过程中,通常是从非常低的水平发生的不起眼的反弹。

2浪:通常回撤1浪大部分的上涨幅度,在1浪的底部上方形成低点。

3浪:俗称主升浪,通常是最长的(至少绝不会是5浪中最短的)也是最猛烈的一浪。3浪向上突破1浪最高价后,释放有效突破信号,即道氏理论的买入信号,且交易量放大,常常伴随价格的跳空高开。

4浪:通常是一个复杂的形态,也是市场的调整巩固阶段,4浪绝对不能跌破1浪的顶部。

5浪：通常上涨速度通常比3浪平和得多，交易量开始落后于价格的变化，各种技术指标出现顶背离信号，警示市场顶部即将到来。

a浪：通常被误解成只是寻常的回撤，但是如果a浪具备了5浪结构，应该引起警觉，尤其是随着交易量的增加，股价反而不能继续上涨。

b浪：是新趋势中的反抽过程，通常伴随着小于头部区域的成交量，是多头头寸减仓的好时机。这一浪反抽的价格高点低于头部最高点。

c浪：c浪是主跌浪，跌破颈线后会加速下跌，理论上下跌幅度往往是a浪的1.618倍，能量逐步缩小。有时跌破颈线后还会有反抽颈线位，这是规避后期股票大幅下跌而抛股票的最后时机。

3. 波浪的层次性与标记方法

艾略特把趋势的规模划分为9个层次，上达覆盖百年的长周期，下至仅仅延续数小时的短周期，无论所研究的趋势处于何等规模，其基本的8浪周期是不变的。

每一浪都可以向下一层次划分成小浪，而小浪同样也可以进一步向更下一层划分出更小的浪。反之，每一浪本身也是上一层次波浪的一个组成部分。

如图6-4，最大规模的二浪[1]和[2]，可以划分为8个小浪，然后这8个小浪再细分共得到34个更小的浪。

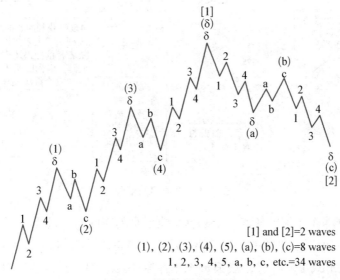

图6-4 波浪理论的层次

图6-4中，(1)(3)(5)浪被细分成五浪结构，这是因为由他们组成的上一个层次的浪[1]也是上升浪，而(2)(4)浪的方向与上一个层次的浪方向相反，所以仅被细分为三浪结构。调整浪(a)(b)(c)构成了上一个层次的调整浪[2]，其中两个下降浪(a)(c)被细分成五浪，因为其运动方向与上一层次的浪[2]浪的方向一致，而相反的(b)浪与[2]浪方向相反，因此被进一步细分为3浪。

能不能辨认五浪和三浪结构具有决定性的重要意义，因为它们各自有着不同的预测意义。

一组五浪结构通常意味着更大一层次的波浪仅仅完成了一部分(除非这是第5浪的五个小浪)。调整绝对不会以五浪的形式出现：在牛市中，如果看到一组五浪式的下跌，那么可能意味着这只是更大一组三浪调整的第一浪，市场的下跌还将继续；在熊市中，一组三浪结构的上涨(b浪)过后，是下降趋势的恢复，而五浪结构的上涨则说明将会出现更可靠的向上运动，其本身甚至可能构成了新的牛市的第一浪。

(三) 推动浪的延伸及变化

推动浪又称主浪，如果一个波浪的趋势方向和比它高一层次波浪的趋势方向相同，那么这一波浪就称为推动浪。主浪的地位是相对的，它可以处在一个更大的主浪中，也可能处在一个重大的调整浪中。主浪有一个特点，即不管是上升还是下降，对主浪的细分必然是分成5个小浪(图6-5)。

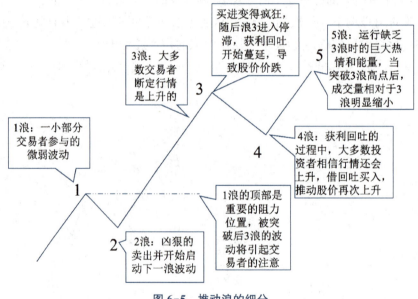

图6-5 推动浪的细分

上升5浪中，3个主浪的任何一个都有可能不是单纯的向上过程，而是可以进一步细分为5个小浪，这种现象叫做主浪的延伸或延长。换句话说，第1、3、5浪中的某一浪有可能以5个小浪的形式出现在整个波浪形态中。第1、3、5浪中最容易出现延伸的是第三浪，这是由第3浪的特殊性造成的；第1浪持续的时间短，不容易出现延伸现象；第5浪的延伸比第1浪多，但比第3浪少。

关于主浪的延伸有一条非常重要的规律：一般情况下，3个主浪中有且仅有一个浪出现延伸。如果某一个主浪出现了产生了延伸，则另外两个主浪一定不会产生延伸现象，而且这两个未出现延伸的主浪在时间长短和波动幅度上应该大致相同。

这个规律使波浪的延伸现象变成了预测波浪运行长度的一个相当有用的依据。举例来说，如果投资者发觉第3浪出现了延伸，那么可以推断第5浪应该只是一个和第1浪相似的简单结构。或者,当第 1 浪与第 3 浪都是简单的升浪,则有理由相信第 5 浪可能是一个延伸浪,特别是当成交量急剧增加时。一般来说,在成熟的股市,延伸浪经常会出现在第 3 浪中;而在新兴股市中,第 5 浪往往也会出现延伸的现象。主浪延伸后的 9 浪结构图详见图 6-6。

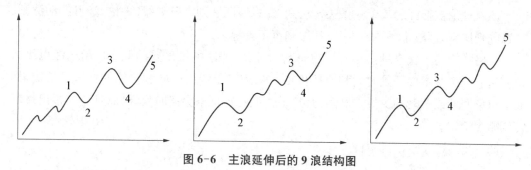

图 6-6 主浪延伸后的 9 浪结构图

（四）斐波那契数列与波浪理论

波浪与波浪之间的比例经常出现的数字包括 0.236、0.382、0.618 以及 1.618 等,其中 0.382 和 0.618 被称为黄金分割比率。

1. 浪与浪之间的比例关系

对于上升浪来说,如果上升浪中的一个子浪成为延伸浪的话,则其他两个上升浪不论其运行的幅度还是运行的时间,都将会趋向于一致。也就是说,当上升浪中的第三浪在走势中成为延伸浪时,则其他两个上升浪,第一浪与第五浪的上涨幅度和运行时间将会大致趋于相同。假如并非完全相等,则极有可能以 0.618 的关系相互维系。

第五浪的最终目标可以根据第一浪浪底至第二浪浪顶的距离来预估,它们之间的关系通常包含有黄金分割组合比率关系。

对于 A—B—C 三波段调整浪来说,C 浪的最终目标值可能根据 A 浪的幅度来预估。C 浪的长度,在实际走势中通常是 A 浪的 1.618 倍。

2. 浪与浪之间的派生比例关系

① 0.618：是大部分第二浪的调整深度。对于 ABC 浪以之字形出现时,B 浪的调整比率为 0.618。三角形内的浪与浪之比例由 0.618 来维系。

② 0.236：是由 0.382 与 0.618 两黄金分割比率相乘派生出来的比率值。有时会作为第二浪或第四浪的回吐比率,但一般较为少见。

③ 1.236 与 1.382：对于 ABC 浪以不规则调整形态出现时,可以利用 A 浪与 B 浪的关系,借助 1.236 与 1.382 两黄金分割比例数字来预估 B 浪的可能目标值。

④ 1.618：由于第三浪在三个推动浪中通常为最长一浪,以及大多数 C 浪极具破坏力。所以,我们可以利用 1.618 来维系第一浪与第三浪的比例关系和 C 浪与 A 浪的比例关系。

三、江恩理论

江恩理论在众多市场分析理论中独树一帜,但对于绝大多数投资者而言,他的理论晦涩难懂。江恩理论研究的重点是股价运行的时间规律和股价与数字的规律。市场上有关江恩理论的书籍通常都充满了复杂的图表和数字。一般认为其理论是基于数学、几何学、数字学、天文学、星象学以及宗教等方面的内容发展起来的。

(一) 江恩理论体系

江恩理论包括江恩二十一条买卖法则、江恩回调法则、江恩循环理论、江恩波动法则、江恩分割比率、江恩市场几何原理、江恩测市工具等。

江恩线描述了股票价格与时间的关系,是江恩理论中最重要的概念。用于江恩线数学表达的两个基本要素是时间和股票价格。每条江恩线由时间和价格的关系所决定,构成了市场回调或上升的支撑位和阻力位,不仅能确定价格会何时反转,而且能够指出将反转到哪个价位。

(二) 江恩理论的主要内容

1. 江恩循环理论

江恩循环理论是对整个江恩的思想及其多年投资经验的总结。江恩认为较重要的循环周期有:短期循环(1小时、2小时、4小时……3周、7周……13周、15周……3个月、7个月……)、中期循环(1年、2年、3年……)和长期循环(20年、30年、45年……)。

其中,30年最为重要,因为30年共有360个月,这恰好是360度圆周循环;10年也是一个重要的循环,由10年前的顶部(底部)可预测10年后的顶部(底部);7年也是一个转折点,因为7天、7周、7个月都很重要。

上述长短不同的循环周期之间存在着某种倍数关系或平方关系。江恩将这些关系用包含了时间法则、价格法则、几何角、回调带等概念的圆形、正方形、六角形等描述出来,揭示了市场运行的价格规律,为正确预测价格走势提供了有力的工具。

2. 江恩时间法则和价格法则

在江恩理论中,时间是交易的最重要的因素。江恩的时间法则用于揭示价格发生回调的规律,即在何时价格将发生回调。

江恩认为,在5年的升势中,先升2年,跌1年,再升2年,而到第59个月时应注意转折;在5年的跌势中,先跌2年,升1年,再跌2年。处于长期上升(下跌)时,一般不会超过3年。在上升的趋势中,如果以月为单位,调整不会超过2个月;如果以周为单位,调整一般在2—3周。在大跌时,短期的反弹可以维持3—4个月。

江恩的价格法则揭示价格回调的多少。江恩认为,价格波动是支配市场循环的重要法则。当价格由上升转为下跌时,起始价格的25%、50%、75%等处是重要的支撑位;当价格由下跌转为上升时,起始价格的1.25、1.5、2等处是重要的阻力位。

江恩理论的精髓是:市场在重要的时间到达重要的位置时,市场的趋势将发生逆转。

3. 江恩回调法则

回调是价格在主运动趋势中的暂时调整。回调理论是江恩价格理论中最重要的一部分。根据价格水平线的概念,50%、63%、100%作为回调位置,对价格的运动趋势构成强大的支持或阻力。

江恩认为：不论价格上升或下降，最重要的价位是在50%的位置，在这个位置经常会发生价格的回调，如果在这个价位没有发生回调，那么在63%的价位上就会出现回调。在江恩价位中，50%、63%、100%最为重要，他们分别与几何角度45度、63度和90度相对应，这些价位通常在建立50%回调带中起决定性作用。投资者计算50%回调位的方法是：将最高价和最低价之差除以2，再将所得结果加上最低价或从最高价减去。

四、时间周期理论

（一）时间周期理论概述

时间周期又称循环周期，循环是自然界的一种规律，可以说大到宇宙，小至草木，无一不受时间循环的支配。例如，我们熟知的春夏秋冬就是一个典型的时间循环。时间周期的重要性在于它的出现使得预测下一个转折点成为可能。

技术分析的对象是证券的市场行为，而市场行为则表现为量、价、时、空。其中，时间因素对技术分析非常重要，即时间是预测价格变化的工具之一。增加对时间因素的考虑，有助于提高判断买卖信号的成功率和投资的收益率。

大量反应价格波动的技术分析图形表明：无论什么样的价格活动，都不会向一个方向永远运行下去；价格的波动过程必然产生局部的高点和低点。时间周期理论认为，价格的波动过程必然产生局部高点和低点，在时间上存在某种规律性。投资者可以利用这些规律性，从周期的长短推测高点和低点可能出现的时间，从而制定买卖策略。

（二）时间周期理论的发展及代表人物

把周期应用到股票及期货交易上的是美国人杜威（Edward R.Deway），他统计了美国有史以来的诸多事件，一些看上去风马牛不相及的事情竟然有着相同的周期长度。例如美国土狼生长周期的高峰和波谷和美国离婚率同步，与毛毛虫的生长周期同步，甚至与太阳黑子爆发的周期同步。

时间周期的另一个著名代表人物是苏联的康德拉季耶夫（Nikolai Dimitrievich Kondratiev），他是十月革命前后都很活跃的经济学家，他的声誉主要来自长波理论。所谓"长波"，指的是经济成长过程中上升与衰退交替出现的一种周期性波动。

在康德拉季耶夫以前，人们已经注意到经济发展过程中长时段的繁荣与萧条的交替存在着某种规律性。第一次世界大战期间，一些经济学家已经提出过长周期的设想。法国经济学家朱格拉（C. Juglar）于1862年出版了《法国、英国及美国的商业危机及其周期》一书中，提出资本主义经济存在着9—10年的周期波动，被称为"朱格拉周期"。朱格拉周期的长度一般是8—10年，主要驱动因素是设备更替和资本开支，而这两个因素既受设备使用年限影响，又受实体产能利用率和投资回报率影响，属于中等长度的周期，故称中周期。英国经济学家基钦（J. Kitchen）在1923年从厂商生产过多时，就会形成存货、减少生产的现象出发，在《经济因素中的周期与倾向》一书中把这种2—4年的短期调整称之为"存货"周期，人们亦称之为"基钦周期"。

由于康德拉季耶夫观察到的周期比人们观察到的另外两种经济波动的周期"朱格拉

周期"和"基钦周期"明显要长,所以被叫做长波或者长周期。康德拉季耶夫的贡献在于用大量经验统计数据检验了长周期的设想,使之成为一种比较系统的周期理论。因此,1939年经由熊彼特提议,世界经济学界都接受了用"康德拉季耶夫周期"这一术语指称经济成长过程中长时段的波动。

(三)时间周期理论的依据

1. 农作物期货价格的周期与天气的周期

最初的时间周期理论起源于农作物期货市场。通常,农作物价格的高低与农作物的收成有关,农作物的收成则与天气和气候有关,而气候属于自然现象,具有较为明显的周期性。因而,在分析预测期货价格未来走势时,自然会想到要根据天气和气候的周期来预测农作物期货价格波动的周期。

2. 经济周期与价格波动周期

时间周期理论的出发点是通过价格的历史波动发现价格波动可能存在的周期性。既然证券市场是经济的"晴雨表",那么证券价格的上下波动就应该反映经济发展的波动。宏观经济周期大致分为繁荣、衰退、萧条和复苏4个阶段,虚拟经济是实体经济的反映,两者的变化方向基本一致,实体经济的周期性波动必然会带来证券资产价格的周期性波动。

3. 投资者的心理变化的周期

随着行为金融学的日益发展,在对股价运动规律的研究中,学者越来越多地引入交易者的心理动机。投资者并不是时刻保持理性的,交易行为常常会受到情绪影响,体现出一定的周期性。影响投资者投资行为的心理情绪主要是贪婪和恐惧,投资者心理情绪变化的主要过程是:"引起关注(恐惧情绪减弱)→少量参与(恐惧逐步变成贪婪)→放松警惕放心大量参与(贪婪达到极点)→产生怀疑减少投入→转向做空(形势已经明朗,贪婪逐步变成恐惧)"。上述过程完成后,将进入下一个循环。

五、混沌理论

混沌理论是20世纪70年代建立起来的新兴学说,这一学说被认为是20世纪最伟大的发现之一,是继相对论和量子力学之后的第三次革命。

在混沌理论看来,股市"足够复杂并且从来都不稳定",其确定性演化几乎不可预测。从现实的角度看,我们对于股市的许多分析都是静态分析,而股票价格是不断运动、不断博弈和不断相互影响的动态波动。杰出的股市投资家也许可以在相当部分时间内预测到股票价格的波动方向,但本质上是一个微小的波动都会带来股价一系列连锁反应的不可预测过程。所谓的蝴蝶效应足以颠覆我们头脑中固有的市场是可以预测的观念,至少预测股市是像预测天气和地震等自然现象一样地复杂和不容易。

混沌理论还认为,"内在随机性是混沌的本质"。市场价格通过不断的涨跌达到有序。从这个意义上而言,混沌理论是支持市场的有效性假说的,因为它承认市场最终可以获得有序。但是涨落的幅度常常是一种"创造性破坏",投资者可能在还未抵达市场的有序区间前就在投资过程中被淘汰。投资风险巨大的根本原因在于市场走势的内在随机性,因此无论是采取正向投资策略还是反向投资策略,在操作中由于操作周期把握不好,都有可能失败。而巴菲特长期持有一些优质的股票,其意义在于这些股票已基本到达有序区间,这些股票发生大幅涨落的概率已经较小。而许多新兴行业成长型股票的涨跌常常是巨大的。

六、缺口理论

缺口,通常又称为跳空,是指证券价格在快速大幅波动中没有留下任何交易的一段真空区域。缺口的出现往往伴随着某个方向运动的一种较强动力。缺口的宽度表明这种运动的强弱。一般来说,缺口愈宽,运动的动力愈大;反之,则愈小。不论向何种方向运动所形成的缺口,都将成为日后较强的支撑或阻力区域,不过这种支撑或阻力效能依不同形态的缺口而定。

缺口分析是技术分析的重要手段之一。有关的技术分析著作常将缺口划分为普通缺口、突破缺口、持续性缺口和消耗性缺口四种形态。由于缺口具有不同形态,而每种形态各具特点,人们可以根据不同的缺口形态预测行情走势的变化方向和变化力度,因此,缺口分析已成为当今技术分析中极为重要的技术分析工具。

1. 普通缺口

普通缺口经常出现在股价整理形态中,特别是出现在矩形或者对称三角形等整理形态中。由于股价仍处于盘整阶段,因此,在形态内的缺口并不影响股价短期内的走势。普通缺口具有的一个比较明显特征是,它一般会在3日内回补;同时,成交量很小,很少有主动的参与者。如果不具备这些特点,就应该考虑该缺口是否属于普通缺口形态。普通缺口的支撑或阻力效能一般较弱。

普通缺口的这种短期内必补的特征,给投资者短线操作带来了一个机会,即当向上方向的普通缺口出现之后,在缺口上方的相对高点抛出证券,待普通缺口封闭之后买回证券;而当向下方向的普通缺口出现之后,在缺口下方的相对低点买入证券,待普通缺口封闭之后再卖出证券。这种操作方法的前提是必须判明缺口是否为普通缺口,且证券价格的涨跌是否达到一定的程度。

2. 突破缺口

突破缺口是证券价格向某一方向急速运动,跳出原有形态所形成的缺口。突破缺口蕴含较强的动能,常常表现为激烈的价格运动,具有极大的分析意义,一般预示行情走势将要发生重大变化。突破缺口的形成在很大程度上取决于成交量的变化情况,特别是向上的突破缺口。若突破时成交量明显增大,且缺口未被封闭(至少未完全封闭),则这种突破形成的缺口是真突破缺口。若突破时成交量未明显增大,或成交量虽大,但缺口短期内很快就被封闭,则这种缺口很可能是假突破缺口。

一般来说,突破缺口形态确认以后,无论价位(指数)的涨跌情况如何,投资者都必须立即作出买入或卖出的指令,即向上突破缺口被确认立即买入,向下突破缺口被确认立即卖出,因为突破缺口一旦形成,行情走势必将向突破方向纵深发展。

3. 持续性缺口

持续性缺口是在证券价格向某一方向有效突破之后,由于急速上涨或下跌而在途中出现的缺口,它是一个趋势的持续信号。在缺口产生的时候,交易量可能不会增加,但如果增加的话,则通常表明一个强烈的趋势。

持续性缺口的市场含义非常明显,它表明证券价格的变动将沿着既定的方向发展变化,并且这种变动距离大致等于突破缺口致持续性缺口之间的距离,即缺口的测量功能。持续性缺口一般不会在短期内被封闭,因此,投资者可在向上运动的持续性缺口附近买入证券或者在向下运动的持续性缺口附近卖出证券。

4. 竭尽缺口

竭尽缺口一般发生在行情趋势的末端,表明股价变动的结束。若一轮行情走势中已出现突破缺口与持续性缺口,那么随后出现的缺口很可能就是竭尽缺口。判断竭尽缺口最简单的方法就是考查缺口是否会在短期内封闭。若缺口封闭,则竭尽缺口的形态可以确立。竭尽缺口容易与持续性缺口混淆,它们最大的区别是:竭尽缺口出现在行情趋势的末端,而且伴随着大的成交量。

由于竭尽缺口形态表明行情走势已接近尾声,因此,投资者在上升行情出现竭尽缺口时应及时卖出证券,而在下跌趋势中出现竭尽缺口时买入证券。

案例分析

2014-2015年牛市五浪上涨的波浪理论分析

第1浪:熊市中波浪理论第1浪属于营造底部形态的第一波。第1浪是由熊转牛的开始点,由于这段行情的上升出现在空头市场跌势后的初级反弹,多头的力量并不强大,加上人们还在延续已有的空头思维,赚点小线就跑。从以往的经验看来,第1浪的涨幅通常是5浪中最短命行情。上证指数在2014年7月25日2000点左右涨到2014年9月5日2300点左右,就是典型的第1浪,这一浪涨了300来点,但大多数投资者还以为身在熊市中,不敢买股票。

第2浪:这一浪是下跌浪。由于大多数投资者以为熊市尚未结束,还会再破2000点,就会出现调整下跌,只有当行情在此浪中跌至接近底部时,市场出现惜售心理,抛售压力逐渐衰竭,成交量也逐渐缩小时,第2浪调整才会宣告结束,在此浪中经常出现的底部形态有:双底或俗称的W底等。上证指数在2014年9月5日2300点左右,回调到2014年10月24日的2200点左右,回调了100多点,在K线形态上形成了一个W底。这就是典型的第2浪。

第3浪:第3浪往往是涨幅最大、最具爆发力的上升浪。这段行情持续的时间与幅度通常是最长的。市场投资者信心恢复,成交量大幅上升,会出现跳空上涨等形态,这段行情走势非常凌厉,是最强烈的买进讯号,经常出现"延长波浪"的现象。上证指数在2014年11月28日2500点左右,上涨至2015年1月23日的3400点左右,一口气上涨了900多点,大多数投资者相信牛市真的来了。新股民开始"跑步入场"。这就是典型的第3浪。

第 4 浪：第 4 浪是行情大幅上涨后的调整浪。通常以较复杂的形态出现，经常出现楔形或下降三角形走势，但第 4 浪的低点不会低于第 3 浪起始的低点。上证指数在上升至 2015 年 1 月 23 日的 3400 点左右后，从 2015 年 1 月 24 日回调到 2015 年 3 月 13 日的 3049 点，回调了 300 多点。这时众多新进场的股民被套，人们又在问：牛市就这么短短的折腾了一下就结束了？这就是典型的第 4 浪，由于一个完整的波浪周期还没有走完。老股民都知道，真正的主升浪第 5 浪就在眼前。

第 5 浪：在股市中第 5 浪，如果是熊市中其涨势通常小于第 3 浪，如果是在牛市就形成了级别很大的主升浪，在第 5 浪中，资金推动（加杠杆）通常是市场的主导力量，不管白猫黑猫闭着眼睛买股都会赚钱，翻番股满盘皆是，市场情绪表现相当亢奋，股市泡沫达到临界值。上证指数从 2015 年 3 月 20 日 3300 多点开始一鼓作气上升到 2015 年 6 月 15 日的 5100 多点。这期间必将 6124 点踩在脚下的呼声高涨，全民炒股又成时尚，很多投资者融资炒股甚至卖房炒股，把股市风险抛在了脑后，殊不知股市泡沫马上就要破裂。

小　结

1. 证券投资技术分析是抛开证券内在价值，只根据证券市场投资者行为和市场供求关系，分析判断证券价格变化趋势，从而决定证券投资时机的分析方法。证券投资技术分析建立在市场行为涵盖一切信息、价格沿趋势变动和历史会重演这三个道氏理论假设基础上。主要通过"量、价、时、空"等变量研究市场行为。
2. 技术分析常用的技术分析方法有 K 线分析法、切线分析法、形态分析法和指标分析法等。
3. 证券投资分析最古老、最著名的股票价格分析理论可以追溯到道氏理论，强调价格趋势、量价配合、收盘价、指数相互印证的重要性。波浪理论认为股票市场遵循着一种周而复始的自然规律，一个完整的周期包含 5 浪上升 3 浪下降的 8 浪运行轨迹。江恩理论研究的重点是股价运行的时间规律。时间周期理论包括康德拉季耶夫周期、朱格拉周期和基钦周期，与自然规律、资本支出和存货变动等因素有关。

习　题

1. 技术分析三大假设的具体内容是什么？
2. 在应用技术分析方法时应注意哪些问题？
3. 技术分析有哪些主要方法及其特点？
4. 技术分析有哪些主要流派？道氏理论的主要内容是什么？
5. 波浪理论延伸浪的判断标准是什么？延伸浪对另外两个上升浪会带来怎样的影响？
6. 比较分析康德拉季耶夫周期、朱格拉周期和基钦周期产生的原因。

第七章

证券投资技术形态分析

教学目的与要求

技术形态分析理论通过研究证券价格运行的各种形态,力求发现证券价格变动的方向。通过本章的学习,掌握支撑线和压力线、趋势线和轨道线的作用、突破和转化,了解依据黄金分割线计算支撑和压力点位,掌握 W(M)头、头肩底(顶)、圆弧底(顶)、V 形等反转突破形态,和三角形、楔形、旗形、矩形等持续整理形态的形成过程、特点及应用规则。

技术形态分析是通过研究证券价格运行的轨迹,分析和挖掘出股价走势图蕴含的多空双方力量对比结果,进而指导我们的投资。趋势的方向发生变化一般不是突然到来的,其变化都有一个发展的过程。形态理论通过研究证券价格运行的各种形态,力求发现证券价格变动的方向。

第一节 支撑线与压力线

一、支撑线和压力线的含义和画法

支撑线(support line)支持价格上涨趋势,是由于在市场价格下跌过程中,市场中的多方力量逐渐集中,并且当价格下跌到某一位置时,多空双方力量达到均衡,此时价格将停止下跌。随着多方力量的重新积聚,价格重拾升势。这个起到阻止股价继续下跌的价格连线就是支撑线。

压力线(resistance line)阻碍价格上涨趋势,是由于在市场价格上涨的过程中,市场中的空方力量逐渐增强,并且在某一时刻市场实现多空双方的均衡,此时价格停止上涨,并随着空头力量的加强转而下跌。这个起到阻止股价继续上涨的价格连线就是压力线。支撑线和压力线详见图 7-1。

连接一段时间内价格波动的高点或低点可画出一条趋势线。在上升趋势中,将两个低点连成一条直线,就得到上升趋势线;在下跌趋势中,将两个高点连成一条直线,就得到

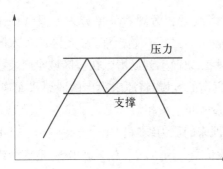 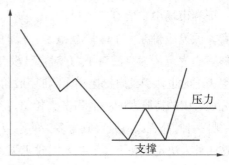

图 7-1 支撑线和压力线

下跌趋势线。同理,将两个或两个以上一段时间内价格波动的低点连成直线形成支撑线,将两个或两个以上一段时间内价格波动的高点连成直线形成压力线。一般来说,在上升趋势中或者下跌趋势中会存在不止一个高点或低点,而支撑线选择的低点最有意义的是反转的低点,压力线的高点也是如此。

二、支撑线和压力线的作用

支撑线和压力线的作用是阻止或暂时阻止股价朝一个方向继续运动。我们知道股价的变动是有趋势的,要维持这种趋势,保持原来的变动方向,就必须突破阻止其继续向前的障碍。比如说,要维持下跌行情,就必须突破支撑线的阻力,创出新的低点;要维持上升行情,就必须突破上升压力线的阻力,创出新的高点。由此可见,支撑线和压力线有被突破的可能,它们不足以长久地阻止股价保持原来的变动方向,只不过是暂时的干扰而已。

同时,支撑线和压力线又有彻底阻止股票价格按原方向变动的可能。当一个趋势终结了,就不可能创出新的低价或新的高价,这时的支撑线和压力线就显得异常重要。在上升趋势中,如果下一次高点未创新高,即未突破压力线,这个上升趋势就已经处在很关键的位置了,如果往后的股票价格又向下突破了这个上升趋势的支撑线,这就产生了一个很强烈的趋势将发生变化的警告信号。这通常意味着这一轮上升趋势已经结束,下一步的趋势是下跌。同样,在下跌趋势中,如果下一次低点未创新低,即未突破支撑线,而接下来股票价格向上突破了下跌趋势的压力线,这就发出了下跌趋势将要结束的强烈信号,股票价格将运行至上升趋势。

三、支撑线和压力线的理论依据

在某一价位附近之所以形成对股价运动的支撑和压力,主要由投资者的筹码分布、持有成本以及投资者的心理因素所决定。当股价下跌到投资者(特别是机构投资者)的持仓成本价位附近,或股价从较高的价位下跌一定程度(如50%),或股价下跌到过去的最低价位区域时,都会导致买方大量增加买盘,使股价在该价位站稳,从而形成有效支撑。当股价上涨到某一历史成交密集区,或当股价从较低的价位上涨一定程度(如100%),或上涨到过去的最高价位区域时,会导致大量解套盘和获利盘抛出,从而对股价的进一步上涨形成压力。

证券市场中主要有三类投资人：多头、空头和旁观者。旁观者又可分为持股者和持币者。假设股价在一个区域盘整了一段时间后突破压力区域开始上涨，在此区域买入股票的多头肯定认为自己对了，并对自己没有多买入些股票而感到后悔。在该区域卖出股票的空头这时也认识到自己抛错了，希望股价再跌回卖出的区域，将原来卖出的股票买回来。而旁观者中的持股者的心情和多头相似，持币者的心情同空头相似。无论是这四类投资人中的哪一种，都有买入股票成为多头的愿望。这样，原来的压力线就转化为支撑线。正是由于这四种人决定要在下一个买入的时机买入，所以股价稍一回落就会有买盘出现，他们会或早或晚地进入股市买入该股票，这就使价格根本还未下跌到原来的位置，新的多头力量又会把价格推上去，使该区域成为支撑区。在该支撑区发生的交易越多，就说明很多的股票投资者在这个支撑区域有切身利益，这个支撑区域就越重要。可见，一条支撑线如果被跌破，那么这一条支撑线将成为压力线。同理，一条压力线被突破，这个压力线将成为支撑线。这说明支撑线和压力线的地位不是一成不变的，而是可以改变的，条件是它被有效的、足够强大的股价变动突破。以上分析过程对于压力线也同样适用，只不过结论正好相反。

四、支撑线和压力线的突破与转化

支撑线和压力线的确认原则基于主观判断，它们对当前时期影响的重要性主要从三个方面考虑：价格在此区域停留的时间长短；价格在此区域伴随的成交量大小；此区域发生的时间距离当前时期的远近。价格停留时间越长、伴随的成交量越大、离现在越近，对当前的影响越大。

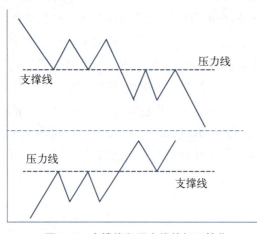

图 7-2 支撑线和压力线的相互转化

支撑线和压力线被有效突破的标志是日K线图上连续三个交易日收盘价高（低）于压力（支撑）价位，或3%以上幅度的突破。当一个上升趋势要继续维持下去时，股价就必须突破压力线的阻力制约，向上突破。这种突破一旦确立，那么原来的压力线就转化成为股价上升趋势在今后一段时间内的支撑线。当一个下跌趋势要继续下去时，股价就得向下突破支撑线的抵抗。这种突破一旦确立，则原来的支撑线就转化为股价在将来一段时间内的压力线。支撑线和压力线的相互转化详见图 7-2。

五、基于支撑线和压力线的买卖操作

支撑线和压力线组成的平行区间被视为价格运行的箱体，是波段操作中重要的参考依据。其使用方法非常简单，当股价运行到压力线附近时，可以卖出股票；而当股价运行到支撑线附近时，可以买进股票。

运用波段操作时应注意以下要点：

（1）应注意支撑线和压力线运行的时间长短。时间短的平行区间缺乏稳定性。

（2）应注意支撑线和压力线之间的价差间距。如果间距过于狭窄，考虑交易成本，则缺乏必要的盈利空间。

（3）应注意成交量的变化。当成交量过大时，往往会突破原有的平行区间。

除了水平支撑压力线，均线系统也可用做支撑线和压力线。

第二节　趋势线、轨道线与黄金分割线

一、趋势线

（一）趋势线的定义

趋势线简单地说就是在股价上涨的过程中，将两个低点连成一条直线，后一个低点比前一个低点高，即构成上升趋势线，这条线位于相应的股价之下。在股价下跌的过程中，将两个高点连成一条直线，后一个高点比前一个高点低，即构成下跌趋势线，这条线位于相应的股价之上。股票价格变化的趋势是有方向的，我们用直线将这种趋势表示出来，这样的直线称为趋势线（图7-3）。它属于切线理论的一部分，它是将波动运行的股价的低点和低点连接或高点和高点连接而形成的直线。

图7-3　上升趋势线（a）与下跌趋势线（b）

由于价格波动随市场变化而经常变化，可能由原来的涨转为跌，也可能由跌转为涨，甚至上涨或下跌途中暂时转换方向。因此，反映价格变动的趋势线不可能一成不变，而要随着价格波动的实际情况进行调整。即价格不论上涨还是下跌，在任何发展方向上的趋势线都不是只有一条，而是若干条。不同的趋势线反映了不同时期价格波动的实际走向，掌握这些趋势线的变化方向和变化特征，就能把握价格运行的方向和特征。

（二）趋势线的确认及其作用

要得到一条真正起作用的趋势线，要经过多方面的验证才能最终确认。首先，必须确实有趋势存在。也就是说，在上升趋势中，必须出现两个依次上升的低点，在下跌趋势中，必须出现两个依次下跌的高点，这样才能确认趋势的存在。其次，画出直线后，还应得到第三个点的验证才能确认这条趋势线是有效的。一般来说，所画出的直线被触及的次数越多，其作为趋势线的有效性越能得到确认，用它进行预测越准确有效。

趋势线主要有两种作用：

一是对股价今后的变动起支撑或压力作用,使股价总保持在这条趋势线的上方(上升趋势线)或下方(下跌趋势线)。

二是趋势线被突破后,就说明股价下一步的走势将要发生反转,运行时间越长的趋势线被突破,其转势的信号越强烈。被突破的趋势线原来所起的支撑或压力作用,将相互交换。即原来是支撑线的,将起压力作用;原来是压力线的,将起支撑作用(图7-4)。

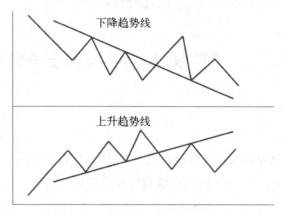

图7-4　下跌趋势线与上升趋势线的突破

趋势线被突破的一个经典例子是图7-5所示的2014年牛市启动前上证指数历经5年左右形成的下跌趋势线,2014年7月底上证指数向上突破该下跌趋势线后,拉开了大牛市的序幕。

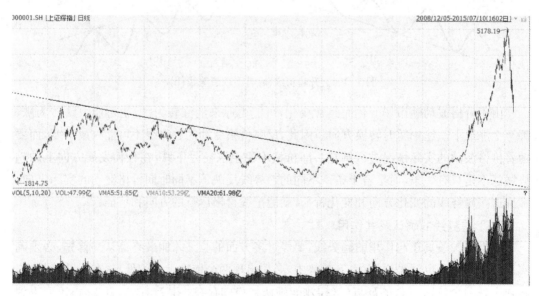

图7-5　上证指数2009年到2014年的下跌趋势线

(三)趋势线有效突破的确认

趋势线的突破确认包含很多人为主观的因素,这里只提供几个判断是否有效突破的参考意见：

① 收盘价突破趋势线比日内最高价或最低价突破趋势线重要。最高价和最低价的突破，带有强烈的"瞬间"性质，具有偶然性的色彩。而收盘价的突破，则说明价格的波动具有决定性和必然性，这可以从收盘价比其他价格重要这一点看出。

② 突破趋势线后，离趋势线越远，突破越有效。人们可以根据每只股票的具体情况，自己制定一个临界值。一般认为，收盘价突破压力位（支撑位）3％以上的幅度才被确认为有效突破。

③ 突破趋势线后，在趋势线的另一方停留的时间越长，突破越有效。一般认为，至少需要连续三个交易日收盘价收在压力线（支撑线）上方（下方）才被确认为有效突破。

二、轨道线

（一）轨道线的定义

轨道线又称通道线或管道线，是由趋势线所派生出来的一种切线。在得到趋势线后，可以通过第一个峰或谷作出一条与趋势线相平行的直线，这条平行线就叫做轨道线（图7-6）。

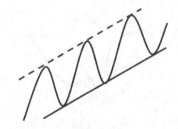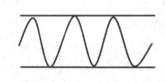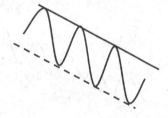

图 7-6　轨道线

趋势通道就是由轨道线与趋势线这两条平行线所构成的一个股价运行区间，分为上升通道、下降通道和盘整通道。上升通道是由上升趋势线与在其上方的轨道线所构成的股价运行区间，下降通道是由下跌趋势线与在其下方的轨道线所构成的股价运行区间。盘整通道是指两条水平平行的压力线和支撑线所构成的股价运行区间。

（二）轨道线的确认及其作用

轨道线与趋势线一样，也存在突破被确认问题。股价如果在某一价位得到支撑向上运行，或受到压力而掉头下跌，并一直运行在趋势线上，那么这条轨道线就可以被确认。当然，轨道线被触及的次数越多，延续的时间越长，其被认可的程度和重要性越高。

一般来说，轨道线有以下几个作用：

① 限制股价变动的范围。通道一旦形成，价格将在这个通道里变动。如果上面或下面的轨道线被突破，就意味着将有一个新的趋势形成。上升通道的轨道线实际上是一种特殊的压力线，而下跌通道的轨道线实际上是一种特殊的支撑线。

② 提供趋势是否加速的信号。与突破趋势线不同，对轨道线的突破并不是趋势转向

的开始,而是趋势加速的开始,即原来趋势线的斜率将会更加陡峭。

图 7-7 表示轨道线被突破后上升趋势和下跌趋势将加速运行。

图 7-7　轨道线的突破

③ 发出趋势是否转向的预警信号。如果趋势通道十分陡峭,突破轨道线有时候反而代表某一趋势的衰竭,当价格无法维持在轨道线的上方或下方时,是趋势反转的信号。如果成交量配合放大,情况更是如此。有时,趋势通道越陡峭,价格突破轨道线后就越有可能发展为竭尽突破走势。另一方面,如果在一次波动中未触及轨道线就开始掉头,这往往是趋势将要改变的信号,它说明市场已经没有力量维持原有的上升或下跌规模了。图 7-8 表示趋势竭尽突破的情形。

图 7-8　轨道线的竭尽突破

三、黄金分割线和斐波那契数列

前面介绍的趋势线在一般情况下是倾斜方向的,而在本节将要介绍水平方向的支撑压力线:黄金分割线。黄金分割线由于没有考虑到时间变化对股价的影响,所揭示出来的支撑位与压力位较为固定。为了弥补它们在时间上的考虑不周,在应用时,往往画多条支撑线或压力线,并通过分析,最终确定一条支撑线或压力线。这条保留下来的切线具有一般支撑线或压力线的全部特征和作用,对今后的股价预测有一定的帮助。

黄金分割是一种古老的数学方法,它的各种神奇作用和魔力,屡屡在实际中发挥我们意想不到的作用。黄金分割的原理源自斐波那契(Fibonacci)神奇数字,即大自然数字,0.618 是众所周知的黄金分割比率,是相邻的斐波那契级数的比率,反映了斐波那契级数的增长,反映了大自然的静态美与动态美。

画出黄金分割线的过程非常简单,需要了解两个因素:一是黄金数字;二是最高点或最低点的价格。画黄金分割线需要三个步骤:

(1) 找出黄金数字。最重要的数字有:0.382、0.500、0.618、1.618、2.000、2.618、4.236

等；其他重要数字：0.191、0.809、1.191、1.382、1.809、2.191、2.382、6.854 等。

（2）找到趋势结束的转折点作为最高点或最低点。

（3）用找到的点乘以黄金数字作为支撑线或压力线，下跌趋势中使用小于1的黄金数字（图 7-9），上升趋势中使用大于1的数字（图 7-10）。

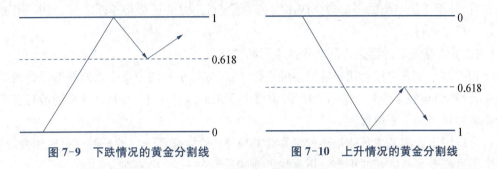

图 7-9　下跌情况的黄金分割线　　　　图 7-10　上升情况的黄金分割线

当一轮上升行情结束转而下跌。在下跌过程中，投资者最为关心的是，下跌趋势将在什么位置获得支撑。支撑价格的计算方法是由上涨区间的幅度分别乘以上面所列特殊数字中比1小的数字，再加上起涨价格。

假如从10元涨到20元，上涨的区间是10元，起涨点为10元，则支撑位可能为：$18.09=10\times0.809+10$；$16.18=10\times0.618+10$；$15.00=10\times0.500+10$；$13.82=10\times0.382+10$；$11.91=10\times0.191+10$；其中 16.18、15.00 和 13.82 获得支撑反弹的可能性最大。在上涨行情中，投资者最为关心的是，上涨趋势将在什么位置遇到压力。用本次上涨开始的低点价位分别乘以上面所列特殊数字中比1大的数字，就得到黄金分割线提供的未来可能成为压力的几个价位。

需要说明的是，黄金分割线所分析的是经过了较长时间上涨或下跌后的回调或反弹价位的判断。对于价格在某个方向波动的早期，黄金分割线是没有太大指向作用的。

第三节　技　术　形　态

技术形态和切线一样，也是传统图形分析的一种。技术形态分析法主要是根据股价在某一段时间内的运行轨迹以判断股价未来走势的方法。在股价走势图中，包含着多空双方争斗的信息，蕴含着股价未来运行的趋势。因此，运用技术形态进行投资决策可以提高投资胜率。

一、价格运行的一般规律和基本形态类型

（一）价格运行的方向由多空双方力量对比决定

作为一般的规律，价格的高低由供求关系决定。在证券市场中，价格由多空双方力量大小对比决定的。在某一时期，多方处于优势，价格上涨。同样，在另一个时期，如果空方

处于优势,则价格下跌。市场价格正是在多空双方此消彼长中上下波动。

多空双方一方的优势大,价格将向这一方移动。如果多头(空头)这种优势不足以摧毁空头(多头)的抵抗,则价格不久可能还会跌回来。这是因为空方只是暂时退却,随着多头影响的消失,空方将会重新占据优势地位。当然,如果多头优势足够大,足以摧毁空头的抵抗,甚至于把空头的力量转变成多头的力量,则此时的价格将不断上涨,短时间内肯定不会反向运行。

(二)价格波动过程是不断地寻找平衡和打破平衡

根据多空双方力量对比可能发生的变化,可以知道价格的变动应该遵循这样的规律:第一,价格应该在多空双方取得均衡的位置上下来回波动。第二,原有的平衡被打破后,价格将寻找新的平衡位置。

可以用下面的方法具体描述价格移动的规律:持续整理→保持平衡→打破平衡寻找到新的平衡→再打破新的平衡→再寻找更新的平衡……

价格的移动就是按这一规律循环往复,不断地进行的。市场中的胜利者往往是在原来的平衡快要打破之前,或者是在打破的最初过程中采取行动而获得收益的。如果原来的价格平衡已经被打破,新的平衡已经找到,这时才开始行动,就为时已晚。

引起价格平衡被打破的原因可能是多种因素综合的结果。但是在证券市场中,最大的因素应该是一些外力的冲击,具体地说就是一些突发事件的影响。这样的事件对市场的影响有大有小,并且总是存在。

与支撑线、压力线被突破一样,平衡被打破也有被确认的问题。当然,反转突破形态存在假突破的情况,假突破有时会给投资者造成较大的损失。

价格的变动过程就是保持平衡的持续整理和打破价格平衡的反转突破这两种过程。打破平衡之后,投资者最为关心的是价格今后的运行方向。根据价格平衡打破之后方向的不同,可以把价格运行的形态分成两个大的基本类型:第一个是反转突破形态(reversal patterns),第二个是持续整理形态(continuation patterns)。

1. 反转突破形态

反转突破形态(reversal patterns)有时简称为反转形态。它最主要的特点是,形态所在的平衡被打破以后,价格的波动方向与价格达到平衡之前的价格趋势方向相反。例如,之前是上升趋势,在经过一段时间的整理之后,价格的波动趋势是下降。

反转突破形态是形态理论研究的重点内容。判断反转形态的时候,要注意以下几点。

(1)股价原先必须有明确趋势存在,才能谈得上这个趋势反转的问题。

(2)某一条重要的支撑线或压力线的被突破,是反转形态突破的重要依据。

(3)某个形态形成的时间越长,空间越大,则反转后带来的市场波动也越大。

(4)交易量是向上突破的重要参考因素。向下突破时,交易量不是重要考虑因素。

2. 持续整理形态

持续整理形态(continuation patterns)有时简称为整理形态。它的最主要的特点是,形态所在的平衡被打破以后,价格的波动方向与平衡之前的价格趋势方向相同。例如,之前是上升趋势,在经过了一段时间的平衡整理之后,价格的波动趋势仍然是上升。

持续整理形态也要考虑平衡被打破的问题,不过这不是研究持续整理形态研究的重点。持续整理形态与反转突破形态相比,最大区别就是它所需要花费的时间比后者少。持续整理形态仅仅是原有价格运行趋势的暂时停止,调整时间一般不长。

二、反转突破形态

（一）双重顶和双重底

1. 双重顶和双重底的基本图形与形成过程

双重顶和双重底简称双顶和双底。由于形态类似英文字母 M 和 W,故又称为 M 头和 W 底,这种形态在实际价格运行中出现得非常频繁。

在上升趋势的末期,股价放量上涨至第一个高点 A,然后受阻回调。受上升趋势线的支撑,这次回调将在 B 点附近停止,成交量随股价下跌而萎缩。之后股价继续上涨,涨至前一高点 A 附近 C 点(一般情况比 A 点价格略低),成交量略有放大,但明显低于前期高点的成交量水平,在 C 点遇到阻力后股价掉头向下。这样就形成 A 和 C 两个顶的形状(图 7-11)。

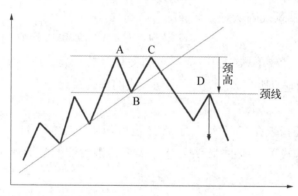

图 7-11　双重顶(M 头)

M 头形成以后,有两种可能的运行模式。第一种情况是未突破 B 点的支撑位置,股价在 A、B、C 三点形成的狭窄范围内上下波动,演变成矩形或三角形整理。第二种情况是突破 B 点的颈线位置继续下跌,这种情况才是真正意义的双重顶反转突破形态(图 7-12)。

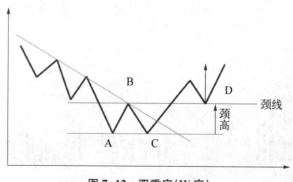

图 7-12　双重底(W 底)

在下跌趋势的末期,股价下跌至第一个低点 A,然后开始反弹。受下跌趋势线的压力,这次反弹将在 B 点附近停止,然后继续下跌,成交量随股价下跌而萎缩。下跌至前一低点 A 附近的 C 点,一般情况下 C 点比 A 点价格略高,在 C 点受到支撑后股价开始反弹。这样就形成 A 和 C 两个底的形状,形似字母 W,故称 W 底。W 底形成后突破上涨幅度至少是底与颈线的距离。

2. 形态的确认与测算功能

形成一个真正意义的双重顶反转突破形态,除了应有两个大致相同高度的高点外,还应该向下突破 B 点支撑。过 B 点画一条平行与 A、C 连线的平行线,就得到一条非常重要的支撑直线,我们称之为颈线(neck line)。往下突破颈线就是突破支撑线,所以也有突破被确认的问题。前面介绍的有关支撑压力线被突破的确认原则在这里同样适用,主要是百分比原则和时间原则。前者要求突破到一定的百分比数,通常为 3%;后者要求突破后收盘价比压力线所在价格高且至少维持三个交易日。双重顶向下突破颈线时不需要成交量的放大。有效突破后有时有反抽颈线确认有效突破的形态出现。

当双重底的颈线被有效突破时,最重要的确认原则是突破需要成交量放大的配合。有效突破后也有回抽颈线确认有效突破的形态出现。

双重顶或双重底反转突破形态一旦得到确认,我们就可以用它对后市进行预测:从突破点算起,价格至少要下跌(上升)与形态高度相等的距离。所谓的形态高度就是从 A 点或 C 点到 B 点的垂直距离,也即从顶点到颈线的垂直距离。

3. 双重顶和双重底实例

图 7-13 是上证指数在 2007 年 9 月 28 日至 2007 年 11 月 8 日的周线图,在 2007 年大牛市见顶时,指数构成了经典的 M 头形态。需要特别关注的是形成第二个头的过程中,

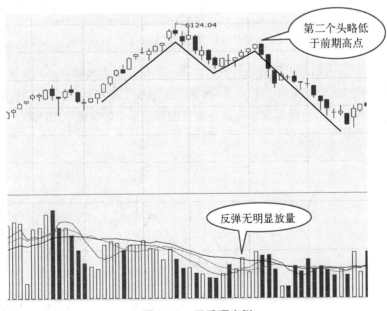

图 7-13 双重顶实例

量能没有明显地放大。

图 7-14 是国农科技 2009 年 8 月 17 日至 2009 年 9 月 7 日,历时 16 个交易日形成的 W 底,底部突破颈线后放量,随后股价一路上扬。

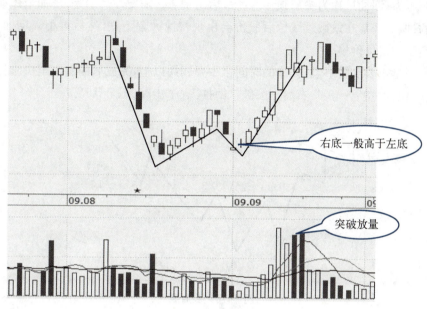

图 7-14 双重底实例

(二)头肩顶和头肩底

1. 头肩顶和头肩底的基本图形与形成过程

头肩顶是重要的头部反转形态,完成的时间至少要四周以上,形成五次局部的反向运动,即至少应有三个高点和两个低点,包含"左肩—头—右肩—破位—反抽"五个步骤(图 7-15)。

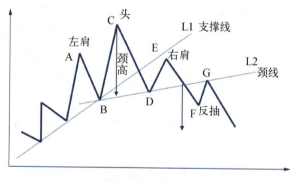

图 7-15 头肩顶

头肩顶的形成过程为:伴随成交量的放大,市场价格不断上涨,当达到某一高度时出现缩量回调,在长期上升趋势线处获得支撑后股价再度放量大涨并突破前期高点,但创出新高之后量能不能进一步放大,股价出现滞涨,技术上出现背离现象,股价回落并击穿长期上涨趋势线,于左肩形成后回调低点价位附近获得支撑,形成头部;随后,股价反弹至左肩顶点价位附近,无力上攻,成交量也明显减少,股价随后下跌形成右肩;头肩顶雏形基本形成,市场转折已近在眼前,在股价持续下跌跌破颈线之后,股价往往会有反抽过程,颈线支撑变成压力,回抽过程为头肩顶形态的最后出货点。需要注意的是,反抽至颈线位并非是必然的过程,经常在跌破颈线位后股价会出现快速大幅下跌,然后再小幅反抽,反抽后价位远低于颈线位价格。

头肩底是重要反转形态,完成的时间至少要四周以上,完成后的涨幅至少维持三浪以上的上涨,包含"左肩—头—右肩—突破—回抽"五个步骤(图7-16)。

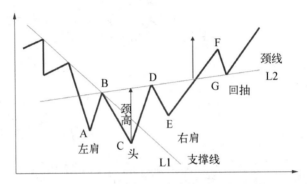

图 7-16 头肩底

头肩底的形成过程为:在长期下跌过程中,常常出现缩量阴跌,在 A 处出现放量反弹,形成了左肩;左肩开始反弹至颈线时,继续缩量下跌形成新的低点即头部;阴极而阳生,从头部开始成交量逐步增加,股价也逐渐回暖,直到涨至颈线位受阻后缩量回调,形成右肩;随着右肩的形成,头肩底雏形初步确立,多头开始大胆买入并推高股价,突破颈线时伴随着较大的成交量;在突破之后往往会有回抽颈线的过程,颈线压力随即变成支撑,回抽就是为了测试颈线的支撑力度,为头肩底形态的绝佳买点。

2. 形态的确认与高度的测算

头肩顶形态是一个长期趋势的反转形态,一般出现在一段升势的尽头。这一形态具有如下特征:① 一般来说,左肩与右肩高点大致相等,有时右肩较左肩低;② 就成交量而言,往往左肩最大,头部次之,而右肩成交量最小,呈梯状递减;③ 向下突破颈线不一定需要大成交量配合。

头肩底是头肩顶的倒转形态,构成和分析方法除了在成交量方面与头肩顶有所区别外,其余与头肩顶类同。头肩底的成交量从左肩到右肩逐步放大。

值得注意的是,头肩顶形态完成后,向下突破颈线时,成交量不一定放大;而头肩底形态向上突破颈线,若没有较大的成交量出现,可靠性将大为降低,甚至可能出现假的头肩底形态。

当颈线被突破,反转确认以后,下跌(上涨)的高度,可以借助头肩顶形态的测算功能进行,从突破点算起,股价将至少要跌(涨)到与形态高度相等的距离。

3. 头肩顶和头肩底实例

山东海化 2011 年 3 月 2 日至 2011 年 8 月 8 日历时 106 个交易日形成周线级别头肩顶，突破颈线后最低下跌至 5.27 元(图 7-17)。

图 7-17　头肩顶实例

广弘控股 2010 年 12 月 24 日至 2011 年 3 月 2 日历时 42 个交易日，形成头肩底，放量突破后股价从突破点 5.93 上涨到最高点 7.78 元(图 7-18)。

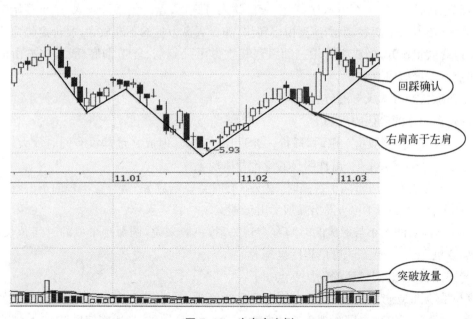

图 7-18　头肩底实例

(三) 圆弧顶和圆弧底

1. 圆弧顶和圆弧底的基本图形与形成过程

将股价在一段时间内的顶部高点用曲线连起来,得到类似于圆弧的弧线盖在股价之上,称为圆弧顶;将每一个局部的低点连在一起也能得到一条弧线,托在股价之下,称为圆弧底(图 7-19)。圆弧形又称为碟形、圆形、碗形。

图 7-19 圆弧顶与圆弧底

圆弧形态也是一种重要的反转形态,圆弧形态在实际的盘面中出现的机会较少,但是一旦出现,则是绝好的出逃或买入机会。不过,作为一种反转形态,它的反转高度难以预测,这一点与前面几种形态有所区别。

圆弧顶顶部没有明显的头和肩的感觉,呈现出顶部依次抬高然后又依次下降的状态。股价在经过一段时间的上涨后,速度由快变慢,幅度由大变小,这时股价仍然保持缓慢的上升运行节奏,到达顶点后,股价开始缓慢向下运行,速度由慢变快,幅度由小变大。圆弧顶的出现表明买方力量逐步趋弱,卖方力量在不断加强,最后买方力量彻底瓦解。

相反,圆弧底底部的低点也没有明显的头和肩的感觉,呈现出底部依次降低然后又依次抬升的状态。股价经过一段时间的下跌,速度越来越慢,下跌幅度越来越小,呈圆弧状跌势,到达最低点时,成交量极度萎缩,股价跌无可跌,买盘开始逐渐介入,股价开始渐渐回升,上升幅度由小变大,上涨速度由慢转快,随着买盘力量的不断放大,股价走势完成圆弧底,最终放量拉升,形成主升浪。圆弧底是空方由强到弱、能量彻底耗尽,多方由弱转强,量能日益聚积的结果。

2. 圆弧顶和圆弧底形态的确认

圆弧顶形态的确认要点如下:

(1) 圆弧顶左侧股价上涨时,股价一波更比一波高,但成交量却没有同时放大,顶部的成交量比左侧最大量低,出现明显的量价背离现象。

(2) 圆弧顶右侧股价向下突破时,成交量有时会急剧放大,常常会出现向下的跳空缺口,连续多日阴线或大阴线,发出强烈卖出信号。

(3) 圆弧顶的大小与形成的时间有密切关系,一般来说,圆弧顶形成的时间越长,反转的力度也会越强,形态的可信程度也越大。

与圆弧顶类似,圆弧底的确认要点如下:

(1) 圆弧底在形成过程中,成交量有明显的两头大、中间小的特征,呈现出明显的价涨量增、价跌量减的价量同步现象。越靠近底部,成交量越小,到达底部最低点时,成交量会达到最小；之后，随着股价上涨，成交量会慢慢放大。

（2）圆弧底形成股价向上突破时，成交量会急剧放大，常常会出现向上跳空缺口，连续多日阳线或大阳线，发出强烈买入信号。

（3）圆弧底的大小与形成的时间有密切关系，一般来说，圆弧底形成的时间越长，反转的力度也会越强，形态的可信程度也越大。

3. 圆弧顶和圆弧底实例

上证指数 2001 年 3 月 7 日至 2001 年 7 月 26 日历时 83 个交易日形成圆弧顶，顶部量能不济，出现明显的顶背离，随后一路下跌。期间 2001 年 6 月 14 日为阶段性高点 2245.44 点，之后经历了 4 年多的阴跌，2005 年 6 月 6 日更是跌破了 1000 点整数关口（图 7-20）。

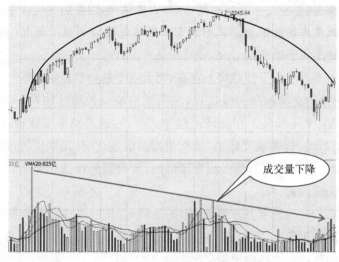

图 7-20　圆弧顶实例

金风科技 2011 年 1 月到 2015 年 6 月周线级别形成一个标准的圆弧底，在圆弧底的右侧出现量价齐升现象（图 7-21）。

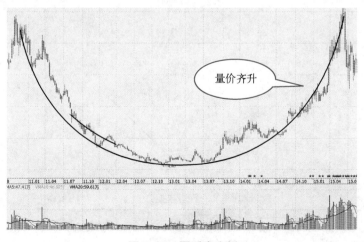

图 7-21　圆弧底实例

(四) V形

1. V形的基本图形与形成过程

V形反转是实战中比较常见的、力度极强的反转形态,往往出现在市场剧烈波动之时,在价格底部或者顶部区域只出现一次低点或高点,随后改变原来的运行趋势,股价呈现出相反方向的剧烈变动。由于酷似英文字母V,所以叫V形反转。

V形走势是一种比较容易辨认的图形,而且变动趋向十分明显,往往是上升之后下跌或者急跌之后上升,形态一经出现,一般可以确认。

2. V形形态的确认

V形反转形态虽然是一种重要的反转形态,但它是一种失控的形态。由于V形反转形态的出现一般都是很突然的,形成时间较短,走势猛烈,因突然变化而带来快速的反转,所以投资者很难抓住进场的机会。V形形态一般事先没有明显的征兆,只能从其他的一些分析方法中得到不太明确的信号。

反转之前有一个上涨或下跌趋势的存在,而且这个趋势推进的速度非常之快,持续出现跳空缺口,无明显的支撑或压力线出现,然后跳空缺口被快速回补。当这些现象出现时,应警惕可能发生V形反转。在反转过程中,顶与底的差别主要体现在震荡幅度和成交量上,在底部运行时,震荡幅度较小,成交量持续低迷,一旦发生反转,股价通常会持续大幅上扬,成交量也呈现放大态势。而在顶部时,股价震荡往往相当剧烈,但成交量是否放大或萎缩并非关键因素。

V形反转形态的时间跨度并不确定,短的一两周,长的可达数月。在反转过程中,会发生所谓的关键反转现象。关键反转也称为关键日反转,是指在某一交易日中,由于市场突然变化而产生的行情的大幅度逆转。

3. V形反转实例

特力A(000025)2015年8月14日至2015年10月23日,历时38个交易日形成V形反转(图7-22)。

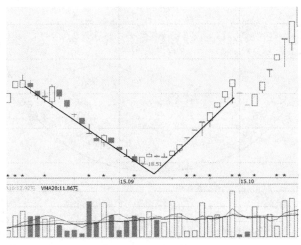

图7-22 V形反转实例

三、持续整理形态

与反转突破形态不同,持续整理形态是在股价向一个方向经过一段时间的快速上涨(下跌)后,不再继续原有趋势,而在一定区域内上下窄幅波动,等待时机成熟后再继续上涨(下跌)。这种价格横向窄幅波动留下的轨迹称为整理形态,三角形、矩形是比较常见的整理形态。

在通常情况下,三角形属于持续整理形态。有的时候,也可以把三角形划分成为反转形态。具体应该属于哪一种类型的形态,应该根据三角形所处的位置,以及三角形自身幅度的大小来确定。根据三角形在股价整理过程中的具体形态,可以将三角形分为三种:对称三角形、上升三角形和下降三角形。

(一)对称三角形

1. 对称三角形的基本形状和形成过程

对称三角形(symmetrical triangels pattern)大多发生在一个大趋势的途中,它表示原有趋势暂时处于休整阶段。之后价格还要沿着原趋势的方向继续运行。由此可见,出现对称三角形后,今后价格运行方向最大的可能是原有的趋势方向。

图7-23是对称三角形在上升过程情况下的一个简化图形。图中的原有趋势是上升趋势,所以,整理形态完成以后是突破向上。从图中可以看出,对称三角形有两条聚拢的直线,上面的向下倾斜,起压力作用,下面的向上倾斜,起支撑作用。两直线的交点称为顶点(apex)。另外,对称三角形要求至少应有四个转折点。因为每条直线的确定需要两个点,上下两条直线就至少要求有四个转折点。正如趋势线的确认要求三点验证一样,对称三角形

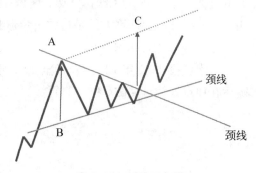

图7-23 对称三角形

一般应有六个转折点,这样,上下两条直线的支撑压力作用才能得到验证。

对称三角形的形成是因为股价上涨一段时间到达一个高点后,就有部分多头抛售离场,导致股价下跌,等到跌至前一个低点附近时,被部分做多投资者认为股价跌不破前一低点而提前买进,但上涨到前一个高点附近时,又被部分做空投资者认为股价冲不破前一高点而提前出货,导致股价还没有冲到高点就调头向下,如此往复。随着成交量的减少,股价波动幅度越来越小,最后买卖双方的力量达到平衡。

2. 对称三角形的确认和测算功能

对称三角形的确认主要有以下几点:

① 对称三角形的出现,表明多空双方势均力敌,因此无法知道股价究竟往哪个方向变动。如果多方做多力量爆发打破平衡,股价就反转向上;反之,空方做空力量爆发,股价就反转向下。因此,对称三角形可以分为向上突破的对称三角形和向下突破的对称三角形。

② 在对称三角形形态中,成交量有非常明显的规律性。由于对称三角形的特性,股价运行前景不明、方向不定,多空双方都疑虑重重,谁也不敢主动全力出击,许多投资者以观望为主。因此,成交量往往是随着股价波动收窄而逐步减少,呈现随时间逐渐递减的状态。对称三角形发展到尾端时,价格波动幅度收窄,成交量萎缩。

③ 如果是向上突破的对称三角形,成交量应该有放大的配合;如果是向下突破的对称三角形,成交量不一定放大。无论是向上突破的对称三角形还是向下突破的对称三角形,在股价突破后可能会有回抽确认,然后继续突破后的价格运行趋势。

④ 虽然对称三角形在价格没有突破前,价格运行方向是不明确的,但是由于对称三角形大多是发生在一个大趋势途中,表示原有的趋势暂时处于休整阶段,之后还要随着原有的趋势运行。所以,即使在对称三角形还没有突破之前,我们一般可以判断今后的走向保持原有趋势的概率比较大。

由两条边界交汇确认三角形顶点后,就可以计算出三角形的横向宽度,标出二分之一和四分之三的位置。这个区域就是股价未来可能要突破并保持原来趋势的位置,这对于我们进行买卖很有指导意义。不过,这需要有一个前提,必须认定价格一定要突破这个三角形。如果价格没有在预定的位置突破三角形,那么这个对称三角形有可能转化成别的形态。

对称三角形完成后的上涨或下跌是一次极佳的买入或卖出的机会,其涨跌幅度可以测算。从突破口起计算大约是对称三角形开口处的垂直距离。

3. 对称三角形实例

云南城投 2011 年 12 月 30 日至 2012 年 2 月 8 日历时 22 个交易日,形成对称三角形,随后在顶点处放量突破(图 7-24)。

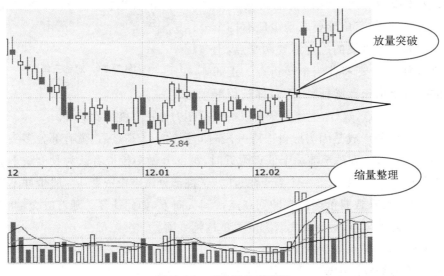

图 7-24 对称三角形实例

云南城投 2011 年 12 月 30 日至 2012 年 2 月 8 日历时 22 个交易日,形成对称三角形,随后放量突破。

（二）上升三角形和下降三角形

1. 上升和下降三角形的基本形态

上升三角形（ascending triangles pattern）是股价上升至某一水平时，遇强大卖压回落，多方逢低吸纳后股价再次回升，至上次高点附近回落，但由于下方买盘强大，股价未能回落至上次低点即回升，成交量逐步缩小，如此反复直至突破，从而形成一个由一条近乎水平的压力线和低点不断抬升的上升趋势线组成的上升三角形（图7-25）。

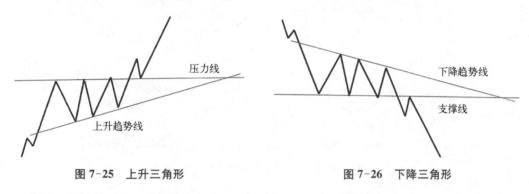

图7-25　上升三角形　　　　　　　　图7-26　下降三角形

下降三角形与上升三角形正好相反，股价在运行的进程中形成一条几乎水平的支撑线和一条高点不断下降的压力线。即股价下跌至某水平时，遇强大买盘反弹至一定高点后，遇抛压回落至同一低点附近时再次反弹，但由于空方抛压强，股价未能上涨至上次高点即又回落，成交量逐步缩小。如此反复直至向下突破，从而形成一个由一条下跌趋势线和一条近乎水平支撑线组成的下降三角形（图7-26）。

2. 上升和下降三角形的趋势预测

对上升三角形来说，如果原来的价格趋势是向上，那么上升三角形整理后，突破压力线，继续向上运动的概率大。

如果原有的价格趋势向下，则出现上升三角形整理后，前后价格的趋势判断起来有些难度。空方要继续下跌，保持原有的趋势，多头想扭转趋势，多空双方分歧加大，一般情况下，整理后向下的概率大。如果下跌趋势持续了相当长的时间，下跌趋势已经处于末期，只要成交量能有效放大，那么后市也存在上涨的可能。

上升三角形的成交量变化规律也是随着时间变化逐步递减，但是在股价向上突破压力时，一定要有量能配合，如果没有大的成交量配合，则有假突破的嫌疑。

股价突破压力线后一般会出现回抽确认，受到支撑后继续上涨。上涨的幅度一般为从突破点算起，至少是上升三角形开口处垂直距离一倍以上。上升三角形如果有效跌破支撑线，形态有可能被破坏，应该及时止损，待形势明朗再做选择。

下降三角形的确认与上升三角形方向相反，其他均类似，值得注意的是，下降三角形的向下突破不需要量能的配合。

3. 上升和下降三角形实例

中国平安2007年9月初至2008年1月初形成了下降三角形，因为公司抛出千亿再融资方案,公司股价跳空向下突破,开始长期下跌走势,最大跌幅一度高达90%。

图7-27 下降三角形实例

深振业A在2006年7月14日至2006年10月27日历时71个交易日形成一个失败的下降三角形,突破点距离三角形顶点太近可能会导致失败的三角形。

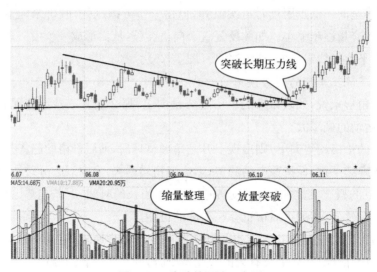

图7-28 失败的下降三角形

(三) 矩形

1. 矩形的基本形状和形成过程

矩形形态又叫箱型整理,是典型的持续整理形态。股票价格在两条横着的水平线之间上下波动,在方向上作横向延伸的运行态势。矩形形态一般出现在上涨或下跌过程的中段,它是多空双方全力交战不分胜负的结果。多空双方互不相让,股价涨到压力线就遭到空方抛压,股价回到支撑线又被买盘托起,时间一长就形成两条明显的水平压力线和支撑线。

矩形为多空力量均衡的整理形态,看多的一方认为其回落价位是很理想的买入点,于是股价每回落到该水平即买入,形成了一条水平的支撑线,但另一批看空的投资者对股价上行缺乏信心,认为股价难以突破其箱体上轨,于是股价涨至该价位水平便沽售,形成一条平行的压力线。所以当股价回升一定高度时,一批对后市缺乏信心的投资者退出;而当股价回落到一定价位时,一批憧憬未来前景的投资者买进,由于多空双方实力相当,于是股价就来回在矩形中波动。当然有时也是主力庄家控制涨跌幅度,进行吸货或出货的结果。

2. 矩形的确认和测算功能

(1) 矩形一般是中继形态,即经过整理后一般股价运行的轨迹趋势不会改变。矩形形态出现以后的走势与原有的趋势有密切的关系。一般来说,矩形形态处于上升行情中,未来走势向上突破的概率较大;处于下跌行情中,未来走势下跌的概率较大。

(2) 一旦股价有突破压力线或支撑线的情况,是买入或卖出的好时机。矩形的成交量一般是呈递减状态,如果成交量较大,则要提防主力出货形成顶部,向上突破时需要放大成交量来配合,向下突破则未必放量。矩形形态被突破后,具有测算意义,所谓"横有多长,竖有多高"。一般来说,矩形突破后的涨跌幅等于矩形本身的形态高度,一个价格高低波幅较大的矩形走势,要比价格小幅波动的矩形走势更具爆发力。矩形整理时间越长,向上(下)突破后,上涨(下跌)幅度越大。

(3) 矩形形态被突破以后,经常会出现股价的回抽,但是矩形的支撑线和压力线具有阻止回抽的作用。通常股价的回抽会在突破后的3—15个交易日内出现,上涨突破后的回抽确认位置在矩形的压力线之上,而下跌突破后的回抽确认位置在矩形的支撑线之下。如果回抽返回到矩形之内,则有可能是假突破,股价仍会在矩形内震荡,或向相反方向突破。

3. 矩形形态实例

图7-29是上证指数2010年8月3日至2010年10月18日历时47个交易日形成的矩形整理及突破形态,箱体突破后上涨高度与箱体高度相当。

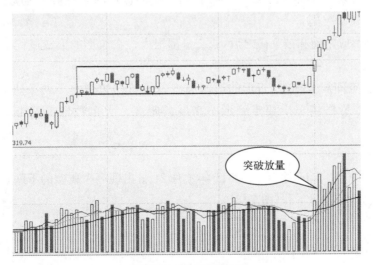

图7-29 矩形形态实例

(四) 旗形

1. 旗形形态的基本形状和形成过程

旗形的形态就像一面挂在旗顶上的旗帜,通常在急速而又大幅的市场波动中出现。价格经过短期波动后,形成一个稍微与原来趋势呈相反方向倾斜的长方形整理形态,这就是旗形走势。旗形分为上升旗形和下降旗形(图 7-30)。

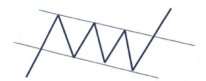 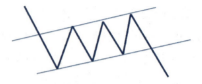

图 7-30　旗形的基本形态

旗形的形成过程是:证券价格经过快速的飙升后,接着形成一个紧密、狭窄和稍微向下倾斜的价格密集波动区域,把这密集区域的高点和低点分别连接起来,就可以画出两条平行而又下倾的直线,这就是上升旗形。下降旗形则刚刚相反,当证券价格出现快速下跌后,接着形成一个波动狭窄而又紧密、稍微上倾的价格密集区域,若将其高点和低点分别连接起来,就形成了一个上升通道,这就是下降旗形。

旗形的上下两条平行线起着压力和支撑作用,这两条平行线的支撑或压力线被突破是旗形完成的标志。

2. 旗形形态的确认和测算功能

确认旗形形态时,需要注意以下几点:

(1) 旗形出现之前,一般有一个"旗杆",也就是价格有一个近乎直线上升或直线下跌的运动过程,这在行情火爆时经常能够看到。

(2) 旗形持续的时间不能太长。时间一长,旗形保持原来趋势的能力将下降。通常这个时间应该短于三周。

(3) 旗形形成之前和被突破之后,成交量都很大。在旗形的形成过程中,成交量随整理时间逐渐减少。

旗形也有空间测算功能,旗形的形态高度是平行四边形上下两条边的长度。旗形被突破后,证券价格将至少要走到形态高度的距离。大多数情况是走到旗杆高度的距离。

3. 旗形形态实例

新黄浦在 2010 年 11 月 10 日-2011 年 1 月 21 日出现一个典型的下跌旗形,旗形形态结束后价格出现了明显下跌(图 7-31)。

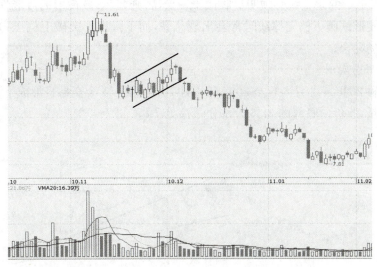

图 7-31 下跌旗形形态实例

(五) 楔形

1. 楔形形态的基本形状和形成过程

楔形是指一种类似于楔子的形态,股价快速上涨之后进入整理状态,股价波动受制于两条收敛的趋势线,形成一个上倾或下倾的三角形(图 7-32)。

图 7-32 楔形的基本形态

楔形的证券价格在两条收敛的直线中波动,与三角形的不同之处在于两条直线是同时上倾或下斜的。上升楔形指证券价格经过一次下跌后有强烈技术性反弹,价格反弹至低于前期水平又掉头下跌,下跌至高于前次低点处,买盘重新发力,股价上涨至新高,随后再次回落,形成一浪高于一浪之势,把短期高点相连及短期低点相连,则形成两条同时向上倾斜的直线。上升楔形往往是熊市中的反弹整理形态。下降楔形则相反,高点一个比一个低,低点亦一个比一个低,波动幅度收窄,形成两条同时下倾的斜线。下降楔通常是牛市中的回调整理形态。

2. 楔形形态的确认和测算功能

确认楔形形态时,需要注意以下几点:

(1) 在形成楔形的过程中,成交量是逐渐减少的,即成交量变化和三角形一样随盘整递减。楔形形成之前和突破之后,成交量都放大。

(2) 楔形形态的形成过程相比旗形时间要更长一点。

(3)楔形上下两条直线必须明显收敛于一点,否则,其形成楔形的可能性就将受到怀疑。当上升楔形跌破下档支撑线时常会出现急跌,而下降楔形突破上档压力线时需要有较大成交量的配合。

3. 楔形形态实例

隆平高科 2008 年 2 月 6 日至 2008 年 4 月 10 日历时 31 个交易日形成下降楔形,随后向上突破放量,股价由底部的 2.36 上涨至最高处 7.87(图 7-33)。

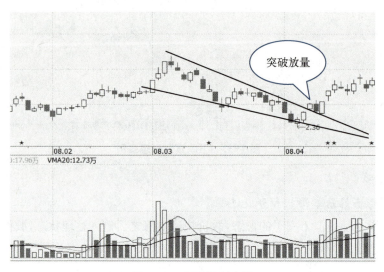

图 7-33　下降楔形实例

> **案例分析**
>
> ## 平台突破形态量化投资策略
>
> 当股价向上运行一段时间后,因为某些原因不能延续上升趋势,进而在一个价格范围内横盘,形成一个价格平台。随后,价格突破这个平台(可能是上涨突破,也可能是下跌突破),叫做平台突破。这里主要关注向上突破的情形。
>
> ### 一、开平仓规则
>
> 开仓:价格向上突破震荡平台上轨;
>
> 止盈:价格从持有最高点回撤 15%,认为趋势结束,平仓;
>
> 止损:10% 固定止损;
>
> SAR 抛物线止盈法:由于上涨之后对回撤幅度容忍度小会止盈较早。
>
> ### 二、资金线规则
>
> 以单笔 2% 的资金量开仓,最多持有 50 个股票;
>
> 若某天资金不足以对新出现的所有信号进行建仓时,对当天信号依据平台振幅从小到大排序,选择振幅较小的开仓;
>
> 测试时考虑双向 0.2% 手续费,以信号出现后第二天开盘价开仓,以平仓信号出现第二天开盘价平仓,考虑了因涨跌停等原因无法交易的影响。

三、平台定义

波段：先将 K 线进行波段划分的处理，识别满足高（低）于左右 3 根 K 线最高（低）价的局部高（低）点，连接两个相邻的顶和底；

平台：某级别走势类型中，从右向左寻找，当出现某一高点的低点低于低点的高点时，从右向左得到的横盘状态终结，从该终结点到最新的 K 线记为相应的平台。

四、回测结果

回测结果显示，2005—2015 年中证 800 指数各阶段成分股，符合窄幅震荡平台期间指数上涨，在一年高位附近突破的交易信号共 1 419 笔，单笔收益 18.7%，胜率 56%，盈亏比 4.5，平均单笔超额收益 4.7%，平均持仓 34 个交易日（图 7-34）。

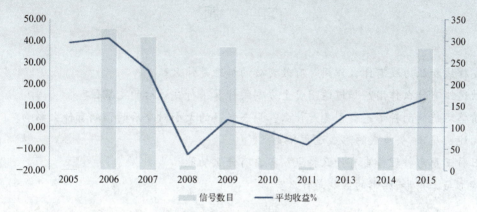

图 7-34 各年份收益分布图

注：本案例资料来源：杨勇，《平台突破形态研究》，2016 年 1 月。

小　结

1. 形态理论是通过研究价格运行的轨迹来研究多空双方力量对比的结果，从而预测价格未来的波动趋势。
2. 支撑线和压力线是重要的价格运行轨迹，蕴含着多空双方的博弈结果，也预示着价格未来运行的方向。支撑线和压力线的形成主要由投资者的筹码分布、持有成本以及投资者的心理因素所决定，其有效突破与转化预示着价格运行方式的改变。
3. 投资要顺势而为。趋势线和轨道线诠释了较长时期内价格持续运行的方向。研究趋势线突破与转化对投资具有重要意义，运行时间越长的趋势线被突破，其转势的信号越强烈。
4. 黄金分割线的原理源自斐波那契数列，是预测趋势变化后压力或支撑线的有效方法。0.382、0.500、0.618 是最重要的黄金分割比率。

5. 趋势的方向发生变化一般不是突然来到的，变化都有一个发展的过程。形态理论通过研究股价曲线的各种形态，判断股价正在进行的运行方向。价格运行的形态分成持续整理形态和反转突破形态两大基本形态。

6. 反转突破形态包括 W(M) 头、头肩底(顶)、圆弧底(顶)、V 形等形态。有效突破的标志是日 K 线图上连续三个交易日收盘价高(低)于压力(支撑)价位，或 3% 以上幅度的突破。往上突破需要成交量放大的配合，而往下突破没有量能要求。

7. 持续整理形态包括三角形、楔形、旗形、矩形等。持续整理过程中一般伴随着量能的缩小，整理形态之前的走势往往预示着整理形态突破后的方向。

习　题

1. 支撑线和压力线有什么作用？有效突破的标准是什么？
2. 轨道线有什么作用？如何运用黄金分割线计算下行突破后的支撑位？
3. 价格运行的两种形态类型各是什么？形态规模的大小对今后的预测有什么影响？
4. 简述头肩顶、头肩底的形成过程和要点。
5. 三种三角形整理各自有什么特点？各自有什么功能？
6. 楔形与三角形、旗形的区别是什么？

第八章

证券投资技术指标分析

教学目的与要求

技术指标分析是利用各种数学公式,找出价格运行的规律,以期提供合适的证券买卖时间和价格。通过本章的学习,熟悉 MA、MACD 和 BOLL 等趋势类指标,RSI、W%R 和 KDJ 等震荡类类指标,ADL、ADR 等大势类指标,OBV、VR 等成交量类指标以及 ABBR、CR 和 PSY 等人气类指标的含义、计算方法和运用法则。

技术指标分析是证券投资分析中较为常用的一种方法。技术指标分析是利用各种数学公式,通过相应的计算,找出价格运行的规律,以期提供合适的证券买卖时间和价格。如果技术指标能够与技术图形分析中得到的结论相互印证,那么从技术图形分析中得到的趋势信号被显著加强,由此形成的交易策略可以提高投资的胜率。

第一节 技术指标分类

早期的技术分析只是单纯的图表解析,即通过市场行为所构成的图表形态来推测未来股价的变动趋势。图表解析的方法属于主观型技术分析方法,这种分析方法在实际运用时,容易受到个人主观意志的影响,从而产生不同的判断结果。因此,有许多人戏称图表解析是一种艺术。为了减少图表解析判断的主观性,在证券投资分析领域中,逐步发展了一些运用数据计算的方法来辅助投资者认知和判断图形形态的技巧和方法,使得分析更加具有客观性。通过总结前人的经验,技术指标分析已经成为技术分析中极为重要的分支。

一、技术指标的概念

所谓技术指标分析就是应用一定的数学公式对原始数据以及派生数据进行处理,并将处理之后的结果用数值和图表的方法表示出来,据此对当前行情进行判断,进而预测未来市场趋势的分析方法。

这里的原始数据主要是指开盘价、收盘价、最高价、最低价、成交量、成交金额,有时还包括成交笔数。除了原始数据以外,也可以使用派生数据。派生数据必须是以原始数据为基础计算出来的,比如中间价就是一个派生数据,由于对原始数据或派生数据进行处理要采用一些方法,不同的处理方法会产生不同的技术指标。从这个意义上讲,有多少种原始数据或派生数据的处理方法就会产生多少种技术指标;反过来说,有多少种技术指标,就表明有多少种思路前人已经思索过并已将其公式化。

二、产生技术指标的方法

(一) 数学模型法

有明确的计算技术指标的数学公式,只要给出了原始数据,按照公式就可以比较方便地计算出技术指标值。绝大部分技术指标如随机指标 KDJ、相对强弱指标 RSI、乖离率 BIAS、平滑异同移动平均线 MACD、BOLL 线和移动均线等都需要通过一定的数学模型计算技术指标值。目前,一般是用计算机来完成整个计算过程。

(二) 叙述法

没有明确的计算技术指标的数学公式,只有处理数据的文字方面的叙述。对原始数据只说明应该怎样变形,遇到什么情况应该怎样处理。这种指标相对较少,并且还没有得到公认。如钱龙软件中的等量 K 线、压缩图、新价线等都是运用这种方法得到的。

三、技术指标的六个应用法则

(一) 技术指标的背离

技术指标的背离是指技术指标的波动方向与价格的波动方向不一致,即价格的波动没有得到技术指标的印证。技术指标的背离有两种表现形式:一种是顶背离,指的是价格处于上升趋势中,一波更比一波高,但技术指标却出现下行趋势,一波更比一波低。顶背离预示未来股价将见顶回落,另一种是底背离,指的是价格处于下跌趋势中,一波更比一波低,但技术指标却出现上行趋势,一波更比一波高。底背离预示未来股价将触底反弹。技术指标的背离是使用技术指标非常重要的判断方法。由于技术指标的波动轨迹有超前于价格波动轨迹的特点,所以,在价格曲线还没有转折之前,技术指标就提前指明了价格未来的趋势。

(二) 技术指标的交叉

技术指标的交叉是指技术指标图形中的长短周期两条曲线发生了相交现象。实际中有两种类型的指标交叉,第一种是同一个技术指标不同参数的两条曲线之间的交叉,常说的黄金交叉和死亡交叉就属于这一类。黄金交叉是指短期技术指标曲线由下往上穿过长期技术指标曲线形成交叉,表示股价将继续上涨,行情看好。死亡交叉是指短期技术指标曲线由上往下穿过长期技术指标曲线,表示股价将继续下落,行情看跌。第二种交叉是技术指标曲线与固定的水平直线之间的交叉。水平直线通常是横坐标轴,横坐标轴是技术指标取值正负的分界线,技术指标与横坐标轴的交叉表示技术指标由正变负或由负变正。技术指标的交叉表明多空双方力量对比发生了改变。

（三）技术指标的极端值

技术指标取极端值是指技术指标的取值极其大或极其小,技术术语上将这样的情况称为技术指标进入超买区和超卖区。大多数技术指标的初衷是用一个数字描述市场的某个方面的特征,如果技术指标的数值太大或太小,就说明市场的某个方面已经达到了极高或极低的程度,接下来价格走势可能发生逆转。

（四）技术指标的形态

技术指标的形态是指技术指标的波动过程中出现了形态理论中所介绍的各种形态。其中,出现的形态主要是双重顶(底)和头肩底(顶)等。还可以将技术指标曲线看成价格曲线,使用支撑压力线预测价格走势。

（五）技术指标的反转

技术指标的转折是指技术指标曲线在高位或低位反转。有时,这种反转表明前面过于极端的行动已经走到了尽头,出现暂时的休整;有时,这种反转表明一个趋势将要结束,而另一个趋势将要开始。

（六）技术指标的盲点

指标的盲点指有些技术指标存在滞后性的问题。在极端的行情下,技术指标失灵的情况时有发生。

四、技术指标的分类

根据设计原理和应用状况技术指标可以大致分为：震荡类指标、趋势类指标、能量类指标、大势类指标等。

（一）趋势类指标

趋势类指标是用来判断证券品种价格走势趋向的指标类别。它是证券市场中进行技术分析时,所参考的指标中最常见的类别。这类指标引入趋势分析思想,以波段操作为其主要特征。例如：MA、MACD、BOLL等。

（二）震荡类指标

这类指标根据股票的收盘价,通过一定的计算公式得出一个数值,该数值有其自身的波动空间,再以一定规则去阐释这种波动,指导实际操作。这类指标的表现形式就是这个指标值在设定的水平值之间或围绕一个中心线上下波动,而有些指标可以长时间朝一个方向运动。代表性震荡类指标有 KDJ、RSI、BIAS 和 W%R 等。

（三）大势类指标

这是一类专门针对大盘设计的专用技术指标,主要作用是对整个证券市场的多空状况进行描述。因此,这类技术指标只能用于研判市场的整体趋势,而对个股的研判没有意义。例如 ADL、ADR、OBOS 等。

（四）人气类指标

这类技术指标是一种建立在研究投资人心理趋向的基础上，将某段时间内投资者倾向买方还是卖方的心理与事实转化为数值，形成人气指标，作为买卖股票的参数。例如PSY、AR、BR、CR等。

（五）成交量类指标

为了将价格和成交量结合起来考虑，将市场的内在动能真实地表现在分析图表上，许多技术指标往往都将成交量列入考虑的范围，称为成交量类指标。这类指标主要关注成交量的变动规律，以及成交量与价格之间的变动关系，这类指标中具有代表性的有OBV、VR等。

第二节 趋势类指标

一、移动平均线（MA）

移动平均线（MA）是以道·琼斯的"平均成本概念"为理论基础，采用统计学中"移动平均"的原理，将一段时期内的价格移动平均值连成曲线，用来显示价格的历史波动情况，进而反映价格指数未来发展趋势的技术分析方法。

（一）移动平均线的特点

1. 追踪趋势

MA能够表示价格的波动趋势并追踪这个趋势。

2. 滞后性

反映趋势变化的速度落后于大趋势：在股价原有趋势发生反转时，MA由于追踪趋势的特征往往变动过于迟缓，其反转的速度落后于大趋势，这是MA最大的弱点。

3. 稳定性

根据移动平均线的计算方法，要想较大地改变移动平均线的数值，当天的股价必须有很大的变化，因为MA是股价几天变动的平均值，因此MA具有相对稳定性。但这个特点也决定了移动平均线对股价反映的滞后性。稳定性有优点也有缺点，在应用时应注意掌握好分寸。

4. 助涨助跌性

当股价突破移动平均线时，都有继续向突破方向发展的趋势。

5. 支撑线和压力线的特性

由于移动平均线的上述四个特性，使得它在股价走势中起着支撑线或压力线的作用。对MA的突破，实际上是对支撑线和压力线的突破。

（二）移动平均线的计算方法和参数

所谓移动平均，首先是算术平均数，如1到10十个数字，其平均数便是5.5；而移动则意味着这十个数字的变动。假如第一组是1到10，第二组变动成2到11，第三组又变为3

到 12，那么，这三组平均数各不相同。而这些不同的平均数的集合，便统称为移动平均数。

MA 的计算方法就是把连续若干交易日的收盘价作算术平均，连续交易日的数目就是 MA 的参数。例如，参数为 10 的移动平均线就是连续 10 个交易日收盘价的算术平均价格，简称为 10 日均线，记为 MA(10)。常说的 5 日、30 日均线就是参数为 5 和 30 的移动平均线。

MA 的周期并不是只能针对交易日，也可以针对年、季、月、周、60 分钟、30 分钟、15 分钟等，MA 的周期一般与 K 线的周期相对应。

MA 计算公式如下：

$$MA=(C1+C2+C3+\cdots+Cn)/N \tag{8.1}$$

式中 C 为某周期（如日、小时、周等）收盘价，N 为移动平均参数（如 5、10 等）。

移动平均线常用 5 天、10 天、30 天、60 天、120 天和 250 天，将 5 天和 10 天看做短期移动平均线，是一种短线炒做的参照指标，称做日均线指标。30 日和 60 日是一种中期均线指标，称做月/季均线指标。而 120 天和 250 天是一种长期均线指标，称做半年/年均线指标。

MA 的参数作用实际上就是调整 MA 上述几方面的特性。参数选择得越大，上述的六个特性就越大。比如，突破 5 日线和突破 10 日线的助涨助跌的力度完全不同，10 日线比 5 日线的力度大。突破大参数的 MA 比突破小参数的 MA 更具有说服力，未来的波动也更大。

通常是将不同参数的 MA 同时使用，而不是仅用一条 MA。每个人在参数的选择上虽然有些差别，但都包括长期、中期和短期三类 MA。长、中、短都是相对的，可以自己设定参数。

（三）移动平均线的运用

MA 的应用中最著名的莫过于葛兰维尔（Joseph E.Granville）提出的移动平均线八大买卖法则（图 8-1）。

（1）平均线由下跌逐渐走平且有向上迹象，而股价自平均线的下方向上突破移动平均线时，是买进信号。

（2）移动平均线处于上升之中，股价走在移动平均线之上，下跌而未跌破移动平均线，又再度上升，是买进信号。

（3）移动平均线处于上升之中，股价跌破移动平均线又迅速回到移动平均线上，是买进信号。但是，如果股价水平已经相当高时，这一条只能作参考用。

（4）股价在平均线下方突然加速下跌，远离移动平均线，为买进时机，股价不久将重回平均线附近。

（5）移动平均线从上升开始走平，股价从平均线上方向下突破平均线时，为卖出信号。股价在移动平均线之上，显示价格已经相当高，且移动平均线和股价之间的乖离率很

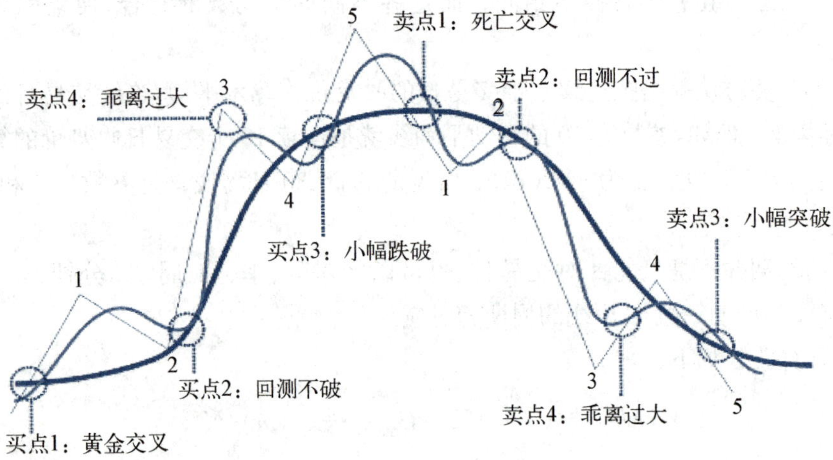

图 8-1 葛兰维尔八大买卖法则

注：图中黄线为股票当期（如日、小时等）交易价格，蓝线为某参数（如 5、10 等）价格移动平均线（MA(n)），绿线为波浪理论的浪形。

资料来源：葛兰维尔(Joseph E.Granville)，《每日股票市场获最大利益之战略》，1960.

大，那么，意味着价格短期涨幅过高，有下跌的可能。

（6）移动平均线处于下跌趋势，股价在下跌过程中曾一度上涨到移动平均线附近，但很快又再度下跌，是卖出信号。一般来说，在股价的下跌过程中，常会出现几次这种卖出信号，这仅仅是价格下跌趋势中的反弹。

（7）移动平均线缓慢下跌，股价虽然一度上升，但刚突破移动平均线就开始逆转回到移动平均线之下，是卖出信号。此时的突破有假突破嫌疑。

（8）股价在平均线上方突然暴涨，向上远离移动平均线乖离率过大为卖出时机，因为近期购买者均有利可图，随时可能获利回吐，股价不久将下跌回到平均线附近。

葛兰维尔认为，第 3 条和第 7 条单独使用时风险较大，若不是非常熟悉移动平均线，投资者宁可不用。第 1 条和第 2 条、第 5 条和第 6 条组合使用，效果最好。第 4 条和第 8 条虽然可以使用，但由于法则中没有明示股价究竟离移动平均线多远才可买进和卖出，不太使用。可结合乖离率作出判断。

（四）MA 的组合应用

1. "黄金交叉"与"死亡交叉"

当现在价位站稳在长期与短期 MA 之上，短期 MA 向上突破长期 MA 时，为买进信号，此种交叉称为"黄金交叉"。如 10 日均线与 20 日均线交叉时，10 日均线由下往上穿越 20 日均线，形成 10 日均线在上，20 日均线在下时，就是"黄金交叉"。"黄金交叉"预示多头市场来临，股价将上涨，此时是进场的好时机。

反之，若现在价格位于长期与短期 MA 之下，短期 MA 又向下击穿长期 MA 时，则为卖出信号，称之为"死亡交叉"。如 20 日均线与 10 日均线交叉时，20 日均线由上往下穿越 10 日均线，形成 20 日均线在上，10 日均线在下时，就是"死亡交叉"。"死亡交叉"预示空头市场来临,股市将下跌,此时是出场的绝佳时机。

无论是黄金交叉还是死亡交叉,都是一个买卖信号。在个股走势的分析中,可以把握进出的时机,在指数分析的走势中,又可以判断牛熊的态势。这两种交叉,在长期应用中准确率比较高。

2. 均线的多头排列和空头排列

均线的排列分为多头排列和空头排列:多头排列就是市场趋势是上升趋势,无论是短期、中期还是长期均线均向上发散,形成多头排列。均线多头排列趋势为牛市趋势,投资者在此阶段宜积极操作。进场以均价线的支撑点为买点,跌破中期均线支撑止损。

所谓空头排列,指的是价格运行在所有均线之下,以上依次分别为短期、中期、长期均线,各均线均向下发散,形成空头排列。这说明我们近期买进的成本都比现在高,市场呈现熊市特征,此时宜观望,静待调整结束。

二、指数平滑异同移动平均线(MACD)

(一) 指数平滑异同移动平均线的基本原理

指数平滑异同移动平均线(moving average convergence and divergence,MACD)是由查拉尔·阿佩尔(Gerald Apple)所创造的,其原理是运用指数平滑移动平均线的快速线和慢速线的聚合与分离的情况来研判股票买进和卖出的时机。具体来说,就是对快速线和慢速线这两条指数平滑异同移动平均线进行双重平滑运算,计算出离差值,再根据离差值进一步做出股票买卖的判断。

(二) 指数平滑异同移动平均线的计算方法

MACD 在应用上,首先计算出快速移动平均线(即 EMA1)和慢速移动平均线(即 EMA2),以此两个数值作为测量快慢速线之间离差值(DIF)的依据,然后再求 DIF 的 N 周期的平滑异同移动平均线 DEA 线。

以 EMA1 的参数为 12 日、EMA2 的参数为 26 日、DIF 的参数为 9 日为例,MACD 的计算过程如下:

(1) 计算移动平均值(EMA):

12 日 EMA 的算式为

$$EMA(12) = 前一日 EMA(12) \times 11/13 + 今日收盘价 \times 2/13 \qquad (8.2)$$

26 日 EMA 的算式为

$$EMA(26) = 前一日 EMA(26) \times 25/27 + 今日收盘价 \times 2/27 \qquad (8.3)$$

(2) 计算离差值(DIF):

$$DIF = 今日 EMA(12) - 今日 EMA(26) \qquad (8.4)$$

(3) 计算 DIF 的 9 日 EMA:

根据离差值计算其 9 日的 EMA，即离差移动平均值，是所求的 MACD 值。为了不与指标原名相混淆，此值又名 DEA 或 DEM。

$$DEA = 前一日 DEA \times 8/10 + 今日 DIF \times 2/10 \tag{8.5}$$

计算出的 DIF 和 DEA 的数值均为正值或负值。

理论上，在持续的涨势中，12 日 EMA 线在 26 日 EMA 线之上，其间的正离差值（+DIF）会越来越大；反之，在跌势中离差值可能变为负数（-DIF），也会越来越大，而在行情开始好转时，正负离差值将会缩小。指标 MACD 正是利用正负的离差值（±DIF）与离差值的 N 日平均线（N 日 EMA）的交叉信号作为买卖信号的依据，即再度以快慢速移动线的交叉原理来分析买卖信号。另外，MACD 指标在股市软件上还有个辅助指标——BAR 柱状线，其公式为：BAR＝2×(DIF－DEA)，我们还可以利用 BAR 柱状线的形状来决定买卖时机。

离差值 DIF 和离差平均值 DEA 是研判 MACD 的主要工具。其计算方法比较烦琐，由于目前这些计算值都会在股市分析软件上由计算机自动完成，因此投资者只要了解其运算过程即可，而更重要的是掌握它的研判功能。另外，和其他指标的计算一样，由于选用的计算周期不同，MACD 指标也包括日、周、月、年以及分钟等各种周期。经常被用于股市研判的是日 MACD 指标和周 MACD 指标。

在实践中，将各点的 DIF 和 DEA 连接起来就会形成在零轴上下移动的两条快速（短期）和慢速（长期）线，此即为 MACD 图（图 8-2）。

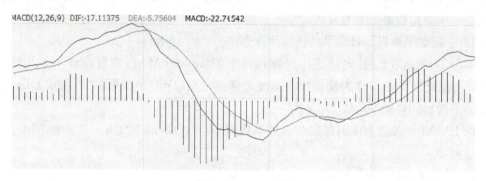

图 8-2 MACD 图

（三）MACD 的应用法则

1. 以 DIF 和 DEA 的取值和这两者之间的相对取值对行情进行预测

（1）DIF 上穿 DEA 称为金叉，是买入信号。

（2）DIF 下穿 DEA 称为死叉，是卖出信号。

（3）当 BAR 向下跌破 0 轴线时，为卖出信号。当 BAR 大于 0 轴线时，为买入信号。

2. 指标背离原则

（1）顶背离。当 K 线图上价格走势一峰比一峰高，一直在向上涨，而 MACD 指标图形上的由红柱构成的图形走势却一峰比一峰低，即当价格的高点比前一次的高点高，而

MACD 指标的高点却比指标的前一次高点低,这叫顶背离现象。顶背离现象一般是股价在高位即将反转的信号,表明股价短期内即将下跌,是卖出股票的信号。

(2)底背离。底背离一般出现在股价的相对低位区。当 K 线图上的价格还在下跌,而 MACD 指标图形上由绿柱构成的图形走势却一底比一底高,即当价格的低点比前一次低点底,而指标的低点却比前一次的低点高,这叫底背离现象。底背离现象一般是预示价格在低位可能反转向上的信号,表明股价短期内可能反弹向上,是短期买入股票的信号。

在实践中,MACD 指标的背离一般出现在强势行情中比较可靠,价格在高价位时,通常只要出现一次顶背离的形态即可确认为价格即将反转,而价格在低位时,一般要反复出现几次底背离后才能确认。一般来说,MACD 指标顶背离研判的准确性要高于底背离。

3. MACD 指标中的柱状图分析

在股市电脑分析软件(如钱龙软件)中,通常采用 DIF 值减 DEA 值而绘制成柱状图,用红柱状和绿柱状表示,红柱表示正值,绿柱表示负值。用红绿柱状来分析行情,既直观明了又实用可靠。

(1)当红柱状持续放大时,表明股市处于牛市行情中,股价将继续上涨,这时应持股待涨或买入股票,直到红柱无法再放大时才考虑卖出。

(2)当绿柱状持续放大时,表明股市处于熊市行情之中,股价将继续下跌,这时应持币观望或卖出股票,直到绿柱开始缩小时才可以考虑少量买入股票。

(3)当红柱状开始缩小时,表明股市牛市即将结束(或要进入调整期),股价将大幅下跌(或盘整),这时应卖出股票而不能买入股票。

(4)当绿柱状开始收缩时,表明股市的大跌行情即将结束,股价将止跌盘升(或进入盘整),这时可以少量进行长期战略建仓而不要轻易卖出股票。

(5)当红柱开始消失、绿柱开始放出时,这是股价反转信号之一,表明股市的上涨行情(或高位盘整行情)即将结束,股价将开始加速下跌,这时应卖出大部分股票而不能买入股票。

(6)当绿柱开始消失、红柱开始放出时,这也是股市反转信号之一,表明股市的下跌行情(或低位盘整行情)已经结束,股价将开始加速上升,这时应开始加码买入股票或持股待涨。

专栏

MACD 交易策略回测

根据 MACD 选股的投资策略为:DIF—DEA 为正,即红柱出现为买入信号。DIF—DEA 为负,即绿柱出现为卖出信号。

我们分别选取了创业板股票机器人(300024.SZ)和主板股票平安银行(000001.SZ)对该策略从 2010 年到 2016 年进行回测,回测结果如图 8-3:

策略收益	策略年化收益	基准收益	Alpha	Beta	Sharpe	Sortino	Information Ratio	Algorithm Volatility	Benchmark Volatility	胜率	日胜率	盈亏比
98.66%	10.62%	-7.43%	0.091	0.488	0.175	0.236	0.401	0.377	0.249	0.409	0.475	1.277

盈利次数 27　　亏损次数 39　　最大回撤 52.045%(2011-01-12,2012-01-16)

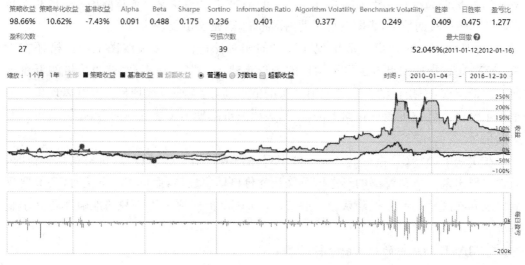

图 8-3　MACD 策略回测(机器人 300024.SZ)

机器人利用该策略获得了年化 10.62% 的收益,期间超额收益达到 106.09%(业绩比较基准是同期沪深 300 指数收益,下同),尤其在 13 年开始的创业板牛市中有显著的超额收益。但该策略收益波动较大,夏普指数仅为 0.175,最大回撤(2011 年 1 月-2012 年 1 月)高达 52%。

策略收益	策略年化收益	基准收益	Alpha	Beta	Sharpe	Sortino	Information Ratio	Algorithm Volatility	Benchmark Volatility	胜率	日胜率	盈亏比
40.84%	5.17%	-7.43%	0.035	0.453	0.049	0.069	0.234	0.239	0.249	0.453	0.467	1.382

盈利次数 24　　亏损次数 29　　最大回撤 31.078%(2015-04-16,2016-02-29)

图 8-4　MACD 策略回测(平安银行 000001.SZ)

平安银行利用该策略获得了年化 5.17% 的收益,期间超额收益达到 48.27%。该策略收益波动较大,夏普指数仅为 0.049,最大回撤(2015 年 4 月-2016 年 2 月)高达 31%。

总体来看,该策略都跑赢了业绩基准沪深 300 的期间收益—7.43%。

三、布林线指标(BOLL)

(一) BOLL 指标的含义

布林线指标又叫 BOLL 指标,其英文全称是"Bolinger bands",布林线由约翰·布林格(John Bollinger)先生创造。其利用统计原理,求出价格的移动平均值、标准差及其信赖区间,从而确定股价的波动范围及未来走势,利用价格波动区间显示股价运行安全与否的价位,因而也被称为布林带。其上下限范围不固定,随股价的移动平均线变化而变化。布林线的市场含义是,股价围绕移动平均价波动时偏离平均价的程度。比如,上布林线在 13 元,下布林线在 10 元,移动均线在 11.5 元,含义为股价围绕 11.5 元波动,平均偏离均价 1.5 元。

(二) BOLL 指标的计算方法

BOLL 的计算过程是数理统计中置信区间(confident interval)的计算过程,该计算过程相对比较复杂。我们需要用到两个参数:一是时间区间的长度 n;二是置信区间估计的"置信水平"α。

布林线由上中下轨组成,布林线中的中轨,实际上就是一定周期的移动平均线,参数 n 表示周期长度,中轨为 $MA(n)$ 均线,上下轨为中轨加上/减去过去 n 个周期 $MA(n)$ 均线的 2 倍标准差得到。对正态分布来说,均值±2 倍标准差意味着样本以 95% 的概率落在该范围之内。

标准布林线的具体算法如下:

(1) $$中轨 = MA(n) = \frac{\sum_{i=0}^{n-1} close(i)}{20} \qquad (8.6)$$

(2) $$带宽 = 2 \times 标准差 = 2 \times \sqrt{\frac{\sum_{i=0}^{n}[Close(i) - MA(n)]^2}{n}} \qquad (8.7)$$

(3) $$上轨 = 中轨 + 带宽,下轨 = 中轨 - 带宽 \qquad (8.8)$$

一般大多数软件中 BOLL 指标默认的参数设置为 BOLL(26,2),即中轨线为 26 日移动平均线,上下轨为移动平均值±2 倍标准差。与 MACD、KDJ 等指标类似,BOLL 指标参数设置得越小,指标对于价格走势的变动就越敏感,灵敏度越高;参数设置得越大,指标对于价格的变动反应越迟缓,稳定性越高。BOLL 指标实例(上证指数)详见图 8-5。

(三) BOLL 指标的使用方法

1. 持股原则

当布林通道处于上升趋势而股价线运行在布林通道的上轨和中轨之间时,表示股票正处于强势的多头态势,股价在上升过程中受到中轨线的强烈支持,是一波主升浪的行情,此时应该以持股为主。

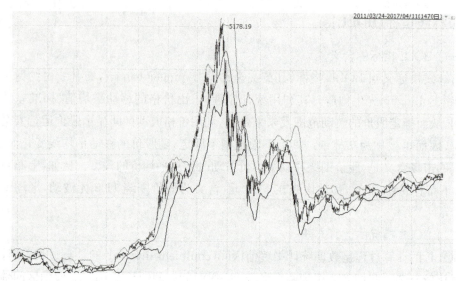

图 8-5　BOLL 指标实例(上证指数)

2. 持币原则

当布林线处于下跌趋势,而股价运行在布林通道的中轨和下轨之间时,表示股票正处于弱势的空头状态,股价受到中轨线的反压,正在做中线向下调整,此时一般不宜介入,应以持币观望等待机会为主。

3. 买进原则

买进原则有三种情况：

(1) 当股价触及下轨或者跌穿下轨然后出现反弹,反弹力度达到穿越中轨线时,是买进信号。股价在一波较大幅度的下跌后,往往会形成加速的最后一跌,在布林通道上就会反映出股价触及或者跌穿下轨线,然后反弹,回到下轨线的上方,但是这个反弹能否转化成反转,就要看股价能否有效地上穿布林轨道的中轨线。一旦有效突破中轨线,则是较好的买入信号。

(2) 当股价经过调整后走出一波不是太大的上涨行情就触及布林通道的上轨或穿过布林通道的上轨然后回落,且在回落过程中受到中轨线的支撑,也是较好的买入时机。

(3) 布林通道的上下轨之间的距离是随着价格的波动幅度反复扩大和收窄的,当价格长时间低迷,价格的波动范围会缩小在一个很小的幅度内,布林通道上下轨之间的距离会逐渐收窄,甚至在一段时间内呈水平运动。但随着价格逐渐活跃,布林通道的张口缓慢地收窄后再逐渐扩大。在这一过程中可以找到布林通道的上下轨距离最小的一天。我们将其定义为拐点。

4. 卖出原则

(1) 当股价经过一波上扬后,触及上轨线或者上穿上轨线后回落,在回落的过程中如果有效跌穿中轨线,表明股价的上涨已经告一段落,这时下穿中轨线为卖出信号。

(2) 股价在下跌趋势中触及布林通道的下轨线或者跌穿下轨线然后反弹,但是反弹没有能够突破布林线的中轨线,受到中轨线的反压,则表明下跌趋势并没有结束,股票价格在中轨线附近是卖出良机。

(3)根据拐点卖出信号进行操作。关于拐点的定义是相同的,拐点卖出信号与拐点买进信号的区别就在于价格位置的不同。如果价格在相对高位形成拐点,就是卖出信号。反之,为买入信号。

专栏

BOLL 交易策略回测

根据 BOLL 选股的投资策略为:股价跌破 BOLL 线下轨,说明股价跌过了头,为买入信号。股价突破 BOLL 线上轨,说明股价虚高,为卖出信号。

我们分别选取了创业板股票机器人(300024.SZ)和主板股票平安银行(000001.SZ)对该策略从 2010 年到 2016 年进行回测,回测结果如图 8-6 与图 8-7。

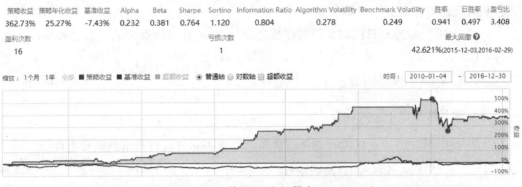

图 8-6　BOLL 策略回测(机器人 300024.SZ)

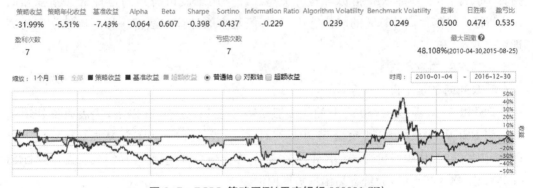

图 8-7　BOLL 策略回测(平安银行 000001.SZ)

机器人利用该策略获得了年化 25.27% 的收益,期间超额收益达到 370.16%,尤其在 13-15 年创业板牛市中有显著的超额收益。该策略收益波动不小,夏普指数为 0.764,最大回撤(2015 年 12 月-2016 年 2 月)高达 42.6%。

平安银行在 2015 年大牛市开始后跑输了业绩基准,期间收益为 -31.99%,跑输业绩基准 24.56%。这与当时银行股的滞涨有一定关系。这也说明，找到适合公司股价运行规律的技术指标分析策略才是投资成功的法宝。

第三节 震荡类指标

一、相对强弱指标(RSI)

相对强弱指标 RSI 的发明者是 J.小韦尔斯·怀尔德(J.Wells Wilder)。RSI 是通过比较一段时间内平均收盘上涨数量和平均收盘下跌数量来分析市场买卖盘的意向和实力，从而判断未来市场的走势，根据价格涨跌幅度显示市场的强弱。

(一) RSI 指标的计算方法

相对强弱指标 RSI 的计算方式有两种。

一种是假设 A 为 n 日内收盘价的涨数之和，B 为 n 日内收盘价的跌数之和乘以 -1。这样，A 和 B 均为正数。将 A、B 代入 RSI 计算公式，则

$$RSI(n) = A/(A+B) \times 100 \tag{8.9}$$

另一种是按照以下公式计算：

$$RS(相对强度) = n 日内收盘价涨数和之均值 \div n 日内收盘价跌数和之均值$$
$$RSI(相对强弱指标) = 100 - 100 \div (1 + RS) \tag{8.10}$$

这两个公式虽然不同，但计算的结果一样。由于选用的计算周期不同，RSI 指标也包括日、周、月、年及分钟 RSI 指标等各种类型。经常用于股市研判的是日 RSI 指标和周 RSI 指标。虽然他们计算时的取值有所不同，但基本的计算方法都一样。比较常用的周期数是 6，12 和 24。

(二) RSI 的应用法则

1. RSI 的数值发出的信号

RSI 以 50 为界，处于 50 之上的代表股价处于强势；处于 50 以下，代表股价处于弱势。当 RSI 从弱势区域向上突破 50 中界线时，代表股价转强；当 RSI 从强势区域向下突破 50 中界线时，代表股价转弱。RSI 在 20 以下称为超卖区，股价容易形成短期反弹；RSI 在 80 以上称为超买区，股价容易出现短期回调。

当然，我们所说的 20 和 80 的超卖超买值并不是绝对的。① 不同类型股票的超卖超买值是不同的；② 不同市场趋势的超卖超买值是不同的；③ 计算 RSI 时所取的时间参数影响超卖超买值。

当 RSI 出现超买超卖现象，表示走势有可能反转，但不构成真正的抛售或入市信号。有时行情变化过于迅速，RSI 会很快进入超卖区域。如在牛市初期，RSI 往往很快

进入超买区域并滞留相当长一段时间,但这并不是卖出信号,反而表示价格还有继续上涨的空间,是买入的好时机。只有在牛市末期或熊市,超买才是较可靠的卖出信号。基于此,一般不宜在RSI一进入非正常区域就采取买卖行动,应结合价格所处趋势阶段综合研判。

在2015年五六月份股灾前,上证指数RSI进入超买区,并出现顶背离形态。而在股灾最低点2016年1月进入超卖区(图8-8)。

图8-8　RSI指标实例

2. 两条或多条RSI曲线的交叉信号

我们称参数小的RSI为短期RSI,参数大的RSI为长期RSI。两条或多条RSI曲线的联合使用法则与两条均线的使用法则相同,即短期RSI上穿长期RSI为金叉,是买入信号;短期RSI下穿长期RSI为死叉,是卖出信号。

3. 背离信号

RSI发出的背离信号一般发生在超买区或超卖区。当股价处于升势时,股价高点被不断突破,而RSI图中却出现后一个波谷低于前一个波谷,此现象为"顶背离",是比较强烈的卖出信号。当股价处于跌势时,股价低点被不断刷新,RSI图中却出现后一个波峰高于前一个波峰,此现象为"底背离",此时是买入信号。

4. RSI曲线的形态信号

RSI在低位区出现如W底、三重底、圆弧底和V形底等形态是买入信号;RSI在高位出现M头、三重顶、头肩顶和圆弧顶等形态是卖出信号。

这些形态一定要出现在较高位置和较低位置,一般来说,离50越远,结论越可靠。不过,RSI出现的各种形态与对应的K线图形态有差异。这是因为在长期来看股价没有涨跌范围限制,而RSI只能在0—100这个区间内取值,导致RSI值在不同区域和不同方向上变化的敏感度不一样,从而产生RSI与K线图形之间的差异。

RSI 交易策略回测

根据 RSI 选股的投资策略为：RSI 小于 20 为买入信号，RSI 大于 80 为卖出信号。

我们分别选取了创业板股票机器人（300024.SZ）和主板股票平安银行（000001.SZ）对该策略 2010—2016 年进行回测，回测结果如图 8-9 和图 8-10。

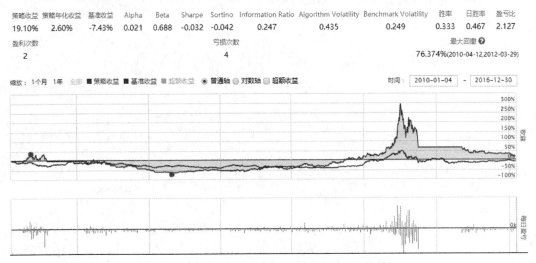

图 8-9　RSI 策略回测（机器人 300024.SZ）

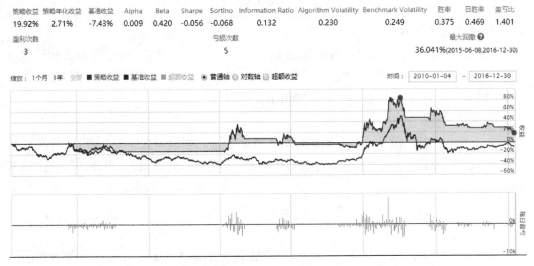

图 8-10　RSI 策略回测（平安银行 000001.SZ）

机器人利用该策略获得了年化 2.6% 的收益，期间超额收益为 26.53%。该策略收益波动较大，单位总风险的风险溢价是负数，夏普指数为 −0.032。最大回撤（2010 年 4 月-2012 年 3 月）高达 76.37%。

平安银行利用该策略获得了年化 2.7% 的收益，期间超额收益为 27.35%。该策略收益波动较大,单位总风险的风险溢价是负数,夏普指数为-0.056。最大回撤(2015年6月-2016年12月)为36%。

回测结果显示,在使用 RSI 指标时,需要结合所在板块整体表现进行另截止的调整。在系统性风险出现时,需要修正 RSI "20买80抛"的策略。在出现非系统风险时,更不宜按教科书指出的固定模式机械地使用技术指标进行操作。

二、威廉指标(W%R)

(一)威廉指标的含义

威廉指标(W%R)又叫威廉超买超卖指标。它是由美国人拉瑞·威廉(Larry William)在1973年首创的,最初用在期货市场,它通过当天收盘价和一段时间内股价高低价位之间的关系,来度量市场的超买超卖现象和强弱分界,从而提出有效的信号来研判市场中短期行为的走势。它主要的作用在于辅助其他指标确认买卖信号,是目前技术分析中比较常用的短期研判指标。

(二)威廉指标(W%R)的计算方法

W%R 主要是利用分析周期内最高价、最低价及周期结束的收盘价三者之间的关系计算得来。以日威廉指标为例,其计算公式为:

$$W\%R(n) = (H_n - C) \div (H_n - L_n) \times 100\% \tag{8.11}$$

式中 C 为计算日的收盘价,L_n 为 N 周期内的最低价,H_n 为 N 周期内的最高价,式中的 n 为选定的计算时间参数,一般为14。

威廉指标表示当天是收盘价在过去一段时间里的全部价格范围内所处的相对位置,因此计算出来的 W%R 值位于0—100之间。越接近0值,表明当前的价位越接近过去14日内的最高价;越接近100值,表明目前的价位越接近过去14日内的最低价。所以,接近0值代表价格强势,接近100代表价格弱势。

(三)威廉指标的应用法则

1. W%R 数值的大小

(1)当 W%R 低于20%时,处于超买状态,行情即将见顶,应该考虑卖出。

(2)当 W%R 高于80%时,处于超卖状态,行情即将见底,应该考虑买入。

(3)50%为中轴线,是多空平衡线,下穿50%视为价格转强,上穿50%视为价格转弱。

超买、超卖分界线同 RSI 一样,80和20只是一个经验数字,不是绝对不变的,投资者可根据系统性风险和非系统性风险加以调整。

图8-11为2017年2月至8月浦发银行的威廉指标走势图,威廉指标体现了较好的价格预测能力。

2. W%R 曲线的形状

(1)顶背离和底背离。W%R 的背离是指 W%R 曲线的走势与股价 K 线图上的走势

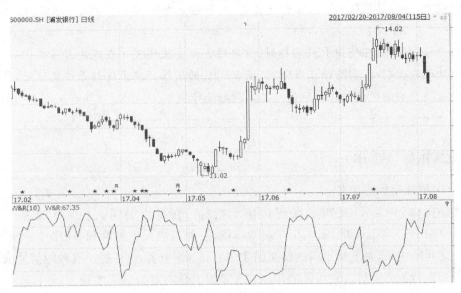

图 8-11 威廉指标实例

正好相反。和其他技术分析指标一样,W%R 的背离也分为顶背离和底背离两种,与其他指标的研判标准一样。

(2)指标的撞底和撞顶。威廉指标的参数不同,应采取不同的分析方法。参数越大,撞顶(底)的可能性越小,次数也越小;参数越小,撞顶(底)的可能性越大,次数也越多。

以短周期来看,W%R 连续触底 3—4 次,价格向下反转概率大;连续触顶 3—4 次,股价向上反转概率大。

三、随机指标(KDJ)

(一)KDJ 指标的含义

随机指标是由美国人乔治·兰恩(George Lane)提出的一种技术指标分析方法,这个方法有 K、D、J 三个指标,因此又叫做 KDJ 法。兰恩认为,股票价格是一个服从正态分布的随机变量,以最近一段时间 N 天的股价变动区间作为均衡区间,并认为未来股价在这个区间中的高位或低位的概率都很小,而在这个区间中位的概率比较高。因此,根据目前股价在区间中的位置,可以预测未来股价的变化趋势。具体来说,KDJ 指标是通过一个特定周期内出现的最高价、最低价以及最后一天收盘价这三者之间的比例关系来计算随机值,然后根据平滑移动平均的方法来计算 K 值、D 值、J 值,并画出曲线图来研判后市。KDJ 指标是在威廉指标基础上发展起来的,不过威廉指标只判断股票的超买超卖现象,而 KDJ 指标融入了平滑移动平均的方法,形成了相对比较准确的买卖信号。

(二)KDJ 指标的计算方法

第一步,计算当前股价的随机值 RSV(random stochastic value),RSV 表示第 N 天的随机值。其计算公式为:

$$RSV(n) = [(C_n - L_n)/(H_n - L_n)] \times 100 \tag{8.12}$$

式中，C_n 表示计算周期第 N 天的股票收盘价，L_n 表示计算周期 N 天内的股票最低价，H_n 表示计算周期 N 天内的股票最高价。计算周期通常取 6 天或 12 天。

根据公式可以知道，RSV 为 0—100 之间的随机数。接近 100 说明当前股价接近周期内的最高价，接近 0 说明当前股价接近周期内的最低价。

第二步，计算随机值 RSV 的第一次平滑移动平均数 K 值。K 值的计算公式为：

$$K = \frac{2}{3} \times 前一日 K 值 + \frac{1}{3} \times 当日 RSV \tag{8.13}$$

式中的 1/3 是平滑系数，平滑系数一般约定俗成都用 1/3。如果要考虑增加近期股价的权数，可以适当扩大平滑系数的取值。

第三步，计算随机值 RSV 的第二次平滑移动平均数 D 值，D 值的计算公式为：

$$D = \frac{2}{3} \times 前一日 D 值 + \frac{1}{3} \times 当日 K 值 \tag{8.14}$$

第二次平滑系数的取值原则上应与第一次平滑系数相同，在初始计算时，由于没有前一日的 K 值和 D 值，此时可以分别用 50 来替代。

第四步，计算 J 值。J 值的计算公式为：

$$J = 3K - 2D \tag{8.15}$$

J 值的实质是反映 K 值与 D 值的乖离程度。

图 8-12 为 2017 年 2-8 月浦发银行的 KDJ 指标走势图，KDJ 指标的底背离、金叉和死叉形态体现了较好的价格预测能力。

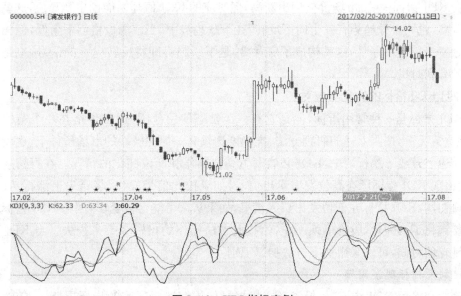

图 8-12　KDJ 指标实例

(三) KDJ 指标的使用方法

1. 可以根据指标值的大小给出超买超卖信号

KDJ 指标中 K 值和 D 值的取值最高 100，J 值的取值可以高于 100 或低于 0，但在应用中一般把 KDJ 的研判范围定为 100。通过对指标的计算原理观察不难看出，就敏感性而言，J 值最强，K 值次之，D 值最慢；而安全性方面顺序恰恰相反。一般而言，根据 KDJ 的取值可以将之划分为三个区域。20 以下为超卖区，发出买入信号；80 以上为超买区，发出卖出信号；20-80 为徘徊区，宜持有或观望。当 K、D、J 三项指标值均落入超买区或超卖区时，对决策的借鉴意义更大。

2. KDJ 曲线的形态

当指标曲线形成头肩顶(底)、双重顶(底)等典型形态时，也可以按照形态理论的研判方法进行分析。例如，当 KDJ 曲线在指标值较高的区域形成 M 头，按照形态理论此时可以认为股价形成顶部反转，即将由强势转为弱势，从而做出卖出决策。

3. KDJ 曲线的交叉

当股价经过长时间盘整后，如果 J、D、K 三条曲线依次向上突破，根据均线理论可以认为市场即将转强，因而可以做出买入决策，此处三条曲线的交叉即是"黄金交叉"。"黄金交叉"的表现形式是多样的，既可能出现在股价较低时也可能出现在股价上升行情途中，无论何种形式一般都会伴有成交量的明显放大。股价经过长时间上升后，一旦形成指标值在高位的依次向下突破则可以认为强势市场的终结，指标曲线形成"死亡交叉"，因而可以做出卖出决策。另外，当股价经过一段时间下跌后再次反弹，但由于缺乏动力，指标值未能重新回到高位区，此时同样会形成"死亡交叉"，股价进一步走弱。

4. KDJ 曲线的背离

在 KDJ 指标中，当市场价格创出新高，但对应的 KDJ 值却未能创出新高值，这就构成了顶背离，说明上升趋势有发生向下反转；在下跌趋势中，当市场价格创下新低，但相应的 KDJ 值却未能创出新低，这就构成了底背离，是下跌趋势即将反转向上的信号，也是趁低买入的有利时机。

(四) KDJ 指标的钝化与应对

KDJ 指标是一种常用指标，但是它有一个常态使用范围，通常价格在一个箱体中运行，在此情况下，按照上述的研判方法，准确度比较高。但在极端的市场条件下，也就是在股价单边上升或下跌行情中，KDJ 必然发生高位钝化和低位钝化的情况。在行情启动初期，会出现 KDJ 指标已在高位发出卖出信号，如果按此信号操作，将错失上涨行情；在行情下跌初期，KDJ 指标在低位发出买入信号，如果买入可能会被套牢，因为 KDJ 指标可以在低位钝化了再钝化，股价下跌不止，给按此方法操作的投资者带来损失。当 KDJ 指标发生钝化的时候，可以采用如下方法加以识别：

1. 放大指标观察周期

通常在使用 KDJ 指标时，投资者会根据操作周期选择适当的指标周期，在较短的周期内 KDJ 指标是非常敏感的,所释放出的操作信号容易误导投资者。如果我们把操作周期适当放大,可以有效识别指标的钝化。例如,采用日线观测时产生买入或者卖出信号,为了进一步确认,可以在周线图上再次观测。如果两个周期显示同一操作信号,则指标可靠性加大。反之,有可能是主力的骗线手法,宜观望。

2. 观察形态,辅助判断

如果对指标值显示的买卖信号有所怀疑时,可以选择观察指标形态来进一步确认。KDJ 指标为买入信号而指标在低位已形成 W 底和头肩底等形态时,可以确认为买入信号;在上升趋势较强的市场里,KDJ 指标在高位形成 M 头和头肩顶等形态时,可以确认为卖出信号。

3. 观察长短期移动平均线及成交量

移动平均线对于判断价格长期走势有着独特的优势,均线指标的变化滞后于证券价格的变化,但价格趋势一经均线指标确认,其可靠性远远大于其他趋势性指标。成交量在证券分析中更是被投资者认为是对价格变化趋势必不可少的确认指标,常被投资者认为"量为价先"。综合参考这两个指标值,可以有效地应对 KDJ 指标的钝化。例如,证券价格在低位运行,此时如果出现短期均线向上穿越长期均线,则其可以对 KDJ 指标买入信号的可靠性予以加强。如果同时伴有成交量的明显放大,那么证券价格探底回升的概率大增。

专栏

KDJ 交易策略回测

根据 KDJ 选股的投资策略为:当股价经过一段很长时间的低位盘整并且 K、D 都处于 50 以下时,一旦 K 线向上突破 D 线,表明股市即将转强,股价跌势已经结束,可以开始买进股票。当股价经过前期一段很长时间的上升行情后,一旦 K 线在高位(80 以上)向下突破 D 线时,表明股市即将由强势转为弱市,股价将下跌,这时卖出股票。

我们分别选取了创业板股票机器人(300024.SZ)和主板股票平安银行(000001.SZ)对该策略 2010-2016 年进行回测,回测结果如下图 8-13 和图 8-14 所示。

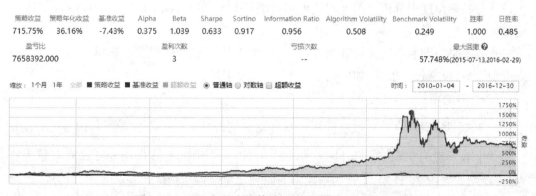

图 8-13　KDJ 金叉交易策略回测(机器人 300024.SZ)

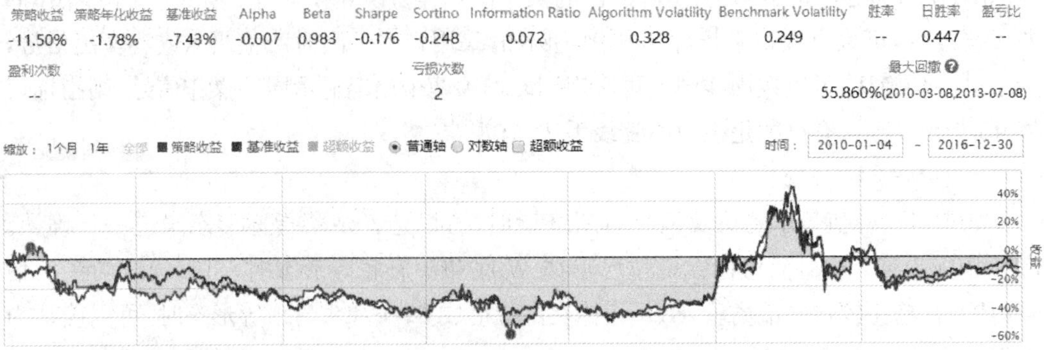
策略收益 策略年化收益 基准收益 Alpha Beta Sharpe Sortino Information Ratio Algorithm Volatility Benchmark Volatility 胜率 日胜率 盈亏比
-11.50% -1.78% -7.43% -0.007 0.983 -0.176 -0.248 0.072 0.328 0.249 -- 0.447 --
盈利次数
--
亏损次数
2
最大回撤
55.860%(2010-03-08,2013-07-08)
缩放： 1个月 1年 全部 策略收益 基准收益 超额收益 普通轴 对数轴 超额收益
时间： 2010-01-04 - 2016-12-30
40%
20%
0%
-20%
-40%
-60%

图 8-14 KDJ 金叉交易策略回测(平安银行 000001.SZ)

机器人利用该策略获得了年化 36.16%的收益，期间超额收益达到 723.18%，尤其在 15 年创业板牛市中有显著的超额收益。但该策略收益波动不小，夏普指数为 0.633，最大回撤(2015 年 7 月-2016 年 2 月)高达 57.74%。

平安银行利用该策略获得了年化—1.78%的收益，期间超额收益为—11.5%，跑输比较业绩基准 4.07%。该策略收益波动较大，单位总风险的风险溢价是负数，夏普指数为—0.176。最大回撤(2010 年 3 月-2013 年 7 月)高达 55.86%。

总体来看，KDJ 金叉交易策略在机器人上取得了明显的超额收益，但在平安银行上该策略没有超额收益。

四、乖离率(BIAS)

(一) 乖离率的含义

乖离率是移动平均原理派生的一项技术指标，是测量价格偏离移动动平均线大小程度的指标，通过百分比的形式来表示股价与移动平均线之间的差距。当价格偏离移动动平均线太大时，都有一个回归的过程。即所谓的“物极必反”。如果股价在均线之上，则为正值；如果股价在均线之下，则为负值。乖离率最早来源于葛兰维尔的平均线定律，主要从投资者心理角度来分析。因为均线可以代表平均持仓成本，利好利空的刺激都可能造成股价出现暴涨暴跌。

乖离率是一种简单而又有效的分析工具，但在使用过程中周期的选择十分重要。如果周期太短，反应过于敏感；如果周期太长，反应过于迟钝。

(二) 乖离率的计算公式

$$N \text{ 日乖离率} = (\text{当日收盘价} - n \text{ 日移动平均价}) / n \text{ 日移动平均价} \times 100\% \quad (8.16)$$

式中 n 一般为 5、6、10、12、24、30 和 72。在实际运用中，短线使用 6 日乖离率较为有效，中线则放大为 10 日或 12 日。乖离率的原理是价格偏离均线太多就会回归均线，因为价格天生就有钟摆效应，这主要是投资者的心理因素造成的。另外，价格与需求的关系也是产生这种钟摆效应的原因。价格降低,需求就变大,价格就会上涨。反之,价格上涨,需求就变小,价格就会下跌。多方和空方供求关系变动的最终结果是达到某种平衡,这个平衡位置就是合理价格。BIAS 将 MA 当成了合理价格。

图 8-15 为 2017 年 2-8 月浦发银行的 BIAS 指标走势图,BIAS 指标的底背离等形态体现了较好的价格预测能力。

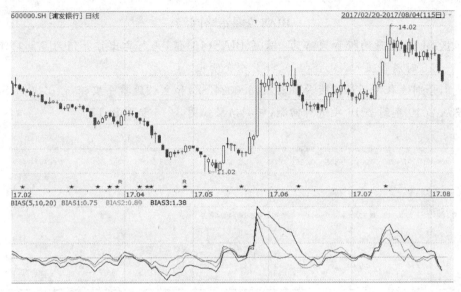

图 8-15 乖离率指标实例

(三)乖离率指标的使用方法

1. 从 BIAS 的取值大小方面考虑

BIAS 的分界线是决定买卖的重要参考数据。在有些介绍 BIAS 的书籍中,给出了 BIAS 分界线的参考数值。例如:

(1) BIAS(5)＞3.5,BIAS(10)＞5,BIAS(20)＞8 和 BIAS(60)＞10 是卖出的时机。

(2) BIAS(5)＜−3,BIAS(10)＜−4.5,BIAS(20)＜−7 和 BIAS(60)＜−10 是买入的时机。

从这些 BIAS 分界线数值可以看出,正数和负数的选择不是对称的。一般来说,正数的绝对值要比负数的绝对值大一些。

BIAS 分界线与三个因素有关:

(1) BIAS 选择的参数大小。选择的参数越大,确定买卖的数值就越大。

(2) 所选证券的波动性强弱。证券越活跃,选择的临界数值也越大。

(3) 在不同的时期,临界数值的大小是不一样的。

2. 从 BIAS 的曲线形态和背离方面考虑

当短期 BIAS 在高位下穿长期 BIAS 时,是卖出信号;在价格低位,短期 BIAS 上穿长期 BIAS 是买入信号。长期和短期在这里是针对参数而言,参数大的 BIAS 为长期 BIAS,

参数小的 BIAS 为短期 BIAS。

技术指标的背离在 BIAS 身上也有体现。当 BIAS 形成从上到下的两个或多个依次下跌的波峰，而此时价格还在继续上升，属于顶背离，是卖出信号；当 BIAS 形成从下到上的两个或多个依次上升的波谷，而此时价格还在继续下跌，属于底背离，是买入信号。

专栏

BIAS 交易策略回溯

根据 BIAS 选股的投资策略为：采用 BIAS(13) 值，买入卖出临界值为 6.5，即 BIAS(13)＜－6.5 时满仓买入，BIAS(13)＞6.5 全仓卖出。

我们分别选取了创业板股票机器人(300024.SZ)和主板股票平安银行(000001.SZ)对该策略从 2010 年到 2016 年进行回测，回测结果如图 8-16 和图 8-17。

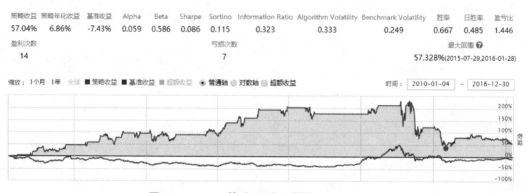

图 8-16　BIAS 策略回测(机器人 300024.SZ)

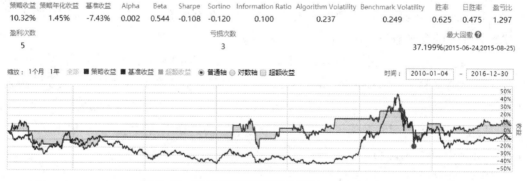

图 8-17　BIAS 策略回测(平安银行 000001.SZ)

机器人利用该策略获得了年化 6.86% 的收益，期间超额收益为 63.47%。该策略收益波动不小，夏普指数为 0.086，最大回撤(2015 年 7 月-2016 年 1 月)高达 57.3%。

平安银行利用该策略获得了年化 1.45% 的收益，期间超额收益为 17.75%。该策略收益波动较大，单位总风险的风险溢价为负数，夏普指数为－0.12。最大回撤(2015 年 6 月-2015 年 8 月)为 37.2%。

总体来看,BIAS 策略在机器人和平安银行上都取得了超额收益,但是平安银行超额收益并不明显。BIAS 策略在牛市中并没有很好地捕捉到机会。而在出现系统性风险时,策略收益的回撤也较大。

第四节 大势类指标

一、腾落指数(ADL)

(一)腾落指数的含义

腾落指标(advance decline line,ADL)是通过计算每个交易日价格上涨股票数和价格下跌股票数之间差值的累计结果,将其与综合指数进行对比,来研判大盘未来趋势的一种"人气"指标,也叫上升下降曲线。该指数可以弥补股价指数在采用总股本或流通股本加权计算时对小盘股影响的忽视,降低股价指数受到少数大盘权重股左右的程度,从而更加真实地预测未来大盘的走势。从其定义或计算公式中可见,腾落指标重在对大盘未来相对趋势的研判,而不看中取值的绝对大小。此外,它具有领先大盘出现上涨或下跌的趋势,但不能发出明显的买卖信号,仅供研判大盘走势之用。

(二)腾落指数的计算方法

腾落指数的计算公式为:

$$当日\ ADL = 前日\ ADL + NA - ND \tag{8.17}$$

式中,NA 表示当日上涨股票数,ND 表示当日下跌股票数。判断上涨还是下跌,以收盘价为标准。

从上面的计算中可以看到,腾落指数具有以下特点:

(1)腾落指数不考虑每种股票的发行规模以及上涨下跌的幅度,只反映市场中上涨股票与下跌股票的数量对比。

(2)由于起始点的腾落指数就是上涨股票数减去下跌股票数,所以腾落指数的数值大小与计算的起始期有关。例如从某年 1 月 1 日起计算与从某年 7 月 1 日起计算,结果是不同的。

(3)由于不同起始点的腾落指数会有很大的差异,所以腾落指数的绝对值对趋势分析没有太大意义,主要是从腾落指数的曲线变动方向上进行分析。

(三)腾落指数的运用法则

腾落指数与股价指数比较类似,两者均为反映大势的动向与趋势,不对个股的涨跌提供信号。但由于股价指数在一定情况下受制于权值大的股票,当这些股票发生暴涨与暴跌时,股价指数有可能反应过度,从而给投资者提供不实的信息,腾落指数则可以弥补其缺陷。

一般情况下,价格指数上涨,腾落指数亦上升,价格指数下跌,腾落指数亦下跌,由此对价格升势或跌势进行确认。如若价格指数大动而腾落指数横行,或两者反方向波动,不可互相印证,说明大势不稳,不可贸然入市。具体来说有以下几种情况:

(1) 如果 ADL 与股价指数同步上升,并创出新高,则可以确认大盘的上升趋势,在短期内股价指数将继续看涨。

(2) 如果 ADL 与股价指数同步下跌,并创出新低,则可以确认大盘的下跌趋势,在短期内股价指数将继续看跌。

(3) 如果 ADL 已经连续上升了较长一段时间,而此间股价指数却持续下跌,此乃底背离现象,则可以买进股票。

(4) 如果 ADL 已经连续下跌了较长一段时间,而此间股价指数却持续上涨,此乃顶背离现象,则应当卖出股票。

(5) 如果股票价格指数连续上涨进入高位,而 ADL 却开始下跌或走势平缓,则表明股价指数的上升趋势即将结束,呈现顶背离现象,应当卖出股票。

(6) 如果股票价格指数连续下跌进入低位,而 ADL 却开始上升或走势平缓,则表明股价指数的下跌趋势即将告终,呈现底背离现象,应当买进股票。

(7) 如果 ADL 和股价指数都保持着上升趋势,但股价指数却在中途发生回档现象,随后又回到上升趋势之中并创出新高,则表明多头市场特征明显,回档时为买进信号。

(8) 如果 ADL 和股价指数都保持着下跌趋势,但股价指数却在中途发生反弹现象,随后又回到下跌趋势之中并创出新低,则表明空头市场特征明显,反弹时为卖出信号。

二、涨跌比率(ADR)

(一) 涨跌比率的含义

涨跌比率指标(advance decline ratio, ADR),是通过计算连续多个交易日价格上涨股票累计数与价格下跌股票累计数之间的比值,来研究和判断多空两大阵营的比较优势地位,从而预测未来大盘运行趋势,因此又称为回归式腾落指数。与 ADL 指标一样,它也是仅供研判大盘走势之用的指标。对于 ADR 来说,其时间参数的选取一般以 10 为主,而其本身的取值在实际运用中一般以 1 为多空分界线,在 0—3 之间波动,其常态区域通常为 0.5—1.5 之间。而且时间参数越大,则常态区域越小;反之,时间参数越小则常态区域越大。

(二) 涨跌比率的计算方法

涨跌比率的计算公式为:

$$ADR = \frac{周期\ N\ 天内上涨股票数合计}{周期\ N\ 天内下跌股票数合计} \tag{8.18}$$

计算时,周期的确定通常可取 6 天、10 天、14 天、24 天等,比较常用的是 10 天。在使用涨跌比率时,周期的确定最好与移动平均线分析使用的周期一致,以便比较和对照。

(三) 涨跌比率的运用法则

（1）一般来说，ADR 在常态区域 0.5—1.5 之间时，表明多空双方大致势均力敌，股价指数波动不大；而 ADR 在 0.5 以下时，表明市场进入超卖状态，意味着大盘将筑底而后上涨，应伺机买进股票；而 ADR 在 1.5 以上时，表明市场进入超买状态，意味着大盘将做头而后下跌，应逢高卖出股票。

（2）如果 ADR 与股票价格指数同步上升，则可以确认股票价格指数的上升趋势，在短期上股票价格指数将继续看涨。

（3）如果 ADR 与股价指数同步下跌，则可以确认股票价格指数的下跌趋势，在短期上股票价格指数将继续看跌。

（4）如果 ADR 处于上升趋势之中，而股票价格指数却呈现下跌趋势，表明出现底背离现象，则在短期股票价格指数将会产生反弹行情，可以伺机买入。

（5）如果 ADR 处于下跌趋势之中，而股票价格指数却呈现上涨趋势，表明出现顶背离现象，则在短期股票价格指数将会出现回档行情，可以逢高出局。

（6）如果 ADR 自下而上突破 0.5，并在 0.5 附近来回徘徊一段时间，则意味着空头市场即将进入末期，可以视为买进股票的信号。

（7）如果 ADR 首先下跌至常态区域下限 0.5 附近，然后很快就上升到常态区域上限 1.5 附近，则意味着多头力量异常强大，一般股价指数将会出现一轮上涨行情。

第五节　成交量类指标

一、能量潮指标(OBV)

(一) 能量潮指标的含义

能量潮指标(on balance volume, OBV)，是由美国著名技术分析大师葛兰维尔在继"葛氏八大买卖法则"之后创立的又一大技术指标。它以上涨日和平盘日的成交量与下跌日的成交量增减情况来反映多空双方力量对比的变化，从而预测未来行情的演变趋势。OBV 指标的理论基础是"量先于价而行"原理，也就是说股价的变动必须要有成交量的配合，量增价升，量减价跌。对于验证目前股价运行的趋势和研判趋势可能的反转信号，它具有比较强烈的技术意义。如果把每天的成交量看作海的潮汐，将股市比喻成一个潮水的涨落过程，可以形象化地将 OBV 叫做能量潮。在实际股价图形中，OBV 曲线经常出现 N 字波，N 字波对于未来行情的研判具有重要的价值。

葛兰威尔用他的所谓"浴缸原理"来说明能量潮指标形成的原理和内涵：当一个人跳进装水的浴缸里，浴缸里的水就会上升；而一起身离开浴缸，浴缸里的水位就会下降。同样道理，资金注入股市，能量潮指标就会上升；资金撤离股市，能量潮指标就会下降。

(二) OBV 指标的计算公式

OBV 的计算公式是按照递推的方式进行的。首先假设已经知道了上一个交易日的

OBV，于是就可以根据今天的成交量，以及今日的收盘价与上一个交易日的涨跌比较，计算出今日的 OBV。当日股价上涨时，其成交量记成正数；当日股价下跌时，其成交量记成负数。如果本日值与前一日的收盘价或指数持平，本日值则不予计算。累计每日的正或负成交量，即为 OBV。用数学公式表示如下：

$$今日 OBV = 前一交易日 OBV + 今日的成交量 \tag{8.19}$$

计算 OBV 所用到的第一个 OBV 值一般取为 0，也可以是其他数值。成交量指的是成交的股票手数，而不是成交金额。

（三）OBV 指标的运用法则

由于市场不断扩容，资金不断增加，以及股票的拆分、流通盘的增大，从长期看，OBV 指标的数值是呈现正数不断扩大的趋势。所以，对 OBV 的绝对值大小进行分析没有实际意义。但是通过与价格走势图比较，OBV 曲线可以给出价格走势的背离和确认信号。OBV 与价格曲线结合使用可以取得更好效果，其应用法则遵循量价关系原理。

（1）一般来说，如果 OBV 曲线呈上升趋势，则表明股价将会出现一波上涨行情，其间若出现股价回档现象，应采取买进策略；如果 OBV 曲线呈下降趋势，则表明股价将会出现一波下跌行情，其间若出现股价反弹现象，应采取卖出策略。

（2）如果股价上涨（或下跌），而 OBV 曲线也相应上升（或下降），则可以确认目前的行情为上升（或下降）趋势。

（3）如果股价上涨（或下跌），而 OBV 曲线并未相应地上升（或下降），则意味着出现背离现象，预示行情将可能会发生反转，应是卖出（或买进）信号。

（4）当股价进入盘整状态，OBV 曲线将会率先发出突破信号，一旦发生突破，其有效性较强。

（5）一般地，OBV 曲线经常以 N 字波作为分析中介，结合背离原理来研判未来行情的发展（图 8-18）。当 OBV 曲线显示累计出现 5 个逐渐上升的 N 字波时，视为短期回档信号；当 OBV 曲线显示累计出现 5 个逐渐下降的 N 字波时，视为短期反弹信号；当 OBV 曲线显示累计出现 9 个逐渐上升的 N 字波时，视为中期回档信号。当 OBV 曲线显示累计出现 9 个逐渐下降的 N 字波时，视为中期反弹信号；当 OBV 曲线显示出现不规则小型 N 字波，并且小型 N 字波持续横向盘整达到 21 天之后，一般意味着股价将会向上突破，为买进信号。

二、成交量比率指标（VR）

（一）VR 指标的含义

VR（volume ratio）指标一般称为成交量比率指标，也称为容量比率指标，它是通过分析一段时间内股价上升日成交量与股价下跌日成交量的比值，来掌握市场多空力量对比，从而提供买卖时机的一种技术分析指标。它是一种比较特殊的技术指标，以成交额作为分析对象，能够真实地反映买卖双方的强弱状况。

图 8-18 N 字走势图

就 VR 指标的取值来看,可以按照 VR 值的大小划分为 4 个区域,即低价区域(VR 在 40—70 之间)、安全区域(VR 在 80—150 之间)、获利区域(VR 在 160—450 之间)和警戒区域(VR 大于 450)。

(二) VR 指标的计算公式

第一步:根据每天的收盘价决定当天是上涨还是下跌。如果当日收盘价比上一日收盘价高,那么就确定当日为上涨日,从而将当日的成交量计入上涨成交量;反之,当日为下跌日,将当日的成交量计入下跌成交量。

第二步:确定计算指标的参数 N。参数就是计算指标时所使用周期的天数。VR 指标的计算周期通常在 10—30 天内选择,一般都设定为 24 天。周期设定太短,波动太频繁,趋势不明确;而周期设定太长,波动太缓慢,反应迟钝。

第三步:计算周期 N 天内上涨日成交量的总和以及 N 天内下跌日成交量的总和。

第四步:计算 VR 指标。

$$VR = \frac{N \text{ 天内上升日成交量总和}}{N \text{ 天内下跌日成交量总和}} \times 10 \qquad (8.20)$$

图 8-19 为 2017 年 2 月至 8 月浦发银行的 VR 指标走势图,VR 指标具有一定的价格预测能力。

(三) VR 指标的运用法则

(1) 一般来说,当 VR 值处于低位时,可以考虑买进;当 VR 处于安全区域时,应当持股,当 VR 处于获利区域时,可以逢高卖出;当 VR 处于警戒区域时,应当坚决卖出。

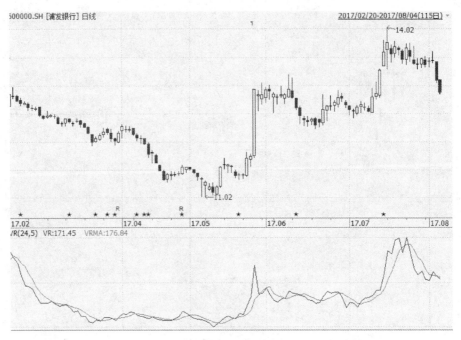

图 8-19 VR 指标实例

（2）如果 VR 下跌至 40 以下，则表明市场处于超卖区域，股价走势将就此构筑底部，应当伺机买进。

（3）如果 VR 上升至 350 以上，则表明市场处于超买区域，股价走势随时可能发生反转，要多加警惕头部的形成。

（4）如果 VR 在低档逐渐上升，而股价并未相应上涨，则为买进信号。

（5）如果 VR 在高档逐渐回落，而股价同时相应上涨，则应考虑卖出。

（6）如果 VR 长时期在 150 附近徘徊，一旦上升到 250 之上时，则意味着将出现一波上涨行情，应积极买进。

（7）在运用 VR 指标时，低档位置出现的买进信号比较可信，而在高档位置时应结合其他技术指标综合研判。

（8）作为以成交额为分析对象的技术指标，VR 比较适合于研判大盘股票或热门股票。

第六节 人气类指标

一、人气和买卖意愿指标（ARBR）

（一）ARBR 指标的原理和含义

在交易的各时间段，多方和空方都可能占优势。如果某一交易日多方的力量强，那么价格就被抬升;如果空方的力量强,那么价格就被打压。AR、BR 和 CR 正是从这个角度进行考虑的。

1. AR 指标

AR 指标,被称为人气指标(A-ratio),又称买卖气势指标,是通过比较一段时间内开盘价在当日价格中的高低,来反映市场买卖人气的技术指标。它是以当日的开盘价为基点,与当日最高价相比较,依固定公式计算出来的强弱指标。

经过一定时间的思考和研判之后,每一个证券投资者都在心目中选择一个自己认可的价位,并于开盘时以相应的价格进行买卖。目前上海和深圳证券交易所实行的是集合竞价产生开盘价,以这样的开盘价作为当日多空双方正式开始争斗的均衡起点更具有实际意义。

AR 指标选择了以开盘价作为多空双方接受的均衡价位,简化了多空双方在争斗中的演变过程,用最高价到开盘价的距离描述多方向上的力量,以开盘价到最低价的距离描述空方向下的力量。

2. BR 指标

BR 指标又称买卖意愿指标(B-ratio),也是反映多空双方争斗的结果。不同的是它以前一日的收盘价为基础,与当日的最高价、最低价相比较,依固定公式计算出来的强弱指标。AR 指标仅仅描述多空双方当天争斗的结果,不考虑以前交易的结果。

选择前收盘价作为均衡点,不仅极大地反映了前一交易日多空双方的交易结果,更为重要的是,每个交易日结束后,多空双方的争斗没有结束,各种消息会使人们的买卖意愿产生波动,BR 能反映收盘后多空双方由于隔日所产生的力量积蓄而引起的向上或向下跳空缺口的信息。从这个意义上讲,BR 比 AR 指标更能全面地反映股市中的暴涨暴跌现象,而 AR 指标损失了开盘跳空的信息。BR 指标可以单独使用,也可以与 AR 指标结合使用。前收盘和今开盘是一尾一头,如果一段时间内均未出现大的向上和向下开盘的跳空,AR 指标和 BR 指标的效果是差不多的。

(一) ARBR 指标的计算方法

1. AR 指标的计算方法

AR 指标是通过比较一定周期内的开盘价在该周期价格中的高低,从而反映市场买卖人气的技术指标。

以日度计算周期为例,其计算公式为:

$$AR(N) = \frac{P_1}{P_2} \times 100\% \qquad (8.21)$$

式中,$P_1 = \sum_{i=0}^{N}(H_i - O_i)$ 为 N 日多方强度的总和,$P_2 = \sum_{i=0}^{N}(O_i - L_i)$ 为 N 日空方强度的总和。其中,H 为当日最高价,L 为当日最低价,O 为当日开盘价,N 为设定的时间参数,一般原始参数日设定为 26 日。

从式中看出，AR 表示 N 天以来多空双方总强度的比值，AR 越大表示多方的强度大，AR 越小表示空方的强度大。多空双方谁强谁弱的分界线是 100，100 以上是多方占优，100 以下是空方占优，100 说明多空双方力量相等。

2. BR 指标的计算方法

BR 指标是通过比较一定周期内的收盘价在该周期价格波动中的地位，来反映市场买卖意愿程度的技术指标。

以日度计算周期为例，其计算公式为：

$$BR(N) = \frac{P_1}{P_2} \times 100\% \tag{8.22}$$

式中，$P_1 = \sum_{i=0}^{N}(H_i - YC_i)$ 为 N 日多方强度的总和，$P_2 = \sum_{i=0}^{N}(YC_i - L_i)$ 为 N 日空方强度的总和。其中，H 为当日最高价，L 为当日最低价，YC 为前一日的收盘价，N 为设定的时间参数，一般原始参数日设定为 26 日。

BR 越大表示多方的强度大，BR 越小表示空方的强度大。多空双方谁强谁弱的分界线是 100，100 以上是多方占优，100 以下是空方占优，100 说明多空双方力量相等。

图 8-20 为 2017 年 2 月至 8 月浦发银行的 ARBR 指标走势图，ARBR 指标具有一定的价格预测能力。

图 8-20 ARBR 指标实例

(二) ARBR 指标的研判规则

1. AR 指标的研判规则

(1) 当 AR 值以 100 为中心，在正负 20 之间。即 AR 值在 80—120 之间波动时，属盘整行情,股价走势比较平稳,不会出现剧烈波动。

(2) 当 AR 值走高时,表示行情活跃,人气旺盛,过高则表示股价进入高价区,应择机卖出。AR 值的高低没有具体标准,一般情况下,AR 值上升至 150 以上时,股价随时可能下跌。

(3) 当 AR 值走低时,表示人气消退,过低则暗示股价已经跌入低谷,可考虑择机介入。一般 AR 值跌至 70 以下时,股价随时可能反弹回升。

从 AR 曲线可以看出一段时间股票的买卖人气,并具有超前预告股价到达顶峰或跌入谷底的功能。

2. BR 指标的研判规则

(1) BR 值的波动较 AR 值敏感,当 BR 值在 70—150 之间波动时,属盘整行情,应保持观望。

(2) 当 BR 值高于 400 时,股价随时可能下跌,应择机卖出;BR 值低于 50 时,股价随时可能反弹回升,应择机买入。

一般情况下,AR 可以单独使用,BR 则需与 AR 并用,才能发挥作用。因此,在同时计算 AR 和 BR 时,AR 与 BR 曲线应绘于同一图内,AR 与 BR 合并后,应用法则如下:

(1) AR 和 BR 同时急速上升,表明股价头部已近,应及时获利了结。

(2) BR 比 AR 低,且指标低于 100 时,可考虑逢低买入。

(3) BR 从顶部回落,跌幅较深时,如 AR 无警示信号出现,可逢低买入。

二、中间意愿指标(CR)

(一) CR 指标的原理和含义

CR 指标也叫做中间意愿指标(C-ratio),有的将其称为人气动量指标,是与 AR 指标、BR 指标极为相似的指标,构造基本相同,计算公式也相似,区别在于设定的基准水平不同。中间意愿指标所设定的基准水平是上一个交易日的中间价,用上一个交易日的中间价与当日的最高价和最低价进行比较,计算出一段时间内多空力量强弱对比。它用当日最高价与前一个交易日中间价的距离表示多方的强度,而用前一个交易日中间价与当日最低价的距离表示空方的强度。

(二) CR 指标的计算方法

以日度计算周期为例,其计算公式为:

$$CR(N) = \frac{P_1}{P_2} \times 100\% \tag{8.23}$$

式中,$P_1 = \sum_{i=0}^{N}(H_i - YM_i)$ 为 N 日多方强度的总和;$P_2 = \sum_{i=0}^{N}(YM_i - L_i)$ 为 N 日空方强度的总和。其中 H 表示今日的最高价,L 表示今日的最低价,YM 表示上一个交易日的中间价。

CR 计算公式中的中间价其实也是一个指标,它是通过对上一交易日的最高价、最低价、开盘价和收盘价进行加权平均而得到的,每个价格的权重可以人为选定。

CR 指标越大,多方力量越强;CR 指标越小,空方力量越强。

与 AR 指标和 BR 指标相比较,可以看出 CR 指标更接近 BR 指标。两者都是以上一个交易日的数据作为新一天的多空双方争斗的起点。两者区别只在均衡点选择上有些不同。从数值上和图形上也可以看出,CR 更接近 BR,与 AR 相差可能很远。CR 指标实例详见图 8-21。

图 8-21　CR 指标实例(浦发银行 2017 年 2 月至 8 月)

(三) CR 指标的研判法则

CR 指标的应用法则与 AR 指标和 BR 指标相似。

(1) 从 CR 指标的取值方面考虑。当 CR 指标的取值低于 90 时,买入一般较为安全。不过,90 这个数字也只是个参考值。CR 指标越低,买入越安全。当 CR 指标取值比较大时,应考虑卖出,这个时候应该参考 AR 指标和 BR 指标的表现。

(2) 从 CR 指标的形态及背离方面考虑。这两个方面其实是相通和相似的,同别的指标一样,只要形成指标与证券价格在底部和顶部的背离,都是采取买卖行动的信号。

三、心理线(PSY)

(一) 心理线的含义

心理线(psychological line)是一种建立在研究投资者心理趋向基础上,分析某段期间内投资者趋向于买方和卖方的心理活动,做出买卖股票参考的一项技术指标。具体而言,它是根据一段时间内收盘价涨跌天数的多少来探究市场交易者的内心趋向,以此作为买卖股票的参数,能够比较准确地显示股价的高峰和低谷。我们可以简单地认为,在一段时间内,上涨是多方占优的结果,下跌是空方占优的结果。心理线就是计算在某一个既定的周期内上涨天数占该段时间段内总天数的比率,并将该比率画在股价走势图上形成的曲线。

(二) PSY 指标的计算方法

PSY 指标主要是从股票投资者买卖趋向的心理方面,对多空双方的力量对比进行探索。它是以一段时间内收盘价涨跌天数的多少为依据,其计算公式如下:

$$PSY(N) = A \div N \times 100 \tag{8.24}$$

其中,N 为周期,是 PSY 的参数,可以为日、周、月、分钟等。A 为周期内股价上涨的次数。

这里判断上涨和下跌是以收盘价为标准,本周期的收盘价如果比上一周期的收盘价高,则定为上涨;比上一周期的收盘价低,则定为下跌。

在 N 天之中,如果上涨的天数过半,则 $PSY > 50$,表明多头占优;而当上涨天数少于下跌天数时,则 $PSY < 50$,表明空头占优;当 $PSY = 50$ 时,说明市场多空力量处于相对平衡状态。因而,PSY 是以 50 为中心来描述多空双方力量的对比。

PSY 的参数可以由投资者根据不同的交易目的及个人偏好进行设定。参数越大,PSY 的取值范围越集中,表现越平稳;参数越小,PSY 曲线波动范围越大,越剧烈。为了便于计算,一般选择 12 日。

(三) PSY 指标的研判规则

(1) 从多空对比来看,心理线以 50 为中心,50 以上为多方市场,50 以下为空方市场。在盘整局面,PSY 的取值应该在以 50 为中心的附近,上下限一般定为 25 和 75。心理线如果取值在 25—75 之间,说明多空双方基本处于平衡状态;如果 PSY 的取值超过了这个平衡状态,就是处于超买或超卖状态。因此,当心理线在 25—75 的常态区域内移动时,为观望信号,一般不宜采取行动;而当心理线在 75—100 之间,表明当前处于超买状态,可以考虑卖出;在 0—25 之间,则表明当前处于超卖状态,可以考虑买入。如果是以 12 天为样本,上涨天数的常态范围是 3—9 天;上涨天数高于 9 天,就是超买;低于 3 天,则是超卖。

(2) 技术指标法则中的背离法则也可以运用在心理线的研判中。心理线最好与其他技术分析方法结合起来使用,如果心理线在低位或高位出现大的 W 底或 M 头,也是买入或卖出的行动信号,如果与成交量配合使用则效果更佳。

(3) 心理线既适用于大势,也适用于个股。心理线的优点是简单实用,容易掌握,适合于短线操作;心理线的缺点是选取的参数、条件过于简单,只有涨或跌两个变数,因而对于行情的变化没有具体数量的反映和表现。另外,在较长时间的弱市中,心理线会出现低位徘徊现象;而在较长时间的牛市中,心理线会出现高位徘徊现象。如果照搬 PSY 的买卖信号,容易造成套牢或踏空。

案例分析

上证50技术指标量化投资策略回溯

我们依据RSI、KDJ、MACD、BOLL四个常用技术指标对上证50成分股建立量化投资策略,回溯时间为2010年到2016年,业绩比较基准是同期沪深300指数收益率。本量化投资策略回溯的目的在于扩大样本选择范围,以尽量避免单只股票选择上的有偏估计,回溯结果如下:

一、KDJ交易策略回测

根据KDJ选股的投资策略为:当股价经过一段很长时间的低位盘整并且K、D都处于50以下时,一旦K线向上突破D线,表明股市即将转强,股价跌势已经结束,可以开始买进股票。当股价经过前期一段很长时间的上升行情后,一旦K线在高位(80以上)向下突破D线时,表明股市即将由强势转为弱市,股价将下跌,这时卖出股票。

上证50利用该策略获得了年化8.65%的收益,期间超额收益为86.23%。该策略收益波动较大,夏普指数为0.156。最大回撤为40.74%(图8-22)。

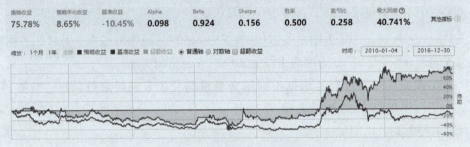

图8-22 上证50KDJ指标交易策略回测

二、RSI交易策略回测

根据RSI选股的投资策略为:RSI小于20为买入信号,RSI大于80为卖出信号。上证50利用该策略获得了年化7.93%的收益,期间超额收益为75.48%。该策略收益波动较大,夏普指数为0.09。最大回撤高达64.84%(图8-23)。

图8-23 上证50RSI指标交易策略回测

三、BOLL 交易策略回测

根据 BOLL 选股的投资策略为：股价跌破 BOLL 线下轨，说明股价跌过了头，为买入信号。股价突破 BOLL 线上轨，说明股价虚高，为卖出信号。

上证 50 利用该策略的年化收益为 -4.4%，期间跑输业绩比较基准 18.91%。该策略收益波动较大，单位总风险的风险溢价是负数，夏普指数为 -0.29。最大回撤为 48.58%（图 8-24）。

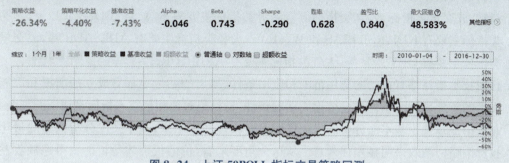

图 8-24　上证 50BOLL 指标交易策略回测

三、MACD 交易策略回测

根据 MACD 选股的投资策略为：DIF-DEA 为正，即红柱出现为买入信号；DIF-DEA 为负，即绿柱出现为卖出信号。

上证 50 利用该策略的年化收益为 -21.19%，期间跑输业绩比较基准 72.76%。该策略收益波动较大，单位总风险的风险溢价是负数，夏普指数为 -0.765。最大回撤高达 81.38%（图 8-25）。

图 8-25　上证 50MACD 指标交易策略回测

综上可知，上证 50 成分股利用技术分析构建简单的量化投资策略没有取得合意的结果。

虽然利用 KDJ 和 RSI 的交易策略上证 50 成分股在样本区间取得了显著的超额收益。但利用 MACD 和 BOLL 的交易策略没有取得超额收益。

相较第三章基于基本面分析的量化投资策略回溯结果，基于技术分析构建的量化投资策略回溯效果明显差强人意。从这个角度来看，价值投资才是长期获得超额收益的根本。

小 结

1. 技术指标分析的研判角度主要可以从技术指标的背离、技术指标的交叉、技术指标的极端值、技术指标的形态、技术指标的转折等方面着手。
2. 根据技术指标的设计原理和应用状况可以大致分为：趋势类指标、震荡类指标、大势类指标、成交量类指标、人气类指标等。趋势类指标主要有 MA、MACD、BOLL 等，震荡类指标主要有 KDJ、RSI、BIAS 和 W%R 等，大势类指标主要有 ADL、ADR 等，成交量类指标主要有 OBV、VR 等，人气类指标主要有 ARBR、CR、PSY 等。
3. 任何技术指标都有自己的适用范围和应用条件，得出的结论也都有成立的前提和可能发生的意外，因此，不管这些结论成立的条件，盲目绝对地相信技术指标是错误的判断。
4. 相较第三章基于基本面分析的量化投资策略收益回溯结果，基于技术分析构建的量化投资策略回溯效果明显差强人意。从这个角度来看，价值投资才是长期获得超额收益的根本。

习 题

1. 运用技术指标的基本法则有哪些？
2. 如何根据 MACD 指标中的 DIF 和 DEA 曲线的相互穿越关系来判断买入和卖出的信号？
3. 如何根据布林线来确定是持股还是持币？
4. 乖离率的研判要点是什么？
5. RSI 的运用法则包括哪些内容？
6. 运用 KDJ 指标时的黄金交叉与死亡交叉的含义是什么？

第九章

投资者个体行为分析

> **教学目的与要求**
>
> 行为金融理论不仅有助于改善个人的决策行为,还有助于广泛地理解市场参与者的实际行动。因此,正确掌握行为金融学的知识,对证券投资分析有着指导意义。本章对投资者个体行为进行分析,通过本章的学习,学生应该掌握:证券市场中个人投资者的非理性心理和行为偏差,传统理论无法解释的异象,行为金融学对异象的解释,前景理论的基本内容、应用及最新发展。

第一节 投资者心理与行为偏差

在现实金融市场中,投资者并不像标准的金融理论中描述的那么理性。投资者在投资过程中常会犯各种错误,这些错误其实是基于一定的心理学基础的。或者说,投资者的判断与决策过程会受到其认知、情绪、意志等各种心理因素的影响,以至于陷入认知陷阱,形成行为偏差。

一、过度自信与过度交易

心理学家发现,人们经常会高估自己的直觉、逻辑推理能力、判断能力以及认知能力,这就是过度自信(overconfidence)。在投资过程中,过度自信主要表现为以下两方面。

预测的过度自信。在进行投资预测时,投资者的置信区间过于狭窄。比如在预测股价未来的变动时,过度自信的投资者估计股票价格将会在上下10%的幅度内波动。但实际数据表明,股票价格的波动范围远大于这个区间,也就是说投资者低估了股票投资的风险。

确定性的过度自信。人们常常会对自己的判断能力过度自信。实验表明,当人们认为自己的选择是100%正确的时候实际的正确概率仅有70%—80%。人们一旦认为投资于某种股票是正确的时候,常常会忽略股票遭受损失的可能性。这样,一旦股票未来的业绩不好,投资者会十分失望。总之,在投资过程中,过度自信的投资者很容易被某些错误信息误导,并产生一些非理性投资行为。

过度交易(over traded)就是一种投资者过度自信心理导致的非理性行为。当前,全球股票市场的交易量巨大。证券市场中的过度交易表现为股票交易的高换手率,而证券的换手率反映了市场的交易量和周转次数。实证表明,高频率的交易往往会降低投资回报率,Odean(1998)的实证表明,大多数交易活跃的共同基金回报率要低于市场回报率。既然高频率的交易并未给大多数基金经理们带来超额收益,甚至使基金收益率低于市场回报率,为何无论是在成熟的证券市场还是新兴的证券市场,股票的换手率都相当高?

过度自信的投资者常常高估自身对证券价格走势判断的准确性并低估风险,也倾向于高估自身所拥有的信息,相信凭这些信息和自身判断能力可以挑选出赢家股票。但事实上,这些信息可能是不完全的,并不足以使其获得较好的投资收益。

除了过度交易,过度自信的投资者还可能会出现以下行为。

第一,过度自信的投资者会高估自己评估股价的能力。如果投资者已经购买了某种股票,他会坚持认为自己的选择是正确的,并且会选择性地忽略这只股票的负面信息,比如最初不应该购买该股票的信息或者应该早一点卖出该股票的信息等。

第二,过度自信的投资者常常会忽略对相关投资的历史数据的研究,从而低估了股票投资的风险,从而对负面因素估计不足。于是投资者常常会遭受意外损失。

第三,过度自信的投资者所持有的证券投资组合往往是分散化不足的。这样,在既定的风险承受能力下,可能会承担过多的风险。

二、证实偏差

证实偏差(confirmation bias)是指人们存在有意去寻找支持某假设的证据的倾向,或者说人们一旦形成一个信念较强的假设或设想,他们会把一些附加证据错误地解释为对其自身来说是有利的,并且不再关注那些否定该设想的新信息。也就是说,人们倾向于"证实"而非"证伪"。在投资过程中,投资者一旦做出某项投资决策,便会去寻找支持这个决策的信息,从而证实自己决策的正确性。同时,忽略与该决策相违背的信息,这就会导致投资者对风险的低估。

Statman 和 Fisher(2002)对 1872-1999 年的股票市场进行考察,试图用"证实"和"证伪"的方法来检验这样一个观点:对于某只股票,它的收益率会随着股息收益率的增加而增加。研究发现,样本中股票的股息收益率中值是 4.43%。把股息收益率高于 4.43% 的定义为高股息收益率的股票,把低于该值的股票定义为低股息收益率的股票。同时,样本中的股票在一年后收益率的中值为 10.5%,他们以类似的方式将样本股票分为低收益率股票和高收益率股票。

表 9-1 描述了股息收益率和一年后收益率的关系。左上角的单元格是低股息收益率股票和低收益率股票的配对,是对原假设的证实,我们称之为正面的确认;右下角是高股

息收益率和高收益率股票的配对,这是对原假设的另一种证实,我们称之为反面的确认。正面和反面的确认都为原假设提供了很好的"证实"证据。另一方面,右上角的单元格对应的是高收益率的股票拥有低股息收益率,这被称为正面的否定;左下角的单元格表示高股息收益率的股票会有低收益率,这是反面的否定。正反面的否定与原假设不一致。当考虑一个观点或假设时,应该不仅仅关注与原假设一致的证据,还应关注与原假设相左的证据。

表9-1 股息收益率与股票收益率的关系

	低收益率股票	高收益率股票
低股息收益率股票	正面的确认	正面的否认
高股息收益率股票	反面的否定	反面的确认

表9-2为Statman和Fisher(2002)的研究结果中得到了33个正面的确认和33个反面的确认,从而证实了股息收益率和股票收益率之间的正向对应关系。但同时,Statman和Fisher(2002)也得到了31个正面的否定和31个反面的否定,否定了原假设。因此,通过对原假设的"证实"和"证伪"两方面的讨论,可以得出结论:股息收益率和一年后股票收益率并没有显著的相关关系。

表9-2 股息收益率与一年后股票收益率的关系(1872—1999)

	低收益率股票	高收益率股票	总 数
低股息收益率股票	33	31	64
高股息收益率股票	31	33	64
总 数	64	64	128

资料来源:Statman和Fisher(2002).

三、锚定效应

当人们对未知事件进行估计时,其判断和决策会受到其他因素的影响。一种常见的现象就是锚定效应,即人们最初获得的信息会制约人们对事件估计的准确性。在估计过程中,人们通常根据最初的信息而非最新信息来分析和对判断进行调整,并且这种调整往往是不充分的,这就导致了估计值与真实值的偏差。

关于锚定效应,有一个著名的例子,在一次基金经理的会议上,Statman和Fisher(1998)提出了这样一个问题:DJIA在1896年是40点,1998年底到达了9181.43点[①]。那如果考虑红利再投资的影响,1998年的DJIA会达到多少点呢?在这次会议上,基金经理对该结果的最高估计是9181.43点的3倍。但实际上,真实的答案达到了652230.87

---

① 作为价格指数,道琼斯工业平均指数(DJIA)刨除了红利再投资的影响。

点。可见,基金经理们在估计过程中产生了锚定效应。

锚定现象与宏观经济学中"价格黏性"(sticky prices)有关。只要过去的价格被用于为新价格提供建议,新价格就趋于接近过去的价格。在证券市场,锚定效应往往表现为对股票价格的锚定。具体表现为:当缺乏与股价明确相关的信息时,投资者往往会把过去的股价等信息看作一个名义锚,并基于这个锚预测未来股价的走势。股价指数在最近达到的顶峰和最近的整体水平,都可能对投资者产生锚定的作用,以至于影响他们的投资决策。对单只股票而言,价格的变化也会受到其他股票价格变化的锚定,市盈率也会受其他公司市盈率的锚定。

四、代表性偏差

人们在不确定的情况下,往往会关注一个事物与另一个事物之间的相似性,如果它们相似,就将它们归为同一范畴而忽略了用概率统计等数理工具对其进行客观的分析和判断。代表性偏差与贝叶斯规则的预测在某些特定场合可能是一致的,从而使投资者的推理遵循贝叶斯规则。贝叶斯法则(Byes' theorem)是指当人们无法准确获知一个事物的本质时,可以依靠与事物特定本质相关事件出现的频率来判断其本质属性的概率。用数学语言表达就是:支持某项属性的事件发生得愈多,则该属性成立的可能性就愈大。运用这些思想处理现实问题的捷径,在大多数时候是很有效的。

人们运用代表性启发判断问题时存在这样的认知倾向:喜欢把事物分为典型的几个类别,对事物进行概率估计时,过分强调这种典型类别的重要性,而不顾其他有关潜在可能性的证据。这种偏差带来的后果就是,当证据实际上是随机出现的时候,投资者还是会倾向于根据历史经验做出判断,却忽略这仅仅是一个随机事件。例如 Bondt 和 Thaler (1985)的研究表明,投资者常常认为随机游走的数据往往并不是随机游走的,他们总是会倾向于对过去业绩或股价表现不好的股票即输家股票表现得过于悲观,而对过去业绩或股价表现良好的股票则表现得过于乐观。这就使得输家股票被投资者低估,而赢家股票被高估,从而导致价格偏离其基本价值。但是,这种错误定价不会长久持续下去,它会随着时间的推移而被纠正。于是长期来看,输家股票的表现会高于市场的平均水平,而赢家股票的表现会低于平均水平。

五、框架依赖

所谓的框架依赖,是指人们对信息的理解、认识依赖于信息呈现时所采用的"框架"。这种"框架"包括问题的表述方式、呈现顺序等,本质相同的信息会因为"框架"的不同而导致人们产生不同的理解,做出不同的决策。框架依赖最早是由 Tversky 和 Kahneman (1981)在研究中发现并提出的。在一次研究中,Kahneman 和 Tversky 让一群被测试大学生面对问题做出选择。假设美国正在准备阻止一种罕见的疾病的迅速蔓延,这种疾病可能导致 600 人死亡。现在提出了对应方案,而表述方式却不同。

(1) 如果采用方案 A,则有 200 人获救;如果采用方案 B,则有 1/3 的机会 600 人全都获救,而有 2/3 的可能是无人获救。

(2) 如果采用方案 A,则有 400 人死亡;如果采用方案 B,则是 1/3 的可能无人死亡,而 2/3 的可能是 600 人全部死亡。

上述两种表达方式虽然不同,但是表达的意思却是完全一样的,但两组受试者的选择结果却差别很大。在面对第一种表述时,72%的人选择了方案 A;而在面对第二种表述时,却有 78%的人选择了方案 B。Kahneman 和 Tversky 是这样解释这种现象的:在第一种表达方式中,结果是以收益来描述的,即人们把生命的获救看成是一种收益。而在第二种表述中,结果是以损失来描述的,人们把生命的失去看成是一种损失。被测试者因问题的表述不同而对于问题的理解不同,这就是典型的框架依赖。

资本市场的投资者也存在类似的框架依赖偏差。投资者是以信息为基础来进行决策的,因此当投资者的决策过程存在"框架依赖"时,信息度量方式的不同将可能导致投资者对该信息做出不同的反应,从而制定不同的决策。这种对相同信息做出不同理解的现象,完全取决于投资者接收信息时的外围环境以及信息呈现的方式。投资者自己很可能意识不到这种"框架依赖偏差"的存在,因为投资者总是认为自己是理性的,做出了最好的选择。

六、损失厌恶与禀赋效应

所谓损失厌恶(loss aversion)是指当决策者面对同样数量的收益和损失时,损失会使决策者产生更大的情绪波动。Kahneman 和 Tversky(1979)做的相关心理学实验表明:当面对相同数量的损失和收益时,损失给人们带来的负效用为等量收益的正效用的 2.5 倍。损失厌恶表明人们的风险偏好并不总是一致的,当面对收益时,人们表现为风险厌恶;而面对损失时,人们又表现为风险偏好。

损失厌恶导致投资者放弃一项资产的负效用大于获得一项资产的正效用,使投资者更愿意维持现状而不愿意放弃已拥有的资产,这种现象被称为禀赋效应(endowment effect)。即同样一个东西,如果我们本来就拥有,那么卖价会很高;如果我们本来就没有,那我们愿意支付的价钱会相对卖价来说更低。股票市场上,长期的收益往往伴随着周期性的短期损失,一些短视的投资者往往会过分关注短期的损失,Benartzi 和 Thaler(1995)将这种现象称为"短视的损失厌恶"。投资者在短视的情况下对短期收益和损失十分关心,总是不停地清点自己的资产,对长期的表现却不在意。这导致投资者不愿长期持有股票,而愿意把资金投向稳定的债券和基金,从而错失巨大的盈利机会。

七、后悔厌恶与处置效应

后悔厌恶(regret aversion)指的是当人们做出错误的决策时,为了避免后悔带给自己痛苦的情绪体验,人们常常会做出一些非理性的行为。后悔厌恶会造成"认知失调",认知失调是指当人们面对能够证明他们错误的证据时内心的矛盾。在这种矛盾的状态下,决策者为了避免后悔的痛苦情绪体验,可能不愿意接受能证实自己错误的信息,甚至提出歪曲的理念来维持自己的信念或假设。损失厌恶和后悔厌恶能较好解释股票市场中的处置效应。

在处置效应(disposition effect)中,投资者盈利时是风险规避者,亏损时则表现为风险偏好者。在投资者盈利时,面对确定的收益和不确定的未来走势,投资者为了避免因价格下跌而导致原有的收益丧失往往会卖出该盈利股票,锁定既得收益;当投资者的某只股票处于亏损状态时,面对确定的损失和未来不确定的走势,为避免立即兑现亏损而带来的后悔,产生股票止跌反弹的希望,投资者倾向于继续持有股票"赌一把"。这一效应即为所谓的"出赢保亏"效应。

第二节 证券市场的异象

证券市场上存在大量无法用有效市场理论和现有的定价模型来解释的现象,这些现象被称为"异象"(anomalies)。包括规模溢价之谜、日历效应、股权溢价之谜等等。

在有效市场条件下,这些股票收益异常的现象是不会长期存在的,原因是投资者会利用这些规律和现象进行套利活动,获得超额收益。随着套利活动的进行,套利空间收窄,直到无法套利,所有投资者仅获得平均回报。但是大量实证表明,这些异象在众多国家都普遍存在。

一、证券市场异象

(一)规模溢价之谜与日历效应

规模溢价之谜(size premium puzzle)也称小公司效应,是指股票收益率与公司规模呈现负相关关系,即规模越小的公司,其股票收益率越高。Banz(1981)是首位发现该效应的学者,研究发现在美国无论是总收益率还是风险调节后的收益率都同公司的规模呈现反向变动关系。Fama 和 French(1992)对 1963-1990 年在纽交所、美国证券交易所和纳斯达克上市交易的股票进行实证分析,发现在样本期间内市值最小的 10% 股票的收益率高于市值最大的 10% 股票的收益率,且每月收益率高出 0.74%。Siegel(1998)对 1926-1996 年期间纽交所上市公司股票进行研究,市值在前 10% 的股票年收益率为 9.84%,而市值在后 10% 的股票年收益率高达 13.83%。

在我国也存在类似的小公司效应。投资于我国证券市场的投资经验表明,投资小盘股的收益率在长期来看通常高于大盘股。一方面是因为小盘股可以用较少的资金量控制盘面,从而达到操纵股价的目的,另一方面是因为小盘股尤其是那些业绩差存在重组空间的小盘股,可以利用概念来炒作。章晓霞,吴冲锋(2005)对小公司效应在我国证券市场的存在进行了研究,利用 1995 年 12 月-2004 年 6 月的股票数据,发现我国股票市场也存在小公司效应(表 9-3)。

表 9-3　我国股票按照流通市值分组的月度收益率(1995.12-2004.06)

流通市值(亿元)	月平均收益率(%)	流通市值(亿元)	月平均收益率(%)
4.12	0.667	11.72	−0.066
6.31	0.412	24.27	−0.097
8.46	0.023		

资料来源：章晓霞，吴冲锋(2005).

对于同一只股票，一月的收益率水平通常高于其他 11 个月的收益率的现象称为元月效应(January effect)。Rozeff 和 Kinney(1976)发现，1904-1974 年间，纽交所的股票指数一月份的收益率明显高于其他 11 个月份的。Mark Haug 和 Mark Hirschey(2006)研究了 1802-2004 年纽交所的股票指数，统计表明，一月份的月度平均投资回报率高出其他月份 0.4%。其中，1987-2007 年间，元月效应更为明显，一月的月平均收益率高出其他月份 1.24%。

在我国，元月效应变形为了"春节效应"，即春节过后，我国股票的表现优于其他时间段。除元月效应外，与时间相关的超额收益率的异象还包括周末效应、节日效应、开盘和收盘效应等，这些效应统称为日历效应(calendar effect)。

有趣的是，小公司效应和元月效应存在高度相关性，即小公司效应大都发生在一月，而一月效应现象主要体现在市值规模较小的公司股票中。但这显然与半强式有效市场的假设相违背，因为公司市值和元月的到来都是已知消息，在半强有效市场中，基于已知消息是无法获得超额收益的。

(二) 账面市值比效应

账面市值比效应(book-to-market effect)指股票收益率随着账面市值比的上升而升高的现象。众多投资者利用账面比(book-to-market ratio，B/M)或市盈率(PE)来选择证券组合，它们可粗略地用来估计股票价格的便宜程度。账面市值比低的公司股票被称为成长型股票，该比例高的股票被称为价值型股票，投资于高账面市值比的投资则称为价值投资。Lakonishok 等(1994)发现，低账面市值比的股票较高账面市值比的收益率要低，且风险更大。他们把在纽约证券交易所、美国证券交易所和纳斯达克市场上交易的股票，按照账面市值比从小到大排列，并按 10% 的间隔对股票进行分组，并计算每组股票在下一年的平均收益，账面市值比最高的 10% 的股票平均收益率比最低的 10% 的平均收益率每月高 1.53%。该现象在大盘下跌和经济衰退时尤为明显。

账面市值比效应在我国证券市场上也普遍存在。朱宝宪、何治国(2002)对我国 1995 年以前上市的公司按照账面市值比大小进行排序，对 1996 年的股票收益率进行对比，发现股票收益率随着账面市值比上升而升高。

从历史数据来看，账面市值比大的公司风险比账面市值比小的公司小，因此用 β 系数无法解释高账面市值比股票的超额收益。规模溢价之谜、账面市值比效应都描述了在证券市场中利用市场上已知信息可获得超额收益，这明显违反了半强式有效市场的假设。

我们将这几种现象统称为"横截面报酬可预测性"(return predictability)。

(三) 股权溢价之谜

股权溢价之谜(equity premium puzzle)是由 Mehra 和 Prescott(1985)提出的。研究发现,1889—1978年,无风险的短期证券实际收益率为0.8%,而同期,标普综合指数的平均年实际收益率高达6.98%,年均溢价为6.18%。Campbell 和 Cochrane(1999)对1871—1993年标普综合指数的平均对数收益率进行分析,发现该收益率比同期商业票据平均收益率高3.9%。

对股权溢价的通常解释是,相比于无风险或低风险资产,股票承担着较高风险,股票的高溢价可用风险与收益相对应来解释。美国股票的历史收益率标准差约为20%,而短期国债收益率的标准差仅为4%左右。由此可看出,投资股票的风险确实远高于低风险资产的风险。从短期来看,投资于股票确实较容易出现损失,但长期的收益率却是十分诱人的。因此有人认为,从长期来看,短期风险并不能对股票溢价做出完美解释。因为,在较长的一段时间中,股票可以看成收益较为固定的长期债券,并不具有较高风险。基于消费的资产定价模型认为,股权溢价由跨时期的消费边际替代率和股票收益率的协方差决定,在较长的时间段里,消费价格指数的变化较大,因此具有很大的购买力风险。

从风险角度并不能很好地解释股权溢价之谜,也无法解释为什么股票的长期收益高于债券。同时,在股票长期风险并不高的情况下,人们还会大量投资于债券。

(四) 反转效应与惯性效应

惯性效应(momentum effect)是指短时间内表现较好的股票将会持续其优异表现,表现差的股票则持续其不佳表现。具体来说,股票的价格走势在短期内具有持续性,同时中期价格具有向某一方向连续变动的趋势。当公司业绩公告、股份回购、红利派发和股票拆分等消息公布时,公司股价短期内仍然沿原方向运动。与此相对应的是反转效应(reversal effect),即在较长一段时间内,表现差的股票在一段时间之后经历程度相当大的好转,而表现好的股票在一段时间后会转而出现变差的现象。其主要表现为,当前的股票收益同未来第3—5年的收益存在负相关关系,尽管相关关系为弱相关。连续盈利不佳的股票很可能随后会超过连续盈利较好的股票,长期盈利增长率最被看好的公司股票收益会低于不被看好的公司股票收益。

Conrad 和 Kual(1998)对1926—1989年在纽约证券交易所和美国证券交易所上市的所有股票采用了120种交易策略进行模拟投资操作。其中有一半策略获得显著正收益,并且利用惯性效应和反转效应的策略各占到一半。另外,盈利的惯性策略多集中在中等长度的投资期限中,即3—12个月内;盈利的反转策略则多集中在短期(1周至1个月)和长期(3—5年)中。由此可见,在中短期内,股票报酬呈现正的自相关,而在长期,则为负的自相关。在这些策略中,过去的价格和收益率对未来股价走势具有预测作用。

我们将反转效应和惯性效应合称为"时间序列报酬可预测性"(time-series predictability)。时间序列报酬可预测性的存在违背了弱有效市场中"利用历史信息在证券市场中无法获得超额收益"的定律。

（五）封闭式基金折价之谜

相对于开放式基金，封闭式基金只发行固定份额、募集固定金额的资金进行股票投资。因此在封闭期结束之前，投资者要退出，只能通过转手其所持有基金份额的方式退出。根据传统的资本资产定价模型，基金无法获得超额收益，不同基金之间收益率的差异仅源于基金 β 值的差异，即风险贡献度越高的基金，会获得越高的收益率作为对高风险的补偿，但并不会获得超额收益。因此从理论上来说，基金的交易价格应该等于基金净值，也就是内在价值。但 Zweig(1973)发现，现实当中，长期存在封闭式基金的交易价格远低于基金净值的情况，并且折价程度不一，这就是"封闭式基金折价之谜"(puzzle of closed-end mutual fund)。实证表明，折价10%—20%已是普遍现象。

二、对证券市场异象的解释

（一）对"横截面报酬可预测性"的解释

对横截面报酬可预测性的行为金融模型分为动态和静态模型。静态模型描述了特定投资者心理因素导致的信念偏差对均衡股票收益率的影响。Daniel 等（2001）假定市场上存在两类交易者：过度自信的投资者和风险厌恶的理性套利者，并在此基础上构建一个静态定价模型。通过该模型，均衡的资产价格不但跟风险因子相关，还和定价偏差的代理变量相关。代理变量可以是公司市值规模、账面市值比、PE 等。该模型可用来解释规模溢价之谜、账面市值比效应两种异象。但风险厌恶套利者的存在可以消除投资者对特定因子过度自信的影响，却无法消除对系统因子过度自信的影响。

为了进一步解释横截面报酬可预测性这些异象，学者们通过描述投资者信念的动态更新过程，构建了动态模型。Barberis 和 Huang(2001)以损失规避和心理账户来解释股票报酬异常行为。在该模型中，个别股票的心理账户是指投资人只关心个别股票，对该股票的波动有损失规避的倾向，且其投资决策会受到前一次投资绩效的影响。同理，投资组合的心理账户则是指投资人关心的是其总的投资组合的绩效，对投资组合的价格波动存在损失规避，其决策受到上一次投资绩效情况的影响。对于小公司效应，该模型的解释是，规模较大的公司在过去的表现较优，投资人视之为低风险低报酬的投资标的，而小公司股票在过去表现较差，因此投资者认为它们是高风险和高报酬的。对于账面市值比效应，该模型同样也可以给予解释。

（二）对"股权溢价之谜"的解释

在行为金融中，学者们通常用前景理论对股权溢价之谜进行解释。Benartzi 和 Thaler(1995)的研究认为，根据前景理论，人们有规避短期损失的倾向。短期的损失厌恶会让大部分投资者放弃股票投资在长期的高回报性，转而投资在短期内价格较稳定的债券。

此外，Thaler 和 Johnson(1990)提出了私房钱效应。私房钱效应是指人们将在博弈中赢得的钱计算为"独立账目"，与其他途径得到的财富相区别。在利好消息推动股价上涨时，投资者为获得资本利得而进入市场，此时私房钱效应会降低投资人风险规避程度，即使随后出现损失，之前已获得的"私房钱"会减少此时损失带来的痛苦，此时投资人会用较低的折现率对未来现金流或股价进行折现，从而得出偏高的股价。相反，若股价下跌，投资者风险规避程度上升，折现率增加，得出偏低的股价。由于投资者在股价不同的涨跌趋势中风险偏好的不一致，导致股价波动性增大。而在资产定价模型中，股价的高波动性会带来高股权溢价。

（三）对"时间序列报酬可预测性"的解释

对于报酬的时间序列可预测性，Fama(1991)认为这是源于报酬随时间变化的特性，未必是市场无效率的证据。但在行为金融理论中，反转效应和惯性效应这一异常反应均指向了股票价格存在系统性过度反应（over-reaction）和反应不足（under-reaction）。过度反应是指投资者对最近价格的变化赋予过大的权重而忽视了对近期趋势的外推；反应不足是指股票价格对影响公司基本面的信息未作出充分和及时的反应。

代表性启发和保守主义是造成这一现象的重要心理因素。人们进行投资决策时，代表性启发往往会使投资者过分重视近期的信息，而忽略了这些数据总体特征，并且代表性启发容易使投资者倾向于使用小样本现象反应全局现象，于是可能造成人们对某些信息的过度反应。保守主义则是投资者未能及时根据信息的变化作出调整和修正对局势的认知，从而导致预测模型的滞后性，引起股价反应不足。

此外，过度自信和自我归因也会导致这一现象。过度自信是指投资者会夸大自身对股票价值判断的准确性而忽略了外界给出的评价；自我归因是指人们在投资过程中会将投资的成功归为自身因素，而将投资的失败认为是源于外界或者偶然，该心理会加重过度自信，使投资者高估自身所拥有的信息、低估关于股票价值的公开信息。随着公共信息逐渐战胜行为偏差，投资者对个人信息的过度反应和对公共信息的反应不足，会导致股票报酬短期的持续性和长期的反转性。

Hong和Stein(1999)的理论则认为，假设证券市场上存在两类投资者：信息挖掘者和惯性交易者，两类投资者都是理性的，但其所依据的信息集是不完整且不相同的。信息挖掘者通过观察基本面信息，并且在短期内利用自身观察到的私人信息对股价进行估计，但其并不关心反映股票实际价格的信息；惯性交易者则是依赖于过去股票价格的变动趋势而非基本面信息进行判断和交易。由于这两类投资者的存在，股价最初取决于信息挖掘者的行为，因为基本面信息是由信息挖掘者获取并且在他们之间逐渐传播的，由于每个信息挖掘投资者在最初对股票的认知不够全面，并且基本面信息传播是渐进的而非迅速的，股价开始会表现为反应不足。这就给了另一类交易者——惯性交易者套利机会，该类交易者根据股价变化趋势，利用股价会在短期内延续之前的变化趋势，如在股价下跌时卖出股票，从而推动股价进一步下跌，这就出现了股价在短期内的惯性反应，此时股价的下跌会引来又一波的股票卖出，进一步拉低股价。当股价下跌到大大背离了其基本面时，就表现为另一个极端——反应过度。当长期股价最终向基本面回归时，就会表现为股价的反转。

（四）对"封闭式基金折价之谜"的解释

Lee,Shleifer 和 Thaler(1991)提出了关于封闭式基金困惑的行为金融学解释。他们认为，持有封闭式基金的个人投资者中有一些是噪声交易者，噪声交易者对未来收益的预期很容易受到不可预测变动的影响，当噪声交易者对收益持乐观态度时，基金的交易价格就会上涨，出现相对于基金资产净值的溢价或较小的折价；当噪声交易者对收益持悲观态度时，基金的交易价格就会下跌，出现相对于基金资产净值的较大的折价。因此，持有封闭式基金就有两部分风险：基金资产价值的波动和噪声交易者情绪的波动，投资者持有封闭式基金比持有基金投资组合的风险更大。如果噪声交易者风险具有系统性，那么理性投资者就会要求对此进行补偿，封闭式基金的市场价格应低于其投资组合的资产净值，由此产生了封闭式基金的长期折价交易现象。

这个观点还解释了为什么封闭式基金在最初卖出时会获得溢价。基金发行人会选择在市场人气旺盛的时候发行新的基金，因为他们知道此时封闭式基金可以溢价发行。而当封闭式基金清盘的时候，投资者无需担心有噪声交易者情绪的干扰，因为噪声交易者知道在清盘的时候封闭式基金的价格和净资产价值是相同的。因此，投资者就不再要求对噪声交易者风险取得补偿，基金的价格就会朝净资产价值回归。投资者情绪的波动对封闭式基金的价格有很大的影响。由于持有封闭式基金的风险大于直接持有基金投资组合的风险，并且这一风险是系统性的，因此，投资者对所持有的基金份额的资产收益率的要求平均来说要高于直接购买基金投资组合内资产的收益率。这就意味着基金必须以低于其资产净值的价格（折价）来吸引投资者持有其份额。

第三节 前景理论

前景理论探讨的是在证券市场中投资者的偏好和决策的问题，是行为金融学最为重要、最为学术界认可的理论基础之一。传统的预期效用理论无法完全解释个人在不确定性下的行为决策。为解决这一局限，前景理论引入了价值函数和决策权重函数，同时将人类心理特征引入到价格预期中，这是极具突破性的理论创新。

前景理论的提出者 Kahneman 和 Tversky(1979)的研究认为，投资者在做出投资决策时，受到了与得失相关的不合理情绪的影响，其行为具有以下特点：(1)投资者更加看重的是财富的相对变化量而不是财富的绝对值；(2)投资者面临条件相当的损失前景时倾向于冒险赌博，而面临条件相当的盈利前景时倾向于接受确定性盈利；(3)损失带来的痛苦大于等量盈利带来的快乐。

一、前景理论的基本内容

（一）违反传统预期效用理论的三个效应

前面提到，传统的预期效用理论在现实中并不能解释所有现象。Kahneman 和

Tversky(1979)通过问卷调查,总结出了违背传统预期效用理论的三个效应。

1. 确定性效应

确定性效应(certainty effect)是指个人对确定性结局的重视程度要大于不确定性结局。下面用一个案例来说明。

首先假设有两个赌局:① 有33%的机会获得2 500美元,66%的机会获得2 400美元,另外1%的机会获得0美元;② 确定得到2 400美元。Kahneman和Tversky做的问卷调查显示,有82%的受访者会选择第二个赌局。基于预期效用理论,如果$u(\cdot)$表示效用函数,对比两个赌局有:$u(2400) > 33\% u(2500) + 66\% u(2400)$,即$34\% u(2400) > 33\% u(2500)$。

再重新假设两个赌局:① 33%的机会获得2 500美元,67%的机会获得0美元;② 34%的机会获得2 400美元,66%的机会获得0美元。83%的受访者表示会选择第一个赌局。从效用函数来看,对比两个赌局有:$33\% u(2500) > 34\% u(2400)$。对比两个效用函数不等式,就会发现两个式子明显矛盾。这就反映了在确定和不确定下,赌徒的效用函数是不一致的,人们的效用函数会低估不确定性情况下的结果,高估确定性情况下的结果。该效应体现在证券投资市场中,则表现为投资者在面临条件相当的盈利前景时,更青睐于确定性的盈利。

2. 反射效应

把上述的案例条件改一下,将获得收益改为损失。在接下来的案例中可以发现,个人面对利得和损失的偏好是相反的。个人在面对损失时有风险偏好的倾向,即面对损失,大家愿意赌一把。

此处首先假设有两个赌局:① 有80%的概率获得4 000美元;② 100%的概率获得3 000美元。问卷调查显示,有80%的受访者选择第二个赌局。现在将赌局的结果由获得美金奖励改为遭受损失,相关赌局改为:① 有80%的概率损失4 000美元;② 100%的概率损失3 000美元。在这种情况下,90%的受访者表示会选择第一个赌局。

根据以上案例的对比,得出了反射效应。反射效应是指人们对于获得和损失的偏好是不对称的。面对可能的损失时,人们有风险偏好的倾向;面对盈利时,人们有风险规避的倾向。该效应解释了为何大部分人在赌博赢了钱时,注码越下越小;但输钱时,就越赌越大。

3. 分离效应

下面设计一个两阶段赌局和一个普通赌局。

两阶段赌局:在赌局的第一阶段,有75%的概率得不到任何奖品而出局,25%的概率进入下一阶段的赌局。到了第二阶段有两种选择:一个选择是有80%的概率获得4 000美元,20%的概率什么都没有;另一个选择是确定获得3 000美金。在该赌局中,若赌徒在第二阶段选择第一个选择,则从整个赌局来看,有20%的概率获得4 000美金,若赌徒在第二阶段选择第二个选择,则有25%的概率获得3 000美金。问卷调查中,78%的受访者选择后者。

普通赌局:一个选择是有20%的概率获得4 000美元,80%的概率什么都没有;另一个选择是25%的机会获得3 000美金。大部分受访者选择前者。

对比以上两个赌局,我们可以发现,在两阶段赌局中,个人会忽略第一个阶段的不确定性而直接考虑第二阶段的选择,即人具有短视(myopia)行为。若只考虑最后的结果和概率,人们面临的是两个不确定的"待选择前景(prospects)"这两种情况的预期值相同。若采用传统的预期效用理论对两者进行衡量,这两个赌局是相同的,但实验结果并未支持这一结论。这就说明了人们会因为问题描述方式不同而有不同的分解方式和选择,这就是框架依赖效应。

(二) 前景理论基本内容

为了解释上述各种赌局中的"异象",Kahneman和Tversky(1979)提出了前景理论。前景理论之所以称之为前景理论,是因为个体进行决策实际上是对不同前景选择的过程。前景理论发现了理性决策研究者没有意识到的行为模式,Kahneman和Tversky把这些行为模式归因于以下两种缺陷:① 个人情绪会破坏人的理性决策,减少其在理性决策中必不可少的自我控制力;② 人们未必能完全理解所遇到的问题,即心理学家所说的认知困难。

1. 个人风险决策过程

在传统的预期效用理论中,投资者的个人决策框架是依据自身财富水平和结果发生的概率而做出的预期效用最优化的选择。这符合传统西方经济学中经典效用函数的推断,但这是建立在投资者充分掌握和理解信息的基础上。但在现实证券市场中,投资者由于受到信息获取不充分、自身判断能力有限、心理素质不佳等因素的制约,大部分投资者都无法做出预期效用理论所描述的决策结果。

Kahneman和Tversky认为,个人风险条件下的决策过程可分为两阶段:编辑阶段(editng phase),对事件的结果进行初步分析,使待选择前景有更简化的表达形式;估值阶段(evaluation phase),对编辑过的待选择前景进行估值,并选出价值最高的一个。

定义一个prospect,表示为$(x, p; y, q)$,赌徒获得x的概率为p,获得y的概率为q,该前景最多只有两个非零的结局。

编辑阶段的作用是对选项进行重新组织,包括数据的简化、重新编码和整合等。编辑阶段主要包括以下几个内容。

(1) 编码(coding):人们在不确定性情况下,通常关注的是收益和损失,而非财富或福利的最终状态。收益和损失的定义依赖于参考点的选择。通常,参考点与现有资产状况有关,在该情况下,收益和损失与获得或付出的真实数量是一致的。但有时候参考点的位置受到目前面临的前景的情况(或者说是前景的表达方式)和决策者预期影响。

(2) 合并(combination):将前景中出现相同结局的概率合并,简化问题。如prospect$(300, 0.25; 300, 0.20)$会被合并为$(300, 0.45)$。

(3) 剥离(segregation):对于严格为正或严格为负的前景,人们会将其分解为无风险因子和风险因子,并将无风险因子从中剥离。如prospect$(500, 0.8; 300, 0.2)$,两种可能的结果都至少获得300,前景可被分解为300的无风险因子和(200,0.8)的风险因子。同样,prospect(−500,0.8;−300,0.2)可分解为−300的无风险因子和(−200,0.8)的风险因子。

(4) 取消(cancellation):删除一般包括两种情况,一种是前面在两阶段赌局中提到的,个人对于一个两阶段前景,会忽略第一阶段而只考虑第二阶段;另一种情况是人们往往抛弃掉共有的组成部分。如在prospect(200,0.2;100,0.5;−50,0.3)和prospect(200,0.2;150,0.5;−100,0.3)中选择,可以通过取消两者的公共部分(200,0.2),简化为(100,0.5;−50,0.3)和(150,0.5;−100,0.3)两者二选一。

(5) 简化(simplification):简化是通过对概率或结果进行凑整使前景得到简化。如prospect(101,0.49)可重新编码为以50%的机会获得100。简化的重要形式是放弃发生概率极小的结果。

编辑阶段之后是估值阶段。在这一阶段中,决策者对前景进行估值,并选择出对决策者最优的前景。在前景理论中,π表示与概率p相对应的决策权重,v表示对每一前景结果评估的主观价值。此处的$v(\cdot)$区别于传统效用函数$u(\cdot)$,$u(\cdot)$反映的是该结果距离参考点的程度,也就是损失或者收益的价值,对特定的结果,不同的决策者所对应的u相同,而$v(\cdot)$不仅受制于结果距离参考点的程度,还受到决策者主观因素的影响。

假定prospect$(x,p;y,q)$,这种形式最多有两种非零的结果。其中,决策者有p的概率获得x,有q的概率获得y,有$1-p-q$的概率获得0,且$p+q\leqslant 1$。当结果均为正且$p+q=1$时,可以认为被提出的前景严格为正;相反,如果结果均为负,且$p+q=1$,前景严格为负。如果一个前景既不是严格为正,也非严格为负,则称之为一般性前景。下面分情况讨论。

(1) 一般性前景。prospect$(x,p;y,q)$为一般性前景($p+q<1$,或$x\geqslant 0\geqslant y$,或$y\geqslant 0\geqslant x$)时,有:

$$V(x,p;y,q)=\pi(p)v(x)+\pi(q)v(y) \tag{9.1}$$

其中$\pi(\cdot)$为决策权重函数,$v(x)$和$v(y)$分别是前景的不同结果的价值。对一般性前景,有$\pi(0)=0,\pi(1)=1,v(0)=0$。

(2) 严格为正或为负的前景。对于严格为正或为负的前景,估值遵循不同的规则。在编辑阶段,这些前景被分为两个部分:无风险部分和风险部分。前者表示确定的获得或付出,后者为现实中未确定的附加收益或损失。下列方程描述了这类前景的估值:

假设$p+q=1$,且$x>y>0$,或$x<y<0$,则有:

$$V(x,p;y,q)=v(y)+\pi(p)[v(x)-v(y)] \tag{9.2}$$

该表达式可简化为:

$$V(x,p;y,q)=\pi(p)v(x)+[1-\pi(p)]v(y) \tag{9.3}$$

若$\pi(p)+\pi(1-p)=1$,则式(9.3)可变形为(9.1)。即此时,严格为正或为负的前景与一般性前景的价值表达是一致的。

前景理论的表达式保留了构成预期效用理论基础的双曲线形式,但关注的是价值的改变而非最终状态,且决策权重与先前固定的概率并不是一样的。这些与传统预期效用理论的差异,必然会导致标准金融理论在决策行为中无法导出可接受的结果,如非恒定性、非传递性和对优势性的违背等,而这些恰恰违背了预期效用理论的公理性假设。

2. 价值函数

心理学表明,人通常不是从总财富角度考虑问题,而是从财富的变化状况来考虑。这一假设是前景理论的核心。前景理论的巨大创新之一是用价值函数 $v(\cdot)$ 替换了传统的效用函数,从而将价值的载体落实到财富的改变上,很好地贴合了非理性决策者的决策心态。Kahneman 和 Tversky(1979)提出了价值函数(value function)与决策权重(decision weight)模型来代替预期效用和主观概率模型。价值函数可表达为:

$$V = \sum_{i=1}^{n} \pi(p_i) v(x_i) \tag{9.4}$$

价值函数中,$\pi(p)$ 是决策者的决策权重,是一种评价概率的单调增函数。$v(x)$ 是决策者主观感受所形成的价值,该价值反映的是相对于参考点的价值变化而非价值的绝对值。该假设与现实中决策者的行为规律相吻合。如当人们对光、声音或温度这些属性做出反应时,过去或现在的经验为其提供了参照点,刺激通过与参考点的对比而被人感知。因此,一个给定温度的物体可能根据一个人对温度的适应情况而被判断为"摸起来是热的"或者"摸起来是冷的"。同一原理也适用于非感觉属性,如健康和财富等。例如,同样的财富对富裕和贫穷的人来说意义不一样。

下面来看一下价值函数的重要特性。

(1) 价值函数是单调递增的。不难理解,对于决策者来说,收益比损失要好,且收益越大价值越高,而损失越大,价值越低。

(2) 价值函数经过原点。价值函数是相对于参考点而言的,也就是说,$v(x)$ 中的 x 是指相对于参考点的变化量而非绝对量,并且 $v(0)=0$。因此,价值函数的图像以参考点为原点,以相对于参考点的收益或损失为自变量。

(3) 根据前面的"反射效应",价值函数是以原点为中心、向收益和损失两个方向偏离的反射状。并且,面对利得,价值函数为凹函数,体现出风险厌恶。从直观上来看,获得 1 000 美元相对于获得 900 美元带来的喜悦感的增加远低于获得 200 美元相对于获得 100 美元获得的喜悦感的增加,也就是说随着盈利的增加,边际盈利带来的价值上升程度是降低的。面对损失,价值函数为凸函数,体现出风险偏好。损失 1 000 美元和 900 美元之间的价值差额比损失 200 美元和 100 美元的价值差额要小。

(4) 价值函数在损失部分上的斜率比盈利部分的斜率要大,即 $v'(x) < v'(-x)$,$(x > 0)$。对财富变化态度的一个突出特征是损失变化的影响要大于收益变化。现实当中 $(x, 0.5; -x, 0.5)$ 的对称式的赌博对赌徒来说是没有吸引力的。而对对称式赌博的厌恶随着赌注的增加而增加，也就是说，当 $x>0$ 时，对于任意小的 $\Delta x>0$，人们更倾向于 $(x,0.5;-x,0.5)$ 而非 $(x+\Delta x,0.5;-x-\Delta x,0.5)$。因此有：$v(x+\Delta x)+v(-x-\Delta x)<v(x)+v(-x)$。经简单的数学变换，有：

$$\frac{v(x+\Delta x)-v(x)}{\Delta x}<\frac{v(-x-\Delta x+\Delta x)-v(-x-\Delta x)}{\Delta x} \tag{9.5}$$

当 Δx 趋近于 0 时，有 $v'(x)<v'(-x)$，即损失的价值函数要比获利时的函数要陡峭。

根据以上特性，将盈利和亏损两部分价值函数合并，得到了在第一和第三象限的、关于原点呈放射状的函数图像，如图 9-1。

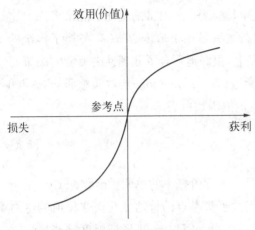

图 9-1　前景理论的价值函数

资料来源：Kahneman, Tversky(1979).

3. 参考点

相较于预期效用理论，前景理论的价值函数有一个重要特点就是：该函数在图形上有一个拐点，该点为参考点。对不同的决策者，参考点不同，它是由决策者主观决定的。Thaler 和 Johnson(1990) 发现，在特定情况下，盈利会增加个人参与赌局的意愿。通过以下的实验说明。

Thaler 和 Johnson(1990) 让一组学生假设他们已经拥有 30 美元。现在有一个抛硬币赌局，若正面朝上，则获得 9 美元，反之输掉 9 美元。实验结果表明，70% 的学生接受了这个赌局。再让另一组学生假设他们在赌局刚开始时一无所有，再提出抛硬币赌局游戏，这次如果正面朝上可获得 39 美元，反之可获得 21 美元，如果不接受游戏可获得 30 美元。在该实验中，仅有 43% 的人接受了游戏。其实从最终结果来看，两组学生的选择组合是一样的，即最后都是 39 美元、21 美元和 30 美元。开始有钱的人更倾向于赌博，而开始一无所有的人却趋于保守。对于两组学生来说，30 美元和 0 美元成了各自的决策参考点。在不同的参考点，人们的态度最可能发生变化。

参考点的选择有很多，可以是特定时间的组合市值，也可以是单个证券的购买价格，或者是托付给基金管理人的初始资产规模等。Barber 和 Odean(1999) 认为，除了证券的买价以外，价格的未来走势也会影响到参考点。假设某人买了一套价值 100 万的房子，但预期到未来房价会上涨，且房价最低会达到 200 万，此时若要出售房子，其参考点很可能就不是 100 万而是 200 万。

4. 权重函数

人在进行不确定性决策时，要借助概率来做出适当的决策。概率论和统计学为处理概率信息提供了形式化模型，但人们在决策过程中利用直觉去加工不确定性信息时，往往会偏离这些形式化模型的要求。概率可以分为客观概率和主观概率。客观概率是基于对事件物理形式的分析,如硬币有两面,抛硬币正面朝上和反面朝上的概率各为 1/2。主观概率是人们对某一随机事件可能出现的频率做出主观的推测。如主观概率为 1 表示判断某个事件一定会发生,反之,主观概率为 0,则表示人主观认为该事件一定不会发生,而各中间值则反映不同的信心水平。主观概率往往是基于个人经验。由于人们在加工不确定性信息时,常会陷入某些认知偏差,因此,主观概率和客观概率往往不相符。

预期效用理论认为,一个不确定性前景的价值可通过将各可能出现的结果以它们出现的概率加权求和来得到。此处用到的概率为客观概率。而在现实当中,人们做决策的时候往往是基于自身的经验,采用主观概率,由于主观概率对客观概率的偏离,预期效用理论并不能很好地刻画人们对前景价值的评判。

假如 A 有一张彩票,该彩票的开奖结果仅有可能是 300 美元奖金和什么都没有。那在 A 心里,该彩票的价值是如何随着获得 300 美元美金的概率的变化而变化的呢?若根据传统预期效用理论,有:

$$V = P \times U(300) + (1-P) \times U(0) \tag{9.6}$$

其中 P 表示中奖概率,显然在上式中,V 是关于 P 的线性函数。但心理学证据表明并非如此。例如,概率 P 从 0% 到 5% 和从 95% 到 100% 的增值影响要大于从 30% 到 35% 的增值影响。也就是说,在发生同等变化的情况下,从不可能事件到可能事件,以及从可能事件到 100% 的确定事件的变化所带来的影响要大于从可能事件到另一可能事件。该效应被称为"类别边际效应"(category boundary effect)。

Kahneman 和 Tversky(1979)的研究中总结了决策权重的以下几个特点。

(1) 决策权重 $\pi(p)$ 与客观概率 p 相联系,$\pi(\cdot)$ 是 p 的增函数,且 $\pi(0)=0$,$\pi(1)=1$。但要注意的是 $\pi(p)$ 不是概率,也不应该被解释为主观概率。因为 $\pi(p)$,不仅受到个人对事件发生概率的推断即主观概率的影响,还会受到如决策者主观喜好等其他因素影响。如在购买彩票时,虽然心里知道中奖概率很小,但是有人还是会认为自己会是"幸运儿",一厢情愿地认为自己的中奖可能性会比较大。

(2) 对小概率的评价会偏高,即当 p 较小时,$\pi(p) > p$;而对大概率的评价可能会偏低,即当 p 较大时,有 $\pi(p) < p$。

(3) 在低概率区域,权重函数是次可加性函数,即对任意的 $0 < r < 1$,有 $\pi(rp) > r\pi(p)$。假设 A 可以以 0.1% 的概率获得 6 000 美元,B 可以以 0.2% 的概率获得 3 000 美元。73% 的受访者选择了前者。根据价值方程式,有 $\pi(0.1\%) \cdot v(6\ 000) > \pi(0.2\%) \cdot v(3\ 000)$,因此有 $\dfrac{\pi(0.1\%)}{\pi(0.2\%)} > \dfrac{v(3\ 000)}{v(6\ 000)}$,由于价值函数在盈利时是凹函数,有 $\dfrac{v(3\ 000)}{v(6\ 000)} > \dfrac{1}{2}$,因此 $\dfrac{\pi(0.1\%)}{\pi(0.2\%)} > \dfrac{1}{2}$。

(4) 次确定性,即各概率互补事件的决策权重之和小于确定性事件的决策权重。即

对于所有的 $0<p<1$,有 $\pi(p)+\pi(1-p)<1$。

(5)逼近确定性事件边界,属于概率评价中的突变范围,个人对概率的评价处于十分不稳定的阶段,决策权重往往会被突然缩小或放大。而当概率逼近 0 时,可能会出现对极低概率的高估现象,这使得人们对可能性很小的盈利表现出风险偏好,同时对可能性很小的损失表示极度厌恶。这也就解释了彩票为何有如此大的吸引力,这主要是因为购买彩票是以小的成本去换取概率虽低但拥有巨大潜在收益的事件。

综合以上特征,可以大致得出决策权重函数的图像,如图 9-2 所示。

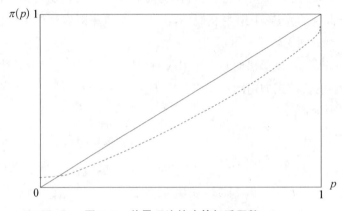

图 9-2 前景理论的决策权重函数

资料来源:Kahneman,Tversky(1979).

权重函数的特征可以解释很多问题。比如,决策权重的非线性的特质使得概率性保险看起来不具有吸引力。假如让投保人仅付一半的财产保险的保费,保险公司仅对奇数日期里遭受财产损失进行赔付,也就是说在一年时间里有一半时间在受保。从决策权重函数的图像中可看出,在小概率区域中,从 p 减少到 $p/2$ 的效果要大于从 $p/2$ 减少到 0 的效果。因此对于投保人来说,如果让其少购买半年(原来是一年)的保险,保险公司在保费上应该予以大于一半的折扣。

二、前景理论的应用

(一)处置效应

本章第一节已对处置效应进行过简要介绍。处置效应是指投资者在证券投资过程中,盈利时是风险规避者,亏损时表现为风险偏好者。处置效应广泛存在于国内外资本市场中。Barber 和 Odean(1999)通过对折扣经纪公司中 1991—1996 年 78 000 户家庭的交易记录进行分析,发现出售盈利股票比亏损股票多了近 65%。但根据有效市场假说,股票价格走势遵循随机游走,投资者无法根据公开信息预测其未来走势,因此理性投资者的投资策略不应该受到其所处亏损或收益状态的影响。

对于处置效应产生的逻辑解释,Shefrin 和 Statman(1985)提出四个解释处置效应的理论：① 前景理论；② 后悔厌恶，当投资者卖出亏损股票时，会非常后悔当初买了这只股票，因此他希望通过继续持有以期股价回升，从而消除该后悔感；③ 心理账户，投资者倾向于将不同用途的资金划分到各个"心理账户"中，当投资者购买新股票时，其会为该股票建立一个新的心理账户，投资者会在这个账户中单独考虑该股票的收益情况而非整个资产组合的收益情况；④ 自我控制，当面对外生控制变量时，如面临纳税年度的末期，投资者会更容易处置亏损股票。在众多理论中，前景理论的解释力度最大，最广为接受。

在前景理论中，投资者在购买股票之后，购买价格就成为其决策参考点。投资者会以买价或心理价位作为参考，来决定是否卖出股票。一个投资人购买股票，若他认为该股票的预期报酬高得足以让其承担风险，他会把买价作为参考点，如果股价上涨会有盈利产生，此时价值函数是凹函数，表现为风险回避；假如股票下跌，则会产生损失，此时价值函数为凸函数，表现为风险寻求，在这种情况下，即使投资人认为该股票的预期报酬降低到无法承担原来的风险，其还是会倾向继续持有该股票。同样，投资者同时持有两种股票，假设这两种股票目前一涨一跌。如果投资人此时面对流动性的需求，必须要卖出某种股票，而且这两种股票没有新的信息的影响，一般说来，投资者比较有可能卖出上涨的股票。处置效应的前景理论解释详见图 9-3。

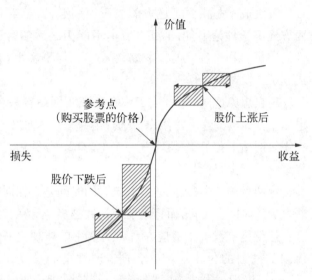

图 9-3　处置效应的前景理论解释

股票价格的上涨或下跌会导致投资的收益或损失。在收益区域或损失区域都存在价格上涨和下降两种可能，根据价值函数的特点，两个区域上，价格上涨或下降，也就是收益或损失的增加或减少（即横坐标的等额变动），将导致价值的不等额变化（纵坐标的变动），基于这种价值取向，人们在两个区域会做出不同的选择。

（二）机会成本效应和原赋效应

Thaler(1990)的研究发现投资者往往会低估机会成本，同时高估其所拥有事物的价值。前者称为机会成本效应，后者称为原赋效应。

在经济学原理中，十分重要的一个概念就是"机会成本"(opportunity cost)。机会成本是指将某种资源投入到某一生产而不用于另一种生产中所放弃的收益。相对而言，实际成本则是我们通常理解的成本，即生产某种产品所耗费的成本。传统经济学认为，个人对待实际成本和机会成本的态度应该是一样的。但现实中机会成本往往会被低估，这表现为决策者在项目中容易忽略项目资金的机会成本而重视该项目的实际支出。Thaler

(1990)利用前景理论对该效应进行解释。决策者通常将实际成本视为损失,机会成本视为收益,根据前景理论,价值函数在收益部分的斜率要低于在损失部分的斜率。因此,面对不同的区间,价值函数对自变量的敏感度不一样,实际成本增加一单位带来的价值损失要大于机会成本增加一单位带来的收益增加。从这一角度来看,机会成本就变得没那么重要了。

原赋效应表示某人一旦拥有了某个物品,则对该物品价值的评估会比未拥有时要大。比如,A 原先拥有某件物品,然后剥夺了其对该物品的所有权。B 则是原先并不拥有该物品,但之后给予了他。根据前景理论,若将失去物件看做损失,获得物件看做收益,则前者失去该物件的沮丧感会大于后者获得该物件的满足感。

(三)沉没成本效应

沉没成本是指由于过去的决策而引起的、已经付出并且无法收回的成本。在传统西方经济学理论中,由于沉没成本不能为之后的行为决策所改变,更无法收回,因此理性的决策者在做决策时应忽略该成本。但事实上,人们在做决策时往往无法忽视沉没成本。

现在想象这样一个情景:你在某视频网站看一个免费电影,看了 10 分钟,发现这个电影十分无聊。这个时候你会选择继续看下去吗?现在把上面的情景稍微做些改动,你在视频网站上花了 10 块钱看一个电影,10 分钟后,发觉这个电影十分无聊,那么你会选择继续看下去吗?

这两个例子中,人们继续看电影的时间是否相同呢?通常在第二种情况下,人们继续看电影的时间会更长,而且之前花的钱越多,坚持的时间就越长。

这就是沉没成本效应在日常生活中的体现之一。为了避免损失带来的负面情绪而沉溺于过去的付出中,选择了非理性的行为方式,这就是沉没成本效应(suck cost effect)。沉没成本效应同样也可以用前景理论来解释。假设看电影带来的愉悦感价值为 $v(m)$,看无聊的电影带来的损失为 $v(-b)$。在第一个情景中,看电影是免费的,并且看电影和放弃看电影之间是无所谓的,此时有 $v(m)+v(-b)=0$。但在第二个情景中,由于该人已经付出了 10 块钱的电影观影费用,因此继续看电影的价值为 $v(m)+v(-b-10)$。根据前景理论,价值函数在亏损时为凸函数,即 $v(m)+v(-b-10) > v(m)+v(-b)+v(-10)=v(-10)$,也就是说此时继续看电影的价值会比放弃看电影更大。

三、前景理论的发展

(一)面对跨期前景的决策

前面我们所讨论的决策问题都是单时期赌局的决策,接下来再来探讨当前景是跨时期的个人决策问题。在介绍参考点时已经提到,个人在做决策时不但会考虑当前的现金流量,还会考虑未来的现金流量。Lewenstein(1988)设计实验来说明跨期赌局选择与参考点的关系。实验要求参加者在目前的消费和未来的消费之间做选择,结果发现,消费延迟对参与者的边际影响明显大于消费提前的边际影响。在实验中,假设参加者可以得到一个价值7元的礼物,且预计得到这个礼物的时间分别是一周后、四周后或者八周后。现参加者有两个选择方案:一是维持原来预定的礼物时间;另一个选择是提早得到礼物但礼物价值变小,或延迟得到礼物但礼物价值变大。结果发现,延迟得到礼物的参加者要求礼物增加1.09元的价值,而提早得到礼物的人只愿意减少0.25元的价值。Loewenstein(1988)利用前景理论解释了上述现象。根据前景理论,若以原预定的礼物时间为参考点,以时间提前为收益,时间滞后为损失,由于个人有损失规避的倾向,也就是说价值函数在损失段的斜率要大于收益段的斜率,因此延迟得到礼物的人要求增加的金额会高于提早得到礼物的人愿意减少的金额。

与跨期赌局决策相关的另一个问题是"个人随时间变动的消费形态",这同样可以用参考点和损失厌恶的概念来解释。跨期消费理论中的生命周期假说(life-cycle hypothesis)认为,个人一生的消费及所得的总额是固定的,且当时间偏好率等于实际利率时,平摊在各期上的消费是一样的。然而,Loewenstein 和 Prelec(1989)研究发现,若以过去消费水平为参考点,个人对未来消费所要求的增加数会越来越多。这是因为损失规避的心理会促使个人对延迟的消费要求更多的补偿,即个人对消费的时间偏好是负的,这一点与生命周期假说不一致。

(二)面对多个 Propect 时的决策

在上述问题中,我们所讨论的情景主要是针对单一前景的选择。然而实际生活中,个人常常要同时面对多个前景的选择。比如,投资者在买卖股票时可能会同时买入或卖出多种不同的股票。那么个人在同时面对多个前景时,是如何编辑并评价的呢?Tversky 和 Kahneman(1981)提出了心理账户(Mental Account)的方法。他们认为个人面对多个不同前景的决策,应该视为一种心理账户的活动。

Thaler(1985)总结并发展了心理账户的理论,他以个人在确定性下同时面对两个不同的前景(x,y)为例,解释了个人针对多个前景时的决策过程。心理账户理论中,个人会将这两个不同的前景视为一种联合现象(x,y),并根据心理账户的方法将这种联合结局以合并$v(x+y)$或分开$v(x)+v(y)$的方式来编辑[①]。一般而言,个人会以价值最大化的原则来决定要合并编辑还是分开编辑。Thaler 提出了一个衡量模式来说明个人可能面临的四种组合。

情形一:多重利得(multiple gains)

假如个人面临的两个前景均为利得,即$x>0,y>0$,由于价值函数v在收益时是凹函数,所以有$v(x)+v(y)>v(x+y)$,此时分开编辑对个人而言价值比较大。

情形二:多重损失(multiple losses)

假如个人面临的两个前景均为损失,即$x<0,y<0$,由于价值函数v在损失时是凸函数,因此有$v(x)+v(y)<v(x+y)$,即合并后编辑价值相对较大。

---

① 这里与前面定义不同,将x和y定义为前景,$v(x)$和$v(y)$为前景的价值。

情形三：混合利得(mixed gain)

假设个人所面临的两个前景中，一个结果为正，另一个为负，即 $x<0$, $y>0$，且 $x+y>0$，此时就整体而言仍然是利得，Thaler 将这种情况称为混合利得。由于价值函数在损失段较收益段为陡，因此 $v(x)+v(y)<v(x+y)$，合并编辑价值较大。

情形四：混合损失(mixed loss)

假如个人所面临的两个前景中，一个为正，另一个为负，即 $x>0$, $y<0$ 假设 $x+y<0$，所以整体而言是净损失。在这种情形下，若没有进一步的信息，我们无法判断哪一种编辑方式好。假如 $v(x)+v(y)<v(x+y)$，则合并编辑比较好，这种情况应该是收益和损失比较接近时候。若 $v(x)+v(y)>v(x+y)$，则分开编辑较好，该情况最有可能是一个前景收益较小，另一个前景损失较大，详见图9-4。

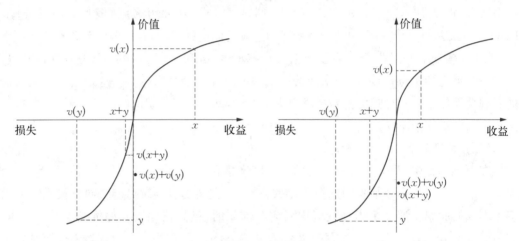

图9-4a 混合损失下损失和收益接近的情况　　图9-4b 混合损失下大损失小收益的情况

资料来源：Thler, Richard(1985).

（三）累积前景理论

累积前景理论除了上述的理论发展之外，Tversky 和 Kahneman(1991)认为前景理论还会到两个问题：(1)原始的前景理论不满足一阶随机占优(first-order stochastic dominance)；(2)该理论无法扩充到有数目很大的结局的情况。

为了解决上述问题，Tversky 和 Kahneman(1991)提出了累积前景理论(cumulative prospect theory, CPT)。累积前景理论利用累积概率而非个别概率来转换传统效用函数中的概率，该理论认为，个人的风险态度有四种类型：若事件出现的概率较大，处于收益状态时投资者是风险厌恶的，而处于损失状态时投资者是风险偏好的；但当概率很小时，对于收益则变成风险偏好，对损失则是风险厌恶。

CPT 保留了大部分前景理论的论点，同时满足随机占优理论，还可应用于任何数量结局的前景之间的选择，也可运用于连续分配。不过遗憾的是，由于 CPT 只是将原始前景理论在数学模型上加以复杂化，却无法提供更进一步的经济内涵，其并未受到学术界的重视。

> **案例分析**
>
> ## 证券投资基金中的处置效应和反处置效应
>
> 作为金融市场的重要角色,证券投资基金被认为是精明的专业投资者,他们不断寻找不正确的证券和市场异常现象,大概会使金融市场更有效率。依据行为金融理论,处置效应是证券投资过程中典型的非理性行为。在投资当中,证券投资基金是否会出现该非理性行为,若出现,是由何种因素驱动?
>
> 根据前景理论,投资者倾向于表现出处置效应。但在实证中,Cici(2010)利用美国1980年至2009年内3 268个股权基金的数据,发现较大比例的样本基金投资过程中表现出处置效应,但仍有相当大比例的基金则倾向于"出亏持盈"的特征。Cici(2010)认为,除了前景理论,税收和来自投资者的压力可能会影响证券投资基金采取"出盈保亏"还是"出亏持盈"策略的行为决策。
>
> **1. 税收驱动(tax motivation)**
>
> 出于避税目的,投资者倾向于继续持有盈利投资而推迟获得应税收益,倾向于出售亏损投资而早日实现应税损失。Gibson,Safieddine和Titman(2000)的研究表明,共同基金在税收年度末之前加速了"输家"股票的出售。
>
> **2. 投资者压力(trading under pressure)**
>
> 认知心理学研究表明,在时间压力下,行为决策人作出行为偏差更大的决定。例如,Dror,Busemeyer和Basola(1999)显示,在受到时间压力的情况下,实验参与者更有可能在高风险的场景中进行赌博,但在低风险情况下不太可能这样做。Raymond和O'Brien(2009)的研究表明,在压力下,实验参与者更有可能识别预测有益成果的信息,并忽视预测负面结果的信息。在金融市场,由于流动性冲击,投资者经常在压力下进行交易。证券投资基金还面临着投资者赎回及投资经营组合中各类型投资标的上下限等限制,压力交易可能会加强行为偏差(如处置效应)的影响。
>
> 此外,另外一个重要命题是,处置效应对证券投资基金的绩效有何影响?若投资者采取与处置效应相反的行为——卖出亏损资产而持有盈利资产,即反处置效应,是否可能获得更好的绩效结果?
>
> 李学锋等(2013)通过参照Odean(1998)采用构造"卖出比例"统计量的方法来测度处置效应与反处置效应,并考察二者对证券投资基金的投资绩效的影响。李学锋(2013)将研究时期按季度划分,取2007年第一季度至2012年第二季度共22个子考察期,选取的样本为以我国A股市场为投资标的的开放式基金69只,并以开放式基金持有的前十大重仓股作为主要研究对象。根据研究设计,对各时期开放式基金的处置效应及反处置效应进行度量,并以此为基础对处置效应、反处置效应与基金绩效的关系进行检验。实证结果显示,我国机构投资者存在较为明显的处置效应,处置效应对基金自身的绩效具有显著的消极影响,而反处置效应对投资绩效没有显著影响。换言之,相对于处置效应对投资绩效的有害无益而言,反处置效应是"无益无害"的。

小 结

1. 投资者的判断与决策过程会受到各种心理因素的影响,形成心理和行为上的偏差。个体投资者主要的心理、行为偏差包括:过度自信与过度交易、证实性偏差、锚定效应、代表性偏差、框架依赖、损失厌恶与禀赋效应、后悔效应与处置效应等。
2. 证券市场上普遍存在着大量无法用传统金融学理论解释的异象,包括规模溢价之谜、日历效应、股权溢价之谜、账面市值比效应、封闭式基金折价之谜等。众多学者从行为金融学角度对这些异象进行了合理解释。
3. 前景理论是行为金融学的里程碑式的理论。前景理论认为投资者的效用函数由价值函数和决策权重函数决定,并在价值函数和权重函数中引入人类心理特征,突破了传统预期效用理论的框架,对投资者的行为具有极强的解释力度。

习 题

1. 目前我国证券市场上存在哪些无法用传统金融学理论解释的异常现象,运用行为金融学理论如何解释这些现象?
2. 投资者的行为偏差主要包括哪些?
3. 前景理论的基本理论思想是什么?在投资过程中,投资者的哪些行为可以用前景理论来解释?
4. 过长的牛市为何会引起赌场资金效应?

第十章

投资群体行为分析

教学目的与要求

从个体投资者之间的相互联系和作用中,可以发现投资者群体行为的特点,从而得出市场价格波动的规律和内在机制。通过本章学习,了解基于不完全信息、声誉和补偿机制的羊群行为及其市场效应,理解投资者互动模型的基本思路和多种群投资者互动模型的现实特征,知悉金融泡沫的成因及相关特征。

第一节 羊群行为及其市场效应

一、羊群行为

(一) 羊群行为概述

金融市场中的羊群行为(herd behaviors)是一种特殊的有限理性行为,是指投资者在信息环境不确定的情况下,投资者趋向于忽略自己的有价值的私有信息,过度依赖舆论,模仿他人决策,从而表现出大量投资者采取相同的投资策略或者对于特定的资产产生相同偏好的现象。由于羊群行为具有传染性,因此把存在于多个行为主体之间的羊群行为现象称为羊群效应。

最早提出羊群效应的是凯恩斯(Keynes,1934),凯恩斯指出:"在投资收益日复一日的波动中,显然存在着某种莫名的群体偏激,甚至是一种荒谬的情绪在影响着整个市场的行为。"凯恩斯就此还提出了著名的"选美理论"——金融投资如同选美,在有众多选手参加的选美比赛中,如果猜中了谁能够得冠军就可以得到大奖。这里不能猜你认为最漂亮的选手能够得到冠军,而应该猜大家会选哪个选手得冠军,即诀窍就是要猜准大家的选美倾向和投票行为。这使得大家尽可能地猜测别人可能的选择,并模仿这种选择,不论自己是否真正认为当选者漂亮,从而产生了羊群行为。

羊群行为主要包括以下几个特征:

（1）先做出决定的投资者的行为对后面大多数投资者的投资决策具有非常重要的影响；

（2）羊群行为常常会导致投资者形成错误的投资决策；

（3）当投资者发现决策错误之后，会根据更新的信息或已有的经验做出相反的决策，从而开始新一轮方向相反的从众。

从羊群行为的特征可以看出，羊群行为的出现有两个条件：首先，别人的决策行为是可以观察到的，否则无法模仿；其次，所有决策并不是同时做出的，而是有先后次序发生的。

（二）真羊群行为与伪羊群行为

事实上，由于身处社会当中，每个人的思想、感觉和行为均会对其他人造成一定的社会影响。从该角度来看，羊群行为是由人们之间的相互影响和协调导致的行为上的趋同。在分析羊群行为时，需要注意分辨真羊群行为和伪羊群行为。真羊群行为是指市场参与者对他人行为的模仿和跟随，而伪羊群行为是指群体中的成员面临相同的决策问题和同样的信息，因而通过各自的判断采取相似的行为。虽然说两者最终的表现都是群体行为的一致性，但区别在于是否存在成员之间的跟随和模仿。伪羊群行为是信息被充分、有效利用的结果，而真羊群行为并非是有效的。例如由于利率突然调高，股票吸引力大幅下降，投资者们纷纷将投资于股票的资金抽离。这实际上是投资者对经济基本面变化的共同反应，是对共有信息的有效判断的结果，并非跟风行为，因此该现象并非真正的羊群行为。

二、羊群行为成因

在金融市场中，学者们对羊群行为的解释有很多方面，其中最重要的有：基于不完全信息的羊群行为、基于声誉的羊群行为和基于补偿机制的羊群行为。

（一）基于不完全信息的羊群行为

羊群行为模型最早是由 Banerjee 于 1992 年提出来的。同年，Bikhchandani，Hirshlerfer 和 Welch(1992)也对基于信息的羊群行为模型进行阐述。他们都把羊群行为归因于信息瀑布并得出相似结论。接下来我们将介绍由 Bikhchandani，Hirshlerfer 和 Welch(1992)的 BHW 羊群行为模型。

在 BHW 模型中，投资者按照外生给定的先后顺序依次进行是否投资于某资产的决策。投资结果 v 有两种可能 $\{1,-1\}$，$v=1$ 表示投资结果是好的，$v=-1$ 表示投资结果是坏的，且是在所有投资者做出决策之前随机决定的，并保持不变。在所有投资者进行决策之后，投资结果才会被一并公布。假设每个投资者在决策之前都获得私人信号，这些信号在给定投资结果下是相互独立的。投资者 i 的信号记作 $s_i \in S = \{1, -1\}$，信号 $s=1$ 表示得到了好信号，$s=-1$ 表示得到了坏信号。信号的精确度 p 是在给定投资结果的情况下信号正确的概率，即 $Prob(s=1 \mid v=1) = Prob(s=-1 \mid v=-1) = p$，$Prob(s=$

$-1|v=1)=Prob(s=1|v=-1)=1-p$,其中 $p>\frac{1}{2}$。换句话说,如果 $v=1$,则投资者得到好信号的概率是 p,坏信号的概率是 $1-p$。同样,若 $v=-1$,则投资者得到坏信号的概率是 p,好信号的概率是 $1-p$。

投资者在获得私人信号并观测到前面人的投资决策后,会在集合 $A=\{0,1\}$ 中选择投资决策 a_i,$a=1$ 表示投资,而 $a=0$ 表示不投资。投资者 i 拥有前面投资者决策的信息,信息集为 $h_i=\{a_1, a_2, \cdots, a_{i-1}\}$。我们把投资者 i 在做决策之前的公共信念 μ_i 定义为:$\mu_i=p(v=1|h_i)$,这是指在给定前面投资者决策信息 h_i 的条件下得到好的投资结果的概率。此处假定 $\mu_1=\frac{1}{2}$,也就是说在所有投资者做决策之前,大家认为最终得到好的投资结果的概率为 $\frac{1}{2}$。

假定投资者初始禀赋为 0。投资者 i 的效用 u_i 依赖于其投资决策和投资结果。

$$u_i(a_i, v)=\begin{cases}0, & if\ a_i=0\\ v, & if\ a_i=1\end{cases} \quad (10.1)$$

在不确定情况下,投资者的收益是在其信息集的条件下对 $u_i(a_i, v)$ 的预期值。

$$Eu_i(a_i, v|h_i, s_i)=\begin{cases}0, & if\ a_i=0\\ Eu_i(v|h_i, s_i), & if\ a_i=1\end{cases} \quad (10.2)$$

其中,

$$\begin{aligned}Eu_i(v|h_i, s_i)&=p(v=1|h_i, s_i)\times 1+p(v=-1|h_i, s_i)\times(-1)\\ &=p_1\times 1+(1-p_1)\times(-1)\end{aligned} \quad (10.3)$$

此处 $p_1=p(v=1|h_i, s_i)$。在这个序贯决策模型中,在观察到其他投资者的决策后,每个投资者都用贝叶斯法则更新其对投资结果的信念,并以此做出决策。

首先,我们来考虑第一个投资者的行为。应用贝叶斯法则,在得到好信号和坏信号之后,该投资者对投资结果的信念分别为 $p(v=1|h_1, s_1=1)=p$ 和 $p(v=1|h_1, s_1=-1)=1-p$。基于此,第一个投资者会遵循自身获得的信号来进行投资决策。也就是说,在得到好信号即 $s_1=1$ 时,会进行投资,此时 $a_1=1$;在得到坏信号即 $s_1=-1$ 时,会选择放弃投资,则 $a_1=0$。接下来的第二个投资者根据第一个投资者的投资决策来推测其私人信号。

其次,我们假定第一个投资者的投资决策是选择投资,这说明其得到的信号是好信号。对于第二个投资者,若得到了好信号,则第二个投资者对于投资结果的信念(belief)为 $p(v=1|h_2, s_2=1)=\dfrac{p^2}{p^2+(1-p)^2}$,由于 $p>\dfrac{1}{2}$,不难推测出 $p(v=1|h_2, s_2=$

$1) > \frac{1}{2}$，于是第二个投资者会选择投资。若得到的是坏信号，对于投资结果的信念是 $p(v=1 \mid h_2, s_2=-1) = \frac{1}{2}$。此时作为一个风险中性者，第二个投资者选择投资和不投资的概率均为 $\frac{1}{2}$。

再次，假定第一个投资者不投资，这就意味着其得到的是坏信号。在此基础上，若第二个投资者得到好消息，则对投资结果的信念为 $p(v=1 \mid h_2, s_2=1) = \frac{1}{2}$，于是选择投资的概率为 $\frac{1}{2}$。而若得到的是坏消息，则对投资结果的信念为 $p(v=1 \mid h_2, s_2=-1) = \frac{(1-p)^2}{p^2+(1-p)^2} < \frac{1}{2}$，于是，第二个投资者将会选择不投资。

接下来的第三个投资者将会面临四种情况。首先，若前两个投资者都选择投资，那么不论其获得的信号是好信号还是坏信号，都会选择跟随投资。因为由计算可知，即使得到坏信号，该投资者对投资结果是好的信念仍然会大于 $\frac{1}{2}$。在这种情况下，第三个投资者的信息相当于被"掩埋"了，该投资者行为并没有给后面的投资者带来任何信息，即第四个投资者就将面临和第三个投资者同样的情形，因此，第四个投资者也会投资。以此类推，之后的投资者都会随之跟随投资。

其次，若前两个投资者选择不投资，那么第三个投资者也不会投资。与上面类似地可以推出，之后所有投资者都会跟随着不投资。此时，不投资行为的信息瀑布就从第三个投资者开始发生了。

第三、第四种情况是第一个人投资而第二个人不投资和第一个人不投资而第二个人投资。第三个投资者可以推测出，前两个投资者必然有一个人获得的是好信号，另一个是坏信号。由于前面假设对不同的投资者，获得的信号的精准度是一样的，此时这两个信号相互抵消。于是，第三个投资者将面临和第一个投资者一样的情形：将遵循自己的信号进行投资。在接下来，第四个人面临着和第二个人同样的情形，第五个人则面临着和第三个人同样的情形。

根据以上的分析，我们可以认为，当决定投资的投资者比决定不投资的投资者多，并且多出的数量为两人或更多时，那么后面的投资者都会选择投资，即投资的信息瀑布发生。同样，当决定不投资的投资者比决定投资的投资者多于两人或更多时，后面的投资者均会选择不投资，即不投资的信息瀑布发生。

由上面的分析，我们可以看出信息瀑布不仅取决于前面投资者到底收到多少个好信号和坏信号，而且也取决于收到信号的顺序，即信息瀑布是路径依赖的。此外，信息瀑布也是特异的、容易被打破和逆转的，因为初始事件的一丁点小的改变都有可能导致大量投资者大的行为差异。比如,一旦有新的信息出现,或私人信号精确度的提高,或者投资结果的改变,这些都有可能打破或改变原来已存在的信息瀑布。

在两个人进行投资决策之后,投资的信息瀑布、不投资的信息瀑布、不发生信息瀑布的概率分别为:$\frac{1-p+p^2}{2}$,$\frac{1-p+p^2}{2}$,$p-p^2$。接下来在 n 个人的投资决策后,投资的信息瀑布、不投资的信息瀑布、不发生信息瀑布发生的概率分别为:$\frac{1-(p-p^2)^{n/2}}{2}$,$\frac{1-(p-p^2)^{n/2}}{2}$,$(p-p^2)^{n/2}$。其中 n 为偶数。可见,当信号精确度 $p=\frac{1}{2}$ 时,信号是完全模糊的,不会给投资者带来任何信息。p 越接近 $\frac{1}{2}$,信号的噪声越大,信息瀑布发生的时间就可能越晚,因为此时投资者对投资结果并不确定;p 较大时,信息瀑布就发生得比较早。此外,随着投资者人数 n 的增加,不发生信息瀑布的概率大幅降低。当 $n=10$ 时,不发生信息瀑布的概率小于 0.1%。

类似地,可推测出在两个人和 n 个人后,正确的信息瀑布、错误的信息瀑布和不发生信息瀑布的发生概率分别为:$\frac{p(p+1)}{2}$,$\frac{(p-2)(p-1)}{2}$,$p(1-p)$ 和 $\frac{p(p+1)[1-(p-p^2)^{\frac{n}{2}}]}{2(1-p+p^2)}$,$\frac{(p-2)(p-1)[1-(p-p^2)^{\frac{n}{2}}]}{2(1-p+p^2)}$,$(p-p^2)^{n/2}$。

图10-1描述了随着信号精准度 p 的变化,正确信息瀑布和错误信息瀑布的发生概率。正确的信息瀑布发生概率随着 p 和 n 的增加而增加。当 $p=1$ 时,发生正确的信息瀑布的概率为1。但即使对于较大的 p,错误的信息瀑布发生的概率仍然是不可忽视的。如果一个投资者处于信息瀑布,那么该投资者及其后面的投资者的决策都不会反映任何私人信息,对其他人也就不存在任何信息揭露作用,这相当于产生了一个负的外部性。从这个角度来看,其实信息瀑布的存在阻止了私人信息的累积过程,这样,错误的信息瀑布就有可能发生。而在理想状态下,若每一个投资者的私人信息都可以被后面的投资者观测到,私人信息可以得到无限制的累积,后面的投资者几乎拥有关于投资价值的所有信息,最终必定会发生正确的信息瀑布。

Chari 和 Kehoe(1999)证明了假如在一个投资者序列中,决定是内生的、行动空间是连续而非离散的,并且投资者

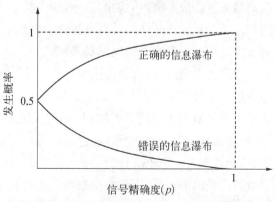

图 10-1 正确信息瀑布和错误信息瀑布发生的概率

资料来源:Bikhchandani S, Hirshleifer D, Welch I. Learning from the Behavior of Others: Conformity, Fads, and Informational Cascades. [J] *Social Science Electronic Publishing*,1998,12(3):151-170.

之间可以分享私人信息,则信息瀑布将会一直持续下去。Calvo 和 Mendoza(2000)研究了一个跨国投资羊群模型。在该模型中,投资个体可在 N 个不同国家中投资,由于收集关于投资 A 国收益的信息需要一个固定成本,当国家的数目 N 增加时,投资机会增加,但是投资个体可收集到的每个国家的信息会随之减少。对于充分大的 N,熟悉 A 国的投资者数目明显减少,此时投资者对于 A 国的投资决策就容易出现羊群行为。

若进一步放松假设,如投资者在一个外生给定的线性序列中进行投资,且信息获取是无成本时,所形成的羊群行为相对稳定。同时,其他学者也证明了即使前面投资者行为观察的不完全或者投资者之间具有一些相异性,羊群行为也仍将持续下去。

(二)基于声誉的羊群行为

Scharfstein 和 Stein(1990)提出了基于声誉机制的羊群行为模型。模型从委托代理角度出发,认为职业经理人通常希望维护好自身的声誉,以赢得广大基金持有人的尊重和信任,从而能获得较高报酬和长期收益。声誉效应的核心观点是,相较于一个另类但可能成功的策略,人们更加倾向于采取与大众相同的策略,哪怕最终成为失败群体中的一员,但至少这样可以把失败归因于集体,推卸自己决策错误的责任,从而避免自己的声誉遭到破坏。该表现就是"共同承担责备效应"(blame sharing effect)。如果决策者采取另类行为而非跟随大流,成功了当然会功成名就,但一旦失败了,通常会被视为能力不足。

因此,在声誉机制下,职业投资经理人在为委托人择股时,若其自身对自己正确择股的能力不确定,通常会倾向于与其他经理人行为保持一致。如果所有人都这样选择,则会出现羊群行为。

考虑两个职业投资经理人 I_1 和 I_2 在面对同样投资机会时的决策。经理人能力水平是相互独立的,可高可低。高能力经理人的投资信号是准确的,可以在投资过程中灵敏地捕捉到有效信息,而低能力经理人的信号则是纯噪声。经理人 I_1 和 I_2 并不知道自己捕捉到的信号是否精确,或者说并不清楚自身是高能力还是低能力的,但每个经理人都有一个共同的关于经理人能力类别的信念,这个信念会随着经理人进行决策并且投资结果被观测到之后而更新。此处假设投资品价格自始至终保持不变,且无论是哪一种信号分布,经理人得到精确信号的先验概率都是相同的。

假设 I_1 先于 I_2 进行投资决策。由于 I_1 先进行投资决策,其决策只能基于自身的信号。但由于经理人事先并不知道自身是高能力的还是低能力的,因此无法判断其所提取的信号是灵敏的还是纯噪声的。I_2 的决策则是基于自身的信号和 I_1 做的决策。在最后阶段,投资结果被揭示,两个经理人根据事后对自身能力的评估而得到相应的报酬。通过分析,这个博弈有一个羊群行为均衡:尽管 I_1 无法判断自身能力,但是由于其所拥有的信息只有自己获取的信号,因此会根据私人信号做决策;I_2 会完全模仿 I_1 的行为而完全忽略私人信号。因为 I_2 对自己能力不确定,如果决策与 I_1 不一致,一旦事后投资结果错误,则 I_2 将会被认为是能力低下的,这有损于 I_2 的声誉。在声誉机制的驱动下,即使 I_2 的私人信号与 I_1 的行为不一致,I_2 也将会模仿 I_1。这样,即使最终他们的决策被证实是错误的时候,经理人的委托者们也可能会把该结果解读为其从精确信号分布中提取了噪声信号而非质疑其能力。显然，I_1 也认同 I_2 的跟随行为，因为 I_1 同样对自身的能力判断不清，I_2 的模仿有助于维护 I_1 的声誉。推而广之，若有 n 个经理人依次进行投资决策，每个经理人都会获取自身的信号分布，但这些信号不一定会体现在投资决策中，因为所有经理人都忽略了自己的私人信息而倾向于模仿前人的行为。因此，从社会角度来看，羊群行为会造成信息的漏损和最终决策的非效率性。此时的羊群行为仅依赖于少量信息（通常是第一个经理人的信息），它是特异的、脆弱的。

（三）基于补偿机制的羊群行为

基金持有人和基金职业经理人存在着委托代理关系，基金持有人的最优策略是和经理人签订与基准挂钩的报酬合约。补偿机制认为，如果一个经理人的收益不仅仅依赖于自身的业绩，还更多地取决于自身和其他经理人的业绩比较，此时这种激励扭曲了经理人的决策目标。在这种报酬机制的驱动下，经理人倾向于模仿和追随其他经理人的买卖行为，以免自身业绩落后于经理人业绩的平均水平，于是这就引发了羊群行为。由于决策行为和目标被扭曲，证券市场的信息无法通过经理人的投资行为反映到资产价格中，从而会导致市场的无效率性。

Maug 和 Naik(1996)考察了一个关于风险规避代理人的模型。在模型中，代理人所得补偿与其相对业绩而非绝对业绩相关，在该模式下，代理人的报酬一方面随自身业绩的提高而增加，一方面也会随着其他代理人业绩的提升而减少。假设所有代理人都拥有对股票收益的私人信息，但没有一个代理人的信息是完全的。最先做决定的代理人（基准经理人）进行其投资决策后，其投资行为被其他代理人观察到，其他代理人有模仿基准经理人行为的倾向。或者说，从结果来看，相较于独立投资，在该种补偿机制下代理人最终的投资组合与基准经理人的投资组合很相似。

此外，在存在道德风险和逆向选择的情况下，制定基于补偿机制的相对业绩合同，对于委托人来说是最优的。因为任何其他合同都同样会将代理人的报酬同基准绩效联系起来。这种由委托人选择的补偿机制追求的是委托人利益的最大化，而非整个社会福利水平的最大化。分析表明，在道德风险和逆向选择的限制下，这种基于补偿机制的羊群行为在某种程度上是可以达到有限效率的。

三、金融市场上羊群行为研究

（一）股票市场中的羊群行为

Lskonishok, Shleifer 和 Vishny(1992)从统计学角度提出了对羊群行为进行实证检验的方法，称为 LSV 方法。该方法把羊群行为定义为：相对于基金经理独立交易而言，一组基金经理在同一时间内买入或卖出某个或某些股票的平均倾向。

Lskonishok, Shleifer 和 Vishny(1992)以美国 1985-1989 年由 341 个不同的基金经理管理的 769 个免税权益基金作为样本，对基金经理的羊群行为进行研究。由于有些基金经理同时管理着多只基金，因此考虑的是每个基金经理的行为。研究结果表明，基金经理人并不存在显著的羊群行为。但如果把所有股票按照公司规模来分组，则相对于大公司的股票而言,小公司的股票更容易出现羊群行为。对此的解释为:关于小公司的公共信息较少,基金经理在做投资决策时,可能会更多地关注和依赖其他交易者的行为。此外,Lskonishok、Shleifer 和 Vishny(1992)分别对按照过去股票业绩分类的羊群行为、产业间及产业内部的羊群行为和按照管理资产规模分类的基金管理者的羊群行为进行检验,均未发现显著的羊群行为。

Girnblatt、Titman 和 Wermers(1995)利用 1974 年底到 1984 年底这十年间的 274 只基金中的证券组合的变化的数据来检验羊群行为,并考察该羊群行为与动量交易策略和股票业绩之间的关系。研究采用 LSV 方法,同样未发现显著的羊群行为。接下来,Girnblatt、Titman 和 Wermers(1995)把股票按照历史业绩分类,发现相对于卖出过去业绩较差的股票而言,买入过去业绩较好的股票存在更为明显的羊群行为。虽然买方的羊群行为为正,但并不显著,与股票过去业绩呈弱相关关系。

但采用 LSV 方法存在一定缺陷。第一,在检验某特定股票的羊群行为时,LSV 方法主要观察的是市场上买卖双方的交易者数量而非交易股票的份额。这样,如果在股票市场上,买卖方交易者大致相同,但买方相对于卖方有较大的购买需求时,就可能出现 LSV 方法无法观测或者说衡量到的羊群行为。第二,LSV 方法主要检测某一特定股票的羊群效应是否在时间上是持续的,但它却无法检测发生持续羊群行为的是否是同一特定的股票。

(二) 投资分析师的羊群行为

除了考虑股票市场中的羊群行为,一些学者还对投资分析师的羊群行为进行了大量研究。由于投资分析师的意见和行为比较容易被其他投资者所观察到,这就为羊群行为的形成提供了很好的条件。因此,我们推测投资分析师之间可能存在羊群行为。同时,这方面羊群行为的检验也有助于对羊群行为形成的原因进行研究。Graham(1999)提出了基于声誉的投资分析师之间的羊群行为模型。在该模型中,投资分析师的羊群行为有以下特点。

(1) 羊群行为随着投资分析师能力的增加而下降。能力较低的投资分析师比能力较高的分析师更有可能陷入羊群行为中。

(2) 羊群行为随着投资分析师的声誉水平上升而增加。为了维持较高的声誉,那些声誉较高的分析师在投资时倾向于更加保守,而声誉较低的分析师反而会较少考虑其声誉,更可能遵循私人信息,并经过比较理性的分析和判断做出投资决策。

(3) 羊群行为随着公共信息强度的增加而增加。当投资分析师面对比较精准和稳定的公共信息时,即使私人信息与公共信息相违背,分析师可能仍然愿意跟随大流,参照他人按照公共信息进行决策,从而参与到羊群行为中。

(4) 羊群行为随着比较精确的信号之间相关程度的增加而增加。Graham(1999)对237 个证券投资分析师的 5 293 个投资建议进行检验。Graham 采用价值线投资(value line investment survey)作为市场领导者和与其他分析师进行比较的基准。Graham 的研究结果表明,私人信息的精确度取决于其投资分析师是否跟随基准分析师及其是否参与到羊群行为中,信号之间关联度越高,越有可能发生羊群行为。

(三) 我国学者对羊群行为的研究

我国对羊群行为的研究起步较晚。宋军和吴冲锋(2001)使用个股收益率的分散度指标对我国证券市场的羊群行为进行了实证研究。发现我国证券市场的羊群行为程度高于美国证券市场的羊群行为程度。此外,文章将市场收益率处于极高和极低水平的分散度回归系数进行比较,发现在市场收益率极低时的羊群行为程度远远高于在市场收益率极高时的羊群行为程度,这个结果可以用前景理论中决策者对于损失、收益的不同态度来解释。薛宇峰(2013)构造了一个能灵敏捕捉市场收益率处于较低水平时股市羊群行为的指数型CCK模型,并用此模型构造了衡量中国股市整体羊群行为程度的指标,从实证的角度考察了羊群行为对股市波动性的影响。研究表明,我国股市整体上存在着较为明显的羊群行为,且在股市下跌时期羊群行为更加严重;投资者羊群行为的存在使得股价短期内表现出无基本面信息支撑的反应过度,加大了股市的波动性;股市剧烈波动又导致羊群行为程度更加严重。

对于我国羊群行为的周期性,郭磊、吴冲锋(2005)基于混合资产定价模型对中国股票市场羊群行为进行实证研究,发现中国股票市场羊群行为的强弱与大盘涨跌的阶段性相对应。一方面,羊群行为指标值的最高点或者出现在大牛市期间的阶段性最高点,或者出现在熊市的中期。原因是随着市场的上涨,对市场前景的乐观和市场走势对自己前期判断的印证逐渐增强了投资者的自信心,投资者的自信心理得到膨胀,整个市场羊群行为不断增强;同样,市场跌至一定程度时,投资者陆续开始恐慌性出逃,市场羊群行为程度自然达到顶点。另一方面,羊群行为指标值的低点出现在大盘反弹期间的阶段性高点和熊市期间的底部。这说明随着市场的阶段性反弹,投资者对市场前景的判断左右着其对市场风险的认识,当市场反弹到一定高度,投资者逐渐意识到风险程度的加强,交易出现萎缩,市场羊群行为程度减弱;同样,在熊市期间随着市场跌至一定程度,投资者陆续完成止损离场,市场交易清淡,羊群行为程度自然降低至谷底。

羊群行为在机构投资者的行为选择中是较为普遍的现象。陈浩(2004)通过运用LSV方法和PCM方法发现我国证券投资基金存在显著羊群行为。李学峰、符琳杰和苏伟(2008)在LSV和PCM模型的基础上建立了动态衡量机构投资者羊群行为的指标,发现QFII和国内开放式基金均存在显著的羊群行为,其中QFII的羊群行为更为明显,但随着时间推移,两者的羊群行为出现了趋同趋势。

在个体投资者中,羊群行为也同样显著。胡昌生、朱迪星(2008)用LSV统计模型对我国12 000名个体投资者数据进行了实证研究,研究结果表明在样本期间内,我国个体投资者整体上存在显著的羊群行为,其程度明显强于我国的机构投资者。

第二节 投资者互动模型

M. Levy,H. Levy和S. Solomon(1994)构建了一个股市中的微观模型,研究股市中出现的周期性股价涨跌波动现象及市场中不同类型投资者之间的相互作用,从而刻画市场价格的动力学特征,简称 LLS 模型。在该模型中,投资者是在复杂环境中彼此各异的有限理性投资者。LLS 模型的动力学研究表明,在一个由具有不同投资理念且有限理性的投资者构成的金融市场中,不同投资者群体之间的捕食、竞争或合作关系导致了实际市场中观察到的帕累托财富分布性质,如短期收益的 Levy 分布,过度波动,收益自相关"U 形"模式,交易量与收益的正相关等。

一、模型基本思路

模型假设市场只存在两种可选资产:债券和股票。假定市场中包括大量的各类投资者,他们彼此各异,具有一定的初始财富、不同的投资组合结构和风险偏好。其中,债券是无风险资产,在每期末产生一个收益,且投资者能买足够多。股票是风险资产,t 时刻,股票的收益率 H_t 由两部分构成:资本利得和红利收入。资本利得部分,若投资者持有一只股票,则股价的任何上涨(下跌)都导致投资者财富上升(下降)。对于红利部分,公司获得收入然后发放红利。模型的基本思路主要是以下几个步骤。

首先,投资者对未来股票收益率的期望值 $E(H_t)$ 是基于过去收益率值的一个迭代。确切来说,每个投资者通过分析过去 k 次交易该股票的收益情况,然后按照自己的投资理念对这 k 个收益情况进行"迭代"处理,从而得出未来值 H_t 的期望值,不同的投资者的迭代区间不同。

在此之后,投资者根据自有财富的分布 $X(t)$(个人财富中持有股票的部分)和最近的 k 次交易股票收益情况来进行下一次的迭代,不断重复此过程,这就形成了一个动态的股票市场价格。

根据以上思路,LLS 模型对市场仅有单一群体类型(迭代次数 k 相同)的特殊情况和对市场有多个群体类型(迭代范围 k 不同)的情况进行了数值模拟,从定量的角度导出了许多实证上观察到的股市现象,如收益自相关性质、惯性特征和均值回归、过度波动和交易量与绝对收益正相关等。M. Levy,H. Levy 和 S. Solomon(1994)的研究表明,即使没有外部新信息的影响,也会产生较为复杂的股价变动行为。

LLS 模型进一步考虑了各群体类型之间的相互作用,研究了各种类型的市场生态。首先根据迭代范围 k 的不同对投资者群体分类,然后类似于种群生物之间的相互关系将股市中各群体类型之间的相互作用、相互影响的特征分为"捕食、竞争和合作"等。LLS 模型为研究股市微观结构与宏观市场现象的关系提供了一种新的方法。

二、LLS 模型

前面提到,模型假设市场只存在两种可选资产:无风险债券和风险股票。股票的收益由资本利得和红利组成,用公式表示即为:

$$H_t = \frac{P_t - P_{t-1} + D_t}{P_{t-1}} \tag{10.4}$$

其中 P_t 为 t 时刻的股价，D_t 为 t 时刻发放的红利。

从一种风险资产（股票）可直接推广到多种风险资产。投资者允许在给定的时间点上修订其投资组合，即我们讨论一个离散时间模型。每个投资者 i 都面临着这样一个投资决策：财富中投入股市的比例 $X(i)$ 是多少为最优？简便起见，我们仍然假定投资者利用最大化期望效用来决定 $X(i)$，每个投资者有一个效用函数 $U(\omega)$，反映了其个人风险偏好，投资者通过最大化 $U(\omega)$ 的期望值来进行投资决策。

为了决定风险资产和无风险资产之间的最优配置，应该考虑事前收益情况。然而实际上，这些收益一般都无法获取，LLS 模型假定采用事后的收益分布来估计事前收益分布。在模型中投资者保持跟踪股票过去的 k 个收益，并将其称作股票的历史收益。假定投资者有一个有界的回忆，并相信在 t 时刻过去的 k 个历史收益 $H_j(j = t, t-1, \cdots, t-k+1)$ 有相同的概率 $1/k$ 在下一个时间点 $t+1$ 再次出现。也就是说投资者对将来 H 的期望是基于对历史值的迭代，迭代范围 k 对不同的投资者是不同的，模型将 k 当作市场中区别投资者不同的主要参数。接下来讨论股价的动力学建模问题。

对任意时刻 t，记第 i 个投资者此时的财富为 $W_t(i)$，投资者持有的股票数目为 $N_t(i)$。下面讨论在下一个交易时刻 $t+1$ 的情形。

注意到投资者在时刻 t 和 $t+1$ 之间积累财富，在此期间收到红利：$N_t(i)D_t$。如果记无风险收益率为 r，则利息为 $[W_t(i) - N_t(i)P_t]r$。这样在 $t+1$ 时刻交易之前，投资者 i 的财富为：

$$W_{t+1}(i) = W_t(i) + N_t(i)D_t + [W_t(i) - N_t(i)P_t]r \qquad (10.5)$$

式(10.5)假设 t 和 $t+1$ 之间没有交易，因此没有资本利得。在下一个交易时刻 $t+1$，将发生资本获利或损失。

假定在时刻 $t+1$ 股票价格设定为 P_h，则投资者 i 愿意以此价格来决定持有多少股票。

首先观察到交易后投资者 i 的财富改变 $N_t(i)(P_h - P_t)$，投资者 i 经过 $t+1$ 时刻的交易后假定的财富为：

$$W_h(i) = W_t(i) + N_t(i)D_t + [W_t(i) - N_t(i)P_t]r + N_t(i)(P_h - P_t) \qquad (10.6)$$

投资者在 $t+1$ 时要决定下一期的投资组合，使下一个时期 $t+2$ 的期望效用得到最大化。如前所述，收益的事后分布被用作估计事前分布。若投资者在 $t+1$ 时刻投资其财富的 $X(i)$ 到股市中，则在 $t+2$ 时的期望效用（此处取对数效用函数）为：

$$EU(X(i)) = \frac{1}{k} \sum_{j=t-k+1}^{t} ln\left[(1-X(i))W_h(i)(1+r) + X(i)W_h(i)(1+H_j)\right]$$

$$(10.7)$$

如果记最优比例为 $X_h(i)$，则投资者 i 以假定的价格 P_h 所持有的股票财富为 $X_h(i)W_h(i)$，因此投资者以假定的价格 P_h 所持有的股票数量为：

$$N_h(i, P_h) = X_h(i) W_h(i) / P_h \tag{10.8}$$

将所有的投资者个人需求函数加总，得到下面总需求函数：

$$N_h(P_h) = \sum_i N_h(i, P_h) \tag{10.9}$$

当市场中股票数目 N 是固定的，总需求函数决定均衡价格 P_h^*，这样股票在时刻 $t+1$ 的均衡价格 $P_{t+1} = P_h^*$。

则股票新的收益：

$$H_{t+1} = \frac{P_{t+1} - P_t + D_{t+1}}{P_t} \tag{10.10}$$

更新股票的历史，纳入最近的收益，去掉最远的收益 H_{t-k+1}，再重复这个循环，这样就模拟了股市随时间的演化。

由上面的分析可知，在一个固定时间区间中，若每个投资者均修订其投资组合的组成，决定一个新的市场订单，这些订单汇总起来就决定了新的股价。按照市场结清条件，一旦一个投资者决定其希望持有的股票财富部分 $X(i)$，则可导出在某个假定的股价情况下该投资者对股票的需求量，所有投资者对股票需求的加总即为股票的总需求。因为市场中全部的股票数目为 N，则有一个特定股价 p，该值就是新的市场均衡价。因此一旦更新交易者的投资组合、财富和前 k 个收益，则进行新的市场迭代，这个过程在每个时间段内都重复进行，因此股市价格在整个过程中被记录。

三、股价的涨跌及周期循环

LLS 模型提供了股市中股价涨跌及周期变化的一种描述方式。在只有一种投资者群体的市场中，所有人都对以前 k 个收益进行迭代，则股价在两个不同价格水平之间交替变化，下面对此进行解释。

假定股票在 t 时刻的收益率 H_t，比在 $t-k$ 时刻收益率 H_{t-k} 高，因为 LLS 迭代投资者用过去的 k 个收益去估计接下来时期收益的分布，他们将更加乐观，从而增加在股市中的投资。这就引起股价上涨，从而将产生更高的收益。只有当投资者达到了最大投资比例 $X(i) = 100\%$，这个正反馈才结束。此时，红利对收益的贡献相比此阶段的股价来说很小，在无噪声时股市收益的增长趋于一个常数，可能会稍高于无风险利率。此时若系统有一个噪声，价格在这个常数收益率处波动，这有可能产生一些负收益（在向下波动时）。这个波动对人们的期望会产生影响，此时股价会产生一个负反馈效应，导致投资比例下降，进而引发股价的进一步下跌。由于投资者的迭代区间是 k，那么整个股价的循环周期为 $2k + \varepsilon_k$（ε_k 为一个较小的正数，因为股价上涨的区间通常比迭代范围 k 要长），股价下跌时也类似。然而投资者的同质性(投资决策类型相同)导致了不现实的周期性。当有超过一个的投资者群体时,动力学变得更加复杂和现实。[①]

四、多种群 LLS 模型的现实特征

S. Solomon 和 M. Levy(2000)通过 LLS 框架的数值实验发现,交易者群体(由不同迭代范围 k 刻画)之间的相互作用可导致实证上观察到的一些市场现象。当考虑不同交易者群体的全部(基本面交易者和各种其他类型),将会发现价格动力学变得更现实:上涨和下跌是非周期性的和不可预测的。同时,S. Solomon 和 M. Levy(2000)通过相关研究还发现了更多金融市场中的异象。

(一)收益自相关:惯性和均值回复

与投资者同质情形产生周期相同,在相异群体 LLS 模型中趋势也是由这样的正反馈机制产生的:高收益趋于使迭代投资者进行更多的投资,这将产生更高收益;相反地,低收益趋于使迭代投资者更少地投资,这将产生更低收益。

这两种情况的差别是:在异质情况下所有不同投资者群体之间有一个非常复杂的相互作用,结果导致缺乏清晰的固定周期而且呈现出更不规则的趋向,没有单个的周期长度——其动力学是根据许多迭代范围不同的组合得到的,这使得自相关模式更加具有连续性。相异群体 LLS 模型中的收益自相关符合实证发现:短期自相关是正的,这在实证上被称为惯性。

短期内,在一个交易期取得较高的收益,下一个交易期往往会获得更高的收益(低收益伴随着更低的收益)。而长期自相关是负的,这被称为均值回复。如经过几年繁荣后,通常经历几个"熊市"年。对更长的时滞,自相关最后趋于零。短期惯性,长期均值回复,最后减弱的自相关创造了在实证研究中发现的"U 形"。

(二)过度波动

在具有大量基本面分析者群体的市场中,价格水平一般是由股票的基本面决定的。然而,市场迭代投资者的行为偶尔会引发价格对基本价值的偏离,这些临时的偏离使得股价更易于波动。

遵循 R. Shiller 的方法,S. Solomon 和 M. Levy(2000)测量了趋势价格和基本价值的标准偏离,通过超过 100 次的独立模拟发现趋势价格和基本价值分别是 27.1 和 19.2,波动幅度约为 41%。

(三)过度交易

在一个既有基本面投资者又有市场趋势投资者的市场中,股票在各种群体之间连续换手。当一只股票开始上涨,趋势投资者观察到可能有较高的事后收益,从而变得更乐

[①] 当有迭代范围分别为 k_1 和 k_2 的两交易者群体时,从一个交易群体占优(周期 $2k_1+\varepsilon_{k1}$)到另一交易群体占优(周期为 $2k_2+\varepsilon_{k2}$),我们可观察到很不规则的转移。当有三个交易者群体时,将有更大的改变:其动力学变得非常复杂,但模拟出来的结果更接近于现实市场情形。由此表明,复杂性是股市的内禀性质,这也是对广泛接受的但实证又令人质疑的随机游走假说的一个解释。

观;基本面投资者认为股票定价过高,变得更悲观。这样,市场趋势投资者就从基本面投资者那里购买大量的股票。当股票下跌时,出现相反的情形:趋势投资者变得悲观,但基本面投资者在股价跌落到公司价值以下时就购买该股票。这样,因为投资者风格的不同,容易出现过度交易现象。

(四)交易量和绝对收益正相关

在 LLS 动态决策模型中的一个典型情形是当一个上涨趋势是由趋势投资者发动时,基本面投资者和趋势投资者的观点朝相反的方向变化:趋势投资者将一个上升价格趋势看作将来收益分布的一个积极的指示;而基本面投资者关注公司价值,认为股票价格高于其价值,最终将下跌。对于一个股价下降的趋势则正好相反。

这样,价格趋势可以由两类投资者的交易行为决定,并因此产生过度交易的现象,趋势越显著,越可能导致更大的交易量。为了定量验证这个相互关系,S. Solomon 和 M. Levy(2000)用绝对收益率 $r(t)$ 对交易量 $V(t)$ 回归,发现了交易量和绝对收益正相关的趋势。

第三节 金 融 泡 沫

一、金融市场泡沫

金融泡沫(financial bubble)是指一种或一系列金融资产价格对基础价值严重偏离的经济现象。由于金融市场中存在大量投资者,其买卖行为直接推动资产价格的变化,当整个市场的投资者共同形成一个没有基础面支撑的非理性乐观预期时,金融泡沫就产生了。金融泡沫在世界范围内普遍存在,如果不能得到有效控制,它们将会对经济体产生巨大的破坏性影响。

实际上,按照标准经济学定义[①],泡沫并不是在投资中产生的,而是在追逐价差利益的投机活动中产生的。由于资本市场中股票、债券、期货等资产的价格变动频繁,时常出现价格严重偏离资产价值的情况,因此投机泡沫主要发生在资本市场。

金融市场中经常出现资产泡沫,资产泡沫由于缺乏内在价值的支撑而最终会走向破裂,并对社会和经济发展带来巨大负面影响。资产泡沫作为证券市场上的一种特定的"异象",在世界范围内普遍存在。其中相当一部分投机泡沫对金融乃至整个经济系统具有极强的破坏性。表 10-1 列举了历史上著名的资产泡沫及其相关典型特征。

---

① 在《新帕尔格雷夫经济学大辞典》(1992)中,泡沫是指在一个连续的过程中,一种或一组资产价格急剧上升,其初始的价格上升使人产生了价格将进一步上升的预期,从而吸引新的买主(投资者),投资者交易此资产的目的是通过交易来获利而不是使用它。

表 10-1　全球著名资产泡沫

泡沫名称	形成原因	掌握内情者反应	非理性投资者反应	市场环境
荷兰郁金香泡沫（17世纪30年代）	外观奇特的郁金香；东印度公司的繁荣	选择性培育郁金香，购买残败的郁金香	购买郁金香是上层阶级的社会时尚，中下层阶级盲目模仿，各阶层都加入郁金香投机当中	郁金香投机合约兴起，套利交易出现
英国南海泡沫（1710—1720）	政府债务转换；贸易垄断	内部人在转换之前买断全部债务，随后全额兑现获利	社会各界人士开始购买股票，物理学家牛顿都开始购买股票	政府介入，皇室参与，咖啡馆连锁店兴起；新会员加入
密西西比公司泡沫（1717—1720）	与新兴国家之间的贸易；金融组织者的成功	通过保护政府债务以获取利润和公司控制权	过度相信政府而忽略风险，股票一上市就被抢购一空	政府支持监禁持异议者，信贷扩张
美国股票市场泡沫（20世纪20年代）	美国经济快速增长；一战后通缩恐惧感消失	股票供给急剧膨胀，新的封闭式基金相继涌现	大量投资者涌入股市，投资者缺乏经验，过度乐观	地方交易所、保证金账户和经纪人贷款增长
日本经济泡沫（20世纪80年代）	日本由统制经济转向市场经济，迎来"平成景气"	企业大量投资于不动产，银行大量接受不动产作为抵押品发放贷款	信奉"土地神话"；不断购买股票；购买高档轿车的消费热潮	持续实行宽松的货币、财政政策刺激土地和股票需求
互联网泡沫（21世纪初）	万维网的出现	大量网络公司利用".com"概念吸引风险投资和上市	很多人辞掉工作专职炒股	风险投资的支持，低利率
次贷危机与房地产泡沫（2007年）	不断降息刺激按揭房地产市场	将次级债券证券化打包出售以掩盖风险	房价上升，使得购房者产生"追涨"心理	对金融创新的纵容、监管的放松，宽松的货币政策

资料来源：饶育蕾，盛虎.行为金融学(2010).

二、理性泡沫与非理性泡沫

实际上，在历次泡沫事件发生后，每次事件中人们疯狂的行为都令人觉得不可思议，但同样的情况为何却周而复始地发生呢？

自最早的泡沫事件"荷兰郁金香泡沫"以来，经济学家就致力于该问题的研究，但至今尚未形成统一意见。在市场有效性假设成为现代经济学，尤其是成为现代金融经济学的理论基础后，人们围绕市场是否有效的问题展开了激烈的讨论。在金融泡沫研究方面，也形成了有关泡沫的两种看法，理性泡沫理论和非理性泡沫理论。

理性金融泡沫理论在几十年的发展过程中曾一度盛行。理性泡沫理论假设认为，金融资产的实际价格除了反映其市场基础价格以外，还包含着理性泡沫。然而，在实际的资本市场当中，证券价格的剧烈波动往往超过理性泡沫可以解释的范围。行为金融学者认为，理性泡沫理论可以对金融泡沫的形成过程作某些程度上的解释，但其前提条件很难与现实完全相符。DeLong 等(1990)从投资者非理性角度出发,分析了套利者行为对证券价格的操纵和对市场的不稳定影响,并分析由此引起的证券市场中的非理性泡沫现象。就非理性泡沫而言,其产生是源自投资者非理性行为,泡沫的出现将使得投资者可获得的预期回报率受到影响。

近年来,行为金融学和心理学的研究表明,人类存在各种非理性行为,在不确定性条件下会做出各种错误的决策。投资者的非理性行为如果形成群体一致性偏差时就会导致资产价格对价值系统性的偏离,于是泡沫就会产生。例如,投资者中的有限理性个体所表现出的认知偏差,可能产生羊群行为和正反馈机制,引起系统性的偏差从而导致金融泡沫;机构投资者可能由于委托代理关系中代理人的声誉效应或由于代理人的风险收益不对称,而导致对风险资产的追求和对虚拟资产的创造;社会因素则因为投资者之间的口头信息传递、媒体公共信息传播和投资情绪传染等加剧了资产泡沫的蔓延和发展。

三、资产泡沫的特征

历史上金融泡沫事件各有不同,但金融泡沫的产生、演变和发展有一定的共同规律和特征。我们将其归纳为以下几点特征。

(一)乐观的预期

泡沫形成初期,市场上绝大多数人都预期价格会上涨。包括人们对未来走势的乐观估计,媒体的乐观报道,机构的乐观预测,证实偏差,放大正面的、积极的、乐观的新闻,对负面的、消极的信息视而不见,对负面的预测不屑一顾,对背道而驰的论调甚至感到愤慨,而公众的这种盲目乐观可能预示着金融泡沫已经积聚。

在乐观情绪下,市场存在"自实现的预言"(self-fulfilling prophecy)效应,即对未来市场预期价格上升,现实价格也会随着上升;反之若对未来市场预期价格下降,现实价格也会随着下降,其显著的特点是市场参与者对资产价格的走向具有共同的预期。当这种乐观预期得到了市场的证实时,人们就可能进一步提升对未来价格上升的预期,而这种预期也会最终得到自我实现。

金融泡沫的产生常常与经济繁荣发展局面相对应,并且与一些重大的技术进步、社会变革、制度创新与市场改革相关联,例如,美国 20 世纪 20 年代电力和汽车业的出现,20 世纪 80 年代日本的腾飞,20 世纪 90 年代以互联网为代表的新经济,21 世纪中国的崛起、人民币升值预期等。人们在享受到新技术、新制度革命所带来的巨大经济发展成果的同时,对其未来的前景估计得非常乐观,相信它们能够带来更长期的经济繁荣,这种过度乐观使公众对资产价格的估计远远超越了客观规律所能预期的合理范畴,从而积聚越来越大的泡沫。

以我国 2015 年的"股灾"为例。2015 年"股灾"前夕,投资热情空前高涨,场内外融资剧增,叠加"一带一路"、"互联网+"等经济大布局的利好消息,投资者乐观预期不断抬升。"国家牛市"、"股市一万点不是梦"的口号不绝于耳。高杠杆带来的财富效应也吸引了更多资金涌入股市,股票账户开户数连创新高,多重因素叠加推动了股价进一步上涨,致使上市公司市盈率普遍虚高，创业板指数市盈率一度达到150倍，股价已经远远背离了股票的真实价值。

（二）"幼稚投资者"的大量涌入

在资产泡沫膨胀到一定程度时，很多新进入市场的投资者可以享受到资产价格上涨带来的财富效应，很多人会发现做什么都不如做金融投资赚钱，这种赚钱效应使得更多未加入投资的非专业人士对金融投资的暴利趋之若鹜，于是纷纷放下平常所从事的工作，将注意力投入到金融投资行列，成为"幼稚投资者"（naive investors）——没有金融的专业知识，不了解股票背后的企业经营，对企业财务状况、估值水平没有透彻的理解。这些"幼稚投资者"把金融投资视为投机，整个社会都陷入想一夜暴富的狂热之中。

这些在泡沫顶端大量涌入的投资者往往成为市场"博傻"中"最后的傻瓜"，这些投资者一方面受到节节攀升股价的鼓舞，另一方面，无法从专业的角度去判断应该涨到什么程度，而只能借助专业分析师的预测，大多数专业人士也会失去理性，甚至故意给出积极乐观的预测。Hong等（2008）对投资者与投资顾问之间的交流互动如何推动价格泡沫的形成进行了研究，认为在网络泡沫时期，不断涌入的"幼稚投资者"对价格的预期受到投资顾问们的有意操纵。"幼稚投资者"疯狂买入已严重高估的股票，使得股票的泡沫越吹越大，而此时投资顾问对投资者偏向于发布积极的预测，操纵着投资者的预期。价格的上涨造成了投资者的过度自信，理性的投资者终于顶不住错过时机的压力入场，原本不具备购买该项资产能力的人借贷买入，令泡沫进一步膨胀。

（三）价格对价值的严重背离

泡沫形成时价格的走势是稳步上升，但是进入泡沫后期，价格会加速上涨。虽然泡沫的最后疯狂持续时间比较短暂，但泡沫的产生、积聚、演化、发展可能是一个比较漫长的过程。资产价格与价值的偏离可能在很长时期内存在。

正反馈机制和羊群行为是金融市场定价产生系统性偏离和泡沫产生和破裂的根源。个体的认知偏差叠加羊群行为，导致投资组合的决策偏差，并使资产价格偏离其内在的价值。价格的上涨引发更多资金的追涨，而新资金的注入令价格进一步上涨。而资产价格高涨会产生"锚定效应"，反过来影响投资者对资产价值的判断，从而形成"正反馈机制"。如果这种"正反馈机制"受到市场其他因素的激化，就会形成"自发性庞氏骗局"，使金融资产的价格远高于其真实价值。金融资产的基本面不足以支撑资产价格，而此时购买金融资产的主要原因是有人愿意以更高价格买入，那些高价买入者又希望可以在更高的价格转手，因此只要有资金不断地涌入，这个泡沫就可以不断地吹下去。

在这种正反馈机制推动下股票市场达到价格的极端，公众的投机心理充满股市，换手率大幅上升，交易量大幅提高，股票指数节节攀升，无论是否有业绩支撑，所有的股票都会被追逐并推动价格的上涨，这时候的价值投资理念完全失去了意义。大家通常不考虑股票的内在价值是多少，都像是在赌博一样，即使知道价格已经泡沫化，只要有比自己"更傻"的傻瓜参与进来，价格就会继续上涨。经济学家把此时的投资者行为形象地比喻为"更大的傻瓜理论"（greater fool theory）。也就是进入到人们通常所说的"博傻"阶段。崩盘前夕,整个市场几近疯狂,直到有一天,这个过程骤然停止。

(四) 泡沫破裂

美国经济学家明斯基(Hyman Minsky)认为,金融系统本质上具有不稳定的特质,过度投机、过度逐利最终会因为投资者收支不平衡而产生崩溃。经济繁荣转为衰退的"明斯基时刻"(Minsky moment)必然会来到。由于在泡沫积聚膨胀的时期,很多投资者为了追逐利润倾其所有甚至加杠杆入市,承担了过大风险,价格的下跌导致其财务状况急剧恶化,极度恐慌的心理会使其急于抛售手中筹码,这就加剧资产价格的下滑。因而,一般来说泡沫崩溃的速度会比形成和膨胀要快。金融泡沫的形成与破裂,不仅使个人财产受到极大的损失,而且会对一个国家的经济带来巨大危害。资金是稀缺资源,金融市场本来就是为公司筹集资金提供方便的,而金融泡沫的危害就在于,它把本来已经稀缺的资金引导到错误的地方,从而造成资金的巨大浪费。

金融泡沫的破裂往往会导致金融危机的爆发,进而可能演变为经济危机,乃至社会危机和政治危机。一方面,部分企业负债剧增,甚至倒闭。另一方面,泡沫经济破灭后,由于居民实际收入减少,使得消费需求不振,投资需求减少,进而引发通货紧缩和经济衰退。历史上大量的事实表明,在资产全面缩水的背景下,如果没有合理的应对金融危机的政策措施,其影响不仅通过银行与消费信用体系蔓延到经济社会各个领域,而且会通过进出口贸易、投资等途径传播到世界各国。

案例分析

我国大宗商品期货市场存在羊群行为吗[①]

近年来,我国商品期货市场蓬勃发展,各种期货合约不断获批上市交易。迄今,我国已有38种商品期货合约在上海、大连和郑州三个商品交易所上市交易。2016年,中国三家商品期货交易所累计成交商品期货合约41.38亿手,保持了全球最大商品期货市场的地位。然而,商品期货市场的发展不仅在于品种增多和交易量增大,而且在于定价是否理性,能否有效配置资源。商品期货市场不仅提供套期保值,也是金融交易者牟利的场所。如果商品期货市场追涨杀跌,齐涨共跌,波动频繁,那么市场规模的扩大不过是给投机家提供了新的乐园而已。所以,我们需要明了我国商品期货市场的投资者是否存在羊群行为,进而实施有关的监管改革。

西方学者认为,羊群行为是2008年金融危机期间原油与食品等大宗商品的价格暴跌的原因之一(Tang and Xiong, 2012; Steen and Gjolberg, 2013)。由于从众跟风式的羊群行为导致资产价格与其基础值的偏离,产生市场系统性风险(Dennis and Strickland, 2002),形成恶性的价格泡沫(Liu et al., 2013)。商品市场的资源优化配置功能弱化,金融化问题日益突出。特别是近十多年来,大量金融交易者进入商品市场,羊群般地同时买入或者卖出,追涨杀跌,容易发生暴涨暴跌,对于实体经济影响重大。

---

① 本案例内容引自田利辉,谭德凯,王冠英.我国大宗商品期货市场存在羊群行为吗?[J].金融研究,2015(6):144—158.

田利辉、谭德凯和王冠英(2015)通过分析2005到2013年的期货市场日频数据,区分不同的波动率状况,采用MS-GARCH模型来分析我国期货市场是否存在羊群行为。通过实证检验发现,在低波动率区间内,我国商品期货市场上羊群行为显著;但是,在高波动率区间内,我国商品期货市场整体的羊群行为并不显著。这意味着,总体而言,随着市场风险的增大,追涨杀跌的金融投机者逐步退出我国市场。在此基础上,作者对比了政府监管相对严格的农产品期货市场和政府很少干预的工业金属期货市场,发现工业金属品市场的羊群行为始终显著,即使市场波动剧烈,也会出现继续追涨杀跌的羊群行为;农产品市场的羊群行为相对较弱,只在市场波动温和的情况下有所表现。因此,金融监管是有助于遏制羊群行为的。进一步区分上涨与下跌两种市场状况,发现在低波动率区间内,无论市场上涨还是下跌,投资者的羊群行为皆为显著,但是在市场下跌时羊群行为更易出现。我国商品期货的投资者相对谨慎,上涨时有所狐疑地跟风操作,在下跌时较为坚决地一哄而散。此外,文章还考察了股票市场和商品期货市场的溢出联动效应,发现我国股票市场的波动不会导致我国商品期货市场出现整体性的羊群行为。

小　结

1. 羊群行为的研究主要研究信息传递和行为主体决策之间的相互影响,以及这种影响对信息传递速度和充分性的作用。
2. LLS模型是一个研究股市中出现的价格周期性涨跌以及不同投资者之间相互作用关系的模型。利用该模型,学者们可以解释一些证券市场上观察到的现象,如证券价格收益的自相关性(惯性与均值回复)、证券价格过度波动、过度交易以及交易量和绝对收益正相关。
3. 金融泡沫的产生、演变和发展呈现出某些共同特征,包括投资者的乐观预期、"幼稚投资者"的大量涌入、价格对价值的严重偏离等。

习　题

1. 什么是羊群行为,在股票市场上,羊群行为的体现是什么?
2. 你认为中国的证券市场是否存在羊群行为,如果存在,什么情况下羊群行为最为显著?
3. 理性泡沫与非理性泡沫有何区别,目前中国房地产市场上存在的泡沫(若存在)属于哪种泡沫?
4. 列举全球著名的几次金融泡沫,并基于行为金融学理论讨论其成因。

第十一章

行为资产组合与行为投资决策

> **教学目的与要求**
>
> 行为资产组合理论从人类的心理和行为角度分析投资者财富状况和投资行为,使得很多传统金融学理论无法解释的现象得到合理解释。通过本章的学习,学生应该掌握噪声交易模型的基本原理,传统资产定价模型和资产组合模型的基本内容及其缺陷,行为资产定价模型的核心观点,行为资产组合的金字塔结构;行为资产组合理论中单一心理账户和多个心理账户基本原理;基于行为金融学的投资策略原理。

第一节 噪声交易与资产定价

在行为资产定价模型(behavioral asset-pricing model,BAPM)中,投资者被分为两类:信息交易者(information traders)和噪声交易者(noise traders)。证券被错误定价的一个重要原因是噪声交易者的存在。噪声交易者是指在市场中不拥有内部信息却非理性地把无关的"噪声"当作有效信息并以此作为交易依据的投资者。此处的"噪声"是指与股票价值无关的虚假信息。当投资者无法分辨信息和噪声时,他们可能会基于噪声而非有效信息进行交易,这会使得市场价值发生扭曲。

噪声交易的存在使得 CAPM 无法正确为证券定价。因此,在探讨行为金融学框架中的资产定价问题之前,我们首先简要讨论投资者噪声交易模型。

一、噪声交易者基本模型

Delong,Shleifer,Summers 和 Waldmann(1990)提出噪声交易者的基本模型,简称 DSSW 模型。模型中存在套利交易者和噪声交易者,当套利交易者进行套利时,不仅要面对基本面因素变动的风险,还要面对噪声交易者非理性预期变动的风险。该模型证明了噪声交易者不仅能够在与套利交易者的博弈中生存下来,还会制造出更大的市场风险,有可能获得比理性的套利交易者更高的风险溢价。

在该模型中，噪声交易者错误地认为他们拥有对风险资产未来价格的特殊信息。他们对这种特殊信息的信心可能是来自技术分析或者其他咨询机构的虚假信号，而他们的非理性之处就在于他们认为这些信号中包含了有价值的信息，并以此作为投资决策的依据。

作为对噪声交易者行为的回应，套利投资者的最优策略应是利用噪声交易者的这些非理性观念作为自己赚取利润的机会。他们会在噪声交易者压低价格时买进而在相反的时机卖出，这种策略在某些时候会使资产价格趋向于其基本价值，但这种效果并非总能达到。套利交易者不会对所有的套利机会都有能力和愿望去进行套利，他们有时选择不与噪声交易者的交易力量对抗，尤其是在噪声交易者的判断和行为都趋于一致的时候。这种套利交易者的有限套利行为使噪声交易者可能获得较高的投资收益，甚至高于套利投资者。噪声交易者的获利会产生某种示范效应，使得新进入市场者和部分的套利交易者都加入噪声交易者的行列，并且在一定时期内对某些资产的交易具有一定的市场影响力。

二、噪声交易与资产定价

噪声交易的存在通过以下几方面来影响资产定价。

首先，噪声交易导致的"有限套利"使资产价格偏离其价值。在噪声交易中，噪声交易者使套利者面临基础性风险以外的风险，即噪声交易风险。作为风险厌恶的套利者，可能放弃与噪声交易者对抗从而获利的可能性，使噪声交易者对价格的错误判断能在一段时间内得以延续，价格进一步扭曲。

第二，噪声交易通过引发羊群行为影响资产价格。在一个噪声交易者和信息灵通交易者并存的市场中，信息的获取是有成本的，两类交易者存在严重的信息不对称。套利者通过其占有的未被市场价格所反映的信息进行交易，噪声交易者根据技术分析、媒体或逐渐扩散出来的或真或假的内幕信息进行交易。当大量的交易者聚集于某一信息并发生极端反应时，就引发证券市场上的羊群行为。羊群行为可以使股票价格短期波动幅度增大，同时可以在相当长时期内使价格在一个方向上持续延伸。

第三，正反馈交易者使价格出现"泡沫"。噪声交易中的正反馈交易者是指这样一部分人：他们对价格存在过度预期，对价格的走势积极跟进。正反馈交易者的行为会使股票的价格波动更大。如基金机构先购买某一股票，然后散布谣言，正反馈交易者对这一谣言做出过度反应并大量买入该股票，使基金机构能够顺利将该股票高价卖出，促使价格在一定时期内出现持续上涨。最初机构的买进提高了不知情交易者对未来收益的预期，从而加倍放大了价格对价值的偏离。当价格停止上涨时，部分人放弃投资行为，叠加上已经获利的基金机构将股票卖出，股票价格回落到价值区间，甚至出现暴跌。

第四，散户对技术分析方法的使用引发噪声交易，并加剧股价的进一步偏离。我国很多散户采用图形分析等技术分析方法，依据的并不是基本面因素而是图形形态本身。当越来越多的投资者采用图形分析法并依此分析时，交易者就会获利，从而吸引更多的投资者。施东晖(2004)实证研究表明,由于技术分析方法在上海股票市场被广泛使用,当某些技术信号显示"上升"或"下跌"趋势时,将引发人为的买卖行为,从而强化现有的股价趋势。这些交易者的投资决策会人为地造成股票价格进一步偏离股票的基本价值。

最后,噪声交易者在证券市场中对证券的买卖在一定程度上能掩盖内幕交易者的操作。在连续竞价的过程中,对于制定价格的做市商而言,无法从指令信息流中区分哪些是内幕交易者的指令,哪些是噪声交易者的指令,而只能根据所有交易者的指令流来确定资产的价格。因此,噪声交易者掩盖了内幕交易者的交易方向和动机,内幕交易者在其掩盖下使其私人信息逐渐融入股票价格中去,内幕交易者的获利以噪声交易者的损失为代价。内幕交易者在噪声交易者的掩盖下使股票价格按照自己的意愿按一定的方向偏离其价值,获取超额利润。

三、中国证券市场的噪声交易问题

中国证券市场在国家经济建设中发挥的作用日益显著。需要认识到的是,目前我国证券市场仍是一个新兴的市场,存在运行机制不完善、交易者专业素质不高、国家立法不健全等问题,因而我国股市中的噪声交易现象在持续时间、涉及范围及表现程度上都比西方发达国家金融市场要严重。一系列的交易数据及市场反馈表明,我国的证券市场还远未达到有效市场,甚至还未达到 Fama 总结的三种有效市场中的弱式有效市场,市场中充斥了大量的噪声交易者。

我国噪声交易程度的大小,可以粗略地采用噪声系数来反映。一般认为,资本市场规模的增速应该与国家实体经济增速相一致,如果两者发生较大偏离的话,就说明资本市场中资产价值被高估或低估,导致这两种结果的重要原因就是市场噪声交易者的存在,因此这两个指标的比值常常被用来衡量市场中噪声系数的大小。具体来说,股票市值增长率/名义 GDP 增长率可以从某种程度上表示股票价格偏离其内在价值的状态,该值就被称作噪声系数(表 11-1)。

表 11-1 我国证券市场 2002—2016 年噪声系数

年 份	A、B 股总市值增长率	GDP 增长率	噪声系数
2002	−11.93%	9.10%	−1.31
2003	10.77%	10.00%	1.08
2004	−12.36%	10.10%	−1.22
2005	−12.84%	11.40%	−1.13
2006	175.68%	12.70%	13.83
2007	265.91%	14.20%	18.73
2008	−62.90%	9.70%	−6.48
2009	100.99%	9.40%	10.74

续表

年份	A、B股总市值增长率	GDP增长率	噪声系数
2010	8.81%	10.60%	0.83
2011	−19.09%	9.50%	−2.01
2012	7.26%	7.90%	0.92
2013	3.79%	7.80%	0.49
2014	55.83%	7.30%	7.65
2015	42.61%	6.90%	6.18
2016	−4.45%	6.70%	−0.66

数据来源：Wind.

当噪声系数大于1，就表明股市上有噪声成分，反之如果噪声系数过小时，则市场的流动性较差，因此对于过高或过低的噪声系数来说都不利于经济的健康发展。从表11-1中可以看出，股市市值增长率并没有表现出一定的趋势性，在2002年、2004-2005年以及2011年、2016年都出现了负的增长率；名义GDP在2000-2007年都保持了递增的增长速度，后面几年增速有所下降。在该期间，相应的中国股市的噪声系数表现很不稳定，在高峰的时候达到了18.73，低谷的时候出现了−6.48。成熟市场的噪声系数相对比较稳定，一般在2—4比较合理，而我国的噪声系数要么处于较高的水平，要么偏低，说明近年来我国股票市场市值的增长有一部分是噪声交易带动的。

除此以外，还可以采用换手率和市场收益率分布情况来衡量中国股市的噪声程度。2016年，我国A股换手率[①]为114.48%，2015年达到292.49%，相比之下成熟市场的换手率一般在40%—50%，显著低于我国水平。这说明目前我国市场上投资者的情绪波动水平依然远远高于其他成熟市场同期水平。在投资者的真实交易需求和股票基本面在各国的分布没有显著差别的情况下，我国拥有如此高的换手率只能解释为噪声交易者的规模庞大，其交易的随意性和不稳定性使得市场总体换手率显著高于其他国家。

对于收益率水平的分布，美国、日本以及中国香港等发达国家或地区的成熟市场收益率分布具有良好的正态分布特征，而对于中国大陆类似的新兴股票市场收益却表现出了较大偏度和峰值，这说明我国证券市场的收益率时常出现异常现象，也就是说时常出现超额收益的情形。这表明我国的市场噪声交易活跃，扭曲了市场收益情况。

我国之所以存在如此明显的噪声交易，主要是因为我国股票投资者中的中小散户投资者占比超过80%，多数投资者不具备投资专业知识，他们的投资决策很大程度上受某种"消息"的影响，行为表现相当不成熟，也没有渠道获得内幕消息，预测和分析能力有限。个体投资者尽管希望能够及时掌握市场的相关信息，但由于实力弱小，一般只能从市场价格的变动中进行信息的判断，而由此得到的信息相当大一部分是噪声，其交易行为具有很

---

① 由年度成交总量/流通股总股数计算而得。

大盲目性。

对于理性的机构投机者,他们在预先收到利好消息后就可能利用这一信息进行交易,他们会认识到:因他们的初始购买会使股票价格上涨,个体投资者在看到股票价格的上涨后,会认为价格中包含了自己尚未获得的信息,提高了自己对未来收益的预期。这样就刺激了个体投资者下期购买的欲望。在预计到个体投资者的这种行为倾向时,理性的投机者便会在当前购买更多,从而推动价格的上涨幅度高于有关基础价值信息所能带来的上涨幅度。在下期,作为对上期价格上涨的反应,个体投资者购买股票的行为明显存在从众倾向,在理性投机者和个体投资者之间的交易形成了一个正反馈链。理性的机构投机者是这一链条的建立者和主观推动者,个体投资者就成了正反馈交易者,二者的共同作用使股价高过基础价值。当市场大势反转,或者利空消息出现时,理性的机构因事先知道而进行了卖出操作,在正反馈作用下,个体投资者随之卖出股票,二者的共同作用就可能使股价低于基础价值。个体投资者的行为是典型的"追涨杀跌"。由于我国市场上信息的流动性较差,许多庄家都能事先得到某种相关消息,甚至是人为制造消息,这必然增加市场交易的强度,同时加剧正反馈作用的强度。在股价的连续拉升和下挫过程中,理性投机者往往采取在适当时机卖出或买入以获利的策略,把亏损留给了个体投资者。尽管他们的逆向操作在一定程度上迟滞了股价的变动幅度,但是由于正反馈作用惯性的存在,价格上下运行的振幅仍很大,还是会使价格远离基础价值,造成市场的不稳定,出现大幅度波动。也就是说,市场因消息触发了正反馈交易而使其对信息反应过度。

第二节 行为资产定价模型

在充斥着大量噪声交易者的市场中,传统的 CAPM 及其相关的拓展模型存在诸多局限。Shefrin 和 Statman(1994)首次提出了行为资产定价模型(behavioral asset pricing model,BAPM)。BAPM 典型地体现了行为金融学的基本理念,它所描述的是理性交易者和非理性交易者互动情况下的资产定价方式。

一、CAPM 及其拓展模型

(一) 资本资产定价模型

资本资产定价模型(capital asset pricing model,CAPM)是资产定价理论的核心内容,其主要解决的问题是:假设所有的投资者都是风险规避者,都运用均值-方差模型选择投资,在证券组合有效前沿上寻找有效的证券组合,使每一个人都投资于一个有效组合。在均衡时如何确定风险资产的预期收益率,这是资本资产定价模型要解决的问题。

该模型阐述了在投资者都采用 Markowitz 的理论进行投资管理时市场均衡状态的形成。基本的表达式为:

$$E(r_i) = r_f + \beta_i[E(r_M) - r_f] \tag{11.1}$$

其中，r_i 为单个资产或者资产组合的收益率，r_f 为无风险收益率，$E(r_M) - r_f$ 为市场的风险溢价，β_i 是衡量该资产或资产组合的系统性风险的大小。β_i 可以表示为：

$$\beta_i = \frac{E(r_i) - r_f}{E(r_M) - r_f} \tag{11.2}$$

β 系数测度的是某一资产的风险溢价相对于市场组合风险溢价的变化情况，及某一资产与市场一起变动时该资产收益变动的程度。基于此，我们可得出资产的期望收益率和它对应的 β 系数的关系曲线——证券市场线（security market line，SML）。

证券市场线在资产定价理论体系中具有重要意义。在资本市场上，每种资产都有它自己的风险-收益关系。如果期望收益恰好弥补投资者所承担的风险，那么我们就认为市场处于均衡状态。此时，不存在卖出或买入股票的动力，同时投资者也并不希望去改变他们的证券组合。当市场处于均衡状态时，所有资产的价格都得到正确评估。由此，由资产的期望收益和 β 系数之间的关系构成的证券市场线代表的是市场均衡的结果。

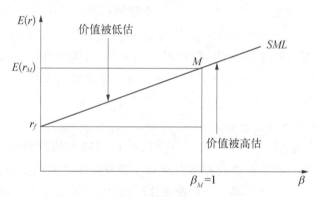

图 11-1 资本资产定价模型与证券市场线

资料来源：Sharpe(1964).

CAPM 把资产的预期收益与风险之间的理论关系用一个简单的线性关系表达出来了，即认为一个资产的预期收益率与衡量该资产风险的 β 值之间存在正相关关系。由此看来，作为一种阐述风险资产均衡价格决定的理论，CAPM 不仅大大简化了投资组合选择的运算过程，使 Markowitz 的投资组合选择理论向着现实世界的应用迈进了一大步，而且也使得证券投资理论从以往的定性分析转入定量分析，从规范性转入实证性，进而对证券投资的理论研究和实际操作，甚至整个金融理论与实践的发展都产生了巨大影响。

（二）CAPM 拓展模型

CAPM 讨论的是单期的情况，然而实际投资中，投资者更多的是进行跨期消费。Merton(1969,1971,1973)通过将伊藤积分引入经济分析，创建连续时间内最优资产组合模型和资产定价公式，由此开创了连续时间金融分析。跨时期资本资产定价模型（intertemporal capital asset pricing model，ICAPM）认为，投资机会集在多期情况下可以移动,并且投资者会对不利的移动进行保护。

Breeden(1979)通过强调投资和消费的二分法,将 ICAPM 和 CAPM 协调起来。他以投资者追求整个生命周期内消费效用的最大化为出发点,开创了基于消费的资本资产定价模型(consumption capital asset pricing model,CCAPM)。CCAPM 以消费和财富的关系为框架,认为经济个体的效用来自消费。投资者必须决定现在消费多少和储蓄多少,以及持有一个怎样的资产组合。基于边际效应递减的原理,当总消费少时,回报率高的股票价格就会被抬升,因此期望回报率就会降低;如果总消费和股票期望收益率正相关,即消费少时股票期望收益也少,那么这些股票的收益率会被抬高。CCAPM 的公式的形式和 CAPM 的很相似,具体如下:

$$E(r_j) = R_f + \beta_{jc}[E(r_M) - r_f] \qquad (11.3)$$

(11.3)式中,β_{jc} 表示资产 j 对总消费变动的敏感程度。CCAPM 也认为,股票的期望收益和 β_{jc} 线性相关。但值得注意的是,尽管 CCAPM 在逻辑上是完美的,但却极少获得实证检验的支持。

股权溢价之谜用现有的 CCAPM 已经无法合理解释。Mehra 和 Precscott(1985)对 1889—1978 年标普综合指数收益率情况进行分析。相对于无风险短期证券的收益(0.8%),同期标普综合指数的年均实际收益率为 6.98%,溢价高达 6.18%。这一数值无法用 CCAPM 来解释,因为从 CCAPM 进行推算就意味着投资者具有高得难以置信的风险厌恶程度。但通常来说,风险厌恶系数应该小于 10。

(三) Fama-French 三因子模型

近几十年来,金融市场出现了越来越多无法被 CAPM 解释的异象。Fama 和 French(1992)发现美国股票市场的股票收益率不仅和 β 系数存在简单相关关系,还与公司的其他相关指标存在显著的相关关系。他们通过仔细地研究在美国资本市场获得超额收益的股票的特性,提出了著名的 Fama-French 三因子模型。

Fama-French 三因子模型认为,CAPM 模型中的 β 因子并不能完全解释股票组合标的的超额收益,投资组合标的的规模(用所有者权益的市值 ME 代表)和估值特质(账面市值比 BE/ME)也对超额收益有着较为显著的解释能力。而规模和估值特质又分别被学术界称为:小规模市值股票异象和高账面市值比股票异象。

Fama-French 三因子模型的公式如下:

$$E(r_i) = R_f + \beta_i \times [E(r_M) - r_f] + S_i \times E(SMB) + H_i \times E(HML) \qquad (11.4)$$

SMB(small minus big)为公司规模因素,为小市值股票组合在每一周期的平均收益减去大市值股票组合的平均收益后的收益率差;HML(high minus low)为公司价值因素,为高账面市值比的股票组合的平均收益减去低账面市值比的股票组合的平均收益后的收益率差;S_i 为投资组合 i 的规模敏感度,H_i 为投资组合 i 的价值敏感度。

根据三因子模型,如果股票定价是理性的,那么股票间平均收益率的系统性差异应该来自以下三个风险因素的差异。

(1) 市场因素：整体市场组合的超额收益；
(2) 规模因素(SMB)：小规模股票与大规模股票间的收益差异；
(3) 价值因素(HML)：高账面市值比与较低账面市值比的收益差异。

这样，用来描述市场、规模和价值等风险的因素的证券组合就对分散化的股票组合具有完全的解释能力。

二、行为资产定价模型

(一) 行为资产定价模型的核心思想

随着市场参与者互联互动特征越来越受到理论界关注并且将其模型化，现代行为金融学开始对 CAPM 模型进行修正，不断完善，使其更具解释力。

基于效用修正的行为资产定价模型引入心理学所发现的非标准偏好，如损失厌恶、财富偏好、习惯形成、追赶时髦等，以此来更加精细地刻画随机贴现因子(stochastic discount factor, SDF)，从而修正代表性投资者的效用函数。之所以要从修正效用函数入手，是因为行为资产定价理论认为，股票溢价之谜等异象无法从传统金融学理论中获得合理解释的原因是它们使用了不准确，甚至是错误的效用函数来刻画投资者行为。

行为资产定价模型的核心思想就是对参与者的限制从单纯的预算约束扩展到效用函数本身所包含的行为约束。即投资者在决策过程中，不仅要考虑收益和风险的权衡，还会受到自身消费习惯、风险态度、财富禀赋的限制。换句话说，在该模型中，投资者的理性受到了限制。

(二) 行为资产定价模型

行为资产定价模型是由 Shefrin 和 Statman 在 1994 年提出的。与传统的 CAPM 用代表性投资者来代表所有投资者不同，BAPM 将投资者划分为噪声交易者和理性交易者。在 BAPM 中，两者相互影响，共同决定资产的价格。理性交易者的行为是符合 CAPM 模型所刻画出来的行为的。而噪声交易者却常会出现认知性偏差，没有严格的、恒定的风险偏好水平。当理性交易者在市场中占据主体部分时，市场是相对有效率的。但当噪声交易者占据市场主体地位时，市场则表现出无效率。

在 BAPM 中，证券的预期收益率是由其"行为 β"(behavior beta)决定的。由于噪声交易者对证券价格的影响，正切均方差有效资产组合并非市场组合，如果噪声交易者倾向于高估成长型股票的价格，那么正切均方差有效资产组合相较于原先的市场组合要人为地调高该类股票的比例。

行为 β 系数的估算是一个难点。在 CAPM 模型中，我们都知道市场组合的构成原理，但却无法找到精确构造市场组合的方法，因此在计算标准 β 的时候只能用股票指数来代替市场组合。行为资产定价模型的 β 就更加难于估测了，因为正切均方差有效资产组合由于噪声交易者的存在随时都在变化，有可能这个月还在起着重要作用的行为因素在下个月的影响变得微乎其微，我们难以找到它的替代物。

当然，这些问题并不能阻止行为金融学学者们对定价模型的探究。所有的资产定价模型都是经济学中供求均衡这一基本思想的产物，供求曲线一方面取决于理性趋利特征（如对产品成本、替代品价格的分析），另一方面也取决于消费者的价值感受。在CAPM中，供求仅仅取决于理性趋利特征下的标准β，在Fama-French三因子模型中，供求取决于公司规模、市净率以及市场组合本身。但对公司规模和市净率的判断究竟是具有理性趋利特征的客观标准还是反映了投资者的价值感受特性？不同的学者对此有不同的判定，Fama和French(1992)的研究支持前一种观点，而Brennan、Chordia和Subrahmanyam(1992)则支持后者。

对于BAPM，它则涵盖了包括理性趋利特征和消费者价值感受的两方面因素。比如Shefrin和Statman(1995)发现，投资者明显更倾向于投资其"钦佩"（admiration）的公司的股票，而这种偏爱已经明显超越了预期回报能够解释的范围。同样，人们对成长股的追捧也超越了理性。事实证明价值感受特性和理性趋利特性一样，应该纳入到决策预期收益的参数中。

下面来讨论行为β与传统CAPM中β的关系。BAPM将噪声交易者的非理性因素考虑在内，BAPM的股价就不再是噪声的，只是反映了一个较低的风险。因此可以认为传统β高于行为β。定义NTR（噪声交易风险）为传统β与行为β之间的差异。那么CAPM产生的传统β将由两部分组成：行为β和由噪声交易者产生的附加风险NTR，表达式为：

$$\beta^C = NTR + \beta^B \tag{11.5}$$

这里，β^C为行为β，β^B为传统β。

第三节　行为资产组合理论模型

一、传统资产组合理论的局限性

长期以来，关于投资组合选择的理论备受理论界和业界的关注。传统的均值-方差模型限定了一个相对更为严格意义上的均衡市场，解决了包括有效组合在内的所有资产关于风险的度量问题。但随着组合投资理论的发展和实践，人们逐渐意识到以完全市场为前提的理论均衡模型在当前的市场中并不能完全适用。总结起来，以均值-方差模型为基础的传统资产组合理论至少存在以下几方面的局限。

第一，理性人假设的局限。理性人假设认为每个人都拥有完全且相同的信息，并利用这些信息做出准确决策。但是如前两章所述，无论是个体还是社会群体都会存在非理性因素。投资者的各种认知偏差以及非理性群体行为会影响着资产价格，使其偏离传统资产定价模型所得出的价格。

第二，投资者对待风险态度假设的局限。在均值-方差模型中，假设投资者是风险厌恶且对待风险的态度始终一致，即保守型投资者不会同时是冒险性投资者。但在我们前面探讨的前景理论中，投资者在面对损失和收益的时候，风险偏好是不一致的。

第三，风险度量的局限性。Markowitz的定价模型以方差或标准差来度量风险，对价格的正偏离和负偏离采取同等处理态度，但这与投资者对风险的真实感受是相违背的，人们最关心的是负偏离即损失的情况。并且，用方差来度量风险只有在投资收益率的分布服从正态分布时才适用，但实际上，越来越多的实证分析已经证明证券收益率呈现出非正态、非对称的分布。此外，标准金融资产定价体系缺乏对资本市场价格形成机制和投资者心理因素的探讨，更像是资本市场的收益和风险关联关系的分析模型。因此从该意义上讲，它的解释能力是有限的。

第四，交易无摩擦等对资本市场的假设并不合理。交易成本、资本结构及证券买卖中的代理关系等因素对组合投资决策均产生不可忽视的影响。

二、行为资产组合理论

由于传统资产组合理论的种种局限性，经济学家在原有的资产组合理论的基础上提出了新的资产组合理论。1952年，Markowitz的消费财富理论和Roy的安全第一理论应运而生。这两个理论在某种程度上解释了弗里德曼-萨维奇之谜[①]。2000年，Shefrin和Statman借鉴传统资产组合理论的有益部分，建立了行为资产组合理论（behavioral portfolio theory，BPT）。

（一）行为资产组合的金字塔结构

在现实当中，投资者构建的资产组合可以以金字塔形状来呈现。Ginita Wall(1993)提出了行为资产组合的金字塔结构，Hersh、Shefrin在2000年对金字塔结构加以改进。在金字塔结构中，各层的资产都与特定的目标和风险态度相联系。金字塔建立在与安全性、收益性和增值性这三者相关的投资需求上。如图11-2所示，从底部到顶部，风险逐渐上升；从右到左，收入价值由低到高。

金字塔的底部是拥有最强的安全性的证券，包括现金、货币市场基金和长短期存单等。往上一层是债券，财务咨询师常常建议投资者们把特定的投资项目用于特定的目标中，例如使用零息债去供养孩子上大学等。再往上一层是股票、房地产、大宗商品等高风险高回报的资产。最顶端是投机性最强的资产，如彩票和期权等。Lopes(1987)把投资于高风险高收益资产，想短时间内致富的计划描述为"申请希望"（applied hoping）。

通常，人们会根据自身财富条件、目标、风险承受能力等来配置自己的资产。为此，人们首先要确定自己的财富水平，通过考虑自身的薪酬水平、工作和生活状况，并合理安排一定数量的资金进行证券投资。其次，根据自己的风险承受能力并确定具体目标和约束。

[①] 弗里德曼-萨维奇之谜（Friedman-Savage Puzzle）是指：研究发现投资者通常同时购买保险和彩票，而它们是风险和期望收益完全不同的两种资产。投资者在购买保险时表现出风险厌恶，但在购买彩票时却表现出一种高风险寻求。这说明投资者并不像预期效用理论说的那样总是厌恶风险的，他们并没有将所有的资产化作一个组合来对待，而是将保险和彩票划入了不同的心理账户。

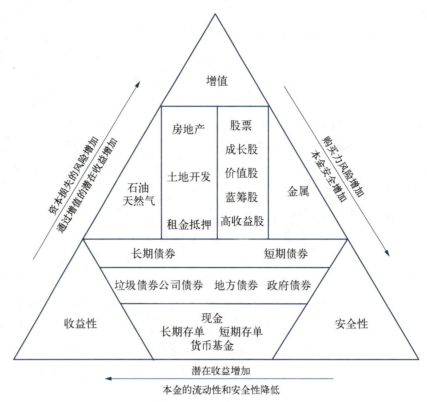

图 11-2　行为资产组合的金字塔结构

资料来源：Shefrin, Hersh(1999).

投资目标一般包括：防止通货膨胀，保持资产流动性，资本保值，获得稳定红利收入，资本增值甚至是投机等。其实，投资的安全性是很多投资者投资过程中关注的核心，投资者需要考虑：为了投资目标你愿意承担多大程度的风险？一方面，不同资产会具有不同的收益率和风险状况，另一方面投资者也存在心理账户，即同时存在不同的心理回报预期及每一账户中回报率所对应的风险承受度。因此，投资者一般会根据不同的心理预期把投资的资产分为若干部分，并确定符合投资者真实状况、生活需求、生活目标和个人偏好的目标组合，并最终进行资产配置。

（二）安全第一资产组合理论

1952 年，Roy 首先提出了安全第一资产组合理论。在该理论中，投资者的最终目标是实现破产概率 $Prob(W<s)$ 的最小化。其中，"破产"是指投资者最终的财富水平 W 低于生存水平 s。

假定 P 是一个随机的证券组合，其收益均值为 μ_p，收益标准差为 σ_p。Roy 没有考虑无风险证券（对所有的 P，有 $\sigma_p>0$）和生存水平 s 较低（对于所有的 P，有 $s<\mu_p$）的情况。

当所有证券组合的收益呈正态分布时，实现破产概率的最小化相当于寻找使目标函

数 $(s-\mu_p)/\sigma_p$ 实现最小化的证券组合 P。若收益不符合正态分布，Roy 通过切比雪夫不等式(Chebyshev inequality)的论证，证明了以上目标函数同样适用。这就意味着所有最优的安全第一的证券组合均位于均值方差的有效边界上。但 Shefirn 和 Statman 认为并非如此。一般来看，最优的安全第一资产证券组合并不是均值方差有效的。

接下来，经济学家对安全第一资产组合理论进行拓展。Telser(1955)提出了一个具有固定生存水平 s 和破产概率 α 的模型。他的模型中，如果破产的概率不超过 α，那么证券组合就是安全的。投资者在 $\text{Prob}\{W \leqslant s\} \leqslant \alpha$ 的约束下，将选择使预期财富水平 $E(W)$ 实现最大化的证券组合。

Arzac 和 Bawa(1977)放松了 Telser 模型的假设，允许破产概率 α 变动。在该情况下，投资者实现定义在预期财富 $E(W)$ 和破产概率 α 上目标函数 V 的最大化。特别地，我们可在预期效用理论框架中讨论投资者对于组合 $(E(W),\alpha)$ 的选择。假定效用函数 U 的形式如下：

$$U(W)=W, \qquad 若 \text{Prob}\{W \leqslant s\} \leqslant \alpha;$$
$$U(W)=W-c, \qquad 若 \text{Prob}\{W \leqslant s\} \geqslant \alpha;$$

其中，c 为一大于 0 的常数。这样，预期效用函数就可以表示为 $U(W)-c\text{Prob}\{W \leqslant s\}$。

(三) 单一账户资产组合模型

在行为金融中，行为组合理论有两种分析模型：单一账户行为组合理论(BPT-SA)和多重账户行为组合理论(BPT-MA)。单一心理账户下投资者与均值方差投资者一样，通过考虑协方差而将所有证券组合放入一个心理账户中，而多重心理账户下，将证券组合归入不同账户中，并忽视账户之间的相关性。

单一账户行为资产组合理论实际上不仅是投资组合的选择理论，还是在不确定性情况下做选择的心理理论。在该模型中，投资者关心投资组合中各项资产的相关系数，并把所有资产放到同一心理账户中。Lopes(1987)采用两阶段结构，两个阶段分别标识为 0 和 1，假设阶段 1 有 n 种状态 $s_1, s_2, \cdots s_n$，其中 $p_i = \text{Prob}\{W_i\}(i=1,2,\cdots,n)$，并且财富间的大小关系为 $W_1 \leqslant W_2 \leqslant \cdots \leqslant W_n$。将单一账户资产组合模型描述为：

$$\begin{cases} \max E_h(W) = \sum r_i W_i \\ s.t. \text{Prob}\{W \leqslant A\} \leqslant \alpha \\ \sum r_i W_i \leqslant W_0 \end{cases} \tag{11.6}$$

其中，$E_h(W)$ 和 $D(A)$ 分别为受到感情因素影响与支配的期望财富和度量安全度，$D(A) = \text{Prob}\{W \geqslant A\}$，$A$ 表示投资期望值，也就是对其反面——风险的衡量。

通过一定的数学推导可得出，单一账户行为组合理论中有效证券组合的收益分布可能有三种结果：0，A 和高于 A 值的 W_n。该收益分布可看作是两个资产的组合收益情况：收益为 0 或 A 的无风险债券以及收益为 W_n 的彩票。

该模型突破了现代资产组合理论投资者风险态度假设的局限，将投资者对风险的态度纳入其中,更符合投资人在投资时只考虑投资后未来财富水平降低到某一程度的风险的实际投资决策过程。

Lopes(1987)通过农民对农作物的选择来说明在单一账户资产组合框架下资产组合问题。为了生存的农民在以下两种农作物之间进行选择:粮食作物和经济作物。粮食作物通常收益较低,但是很稳定;经济作物价格波动性较大,但却提供了获得较高财富水平的可能性。Lopes 认为,农民倾向于种植粮食作物,直到他们生存条件得到满足。在此基础上,他们利用剩余的土地种植经济作物,为摆脱贫困进行"赌博"。在该例子中,存在两个内在的渴望水平:生存水平和高于生存水平的优越水平。对于财富低于生存水平的恐惧促使农民种植粮食作物,这也是处于生存第一的考虑;对于脱离贫困的渴望,农民选择在其他土地上种植经济作物。该例子和弗里德曼-萨维奇困境所描述的投资者同时购买保险和彩票的事实相类似。

(四) 多重账户资产组合模型

Kroll、Levy 和 Rapoport(1988)做过一个实验,实验中参与者被分为三组,并获得了三种证券 A、B、C 的预期收益及其方差-协方差矩阵的信息,他们被要求对这三种证券进行组合。在三个组中,分别给三种证券设置不同的相关度,目的是考察参与者在资产配置中是否会考虑资产之间的相关性。其中,A 和 B、A 和 C 的相关系数均设为 0,区别在于 B 和 C 的相关系数。第一到第三组中,B 和 C 的相关系数分别为 0、0.8 和 -0.8。显然,如果投资者考虑资产间相关系数,按照传统的资产组合理论,他们所构建的投资组合中各资产的比例是不一样的。但实验结果表明,三个组的资产组合结构并没有显著差别。该实验在一定程度上反映了人们在做投资决策和选择资产组合时,很少考虑到资产之间的相关性。而行为资产组合理论中的多重账户资产组合理论将会把该因素考虑在内,即假设人们忽略账户间的相关性。

Shefrin 和 Statman(2000)研究了投资者具有两个心理账户的情况,分别对应着高、低两个期望值,代表着投资者既想避免贫困,又想"一夜暴富"。投资者的终极目标就是将现有财富 W_0 在两个账户之间分配,以使得整体效用最大化。

首先假设低期望账户的效用函数为 Cobb-Douglsa 函数,即:

$$U_s = P_s^{1-\gamma} E_h (W_s)^{\gamma} \tag{11.7}$$

其中,P_s 是未达到低期望水平 A_s 的概率,W_s 代表财富,γ 则为一非负的权重参数。类似地,高期望账户效用函数为:

$$U_r = P_r^{1-\beta} E_h (W_r)^{\beta} \tag{11.8}$$

各参数的含义与低期望账户的类似。

投资者的效用函数是较低和较高期望水平对应的两个效用函数的组合。假定总效用函数表示为:

$$U = [1 + K_{dr}(P_r^{1-\beta} E_h (W_r)^{\beta})] K_{ds}[P_s^{1-\gamma} E_h (W_s)^{\gamma}] \tag{11.9}$$

从投资者效用函数的形式上来看，低期望效用函数为 0 时，投资者效用也为 0；当高期望账户的效用为 0 时，投资者的效用却不为 0。这意味着财富中的一部分优先分配给低期望账户，这也解释了人们将大部分资产用于构造安全的投资组合而只是用一小部分购买彩票的事实。若市场允许卖空，则投资者甚至会在他的高期望账户中卖空某些股票，从而在低期望账户中更多地持有多头。

第四节 行为投资策略

随着行为金融学的发展，基于行为金融的投资策略越来越为基金和投资公司所运用。目前，行为投资策略主要有：逆向投资策略和动量投资策略，小盘股投资策略和集中投资策略等。此外，行为金融理论传播迅速，以行为投资理念为指导的证券投资基金已从欧美等成熟金融投资市场传播到亚洲地区。这些基金公司为避免非理性投资行为，通过构建量化模型，为投资人构建资产组合，从而避免受到投资者个人非理性的干扰，追求资本长期增值。

一、逆向投资策略

逆向投资策略（contrarian investment strategy），简单地说就是买进过去表现差的股票而卖出过去表现好的股票来进行套利的投资方法。传统金融理论的随机游走理论认为，股价的变动是随机的，不具有可预测性。因此，主张采用以基本面为决策依据的基本策略。然而，在现实世界中，由于市场中投资者的非理性行为，股票价格的过度反应将是不可避免，以致出现"涨过了头"或看"跌过了头"。投资者可以利用预期的股市价格反转，采取相反策略来进行套利交易。

该策略是由美国投资管理人 David Dreman 提出和运用的，他也因此被华尔街和各新闻媒体称为"逆向投资之父"。他的投资策略主要是购买过去 2—5 年中表现糟糕的股票，并卖出同期表现出色的股票。在他的专著《逆向投资策略》一书中，根据逆向投资原理重点介绍了 4 种选择股票的方法，主要包括低 PE 策略、低 P/CF 策略、低 P/B 策略和低 P/D 策略。Dreman 认为，由于投资者大都具有明显的羊群行为，市场存在系统性的定价错误，在特定阶段不被市场看好的某一类股票，价值往往会过于低估，当市场对该类股票的价值重新定位时，其表现相对会比较优异。

Lskonishok，Shleifer 和 Vishny 于 1994 年成立了 LSV 资产管理公司，管理着 1 050 亿美元的资产。该公司旗下基金 LSVEX（LSV value equity fund）是一个行为金融基金。LSVEX 将 65% 以上的资产投资于美国大盘股和中盘股，以追求长期资本增值，属于大盘价值型基金。该基金寻找并大笔买入受到市场"冷遇"的股票，因为他们认为大部分投资者在决策中倾向于用陈旧的信息预测股价，或容易凭直觉判断公司。这种认知偏差会导致股票价格在某段时间内偏离其内在价值，于是基金管理者可以利用这种偏离进行投资获利。LSVEX 自 1999 年成立以来至 2017 年 6 月,实现了 8.34% 的年化收益率,同期罗素 1000 指数年化收益仅为 6.70%。

我国股市中过多的噪声交易者和高换手率的存在使得市场对信息更多地表现为反应过度,如我国政策常常左右着我国证券市场的走势。因而,一方面它给市场的"先知先觉者"带来了巨大的收益,另一方面也使"后知后觉者"承担了巨大的风险。不同的投资者对政策的反应不一。机构投资者由于具有较强的研究力量,往往对政策的把握有一定的预见性。而普通个人投资者由于信息的不完全,往往对政策信息表现出过度反应。针对普通个人投资者的行为反应模式,投资基金可以制定相应的行为投资策略,进行积极的波段操作。

二、动量交易策略

与逆向投资策略相反的动量交易策略(momentum investment strategy),该策略是利用第九章介绍的惯性效应所表现的股票在一定时期内的价格黏性,预测价格的持续走势从而进行投资操作的策略。也就是买进开始上涨,并且由于价格黏性和人们对信息的反应速度比较慢,而预期将会在一定时期内持续上涨的股票,卖出已经开始下跌而由于同样的原因预期将会继续下跌的股票。

该策略在实际投资中也已有所应用。如利用美国的价值先排名(value line rankings)系统构建动量投资策略,捕捉股价和利润快速增长的公司。那些排名较好的公司通常是盈利超出投资分析师预期的公司,当公司价值得到提升时,由于市场反应不足或反应速度过慢,投资者及时买入,并利用股价持续上升而获利。

三、小盘股策略

"小盘股"是相对于"大盘股"提出的。"大盘股"通常是指二级市场中流通的股份较大的股票,对应的上市公司一般也是较大型的公司或者企业。相反,"小盘股"就是二级市场中流通的股份较小的股票,对应的上市公司一般也是市值较小的公司。"小盘股"投资策略(small-cap stock investment strategy)指专注投资于"小盘股"的一种投资策略。其投资逻辑是小盘股将来成长为大盘股的概率较大。

2017 年诺贝尔经济学奖得主 Thaler 曾于 1993 年和另一行为金融学大师 Fuller 创办了 Fuller-Thaler 资产管理公司(Fuller-Thaler Asset Menagement),是一家典型的利用行为金融学理论指导投资的基金公司,管理着五十多亿美元资产。该公司还邀请了 Kahneman 作为名誉董事。该公司核心投资策略是中小盘价值股投资,其管理的共同基金 FTHSX(Fuller & Thaler Behavioral Small-Cap Equity Fund)自 2011 年成立以来,收益率持续超过关注小盘股的罗素 2000 指数。此外,公司还为价值 58 亿美元的基金 UBVLX(Undiscovered Managers Behavioral Value Fund)提供投资建议。该基金主要投资于小盘价值股,即资本市场上市值 5 千万至 20 亿美元的股票,属于小资产混合型基金。其投资组合一般持有 40—50 只股票,主要投资于金融、医疗、计算机软件、工业原料等行业。该基金与市场指数相关性较低,且收益情况良好,自 1998 年 12 月成立以来至 2017 年 9 月末,已实现 808% 的涨幅,同期内标普 500 指数的涨幅仅为 105%。

四、集中投资策略

集中投资策略(concentrating investment strategy)是指减少投资品种,投资于少数几只的优质股票上。集中投资策略明显违背现代金融理论的分散投资的原则,而是"把鸡蛋放在一个篮子里"。现代金融理论中,分散投资能够有效地降低系统性风险,并且证券之间相关性越低,风险分散程度越高。而这恰恰是集中投资策略的反面。将资金集中于价值被低估的投资策略之所以能够获得稳定的回报,主要有两个方面的原因。

第一,集中投资策略有助于减少投资者的认知偏差。通过分析企业的内在价值,将注意力集中在少数几家精选的公司上,投资者可以对它们进行深入的研究。选择的股票越少,犯认知错误的可能性就越低,可能遭遇的风险就越小。同时,长期持有股票,投资者可以保持稳定的心态,可以避免受价格波动和市场情绪波动的影响出现非理性行为。

第二,该策略能够利用价值投资的理念而获利。集中投资策略往往在分析公司的内在价值、评估公司价值与当前价格的差异后,在股票被低估时买进,而不理会大盘的低迷,当股价上涨后卖出获利。这实际上也是利用他人的认知偏差和市场的定价错误而获得超额收益。

集中投资策略早已为投资者运用,投资大师巴菲特就是这一策略成功的实践者。巴菲特运用这一策略的原则包括:第一,选择少数几家公司,对公司的选取准则是:经营业务简单、业务有良好的发展前途、有一个良好的管理层、价值被市场低估且具有经济护城河的公司,他相信这些公司有能够继续将过去的优秀业绩保持下去。第二,将投资基金按比例分配,将资金重点投资在这些股票上。第三,坚持长期投资,忽略股价的短期波动。

五、量化投资策略

量化投资策略(quantitative investment strategy)是指把选股思路模型化,采用数学公式、根据过去的数据判断将价格走势,借助计算机实现选股程序化所进行的投资策略。其组合构建注重的是对宏观数据、市场行为、企业财务数据、交易数据等进行分析,利用数据挖掘技术、统计技术、计算方法等处理数据,以得到最优的投资组合和投资机会。量化投资在中国金融市场的发展时间很短,在思想、技术与市场环境等方面与欧美市场有着巨大差距。目前中国的量化投资策略主要分布于各大型证券公司的资管部门与金融工程部门、银行的资产管理部门以及近年来新成立的对冲基金等。

量化投资策略是一种机械的、不依赖于人判断和干预的投资方法。由于计算的复杂程度和对速度的要求,量化投资的组合决策过程和交易过程通常由电脑系统自动来完成。量化投资以先进的数学模型替代了人为的主观判断,借助系统强大的信息处理能力具有更大的投资稳定性,减少投资者情绪波动的影响,避免在市场极度狂热或悲观的情况下做出非理性的投资决策。与定性决策相比,量化分析避免基金经理主观决策的随意性,降低对基金经理个人能力和经验的依赖,根据严格的组合配置原则建立符合投资目标的优化投资组合,避免了基金经理的情绪和主观决策的干扰。同时,借助程序化的计算机模型,也能够跟踪和发现大量人力不及的投资机会。

美国长期资本管理公司(Long-Term Capital Management,LTCM)是全球著名的以量化投资为主的基金公司。该基金创立于1994年,主要活跃于国际债券和外汇市场,其利用私人客户的巨额投资和金融机构的大量贷款,专门从事金融市场投资,其与量子基金、老虎基金、欧米伽基金并称为当时国际四大"对冲基金"。LTCM在20世纪90年代中期曾经辉煌一时,他们利用计算机处理大量历史数据,通过精密计算得到两个不同金融工具之间的历史价差,然后结合市场信息分析它们之间的最新价差。如果两者出现偏差,电脑立即发出指令大举入市;经过一段时间的市场调节,放大的偏差会自动恢复到正常轨迹上,此时电脑指令平仓离场,获取差值收益,又通过对冲机制规避风险,使市场风险最小。但由于其模型假设前提和计算结果都是在历史统计数据基础上得出的,一旦出现与计算结果相反的走势,则对冲就变成了一种高风险的交易策略。

采用量化投资而享誉全球投资界的另一对冲基金是由James Simons创立的大奖章基金(Medallion Fund)。公司对交易品种的选择有三个标准:公开交易品种,流动性高和适合采用数学模型交易。要符合这三个条件,该交易品种必须有充分的可以进行分析的历史价格和交易量等数据,从而找出最适合的交易模型来量化投资。Simons表示,"我是模型先生,不想进行基本面分析,模型的优势之一就是可以降低风险。而依靠个人判断选股,你可能一夜暴富,也可能在第二天就输得精光"。但量化投资中频繁的短线操作可能产生流动性风险,即如果市场深度不够,大量交易会对价格产生影响,从而增加交易成本。大奖章基金能长期占据行业翘楚地位的原因是Simons对流动性风险的把控,基金投资的金融产品都具有良好的流动性,基金仓位分散,包括全球各地的各种金融产品,每个交易的数量较有限,并不断加强和完善电子交易的流程和系统。

案例分析

BAPM vs CAPM:来自中国A股市场的实证[①]

我国学者在行为资产定价的研究方面取得了一定成果。他们通常的做法是首先探究国内资本市场是否存在噪声交易,若存在,BAPM相较于CAPM是否更适用于我国的资产定价?为探究两模型在我国资本市场中的适用性,学者们在借鉴动量指数模型的基础上,提出一些改进或替代方法来模拟行为市场组合并以此对我们股市进行实证性分析和研究。

黄瑾(2005)对上海证券市场的噪声交易情况进行了实证性分析,并采用换手率指标来构造动量指数,其结论主要是对于换手率高的股票而言,其噪声交易者交易也较为活跃。最后文中选择了上证中的50只股票作为研究样本,结果显示,上海证券市场中的噪声交易者活跃,BAPM在上海证券市场中比CAPM更具有适用性。

---

① 本案例改编自许光辉.行为资产定价模型研究及中国股市实证检验[D].上海交通大学,2013.

王敬,张莹(2006)在样本时间区域的选择上提出了新的看法,认为以往的研究一般选择单一的区域,而且这样的区域往往是处于股指的上升区域,所以得出的结论也是大致相仿。选取相邻的牛市和熊市两段时间节点,并分别进行了回归分析。结果显示噪声交易风险的值在牛市中是明显大于熊市中的,即牛市中的噪声交易者更为活跃,且结果更为显著;而熊市中的噪声交易情况有明显好转,并且在解释度回归分析中,其效果并不如CAPM的解释度好。所以文中得出在牛市中BAPM模型更为适用,而在熊市中CAPM模型更为适用的结论。

许光辉(2013)则发现牛市、熊市中BAPM更适用,而平衡市中CAPM更适用。在"牛市""平衡市"以及"熊市"行情中,我国上证A股市场中的噪声交易者仍然是相对活跃的,即市场中存在较大的噪声交易风险,这与王敬、张莹(2006)研究结果正好相反。

他还针对不同市场环境,检验行为β与标准β对股票收益率解释度的差异性,建立回归模型并进行实证检验,实证结果如表11-2。

表11-2 β_i^C与β_i^B回归结果

时 期	解释变量	斜率$\mu(t)$	截距$\alpha(t)$	R^2
牛 市	标准β	0.60(0.08)	14.46(1.75)	0.000 2
	行为β	7.79(0.98)	7.34(0.90)	0.024 0
熊 市	标准β	−9.28(−1.98)	3.15(0.58)	0.091 6
	行为β	−10.24(−2.20)	3.12(0.63)	0.110 8
平衡市	标准β	3.50(0.71)	−2.29(−0.39)	0.012 9
	行为β	−1.32(−0.23)	3.10(0.51)	0.001 4

回归结果表明,在牛市和熊市区域内,行为β的斜率绝对值均大于标准β的斜率绝对值,且t检验和R^2也更为显著。这说明在牛市及熊市行情下,行为β对证券收益率的解释能力更强,即BAPM比CAPM模型更为有效。平衡市下的回归检验发现,此时标准β的$|\mu|$大于行为β的$|\mu|$,而且检验显著,说明此时CAPM模型更具有适用性,即此时市场中的投资者较为理性,噪声交易风险较小。

小 结

1. 噪声交易模型中存在两类投资者:套利交易者和噪声交易者。由于噪声交易者的存在,套利交易者的交易行为、资产价格等出现扭曲,羊群行为、正反馈效应等加剧了股价对基础价值的偏离甚至引发资产泡沫,扰乱金融市场,降低金融市场有效性。

2. BAPM 是对 CAPM 的扩展，所描述的是理性交易者和噪声交易者互动情况下的资产定价方式。理性交易者遵循 CAPM 模型，是传统理论当中预设的具有良好认知、专业技术并且有均值方差偏好的市场行为者；噪声交易者则不具备理想状态下的投资者所应有的知识储备和行为方式，且不具有均值方差偏好，往往背离 CAPM。BAPM 把 β 系数与行为相联系，这样的行为 β 与均值方差有效组合的切线有关，而不是与市场组合有关。
3. 行为组合理论包括单一心理账户和多个心理账户，该理论打破了现代投资组合理论中存在的种种局限，如理性人局限、投资者均为风险厌恶者的局限以及风险度量的局限，更加接近投资者的实际投资行为，对实际投资具有更强的指导意义。
4. 基于行为金融学的投资策略主要包括：逆向投资策略，动量投资策略，小盘股投资策略，集中投资策略和量化投资策略。目前，全球已出现多家以这些投资策略为指导的基金，且部分基金取得良好投资收益。

习 题

1. 噪声交易者具有什么特性？
2. 简述 CAPM 中 β 系数的含义。
3. CAPM 如何表达了风险与期望收益的关系？
4. 传统资本资产定价模型和资产组合模型存在什么缺陷，行为资产定价模型和行为资产组合模型是如何对它们进行修正的？
5. 简述行为资产组合中的金字塔结构在现实投资中的应用。
6. 列举两个利用行为金融作为投资策略指导的基金公司并简要描述其所采用策略、策略原理。

案例分析

浑水做空辉山乳业：
海外机构狙击中概股之道

（本案例获第三届全国金融专业教学案例大赛优秀案例）

摘　要：辉山乳业，曾经的高毛利养殖企业，曾经的港交所融资明星，却在2017年的春天经历了股价的暴跌。击败辉山乳业的是以狙击中概股而闻名的国际做空机构浑水公司。浑水用详尽的调查、细致的分析有理有据地向人们揭开了辉山乳业虚假的面纱。本案例旨在通过分析浑水做空辉山乳业的案例，梳理海外机构做空中概股的背景，探究浑水做空的手段及成功做空的秘诀，分析被做空企业的应对措施，并讨论由此获得的经验教训。作为海外机构成功做空中概股的典型代表，本案例能让我们对如何做空股票有更深层次的理解。

关键词：股票做空、财务造假、企业估值、中概股

引　言

纳西姆·尼古拉斯·塔勒布在《黑天鹅》一书中说："生活只是少数重大事件的累积结果。"黑天鹅事件之所以瞩目，是因为它发生的概率很低，但各个领域却时有发生。虽说事发意外，但却总有丝丝缕缕的迹象可循。

2013年9月26日，辉山乳业赴港上市，IPO募集资金高达78亿港元，使辉山乳业成为港交所首次IPO募集资金量的前三名。作为辉山乳业实际控制人的杨凯也一度以260亿身家跻身胡润百富榜。

虽然辉山乳业自上市以来就因为高于同业的毛利率而受到一些行业研究者的质疑，但是股价却一直保持着稳健的走势。2016年12月，浑水公司针对辉山乳业财务造假、杠杆过高等相关问题发布了两篇"有理有据"的做空报告，但公司快速回应了相关质疑，加之公司高管对公司股票的增持，很快稳定了市场投资者情绪，2016年12月至2017年3月以来，辉山乳业显现出完全不同于其他被狙击沽空的中概股，股价异常稳定。在这场与浑水公司的攻防战役中，辉山乳业似乎赢得非常漂亮。然而，浑水公司笑到了最后。2017年3月24日，辉山乳业股价以半个小时90%的最大跌幅创下港交所股票短期最大跌幅纪录。

辉山乳业是怎么成为黑天鹅的？

1. 昨日之日不可留

1.1 创立之初

辉山乳业前身是1951年成立的"辉山乳厂",是我国东北地区最大乳企,已经有60多年历史。在东北地区,其产品市场份额一直位列第一。

一直以来,辉山乳业对外宣称的运作模式在中国乳业中独树一帜。因为辉山乳业的产品实现了奶源100%出自自家牧场,而且连牧草也全部是自己种植的。在辉山乳业招股说明书中,公司称这种方式不但可以节省大量的成本,而且也可以保证产品质量在每个环节都是安全可控。但也正是自己种植苜蓿牧草的运作模式,成为后来浑水公司质疑其财务造假的重要依据。

早期,辉山乳业的盈利模式就是自己种草养牛,然后将原奶卖给伊利等乳制品加工企业。根据辉山乳业2016年中报披露,公司的奶牛规模达到了20万头,其实单看这一块业务,在养殖界已经算得上是大户了。不仅奶牛的数量多,辉山养殖的可谓是奶牛中的"战斗牛"了。根据公司招股说明书披露的数据,当年业内平均每头奶牛的年产奶量5.8吨,而辉山乳业每头奶牛年产奶量高达9.1吨。

表1 奶牛年产奶量同业比较

	每头奶牛产奶量(吨/头)
辉山乳业	9.1
大型奶牛场平均值	7.8
业内平均值	5.8

资料来源:辉山乳业招股说明书。

1.2 业务扩张

2002年杨凯出任辉山乳业总经理。他并不满足于只做上游牧场养殖,毕竟乳制品的下游才是最大的利润环节。于是,2011年公司开始涉足液态奶领域,并在2013年推出了中国首款自营牧场全控婴幼儿奶粉。在接下来几年里,液态奶及奶粉业务在其经营范围中占的比重越来越大。据2015年辉山乳业年报披露,公司液态奶业务已经占到其主营收入的68%。

表2 辉山乳业每年的营业收入及业务构成

年 份	2010	2011	2012	2013	2014	2015
营业收入(万元)	37 405	133 279	255 244	353 042	392 338	452 653
液体奶产品业务占比	4%	42%	67%	65%	62%	68%
奶牛养殖业务占比	65%	50%	27%	28%	26%	21%
奶粉生产业务占比			3%	7%	12%	11%
粮食加工及买卖业务占比	31%	7%	3%			

数据来源:辉山乳业2010-2015年年报。

根据2013—2015年辉山乳业的财务报告,随着公司经营业务范围的扩张,公司用于厂房设备、土地、购牛等支出高达106.67亿元,远超其2013年在港上市时78亿港元的募资额。

同时,高投入也结出了硕果。2013年上市后,辉山乳业入选奶粉"国家队",并成为国家工信部首批食品质量安全追溯平台的六家试点企业之一,其引以为傲的"辉山模式"也走出了东北地区,在江苏省盐城市得到推广。2017年3月18日,辉山乳业通过优质乳工程验收,成为国内第四家优质乳认证企业。辉山乳业还在积极进行东盟国家奶制品出口验证。按照公司的发展规划,辉山乳业将从东北拓展到全国,并走向世界。

2. 浑水摸鱼:一池浑水,谁能得鱼?

2.1 浑水为何?

浑水研究公司(Muddy Waters Research)是一家专门从事做空研究的公司,其创始人为美国人卡森·布洛克(Carson Block)。2005年,卡森·布洛克从法学院毕业后来到中国,并于2010创办了浑水研究公司,主要研究在美上市中概股的虚假财报和欺诈行为。

公司名字来源于"浑水摸鱼"一词。"浑水"指的是中国企业的财务相对不透明。而"摸鱼"的不只是造假融资获益的中国上市企业。狙击中概股,做空海外上市中国企业,也许浑水公司才是"浑水摸鱼"的最终赢家。

2.2 浑水第一枪:辉山乳业价值接近零

2016年12月16日,时隔两年没有对中概股下手的浑水公司突然发布长达47页的研究报告,指责辉山乳业涉嫌财务造假,并列出多项指控,包括虚报利润、苜蓿种植造假、董事会主席侵吞公司财产等。受此影响,辉山乳业股价下跌,并于12月16日上午紧急停牌。

在这篇报告中,浑水公司主要针对以下几个问题来质疑辉山乳业的财务真实性及持续运营能力。

2.2.1 苜蓿是买来的

在辉山乳业的信息披露中,牧草苜蓿的种植一直以来都是企业毛利率领先于同行业的重要原因。其IPO招股说明书中,辉山乳业声称其生产成本为70美元/吨(约437元人民币/吨),而进口苜蓿则为约400美元/吨(约2 500人民币/吨)。而且由于自己种植苜蓿不需要从海外长途运输,短供应链能改善牧草蛋白质含量的保留状况,避免了在运输和处理过程中蛋白质降解。可以说不论在产品成本上,还是产品质量上,公司自己种植苜蓿是获得超额利润最基础也是最重要的环节。

然而,浑水公司出具的报告给出了一系列数据:基于2014年年报披露的产量,辉山公布的苜蓿短供应链能节省成本0.83亿—1.1亿元人民币(相当于600—800元人民币/吨)。报告给出了苜蓿种植对于辉山乳业利润的贡献率,从2013—2016年,自己种植种苜蓿产生的收益占辉山乳业税前利润的19%至24%。使得公司乳品业务部门利润率在2011—2013年由42.7%提高至59.8%。2013年,一家大型投资银行估计,辉山苜蓿种植园为其奶牛养殖业贡献22%的EBITDA。

	Gross Margin				EBITDA Margin			
	LTM	FY 15	FY 14	FY 13	LTM	FY 15	FY 14	FY 13
Beijing Sanyuan Foods Co.Ltd.	30.9%	29.9%	22.8%	21.3%	2.0%	3.0%	−0.2%	−2.1%
Yashili International Holdings Ltd.	50.7%	50.8%	51.1%	53.5%	0.0%	3.3%	10.9%	14.4%
China Mengniu Dairy Co.Ltd.	32.2%	31.3%	30.3%	27.0%	7.5%	7.5%	7.2%	6.6%
Inner Mongolia Yili Industrial Group Co.Ltd.	38.4%	36.4%	33.1%	28.7%	10.9%	11.1%	11.0%	7.6%
Bright Dairy & Food Co.Ltd.	39.4%	36.1%	33.7%	34.7%	9.0%	6.9%	5.9%	6.2%
China Huishan Dairy Holdings Co.Ltd.	61.9%	61.9%	68.3%	64.4%	44.2%	44.2%	48.5%	49.1%

图 1 辉山乳业与同业公司的首蓿草种植及 EBITDA 比较

资料来源：浑水关于辉山乳业的做空报告.

自上市以来，辉山乳业的高利润率一直都是市场人士的质疑点。辉山乳业拥有远远高于同业的净利润率，但为何同业其他乳企没有效仿该模式？

图 2 辉山乳业、蒙牛和伊利的净利润率比较

资料来源：Wind 数据库.

浑水公司找到辉山首蓿的多家供应商，并收集证据证明辉山乳业至少从 3 年前开始就已经从海外以及东北地区的其他牧场购买首蓿，这与辉山乳业在 2013 年及 2015 年年报中宣称的首蓿可以自给自足，且有剩余的说法相悖。而且浑水公司通过调查了解到，辉山乳业进口首蓿的价格大概为 2 330 元人民币/吨(约合 345 美元/吨)，这使得辉山乳业不仅没有节约成本，反而在牧草上花费了大量的资金。也就是说，辉山乳业的财务报表中利润很大一部分是虚增的。

2.2.2 奶牛养殖场资本开支夸大 16 亿元

浑水公司的报告称，辉山乳业想尽办法夸大公司在建设奶牛场的资本支出，是为了掩盖在利润表中虚增的利润。其逻辑是，由于其首蓿种植没有实现自给自足，这部分虚增的利润在审计时会遇到问题，大多数审计中反欺诈手段是现金盘点。为了掩盖这部分问题，公司虚假购买资产以及夸大资产支付金额，为其现金与实际利润不吻合提供借口。

浑水公司认为，按照辉山的招股说明书，本来用于每个牧场的计划支出约 4 520 万元。然而，2014—2016 年，辉山乳业建设的 32 家养殖场中的每个养殖场建设费用大约为 8 900 万元,总额为30亿元。所以浑水公司怀疑辉山乳业实际支出的金额大大低于这一数字。

浑水公司还实地考察了辉山乳业的几个奶牛养殖场。调查人员发现,有的挤奶厂居然缺乏挤奶设备,并且还未完工。他们又找了一些国内的专家,根据拍摄的辉山乳业生产设备的照片进行估值,认为这些设备和厂房根本不需要8900万的支出,总差额达到16亿元。

2.2.3 怀疑公司大股东杨凯至少转移1.5亿公司资产

浑水在报告中指出,通过未披露的关联交易,估计辉山董事局主席杨凯至少窃取了1.5亿元资产。"在2014年12月(IPO一年以后),辉山乳业将一个至少有四个乳牛牧场的子公司转让给一个未披露的关联方,可以肯定的是该关联方是杨主席的代理人。"

这个事件涉及三家公司,一家是杨凯和其一致行动人葛坤控制的辽宁牧合家牛亚科技有限公司(以下简称"牧合家");另一家是2014年4月辉山乳业建立的富裕牧业有限公司(以下简称"富裕牧场"),证据表明,该子公司一直被打算用于牛肉业,而不是奶牛业;还有一家是辽宁富翰畜牧有限公司(以下简称"富翰畜牧"),由王冰100%控股。为什么辉山乳业一个做奶制品供应链的企业会涉及牛肉业呢?背景是从2011年开始,中国牛肉价格上涨速度快于牛奶价格。2014年初,牛奶价格大跌,而牛肉价格仍在上涨。鉴于中国牛肉的需求达到峰值,而生产量低于需求。杨凯与其妻子建立的牧合家自2013年起就计划进入屠宰和牛肉销售和分销业务。2014年4月建立的辉山乳业子公司富裕牧场也开始从事牛肉相关业务。

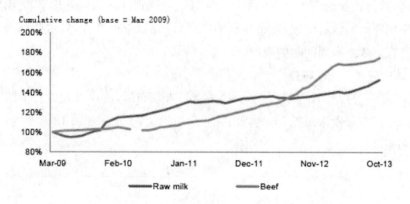

图3 近年来牛肉业相比于奶牛业更有优势

注:本图为原来图的一半,不影响内容.
资料来源:浑水报告.

2014年12月23日,辉山乳业(中国)有限公司(原名辉山投资有限公司)将其子公司富裕牧场转让予新成立的富翰畜牧,该公司由王冰个人100%控股。辉山乳业2015年财务报告并未披露收购处置子公司的作价。浑水公司表示,一些证据表明王冰与富翰畜牧极有可能是牧合家及杨凯的代理人。由于富裕牧场从2014年4月成立到12月转移,有文件表明已经建立了4个牛场的建设,按照价值估算转让资产的价值至少为1.5亿元,并且其牧场转让还可能包括牛群,这也增加了转让价值。

2.2.4 辉山面临巨大财务压力

浑水的报告提到，有明显的迹象表明，辉山乳业正在承受巨大的财务压力：包括公司正试图改变融资类型，以及夸大资产负债表的资产等。

从辉山乳业的负债结构来看，由于公司 70% 的债务在不到一年的时间内到期，并且自由现金流有限，辉山乳业的债务呈现很高的短期违约风险：辉山需要想办法解决将于一年内到期的 111 亿元债务。

图 4　辉山乳业短期借贷及长期借贷到期值

资料来源：Wind 金融数据库.

而同时，辉山乳业的一些动作似乎在表明其财务遇到的问题。近几年，辉山乳业想要开展更多挤奶资产的售后回租，发布高利润的理财产品，质押融资等，这些行为看起来都是辉山乳业在资金上遇到问题的表现。

2.3　辉山应对：兵来将挡

在 2016 年 12 月 16 日上午，浑水公司沽空报告发布后，辉山乳业股价下跌 3.9%，触及 2015 年 9 月 30 日以来最低，但是辉山乳业反应敏捷，于上午 11:12 起临时停牌，停牌前跌 2.14% 报 2.75 港元。

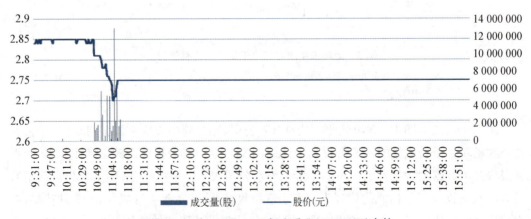

图 5　2016 年 12 月 16 日辉山乳业(6863.HK)走势

资料来源：Wind 金融数据库.

由于12月16日是周五,所以辉山乳业也有一定的时间来应对。当天晚上辉山乳业发出了针对浑水沽空报告的澄清文件。

2.3.1 苜蓿进口数量有限

辉山乳业先公布了公司从上市以来每年的苜蓿的具体产量,表示虽然公司产量逐年下降,但是辉山集团还种植了代替苜蓿草的燕麦饲料,所以可以满足公司奶牛的需求。公司每年确实从外面购买了约1吨的苜蓿草,但是这是为了补充自家种植场每年6月份收割前的饲料需求,和浑水披露的公司每年需要大量进口苜蓿牧草的事实不符,进口的该部分苜蓿牧草只占每年饲料所需的4.3%—9.2%。另外,对于浑水公司一直提到辉山乳业从一家海外苜蓿草供应商Anderson & Grain Company进口苜蓿牧草的问题,辉山乳业断然否决,表示从来未跟该公司有过任何的合作。

2.3.2 单个牧场资本开支没有夸大

辉山乳业表示,自从2013年上市以来,公司一共有31座建成已使用的牧场以及22座在建的牧场,每个牧场建成需要的费用大概是人民币6 000万元。浑水公司之所以说每个牧场建造资金是8 900万元,质疑辉山乳业夸大了牧场资本支出,是因为浑水公司以辉山乳业该年度的现金流出总额除以建成牧场的数量,简单计算出单个牧场建设所需金额。但是,辉山乳业在建设牧场的时候,为了保证工程尽快完工,会在工程建成之前支付预付款,所以实际上每座牧场并没有花那么多钱。

2.3.3 富裕牧场是独立第三方,不存在转移资产

辉山乳业在回应关于杨凯可能将辉山乳业子公司从事牛肉业的富裕牧场转移为自己的资产时,声明富翰畜牧是独立的第三方。辉山乳业还说明了公司将该公司转让的原因:公司在2014年曾经想过要经营肉牛饲养,所以成立了富裕牧场。但是,由于当年公司的老本行乳制品行业市况不佳,所以暂且搁置了公司扩张计划,将富裕牧场卖给了王冰100%持股的富翰畜牧。富翰畜牧是完全独立的第三方,与执行董事杨凯没有任何关系。根据港交所的规定,该交易不属于应该披露的范围,所以公司没有披露交易的价格。

2.3.4 公司资产负债率在减少,资产管理属正常

辉山乳业提出虽然近几年负债在逐年增多,但是公司的资产负债率却比上一年大幅下降,从事售后回租等交易是公司管理流动资金的常规做法,公司不觉得有什么问题。

2.4 浑水辉山再战,辉山股价稳定

辉山乳业在发布澄清公告后,于12月18日又发布公告,称公司主席兼执行董事杨凯及副总裁葛坤在12月16日对公司股票进行了增持,从二级市场上购买了24 766 000股公司普通股,这向市场传达了公司管理层对公司经营情况充满信心的信息,也间接回应了浑水公司的质疑。

2016年12月19日,辉山乳业复盘。但是,浑水公司再次发难,发布报告称辉山乳业存在收入造假、夸大利润率和电商销售数据等问题,但似乎第二份报告并未取得预期效

果。最终,辉山乳业当天收盘价上涨1.82%。

在19日的报告中,浑水公司进一步指责辉山乳业在收入上有欺诈嫌疑。报告显示,浑水公司通过对辉山乳业销售成品的四家实体企业的增值税数据估算,结果较辉山乳业公布的财务数据低29.4%,因此认为辉山乳业的销售数据作假。根据浑水公司的实地考察,以辉山乳业目前的厂房环境及设备情况来看,根本不可能达到其对外公布的奶牛单产量。除此之外,浑水公司对辉山乳业2016财年的销售额增长表示怀疑,认为其在线销售的增长率等数据存在造假嫌疑。浑水公司对电子商务数据的调查显示,目前网端乳制品销售缓慢,总量并不大,但辉山乳业的电商销售增速远超过国内乳业龙头企业蒙牛乳业和伊利股份同期数据。

19日中午,辉山乳业再次发布公告对浑水报告的第二部分进行澄清,称公司董事会确认,公司在年度报告和中期报告中报告的合并收入,是根据国际财务报告准则编制,且公平地反映了公司在相关报告期间的业绩。而对于浑水公司提出的辉山乳业收入造假的结论,董事会认为不值得再浪费笔墨。之后,辉山乳业又出具了一份更详细的报告以驳斥浑水公司第二份沽空报告中的质疑。

总的来说,这两次交手辉山乳业都在第一时间以清晰的思路逐条驳斥了浑水沽空报告中的质疑,加上公司高管及时增持,从市场的表现来看,浑水针对辉山乳业的两次狙击并未对资本市场产生特别的波澜,浑水公司铩羽而归。

表3　浑水做空报告和辉山乳业澄清报告的要点

	浑水做空报告	辉山乳业澄清报告
第一份沽空报告	苜蓿草外购,利润虚增	只是少量外购弥补苜蓿收割前空缺
	牧场资本支出夸大	牧场建成前有预付,真实资金消耗不高
	杨主席转移资产	子公司剥离与杨主席无关
	公司财务遇到问题	财务没问题
第二份沽空报告	销售数据作假	口径不同
	奶牛产奶量造假	中国的同业企业产奶量就是很高
	网端乳制品销售量造假	本企业奶质好,售价高

资料来源:根据浑水报告、辉山乳业回应公告整理.

虽然经历了2016年12月的2次做空风波,辉山乳业的股价表现却非常稳定,甚至比其他乳业企业的股价还要稳定。主要的原因是公司及时澄清做空质疑,加上管理层增持的结果。

原以为这场风波就这么过去,浑水公司时隔两年对中概股出手再一次以失败告终,悻悻而归,然而事情远没有结束。

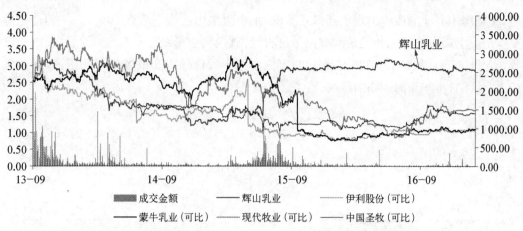

图6 辉山乳业、伊利股份、蒙牛乳业、现代牧业和中国圣牧的股价

资料来源：Wind 金融数据库.

3. 今日之日多烦忧

3.1 虚假繁荣终将落幕，辉山乳业面临生死劫

3.1.1 做空机构早已布局等候

虽说在 2016 年 12 月浑水公司与辉山乳业的两次交手，以辉山乳业股价稳住阵脚落下帷幕。但是，从图 9 可以看出，在 12 月 16 日以前便有大量的机构对辉山乳业进行了做空，在 12 月 16 日当天更是出现了巨量的空单。这些空单意味着虽然从表面上看辉山乳业的股价"风平浪静"，但其实做空机构已经"暗涛汹涌"，随时准备"收网"。

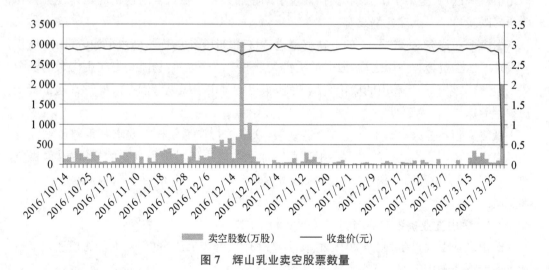

图7 辉山乳业卖空股票数量

资料来源：Wind 数据库.

3.1.2 股价暴跌终于兑现

2017 年 3 月 24 日上午，坊间传出中国银行审计发现辉山乳业可能存在重大财务问

题,于是辉山乳业的股价出现了断崖式下跌,半小时之内一度下跌近 90%,一举创造了港交所历史上最大的跌幅新纪录。截至午盘收盘,辉山乳业暴跌至 0.42 港元/股,较前一日收盘价跌 85%,蒸发将近 300 亿港元的市值。迫于股价暴跌和市场传言的压力,辉山乳业 3 月 24 日下午 1 时起临时停牌。

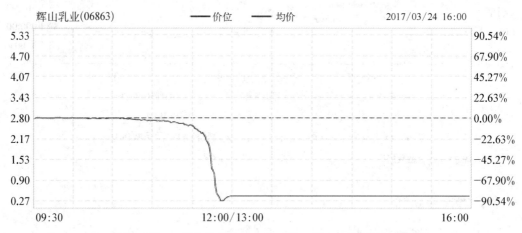

图 8　辉山乳业(6863)2017 年 3 月 24 日股价

资料来源:Wind 金融数据库.

面对突然的下跌,不论是市场投资者还是浑水辉山博弈双方,都表示十分的意外。据彭博报道,做空投资者、浑水公司的卡森·布洛克在旧金山接受电话采访称,"我绝对没有预计到会发生这种情况,我们首次发布报告后,这只股票数月来走势平稳,(今天)没有任何苗头就暴跌,我是第一次见到"。担任董事局主席兼首席执行官的杨凯对媒体说:"公司股价暴跌我也是一点准备都没有。"

卡森·布洛克对本次怪异的下跌解释道:"这和 2010 年的德尔公司很像,辉山的债权方发现了巨额资金被盗用之后,股票的买盘完全消失。这说明,杨凯一直在用借来的资金买入股票,如果有一天辉山的股价突然暴跌,很可能是由于操纵者们在买筹时遭遇了资金短缺。"

纸终究包不住火。辉山乳业资金链断裂,众多银行作为债权人要求其重整巨额债务的呼声成了压垮辉山乳业的最后一根稻草。加上二级市场对辉山乳业的持续质疑,做空数量众多,股价一开始下跌便导致交易拥挤,瞬间造成了 85% 的巨大跌幅,成为 2017 年港交所的"黑天鹅"。

3.2　辉山乳业扩张的罪与罚

辉山乳业财报显示,截至 2016 年 12 月 31 日,其资产负债率 69%,而能否偿还短期借款是致命的流动性问题。

为打造从上游牧场养殖到下游奶品加工的全产业链模式,辉山乳业上市以来的 3 个完整财年中,用于厂房设备、土地、购牛等支出达到 106.67 亿元,远超其 2013 年在港上市时 78 亿元的募资额。过于激进的扩张决策,加上不理想的投资效果,容易造成公司的资金链断裂,使得公司面临财务危机。

2016财年辉山乳业的销售费用、管理费用分别为6.97亿元、4.39亿元,较2013财年的1.06亿元、0.91亿元翻了数倍。上市3年以来,辉山乳业用于销售、管理的费用,累计达到28.51亿元。费用的提升自然需要现金流的弥补,于是这也可以理解为何辉山乳业近年借款逐年上升。根据辉山乳业披露的数据,截至2016年9月30日,其短期借贷及长期借贷当期需偿还部分高达110亿,然而这种借钱补窟窿的方式毕竟不是长久之计。另有债权银行人士在接受媒体采访时透露,银行对辉山乳业"一直很紧张","这家公司其实常欠息,但是在银行要计逾期的时候,又及时还息了,财务数据不实"。

除了短期借款,辉山乳业还尝试了很多其他的融资方式,比如奶牛售出回租等,这也是最初辉山被浑水盯上的原因。2016年5月,卡森·布洛克注意到彭博上的一条新闻:辉山乳业计划售后回租所持有的1/4即50 000头奶牛,所获现金用于回购公司股票。然而这些创意融资也并没有给辉山带来什么转机。

据悉,在辉山乳业暴跌的前一天,也就是在2017年3月23日,政府主导召开了内部债权人会议。在这场多达23家银行参加的金融维稳会议中,辽宁省金融办要求银行和其他金融机构不要抽贷,对辉山乳业要有信心,希望能给辉山乳业四周的时间来解决拖欠部分利息的问题。会议上,辉山乳业公司实际控制人、董事长杨凯承认资金链断裂,但是同时,他又信心满满地表示,一个月内,辉山乳业就可以筹集150亿元的资金,用于维护市值,恢复投资者信心,保护辉山乳业品牌。中国银行、九台农村商业银行和浙商银行在发言中纷纷表示愿意相信有六十多年历史的辉山乳业,相信其有能力四周内支付全部拖欠的利息。

但是这个本来是想"维稳"的会议结束后的第二天,辉山的股价出现闪崩,给这个财务本来就出现危机的公司以沉重打击。有消息称,正因为这次会议上有关辉山乳业财务危机的消息走漏了风声,成为辉山乳业股价暴跌的导火索。

3.3 影响:多家机构踩雷

在这场暴跌中,牵连到多家金融机构。

债权方面,据资料显示:辉山乳业有70多家债权人,其中23家银行,十几家融资租赁公司,金融债权预计至少在120亿—130亿。辉山乳业早前在财报中披露的数据显示,截至2016年9月30日,辉山乳业短期借款余额高达110.875亿元,长期借款余额为49.536亿元。流动负债中,除了短期借款,辉山乳业还有32.68亿元的贸易应付款项及应付票据,5.74亿元的预收款项,以及9.31亿元的应计开支及其他应付款项。股价暴跌带来企业资产缩水,能否偿还这些贷款便成为问题,金融机构的资产也会受到影响。目前,部分银行已经公布了针对辉山乳业的债权金额。其中,对辉山乳业授信金额最大的是中国银行,金额为33.4亿元。第二大原本为工商银行,此前有说法称授信金额为21.1亿元,但后来规模有所缩减。吉林九台农村商业银行向辉山乳业的附属公司提供两笔融资,融资余额共为13.5亿元,但不存在未能按时收取约定利息的情况。

股权方面,根据公开信息,平安银行已经确认,辉山乳业控股股东冠丰公司(由杨凯控制)

在 2015 年 6 月通过股权质押方式获得平安银行授信,截至 2017 年 3 月 24 日,辉山乳业在平安银行的贷款余额为 21.42 亿港元,质押的股份总数为 34.34 亿股,占其总股本的近 25%。

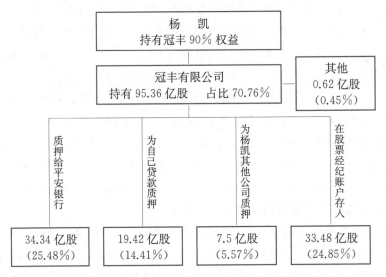

图 9　平安银行质押方式持有辉山乳业股份

这显然并非辉山乳业银行欠款的全貌。根据辉山乳业财报披露的数据,截至 2016 年 9 月,辉山乳业的银行授信余额 140.2 亿元,其中信用免担保 15.5 亿元,担保贷款 103.5 亿元,抵押贷款 21.2 亿元。

除了银行等大型金融机构之外,资管公司、P2P 公司等对风控极度敏感的机构,也受到了牵连。据基金业协会的资料显示,歌斐资产涉及辉山乳业债务危机的产品有两只,官方资料显示,这两只基金募集的资金,除可能持有少量现金、银行存款外,接近全部或全部用于向辽宁辉山乳业集团(沈阳)有限公司(辉山集团)收购其对辉山乳业(中国)有限公司(辉山中国)持有的应收账款债权,并由辉山中国在约定的期限内向该基金支付清偿对价。至于两款私募产品总体规模,诺亚财富相关人士对记者表示超过 3 个亿,但并未透露具体数字。3 月 30 日,也就是在辉山乳业股价下跌一周后,有香港媒体报道称,歌斐资产已向香港高等法院申请,要求冻结包括辉山乳业、该公司主席兼大股东杨凯及其控股公司冠丰的资产,禁止其将资产转移或移离香港。同时,辉山乳业债务还涉及定向融资计划产品、互联网融资、融资租赁等。

3.4　后续进展:被收购的可能性

3.4.1　资金去向

在浑水第一份沽空报告中曾经提出的杨凯将 1.5 亿资产转移到自己名下的质疑,辉山已经通过公告予以否认,我们也无从考证。辉山乳业事件爆发后,各方猜测不断,甚至坊间传闻杨凯擅自挪用 30 亿资金投资沈阳房地产。随后,在 2017 年 3 月 28 日早间,辉山乳业发布公告,对 30 亿元挪用资金首次进行回应。"杨凯否认所有以上说法,经过公司对中国银行的查询,中国银行确认其并未对集团进行审计,也未发现造假单据及挪用资金情况。"

3.4.2 高管失联

在辉山的股价下跌后,一直流传着公司执行董事、董事长杨凯的一致行动人葛坤失联的消息,也有关于其"畏罪潜逃"的说法。辉山乳业在3月28日发布的公告中也对这件事给予了回应,称其因为精神压力过大而申请休假,董事会自3月21日就无法联系到她。

3.4.3 被收购的可能性

虽然辉山乳业已经资不抵债,但其作为享有盛誉的乳业品牌,涉及千万家奶牛养殖业,可能不会沦落到破产的地步。目前,辽宁省政府力主债务重整,曾经在蒙牛财务危机时接管蒙牛的中粮集团也已和辉山乳业控股股东接触。杨凯让出控股权、辉山乳业国有化或许是最后也是最好的结局。

《淮南子·原道训》有名句"夫善游者溺,善骑者堕,各以其所好,反自为祸。"辉山乳业被爆聘请国际著名会计师事务所退休的合伙人专施财务造假,以为天衣无缝,成为这次黑天鹅事件的根源。而浑水公司抽丝剥茧、明察秋毫、做空狙击无疑是引起辉山乳业股价海啸扇动的翅膀。资本市场充斥着贪婪、侥幸与谎言,而机会总是留给洞悉真相的投资者。

案例使用说明:

一、教学目的及用途

1. 适用课程:公司治理、证券投资分析等相关课程。

2. 适用对象:本案例主要针对金融专业硕士和企业管理人员,此外,本案例也适用于经济类、管理类专业的本科生。

3. 教学目的:自从一大批中国企业在美国或香港上市,中概股一直以来都受到世界各国投资者的目光,随着中概股被炒得火热,股价泡沫也越吹越大。于是产生了专门狙击中概股的做空机构,通过发布做空研究报告质疑中概股财务的真实性,从股价的下跌中牟利。本案例通过介绍浑水公司做空在香港上市的中国企业辉山乳业,详细还原了做空公司与中概股的博弈过程,从沽空公司及中国企业两个视角,研究沽空公司调查研究方法及中国海外上市企业如何应对,以提供借鉴意义。

本案例具体的教学目标有:

(1)通过介绍浑水公司针对辉山乳业的两篇做空报告,使同学们了解这类做空公司是从哪些角度对中国海外上市企业进行狙击,并在此基础上介绍他们常用的调查方法,以培养同学们在资本市场识别虚假信息的能力。

(2)从企业的角度,以辉山乳业应对浑水公司沽空报告的质疑为例,介绍海外上市中国企业在面临市场沽空的情况需要如何应对,使得企业管理人员具备更好的危机处理能力。

(3)理解为何中概股容易受到做空机构攻击,中国企业自身的缺陷有哪些,并提出企业治理发展方向。

二、启发思考题

1. 海外做空机构狙击中国概念股的一般步骤是什么？为什么中国概念股近年来容易受到做空机构的攻击？

2. 浑水通过哪些手段调查辉山乳业？发现一个公司的虚假信息可以从哪些角度入手？

3. 浑水在做空中国概念股时有哪些特点，为何能成功，与其他做空公司比较又有哪些不同。

4. 辉山乳业针对浑水的做空报告是如何回应的，又是通过什么手段暂时稳住股价的？

5. 浑水做空辉山乳业给我们的企业、政府、市场和会计师事务所层面带来了哪些启示？

三、理论依据及分析

1. 上市公司估值（略）

2. 海外上市中国企业财务造假（略）

3. 浑水公司甄别企业财务造假的方法

浑水公司为了能够查明辉山乳业财务造假分别采用了分析公开资料、实地调研等多种方式。我们在下图中梳理了浑水在攻击辉山乳业各个造假的地方所使用的方法。

图10 浑水做空辉山乳业报告使用的方法和发现的问题

资料来源：浑水做空辉山乳业的两份报告。

往往是那些支离破碎的信息和不引人注意的细节更能发现大的问题。而上市公司在面临财务问题上为了像投资者展现一个虚假的表现,往往有很多"套路"。我们可以从浑水公司调查辉山乳业的例子,去学习如何找到这些"套路",并且成功找到证据去证明自己的推断。

下面梳理了浑水做空辉山乳业为我们如何寻找企业虚假信息提供的启示:

(1) 产量造假往往需要实地考察。对于产量造假最直接也是最有效的办法就是实地考察。辉山乳业有关奶牛产量上的造假在年报和一般的公开信息上很难发现。但是只要实地去走一圈,去看看那些破败的牧场,一切就一目了然了。像这样的产量造假同样适用于一些工业企业和高科技公司,我们往往很难通过一些发布会或者公开的资料了解到公司实际产品的生产情况,只有通过现场调研才能找到突破口。

(2) 面对销量造假,可以从税收入手(不再只是分析财报上的应付和递延税项)。一个企业可以在销量上进行造假,但是无法在税收上做太多的文章。传统的证券投资者往往会采用财报上披露的应付税项和递延税项来分析一个公司在销售收入上有多大的调动幅度,但是辉山乳业使用了更为直接的方法,派调查员直接获得了来自国家税务总局(SAT)的增值税数据。浑水公司将这个增值税数据和国家工商总局(SAIC)登记的收入数据进行了完整的对比,发现辉山乳业(其中四家销售公司)比其所公布的税收收入低了36.2%。

(3) 成本问题,供应商是关键。企业想要增加利润,一方面在收入上入手,另一方面会在成本上入手。本次浑水做空辉山乳业一个重要的点就在于发现了苜蓿草的外购问题,使得财报上的成本令人怀疑。因此在成本上出现问题,采访并询问供应商是关键。

(4) 财务报表中一些值得关注的地方。财务报表之所以容易人为进行调整,是由于会计在记录科目上存在着一定的灵活性。但是即使这样,我们也有一些突破口。

首先,利润表很容易造假,但现金流很难造假。我们看到,本次浑水发现辉山乳业存在资本支出虚报的问题正是从现金流入手,并通过实地调研验证的。因此现金流量表应该更多地被投资者所重视。

此外,财务报表中还有很多容易进行"人为调节"的地方,比如"其他应收项目"和"其他应付项目"等都是财务造假的重灾区。

(5) 年报和公开信息中容易忽视的一些细节往往是值得关注的地方。我们一般在年报中比较关注公司业绩情况,包括销售和利润情况,往往忽视了一些细节,从而得出了错误的结论。浑水公司在分析辉山乳业时充分利用了关联方、质押情况、信贷等内容,得出了诸如转移资产、债务危机等结论。

(6) 高科技手段成了做空调查的新手段。我们发现,浑水在给辉山乳业出具的第二份做空报告时给出了一些新的调查手段:开发软件在网站上抓取数据从而测算出网络销售数据造假。未来,利用软件开发抓取数据的方法将越来越多的用到对公司情况的调查中。

辉山乳业并不是第一个被浑水做空的中国概念股,浑水做空企业调查时一般采用的方法如下:

图 11　浑水做空企业的一般方法

下面分别列举浑水公司在调查不同案例时所使用的方法。

表 4　浑水做空中概股的方法和实例

调查方法	说　　明	例　　子
查阅资料	这些公司在查阅资料的时候,选取的范围很广、时间跨度长。在选定攻击对象后,浑水必对上市公司的各种公开资料做详细研读。	在调查分众传媒时,浑水查阅了 2005－2011 年这六年时间的并购重组事件,从中摘录了重要信息,包括并购时间、对象、金额等,并根据这些信息做了顺藤摸瓜式的延伸,进一步查阅了并购对象的官网、业务结构等。
调查关联方	关联方一般是掏空上市公司的重要推手,关联交易可能回虚增企业的利润,关联交易价格的公允性也是调查公司喜欢狙击的一项。另外,关联方的活动可能也成为公司高管转移资产的方式。	浑水在查阅绿诺国际的资料时,发现上市公司 2008 年和 2009 年所得税率应该为 15%,但实际纳税为零。经过进一步查证,发现上市公司仅为一个壳,所有资产和收入均在关联方的名下,上市公司利润仅为关联方"账面腾挪"过来,属于过账的"名义利润",并发现实际控制人向上市公司"借"了 320 万美元买豪宅,属于明令禁止的"掏空上市公司"的行为。
实地调研	调研的形式包括但不限于电话访谈、当面交流和实地观察。他们一般会去上市公司办公地点与其高层访谈,询问公司的经营情况。浑水更重视的是观察工厂环境、机器设备、库存,与工人及工厂周边的居民交流,了解公司的真实运营情况,甚至偷偷在厂区外观察进出厂区的车辆运载情况,拍照取证。甚至有时会冒充客户来赢取信任。	在调查东方纸业时,浑水发现工厂破烂不堪,机器设备是 20 世纪 90 年代的旧设备,办公环境潮湿,不符合造纸厂的生产条件。发现库存基本是一堆废纸,惊呼:"如果这堆废纸值 490 万美元,那这个世界绝对比我想象的要富裕的多得多。"
调查供应商	为了解公司真实经营情况,浑水多调研上市公司的供应商,印证上市公司资料的真实性。也会关注供应商的办公环境、供应商的产能、销量和销售价格等经营数据,并且十分关注供应商对上市公司的评价,以此作为与上市公司公开信息对比的基准,去评判供应商是否有实力去和被调查公司进行符合公开资料的商贸往来。浑水甚至假扮客户去给供应商打电话,了解情况。	在调查东方纸业时,浑水发现所有供应商的产能之和都远小于东方纸业的采购量。调查嘉汉林业时,则发现其供应商和客户竟然是同一家公司,公司干的是自买自卖、体内循环的把戏。调查中国高速频道时,发现上市公司声称自己拥有独有的硬件驱动系统,但是中国高速频道的供应商在阿里巴巴网站公开销售同样的产品,任何人都能轻易购得。

续表

调查方法	说　明	例　子
调研客户	调查方式亦包括查阅资料和实地调研，包括网络调查、电话询问、实地访谈等。浑水重点核实客户的实际采购量、采购价格以及客户对上市公司及其产品的评价。	浑水发现中国高速频道、绿诺国际宣称的部分客户关系根本不存在，而多元环球水务的客户(经销商)资料纯属子虚乌有，所谓的80多个经销商的电话基本打不通，能打通的公司，也从未听说过多元环球水务。
重估价值	他们极少运用复杂的估值模型去判断一家公司的价值，然而最简单的方法往往是最有效的方法。浑水亦善于通过供应商、客户、竞争对手以及行业专家提供的信息来判断整个行业的情况，然后根据相关数据估算上市公司真实的业务情况。	对东方纸业大致重估了存货的价值，并且拍摄工厂照片和DV，请机械工程专家来评估机器设备的实际价值；还观察工厂门口车辆的数量和运载量来评估公司的实际业务量。
调查对手	他们愿意倾听竞争对手对上市公司的评价调查，这有助于了解整个行业的现状，不会局限于上市公司的一家之言。	在调查绿诺国际和中国高速频道时，它们都宣称在本行业里有某些竞争者——这些竞争者基本都是在行业内知名度很高，然而浑水去访谈竞争对手发现，这些竞争对手竟然都不知道他们的存在。
请教专家	行业的特性、正常毛利率、某种型号的生产设备市场价格，从行业专家处得到的信息效率更快，可信度更高。	浑水在调查嘉汉林业时请教税务专家、调查东方纸业时请教机械专家、调查分众传媒时请教传媒专家、调查绿诺国际时请教脱硫技术专家、调查多元环球水务时请教过制造业专家。

资料来源：浑水公司相关做空报告.

可以看出，浑水这类沽空机构在收集证据的时候并不是采用多么复杂的方法，而是通过最简单的方式多方面收集证据印证自己的看法，但是也并不排除他们在调查过程中存在先入为主的问题，对于目标公司的指控也不能说是完全准确，但是他们的调查方法是值得我们的借鉴和学习的。

4. 对做空报告的应对策略

辉山乳业面对浑水公司前两次做空表现得很专业，公司股票价格未出现大的波动。结合新东方、分众传媒等其他中概股被做空的案例，我们可以总结出在面对做空时，公司应该采取的措施包括：

（1）搜集情报信息，及时掌握做空机构动向，以便提前做好准备。

（2）在遭遇恶意做空时，要及时停盘，防止股价进一步下跌。

（3）及时澄清事实，针对做空报告质疑问题逐条正面回应。

（4）公司高管增持股票(或回购公司股票)，稳定市场投资者信心。如果公司没问题，便是产业资本购入股票的良机。还可以借此表明自己没有污点，树立良好形象。

（5）面对恶意做空，相关公司可以成立反做空联盟，发出正确的声音。

当然打铁还需自身硬，如果公司确实涉及财务造假或严重的法律问题，再专业的应对措施最后也是一场空,辉山乳业就是前车之鉴。

四、关键要点

关键点:本案例结合理论知识,分析中概股在海外屡遭做空机构做空的原因,总结做空机构狙击的切入点和操作方式以及浑水成功做空的秘诀,探讨中国海外上市企业面对做空的应对策略,并从企业内部和外部两方面给中概股危机处理提供建议。

关键知识点:做空机构的调查研究和狙击模式;中国海外上市企业的应对策略。

能力点:独立思考能力、逻辑分析能力、资料收集及总结能力、提出问题及解决问题的能力。

五、建议课堂计划

本案例可以按照如下的事件进度进行课堂案例分析和讨论,仅供参考,具体计划可以根据需要调整。

整个案例的课堂时间控制 80—90 分钟。

课前计划:提出启发思考题,请学生们提前阅读案例资料,并对问题进行初步思考。

课中计划:

课程前言(5 分钟)简单介绍案例背景及基本情况,明确案例教学目的。

分组讨论(20—30 分钟)小组内部选定主题有重点的针对案例的某个切入点进行小组讨论,准备发言大纲。

小组汇报(40 分钟)每个小组派代表将本组的讨论结果向其他同学展示出来,幻灯片辅助;每组 5—7 人,每组汇报完成后其他听众可以针对汇报内容进行提问,小组所有成员参与回答。

自由发言(5 分钟)针对通过汇报和讨论产生的新的问题和思考进行自由提问和发言,学生们畅所欲言,引导学生们对于案例引发的中概股存在的问题提出自己的看法。

课后计划:请学生们在课程结束后,针对自己的思考和感兴趣的一个或两个问题收集资料,有针对性地对辉山事件进行评价,突出自己的观点和想法,完成案例分析报告(1 000—1 500 字)。

案例参考文献

陈彬,刘会军.什么样的公司有财务造假嫌疑?——来自香橼公司和浑水公司的启示[J].证券市场导报,2012(7):66—71.

孙铮.中国企业境外上市、会计准则趋同与会计审计跨境监管——由中概股风波谈起[J].新会计,2014(2):2—6.

王小丽.英美及亚太国家与地区融资融券业务监管制度分析[J].南方金融,2010(3).

薛乾.中概股频遭做空的原因及对策分析[J].中国外资月刊,2012(16):213—213.

杨云枢.上市公司财务舞弊分析[J].财会研究,2006(5):62—63.

张梅,蔡雪雄.证券做空机制与风险监管[J].南京社会科学,2011(1):49—54.

张倩.中小企业海外融资研究[D].西南财经大学,2010.

参考文献

1. Arzac E. R., Bawa V. S., Portfolio Choice and Equilibrium in Capital Markets with Safety-First Investors[J]. *Journal of Financial Economics*, 1977, 4(3): 277-288.
2. Banerjee A. V., A Simple Model of Herd Behavior[J]. *Quarterly Journal of Economics*, 1992, 107(3): 797-817.
3. Banz R. W., The Relationship Between Return and Market Value of Common Stocks [J]. *Journal of Financial Economics*, 1981, 9(1): 3-18.
4. Barber B. M., Odean T., The Courage of Misguided Convictions[J]. *Financial Analysts Journal*, 1999, 55(6): 41-55.
5. Barberis N., Huang M., Santos T., Prospect Theory and Asset Prices[J]. *Quarterly Journal of Economics*, 1999, 116(1): 1-53.
6. Barberis N., Huang M., Mental Accounting, Loss Aversion, and Individual Stock Returns[J]. *The Journal of Finance*, 2001, 56(4): 1247-1292.
7. Barberis N., Shleifer A., Vishny R., A Model of Investor Sentiment[J]. *Journal of Financial Economics*, 1997, 49(3): 307-343.
8. Benartzi S., Thaler R. H., Myopic Loss Aversion and the Equity Premium Puzzle [J]. *Quarterly Journal of Economics*, 1995, 110(1): 73-92.
9. Bikhchandani S., Hirshleifer D., Welch I., A Theory of Fads, Fashion, Custom, and Cultural Change as Informational Cascades[J]. *Journal of Political Economy*, 1992, 100(5): 992-1026.
10. Bondt W. D., Thaler R. H., Do Security Analysts Overreact?[J]. *American Economic Review*, 1990, 80(2): 52-57.
11. Bondt W. D., Thaler R. H., Further Evidence On Investor Overreaction and Stock Market Seasonality[J]. *The Journal of Finance*. : 557-581.
12. Breeden D. T., An Intertemporal From Efficient Markets Theory to Behavioral Finance 103[J]. *Journal of Financial Economics*, 1979, 7(3): 265-296.
13. Brennan M. J., Chordia T., Subrahmanyam A., Alternative Factor Specifications,

Security Characteristics, and the Cross-Section of Expected Stock Returns[J]. *Journal of Financial Economics*, 1998, 49(3): 345-373.

14. Calvo G. A., Mendoza E. G., Rational Contagion, Globalization, and the Volatility of Capital Flows[M]. *Contagion, Globalization, and the Volatility of Capital Flows*. National Bureau of Economic Research, Inc, 2000: 15-42.
15. Campbell J. Y., Cochrane J. H., By force of habit: A Consumption-Based Explanation of Aggregate Stock Market Behavior[J]. *Journal of Political Economy*, 1999, 107(2): 205-251.
16. Cici G., The Relation of the Disposition Effect to Mutual Fund Trades and Performance[J]. *Social Science Electronic Publishing*, 2005.
17. Conrad J., Kaul G., An Anatomy of Trading Strategies[J]. *Review of Financial Studies*, 1998, 11(3): 489-519.
18. Daniel K., Hirshleifer D., Subrahmanyam A., Investor Psychology and Security Market Under-and Overreactions[J]. *The Journal of Finance*, 1998, 53(6): 1839-1885.
19. DeLong J. B., Shleifer A., Summers L. H., et al., Positive Feedback Investment Strategies and Destabilizing Rational Speculation[J]. *The Journal of Finance*, 1990, 45(2): 379-395.
20. Dror I. E., Basola B., Busemeyer J. R., Decision Making Under Time Pressure: An Independent Test of Sequential Sampling Models[J]. *Memory & cognition*, 1999, 27(4): 713-725.
21. Fama E. F., French K. R., Common Risk Factors in the Returns on Stocks and Bonds[J]. *Journal of Financial Economics*, 1993, 33(1): 3-56.
22. Fama E. F., French K. R., The Cross-Section of Expected Stock Returns[J]. *Journal of Finance*, 1992, 47(2): 427-465.
23. Fama E. F., Efficient Capital Markets: II[J]. *Journal of Finance*, 1991, 46(5): 1575-1617.
24. Fisher K. L., Statman M., Investor Sentiment and Stock Returns[J]. *Financial Analysts Journal*, 2002, 56(2): 16-23.
25. Gibson S., Safieddine A., Titman S., Tax-Motivated Trading and Price Pressure: an Analysis of Mutual Fund Holdings[J]. *Journal of Financial and Quantitative Analysis*, 2000, 35(3): 369-386.
26. Graham J. R., Herding among Investment Newsletters: Theory and Evidence [J]. *Social Science Electronic Publishing*, 1999, 54(1): 237-268.
27. Grinblatt M., Titman S., Wermers R., Momentum Investment Strategies, Portfolio Performance, and Herding: A Study of Mutual Fund Behavior[J]. *Social Science*

Electronic Publishing, 1995, 85(5): 1088-1105.
28. Haug M., Hirschey M., The January Effect[J]. *Social Science Electronic Publishing*, 2006, 62(5): 78-88.
29. Hong H., Scheinkman J., Xiong W., Advisors and Asset Prices: A Model of The Origins of Bubbles[J]. *Journal of Financial Economics*, 2008, 89(2): 268-287.
30. Hong H., Stein J. C., A Unified Theory of Underreaction, Momentum Trading, and Overreaction in Asset Markets[J]. *The Journal of Finance*, 1999, 54(6): 2143-2184.
31. Kahneman D., Tversky A., Prospect Theory: An Analysis of Decision Under Risk[J]. *Econometrica*, 1979, 47(2): 263-291.
32. Kahneman D., Tversky A., The Simulation Heuristic[R]. *Stanford Univ., CA, Dept. of Psychology*, 1981.
33. Keynes J. M., The Applied Theory of Money[M]. *Macmillan and Co.*, 1934.
34. Kroll Y., Levy H., Rapoport A., Experimental Tests of the Separation Theorem and the Capital Asset Pricing Model[J]. *The American Economic Review*, 1988: 500-519.
35. Lakonishok J., Shleifer A., Vishny R. W., Contrarian Investment, Extrapolation, and Risk[J]. *The Journal of Finance*, 1994, 49(5): 1541-1578.
36. Lakonishok J., Shleifer A., Vishny R. W., The impact of institutional trading on stock prices[J]. *Journal of Financial Economics*, 1992, 32(1): 23-43.
37. Lee C. M. C., Shleifer A., Thaler R. H., Investor Sentiment and the Closed-End Fund Puzzle[J]. *Journal of Finance*, 1991, 46(1): 75-109.
38. Levy H., Levy M., Solomon S., Microscopic Simulation of Financial Markets: From Investor Behavior to Market Phenomena[M]. *Academic Press*, 2000.
39. Levy M., Levy H., Solomon S., A Microscopic Model of the Stock Market: Cycles, Booms, and Crashes[J]. *Economics Letters*, 1994, 45(1): 103-111.
40. Loewenstein G. F., Frames of Mind in Intertemporal Choice[J]. *Management Science*, 1988, 34(2): 200-214.
41. Loewenstein G., Prelec D., Anomalies in Intertemporal Choice: Evidence and an Interpretation[J]. *Quarterly Journal of Economics*, 1992, 107(2): 573-597.
42. Long J. B. D., Shleifer A., Summers L. H., et al., Noise Trader Risk in Financial Markets[J]. *Journal of Political Economy*, 1990, 98(4): 703-738.
43. Lopes L. L., Between Hope and Fear: The Psychology of Risk[J]. *Advances in Experimental Social Psychology*, 1987, 20: 255-295.
44. Malek H., Dadras S., Chen Y. Q., Behavioral Portfolio Theory[J]. *Journal of Financial & Quantitative Analysis*, 2000, 35(2): 127-151.

45. Markowitz H., Portfolio Selection[J]. *The Journal of Finance*, 1952, 7(1): 77-91.
46. Maug E., Naik N., Herding and Delegated Portfolio Management[J]. *London Business School Mimeo*, 1996.
47. Mehra R., Prescott E. C., The Equity Premium: A puzzle[J]. *Journal of Monetary Economics*, 1985, 15(2): 145-161.
48. Merton R. C., An Intertemporal Capital Asset Pricing Model[J]. *Econometrica*, 1973, 41(5): 867-887.
49. Merton R. C., Lifetime Portfolio Selection Under Uncertainty: The Continuous-Time Case[J]. *The Review of Economics and Statistics*, 1969: 247-257.
50. Merton R. C., Optimum Consumption and Portfolio Rules in a Continuous-Time Model[J]. *Journal of Economic Theory*, 1971, 3(4): 373-413.
51. Odean T., Are Investors Reluctant to Realize Their Losses? [J]. *Journal of Finance*, 1998, 53(5): 1775-1798.
52. Odean T., Volume, Volatility, Price, and Profit When All Traders Are Above Average[J]. *Journal of Finance*, 1998, 53(6): 1887-1934.
53. Raymond S. N., O'Brien D. P., Morbidelli A., et al., Building the Terrestrial Planets: Constrained Accretion in The Inner Solar System[J]. *Icarus*, 2009, 203(2): 644-662.
54. Roy A. D., Safety First and the Holding of Assets[J]. *Econometrica*, 1952, 20(3): 431-449.
55. Rozeff M. S., Kinney W. R., Capital Market Seasonality: The Case of Stock Returns[J]. *Journal of Financial Economics*, 1976, 3(4): 379-402.
56. Scharfstein D. S., Stein J. C., Herd Behavior and Investment[J]. *The American Economic Review*, 1990: 465-479.
57. Sharpe W. F., Capital Asset Prices: A Theory of Market Equilibrium Under Conditions of Risk[J]. *The Journal of Finance*, 1964, 19(3): 425-442.
58. Shefrin H., Statman M., Behavioral Capital Asset Pricing Theory[J]. *Journal of Financial and Quantitative Analysis*, 1994, 29(3): 323-349.
59. Shefrin H., Statman M., Behavioral Portfolio Theory[J]. *Journal of Financial and Quantitative Analysis*, 2000, 35(2): 127-151.
60. Shefrin H., Statman M., The Disposition to Sell Winners Too Early and Ride Losers Too Long: Theory and Evidence[J]. *Journal of Finance*, 1985, 40(3): 777-790.
61. Shefrin H., Recent Developments in Behavioral Finance[J]. *Journal of Wealth Management*, 2000, 3(1): 25-37.
62. Siegel J. J., Stocks for the Long Run by Jeremy Siegel[M]. *New York: McGraw-*

Hill,1998.

63. Telser L. G., Safety First and Hedging[J]. *The Review of Economic Studies*, 1955, 23(1): 1-16.

64. Thaler R. H., Johnson E. J., Gambling with the House Money and Trying to Break Even: The Effects of Prior Outcomes on Risky Choice[J]. *Management Science*, 1990, 36(6): 643-660.

65. Thaler R. H., Anomalies: A Mean-Reverting Walk Down Wall Street[J]. *Journal of Economic Perspectives*, 1989, 3(1): 189-202.

66. Thaler R. H., Anomalies: Saving, Fungibility, and Mental Accounts[J]. *The Journal of Economic Perspectives*, 1990, 4(1): 193-205.

67. Thaler R., Mental Accounting and Consumer Choice[J]. *Marketing Science*, 1985, 4(3): 199-214.

68. Tversky A., Kahneman D., Loss Aversion in Riskless Choice: A Reference-Dependent Model[J]. *The Quarterly Journal of Economics*, 1991, 106(4): 1039-1061.

69. Tversky A., Kahneman D., The Framing of Decisions and the Psychology of Choice [J]. *Science*, 1981, 211(4481): 453-458.

70. Zweig M. E., An Investor Expectations Stock Price Predictive Model Using Closed-End Fund Premiums[J]. *The Journal of Finance*, 1973, 28(1): 67-78.

71. 本杰明·格雷厄姆,证券分析[M],海南出版社,1999。

72. 财政部会计资格评价中心,财务管理[M],中国财政经济出版社,2015。

73. 陈浩,中国股票市场机构投资者羊群行为实证研究[J],南开经济研究,2004(2):91-94。

74. 陈很荣,吴冲锋,基于噪声交易理论的对策博弈分析[J],预测,2001,20(1):40-43。

75. 陈野华,行为金融学[M],西南财经大学出版社,2006。

76. 崔巍,行为金融学[M],中国发展出版社,2008。

77. 达莫达兰,估值——难点、解决方案及相关案例[M],机械工业出版社,2016。

78. 丁毅,MACD指标在A股市场中有效性检验[D],西南财经大学,2012。

79. 鄢明忠,修正的DEVA法在互联网企业估值中的应用研究[D],首都经济贸易大学,2016。

80. 郭磊,吴冲锋,基于混合资产定价模型的中国股票市场羊群行为实证研究[J],系统工程理论与实践,2005,(08):32-37。

81. 胡昌生,朱迪星,基于LSV模型的个体投资者羊群行为研究[J],统计与决策,2008,(12):135-137。

82. 胡庆康,现代货币银行学教程[M],复旦大学出版社,2014。

83. 黄瑾,行为资产定价模型的实证研究[D],东南大学,2005。

84. 黄玮强,庄新田,姚爽,基于信息传播和羊群行为的股票市场微观模拟研究[J],管理学报,2010,7(2):273。
85. 江振华,中国股票市场泡沫形成机制研究[D],暨南大学,2009。
86. 李向科,证券投资技术分析[M],中国人民大学出版社,2015。
87. 李心丹,行为金融学:理论及中国的证据[M],上海三联书店,2005。
88. 李学峰,符琳杰,苏伟,QFII与国内开放式证券投资基金的"羊群行为"比较研究[J],世界经济与政治论坛,2008,(04):7-14。
89. 李学锋,段会亮,申挚,处置效应与反处置效应对基金投资绩效的影响[J],证券市场导报,2013(11):41-46。
90. 李志刚,中国股市确定性泡沫的特征[J],统计与决策,2006(22):39-40。
91. 卢园,行为资产定价理论及其模型的实证研究[D],西南财经大学,2008。
92. 马君潞,李学峰,投资学.第2版[M],科学出版社,2011。
93. 帕特·多西尔,寻找投资护城河[M],广东经济出版社,2014。
94. 彭文生,渐行渐远的红利——寻找中国新平衡[M],社会科学文献出版社,2013。
95. 乔舒亚·罗森鲍姆,乔舒亚·珀尔,投资银行:估值、杠杆收购、兼并与收购[M],机械工业出版社,2014。
96. 乔治·索罗斯,金融炼金术[M],海南出版社,1999。
97. 饶育蕾,刘达锋,行为金融学[M],上海财经大学出版社,2002。
98. 饶育蕾,盛虎,行为金融学[M],机械工业出版社,2010。
99. 邵宇,秦培景,证券投资分析——来自报表和市场行为的见解[M],复旦大学出版社,2009。
100. 施东晖,陈启欢,信息不对称下的投资者类型与交易行为——来自上海股市的经验证据[J],经济科学,2004(5):58-66。
101. 史永东,杜两省,资产定价泡沫对经济的影响[J],经济研究,2001(10):52-59。
102. 宋军,吴冲锋,基于分散度的金融市场的羊群行为研究[J],经济研究,2001(11):21-27。
103. 宋军,吴冲锋,金融市场中羊群行为的成因及控制对策研究[J],上海交通大学学报(哲学社会科学版),2001,22(4):46-48。
104. 宋军,吴冲锋,证券市场中羊群行为的比较研究[J],统计研究,2001,18(11):23-27。
105. 孙秀钧,证券投资学[M],东北财经大学出版社,2015。
106. 田利辉,谭德凯,王冠英,我国大宗商品期货市场存在羊群行为吗?[J],金融研究,2015(6):144-158。
107. 王成,韦笑,策略投资[M],地震出版社,2012。
108. 王敬,张莹,行为资产定价模型的适用性研究[J],价值工程,2006,25(1):119-122。
109. 王涛,Fama-French三因子模型及其添加市盈率因子模型在中国股市的适用性研究[D],西南财经大学,2012。

110. 威廉·欧奈尔,笑傲股市[M],机械工业出版社,2010。
111. 吴晓求,证券投资技术分析[M],西南财经大学出版社,2016。
112. 小约瑟夫·卡兰德罗,应用价值投资[M],中国人明大学出版社,2013。
113. 许光辉,行为资产定价模型研究及中国股市实证检验[D],上海交通大学,2013。
114. 薛宇峰,中国股市投资者羊群行为及其市场效应的实证研究[J],山东社会科学,2013(10):95-100。
115. 闫怀艳,证券投资学[M],华南理工大学出版社,2016。
116. 杨春,有限理性、噪音交易与过度波动[D],天津大学,2006。
117. 杨德群,蔡明超,施东晖,我国证券投资基金持股特征的实证研究[J],中南财经政法大学学报,2004(2):68-74。
118. 杨帆,行业特征与估值方法[D],西南财经大学,2012。
119. 杨衡哲,基于RIM的我国保险业上市公司估值研究[D],首都经济贸易大学,2016。
120. 杨晓兰,证券市场泡沫问题的实验经济学研究[J],2007。
121. 约翰,新帕尔格雷夫经济学大辞典[J],经济科学出版社,1992。
122. 张艳,我国证券市场泡沫形成机制研究——基于进化博弈的复制动态模型分析[J],管理世界,2005(10):34-40。
123. 张宗新,投资学——证券分析与投资管理[M],复旦大学出版社,2012。
124. 张祖国,证券投资分析[M],上海财经大学出版社,2014。
125. 章晓霞,吴冲锋,中美股票市场"规模效应"的比较与启示[J],价格理论与实践,2005(11):47-48。
126. 章晓霞,中国股票市场泡沫现象研究[D],上海交通大学,2007。
127. 赵媛,市盈率的增长内涵分析[D],复旦大学,2008。
128. 郑晓齐,郑可,实物期权理论在高校科技企业估值中的应用研究[J],北京航空航天大学学报(社会科学版),2003,(04):61-65。
129. 中国证券业协会,证券投资分析[M],中国金融出版社,2012。
130. 中国注册会计师协会,财务成本管理[M],中国财政经济出版社,2016。
131. 中国注册会计师协会,公司战略与风险管理[M],中国财政经济出版社,2015。
132. 中国注册会计师协会,会计[M],中国财政经济出版社,2016。
133. 周爱民,股市泡沫及其检验方法[J],经济科学,1998(5):44-49。
134. 周春生,杨云红,中国股市的理性泡沫[J],经济研究,2002(7):33-40。
135. 朱宝宪,何治国,β值和帐面/市值比与股票收益关系的实证研究[J],金融研究,2002(4):71-79。

图书在版编目(CIP)数据

证券投资分析/罗忠洲编著. —上海:复旦大学出版社,2018.3 (2021.10 重印)
经管类专业学位研究生主干课程系列教材
ISBN 978-7-309-13474-2

Ⅰ.证… Ⅱ.罗… Ⅲ.证券投资-投资分析-研究生-教材 Ⅳ.F830.91

中国版本图书馆 CIP 数据核字(2018)第 014873 号

证券投资分析
罗忠洲　编著
责任编辑/方毅超

复旦大学出版社有限公司出版发行
上海市国权路 579 号　邮编:200433
网址:fupnet@fudanpress.com　http://www.fudanpress.com
门市零售:86-21-65102580　　团体订购:86-21-65104505
出版部电话:86-21-65642845
上海盛通时代印刷有限公司

开本 787×1092　1/16　印张 19　字数 395 千
2021 年 10 月第 1 版第 2 次印刷

ISBN 978-7-309-13474-2/F·2442
定价:48.00 元

如有印装质量问题,请向复旦大学出版社有限公司出版部调换。
版权所有　　侵权必究